为什么是毛泽东

任志刚 著

光明日报出版社

图书在版编目(CIP)数据

为什么是毛泽东 / 任志刚著. —北京：光明日报出版社，2013.5（2015.6重印）

ISBN 978-7-5112-4466-6

Ⅰ.①为… Ⅱ.①任… Ⅲ.① 毛泽东（1893～1976）-生平事迹 Ⅳ.①A752

中国版本图书馆CIP数据核字(2013)第112051号

为什么是毛泽东

著　　者：任志刚

责任编辑：高　迟　宋　悦　文字编辑：曹红凯

责任印制：曹　净　　　　　责任校对：陈晓丹

封面设计：门乃婷工作室　　图片摄影：杜修贤　侯　波　钱嗣杰　徐肖冰等

出版发行：光明日报出版社

地　　址：北京市东城区珠市口东大街5号，100062

电　　话：010-64959556，67078252

传　　真：010-64959758，67078255

网　　址：http://book.gmw.cn，http://www.fonghong.cn

E - mail：tg@fonghong.cn，gaochi@gmw.cn

法律顾问：北京天驰洪范律师事务所徐波律师

印　　刷：三河市金元印装有限公司

装　　订：三河市金元印装有限公司

本书如有破损、缺页、装订错误，请与本社联系调换

开　　本：700×1000　1/16

字　　数：413千字　　　　印　　张：29

版　　次：2013年6月第1版　印　　次：2015年6月第23次印刷

书　　号：ISBN 978-7-5112-4466-6

定　　价：48.00元

目录
Contents

目录
Contents

前　言

为什么领袖是毛泽东？

毛泽东是神吗？有人说不是，有人说是。说他不是神的人，应当问自己该如何表述和理解那不可思议和空前绝后的成功呢？说他是神的人，也该问自己这样的表述是否包含着他不可学习的意味呢？毛泽东是可以学习的吗？这可不是能轻松回答的问题。我们更应当问自己要不要学习毛泽东？我们可以肯定的是，不学习毛泽东的人会后悔，当他回首人生的时候会因为自己碌碌无为、过于平庸、虚度光阴而悔恨。中国人想成功，不学习毛泽东又能学习谁呢？学习毛泽东重点当然是学习他的成功之道。我们所做的这项工作就是试图用多数人能够理解的文字来解构毛泽东的成功之道，我们重点关注的是成功学意义上的毛泽东之路。

是什么因素导致毛泽东的成功呢？有人说是马列主义的传播，有人说是因为他代表了人民，有人说是俄国人的资助，有人说是蒋介石的愚蠢，有人说是日本侵略者帮了忙，有人说这是历史的选择，等等。

这些答案没有解答一个重要问题，那就是为什么中国革命的领袖是毛泽东？如果我们再深问一下，为什么马克思主义这一真理只有毛泽东能使用？这样我们就能深入研究，而不是仅仅停留在表层。

代表人民就能胜利这一说法，其实来自毛泽东。解放后毛泽东的好友询问毛泽东胜利的奥秘，毛泽东说因为我们共产党代表了人民，由于以往所有的胜利者都将成功归于自己或天命，而毛泽东颠覆了历史。他认为："人民，只有人民，才是创造历史的真正动力。"这虽然是正确答案之一，不过我们得承认，能理解这一层面的人是少而又少的。

俄国人资助之说则是对中国共产党历史的曲解。不错，中国共产党是在俄国的帮助下成立的，一度深受俄国人的影响甚至被控制，但长征后的共产党已经再生了，在毛泽东的带领下，中共已经成了中华民族利益的代表，在民族利益上，中俄是有冲突的，俄国人不愿意她的边界外存在一个强大的邻国，中国人也无法忘怀受到的伤害，毛泽东党内的对手身后多有俄国人的影子，最终他们都失败了就说明了问题。合作可以是一种策略，忘却则意味着背叛，这是中国对俄关系的铁律。

蒋介石愚蠢说则是对全体中国人的侮辱。蒋介石最终失败了，但蒋介石也是一段历史的开创者，没有迹象表明中国一定会发生彻底的革命，并能取得最终的胜利，这只是由于特殊人物引发的突变，只是由于有了毛泽东，无论是在军事斗争中，还是在捍卫民族利益上，毛泽东方方面面高过蒋介石太多，导致了蒋介石由盛到衰进而崩溃式垮台。

日本人帮助说更是无知，是愚蠢和黑暗心理综合征，是连基本的坏事也能变好事的辩证法都不明白的弱智。坏事变成好事的背后是鲜血、尸骨与拼死抗争，日本人帮助论完全是立场问题，难道日本人会把枪捆好了送给八路军？

历史选择说，是此题无解式的似是而非的答案。历史干吗要在亿万人中选择一个要枪没枪、要钱没钱、要学历没学历的农家子弟来改变自己？要知道毛泽东可是由小变大发展起来的，他不是靠着选票产生的领导人。

显然这些答案是远远不够的，我们需要继续学习和探究。探究毛泽东巨大成功的轨迹，会有某种可能，使得我们有机会接触到真理，有可能颠覆我们的知识结构，重塑我们的人生信念。毛泽东的成功告诉我们，把握真理，就可以服务于社会，辉煌我们的人生。

甚至我们可以用科学上的理论来解释毛泽东的胜利，例如以牛顿力学定律推断，毛泽东一定是把握了某种巨大的力量，施加在中国这么大的质量上面，以至于改变了甚至逆转了中国历史行进的方向和速度。要用爱因斯坦的相对论理论表述，就是毛泽东以他个人的强烈的欲望，带领中华民族最优秀的子弟，以彻底的自我牺牲引发了中国社会巨大的裂变、聚变，产生的能量和力量改变了世界历史的版图和人类进程。

各种解释都需要变成我们自己能够理解、能够把握、能够应用的概念才有意义。读书的目的全在于应用。读书的成果很大程度上取决于读什么样的书，显然选择思想领域至高才是获得最高智慧的正道，最佳途径之一就是读毛泽东。

毛泽东是人类历史上最伟大的人物之一，在一些尊崇者眼里他是不可企及的神圣。在思想领域，基督、佛陀、马克思与毛泽东站在至高。在世俗领域，他的影响力与牛顿、爱因斯坦及穆罕默德并列。有人把他供起来顶礼膜拜，更多的人则是研究他，学习他。毛泽东已成为说不尽的话题，各种研究资料文字浩如烟海，但要是有人试图用心感受毛泽东，怕是会被多数人认为是过于大胆的行为。研究和学习毛泽东可以从各个角度和方方面面来进行，我们想说的是，在令人眼花缭乱的长达半个多世纪里，在由毛泽东主导的中国历史的诸多事件中，应当是有一个主线来理解毛泽东的，我们欣喜地宣布，我们知道了，我们的研究表明，“改造中国与世界”才是他的一生没有改变过的主线。

“改造中国与世界”，是毛泽东早在 1921 年年初为他组织的新民学会确定的目标和方针。从那天起，他就为实现这一目标奋斗着。半个世纪后，当美国总统尼克松来到北京与中国领导人会面，讨论世界格局与未来的时候，没有人再怀疑毛泽东实现了他年轻时候确立的这一目标。

由于人类社会已经进入到了科技时代和严格分工合作的阶段，所以无法想象今后的人类还有机会产生这样的领袖人物，他是个人改变人类历史进程的少数巨人之一。

一个师范生，怎么可能实现这样宏大的目标呢？一个农家子弟，为什么会有这样强烈的进取欲望呢？到底是哪些因素使得他获得如此巨大的成就？这永远是关注毛泽东的人们最感兴趣的地方。我们知道，钻石只有在高温高压下才能产生，伟人必定是在最严酷的社会环境中得以锤炼而成就。灾难深重的中国需要彻底的改造，这可以说是中国多数人的呐喊，但为什么领袖是毛泽东呢？

在奇迹般的一生中，毛泽东一定是找到了某种确定的能够带来不断胜利的方法。在此基础上，他规划出实现目标的路线方针政策，不断推进，在推进过程中他又不断修正方针，最终达成了目标。一个身处社会底层的年轻人，立下这样的绝大志向，最终实现这样的宏伟目标，这是不可思议的，也是空前绝后的。

毛泽东的伟业究竟有多大呢？作为一位政治家，他强迫西方国家给中国让出一席之地；作为一位哲学家，他指出弱小的力量是可以战胜强大的力量的，并且身体力行证明实现它的途径与方法；作为一位思想家，他提倡并推行平等，引导人民追求高尚精神和道德情操；从拿起枪杆子开始，他就摸索出一整套战无不胜的战略战术，这种成就使得他站在军事家的巅峰。

他是一位最高明的舵手，在充满暗礁和冰山的汹涌波涛中，他总是小心翼翼地把握着方向，防止他的团队受到致命伤害，引领他的船队极其曲折地划向胜利的彼岸；他像是一位太极高手，他在不断壮大自己力量的同时，将敌人的力量转变成驱使社会各阶层接受他的主张的动力，最终制造出人类社会运动的滔天巨浪，这一浪潮席卷中国，改变了世界；他是一位最成功的教师，他的学生构成他的团队的主力，最终全中国的各个阶层无不以当他的学生为荣。

在这一令人眼花缭乱的过程中，他似乎不遵守任何规则，甚至可以和他的死敌合作。他使用游击战、运动战、阵地战等各式各样的战法，将矛头指向各式各样的敌人，最终他站在战无不胜的巅峰之上。寂寞之余，他又将目标对准了人性。毛泽东是人类社会唯一的试图改造人性的人，从这个意义上讲他绝对是人类社会第一人。

他“瞻之在前、忽焉在后”。他不是一般意义上的泰山北斗，而是珠穆朗玛峰和太阳，巨大的成就产生令人炫目的光芒，这光芒也如同太阳不能直视一般，使得很少有人能找出简单明晰的思路来了解他、感觉他。

我们有幸了解到他的心路，感悟到他的一生其实是有迹可循的。他在年轻的时候，就努力学习，力求与众不同。但他立志却较晚，因为他的悟性极高，他知道志向是志愿和方向两个因素的结合。他的志向远大，以至于一开始无法表述。在走出校门之后，他才确立了“改造中国与世界”作为人生目标，这一目标一旦确定，终其一生就没有改变过。

在达成目标的过程中，他尝试过各种方案，从最温和的改良一直到最极端的抗争，在经历了诸多的失败后，他终于找到了革命的方程式，那就是联合尽可能多的人去战胜自己的敌人。为了吸引和迫使人们沿着他指引的道路前进，他接受了人类社会最基本的观点，就是枪杆子里面出政权，大联合与枪杆子这两点构成他一生力量的基础。

明确了这些，我们就清楚地看到，他的目标是一开始就定了的，他立志改造中国与世界，把握的力量是枪杆子，基本方针是大联合，不懈的工作是教育民众，这才是他一生都没有变化过的基本要素，其他的则是他的十八般兵器，这样我们就获得一条了解他、熟悉他进而学习他的主线。

千万个人心中就有千万个毛泽东，他有思想家、哲学家、政治家、军事家、教育家、书法家、诗人等无数桂冠，在我们心中他是一手拿枪，一手号召大联合，不断教育民众，心中装的是改造中国与世界这一目标的战士。

有的人认为他是中国的列宁，但这不是高估毛泽东。西方白人认为的世界就是他们的那一片天地，所以对打破和影响他们安宁的俄国穷棒子，就特别给予关注和重视，列宁由此影响巨大。但列宁胜利不完全是个人努力的必然，俄国革命本身来讲也是风云际会，俄国工人阶级拥有的枪杆子不是列宁努力的结果，而是俄国沙皇失控。

而毛泽东不同，他在公开打出造反旗帜的时候，才有几百人，他是通过二十多年的艰苦奋斗，堂堂正正，一点一滴消灭了实力巨大的统治者获得胜利的，以少胜多，迭克强敌，是人类历史上罕见的奇观。可以确定的是毛泽东的胜利使得东方再次成为新世纪的曙光，开创了中国在未来与整个西方世界并行的新格局。

把毛泽东与斯大林相提并论，我们认为这更是不恰当的。斯大林不是俄国革命的创始者，俄国革命的创始者是列宁。没有列宁只有斯大林，俄国会不会有布尔什维克的胜利呢，我们无法知道，但斯大林只是贡献了自己的一份力量，他的权力来自继承（列宁），这一点是确定的。斯大林出身卑微，家境困苦，导致他在掌握了大权以后对他的敌人十分残酷，他几乎消灭了俄国上层社会。如果单单从杀人的角度考虑影响力，那人类历史上的暴君多的是。斯大林还有一个突出的问题是许多人无法接受的：他获得权力的过程中，对自己的同志实行残忍的精神摧残和彻底的肉体消灭，导致苏共内部最终彻底否定了他，这也是苏联解体的一个关键因素。随着时间的推移，斯大林对历史的影响力将越来越小，即使后代俄国有人试图尊崇他，也实在是缺少强力榜样的缘故。

而毛泽东正好相反，排在他前面的那些试图领导中国共产党的领袖们不断犯错，使得追随他们参与革命的人们十分受伤，多数中国共产党的领袖似乎只是满足于充当俄国利益在中国的代理人，只有毛泽东独立地探索出了另外一条全新的通向成功的路子，才使中国革命有可能成功。但他的同志们不断地拒绝他指引的道路，不断地犯错误，甚至将他打下的地盘全部丧失，只是在绝望中方才接受他的指引，那一刻奇迹就发生了，从此共产党再没有过大的失误，一步一步走向胜利，走向独立，成了中华民族利益的最坚定的捍卫者，最终甚至从强势的俄国熊嘴里挖回了一些肉。

无数次胜利后，他的全体同志心悦诚服地接受了他的领导。而且毛泽东在引领如此巨大的社会变革中，强烈反对从肉体上消灭敌人，他只是热衷于在思想上改变人们。也就是说，斯大林推崇强权镇压，力图从肉体上大幅度地消灭他的敌人和对手，他以为胜利者是不受惩罚的，但最终他的同志彻底地否定了他，俄国人则进一步抛弃了俄国的共产党。而毛泽东注重灵魂洗礼，剧烈的革命依然留下了大量曾经的敌人和众多的对手，他试图从思想上改造他们，结果等他去世后，受到了最强烈的反攻、质疑。但中国共产党还在，并且越来越多的中国人自觉地成了毛泽东忠诚的拥趸，逐渐成为一种信仰。

有人认为毛泽东是不输于成吉思汗的统帅，之所以说不输于，是有人认为成吉思汗在军事史上的地位更高些，这些人认为成吉思汗征服的领土似乎更大一些。这也无可厚非，毕竟所占据的土地面积是衡量影响力的一个很重要的指标，但我们要说成吉思汗不如毛泽东，形象点说，成吉思汗带领了一群狼，把欧亚大陆变成了蒙古人的草场，当时的欧亚大陆没有猛兽，蒙古人最大的阻力只是中原这样的大象以及其他的一些野牛角马，而且成吉思汗“只识弯弓射大雕”。

毛泽东不同，他不仅仅是最伟大的统帅，还是最伟大的军事理论家。他带领的是一群绵羊，却和狮子、狗熊打成了平手。是热核武器挡住了毛泽东，不要忘了，毛泽东时代的中国是全民皆兵的中国，能拿起刀枪上战场的人会有多少呢？不会少于一个亿。试想一下一亿兵是个什么概念呢？俄国人曾经满怀恐惧地看着那些记录生命不息冲锋不止画面的影像，美国人则庆幸中美之间有个太平洋。倒退几百年，冷兵器时代如果出现这样的巨人，那世界又会是什么样的呢？思之令人遐想。

与马克思不同，毛泽东是一位世俗领袖而不仅仅是一位思想家。思想家在理论上可以达到极致，但在行动上可能受到太多的约束。多数思想家之所以受到尊崇，是由于后代的强权人物借用了他们的旗帜，而不是因为他们的思想是一个可以直接套用的公式，这一点与科学完全不同。

耶稣基督认为应当博爱，大众更多的是接受了他的平等观念，集聚的力量成为教会组织来与皇权抗衡；佛陀提倡众生平等，在皇权的帮助下，佛教以庙宇为信徒提供衣食和庇护，缓解心灵的苦楚；马克思天才地指出，人类社会必须为底层大众留下生存空间，是工业化时代对平等的诉求，这种诉求，在俄国和中国是以暴力推行的，而在其他一些工业化国家是以温和的改良方式进行的。我们不得不承认人类思想的巅峰人物对人类的影响力之大之不可及，但我们也要看到这巨大的光环之下的推手。这一推手一般来讲是大众信仰，一旦具体到个人，这些人多数是拥有世俗权力的大人物，他们隐藏在这种光环之下，却是绝对不可或缺的。因为世界冷酷地告诉我们：信仰是随机的，这句话的含义是，多数人的信仰是由他的出生环境决定的，而不是有人理解的有对错或上下高低之别的。

人类思想的最高点是平等，知道这一点就能明白为什么孔子不可能再次成为中国的圣人。农业社会由佛陀、耶稣提倡平等，工业社会由马克思提倡平等，毛泽东则是在人口最多的中国推行平等。提倡者是思想家，推行者是世俗领袖。贯穿于毛泽东一生的恰是对平等的追求，这使得毛泽东得以与人类最伟大的思想家并列。

和毛泽东影响力相提并论的精神领袖只有穆罕默德，他们都是创立了一种理论或是信仰，他们都是改造了一大群人，他们都改变了世界的版图。穆罕默德对许多中国人来讲是较为陌生的，但有人将他列为影响力排名世界第一，就可以知道他是多么地至高无上了。先知的时代距离今天有1500年，很遥远，可以说他是人类农业文明的巅峰，而毛泽东的事业发生在工业文明的时代，是在当代，在人口最多的中国，所以毛泽东对世界未来的影响力更大一些。

作为一位革命家，毛泽东身上却散发着佛家慈悲的光芒，是敌人的血腥屠杀逼迫他走上武装起义的路子，但并没有使他变得极端。

在党内，虽然毛泽东在找到成功方法之后，几乎是一贯正确，但他的道路不是从此一帆风顺，而是充满坎坷，他本人则是受尽屈辱，他的地位忽上忽下，这也是中国革命史上的一个奇观，当他找到战胜敌人的法宝之后，受到的屈辱和难堪居然全是来自他的同志，在他打下的地盘，他数次被他的同志挤到一旁，他只能孤单地等待他的同志失败后再回过头请他出来收拾残局。在这个过程中，地位的上下沉浮，并没有使他放弃使命，这是他意志力的体现，自己同志给予的屈辱，敌人的极端残暴，并没有使他偏激报复，这是由于他拥有佛家的慈悲心怀，这使得中国革命具有最光辉的结果。

如果纵观毛泽东一生就会发现，他的成功也是在各种失败的尝试中，找到胜利的道路的。但对于他的党内的大部分同志来讲，感觉上却不是如此，因为毛泽东的尝试和失败多数是在建党前。在中国共产党建立的最初几年，毛泽东依然热衷于尝试，但他的工作更像是证明当时党的领袖们所指的道路全都不通，当他试图为全党指出道路的时候，他的基本思路已经接近于最后的成功之路。

这样的结果就使得他的党内同志不得不接受一个无法抗拒的事实，那就是只要是他指出的道路就是胜利，反之就是失败。一次、十次、几十次几乎很少例外，这样的近乎神迹的重复，折服了众多的追随者。这就是为什么他的党内同志在以后的岁月中没有任何人能和他并肩，所以他的威信高到可以产生宗教般的狂热，使得中国这个从来没有宗教的国度产生的信仰的力量惊骇了全球。

美国物理学家麦克·哈特搞了一个影响世界历史的名人排行榜，他把毛泽东从第一版的第二十名再版时降到了第八十九名。理由是毛泽东后来的继承者不再遵循毛泽东的一些政策，所以他认为毛泽东的影响力下降了。这是美国人对毛泽东的误解。

麦克·哈特很大胆，他敢给历史名人排队，但他对毛泽东和中国了解甚少，其实未来中国领袖必然会沿着毛泽东的路线前进，关键是你认为什么是毛泽东的路线，毛泽东的头上戴过无数的帽子，按照帽子来确定毛泽东的路线，很容易产生误解，真正的毛泽东的路线就是改造中国与世界。这样除非发生历史性的逆转，中国总是在沿着他指引的道路前进着。

是毛泽东把拥有世界四分之一人口的中国领进了工业文明。由于世界上许多国家都实现了工业化，于是就认为中国的工业化也是理所当然的，这样的见识就无法真正地了解毛泽东的伟大。了解毛泽东的过程也是了解世界和中国近代史的过程，脱离了世界近代史，会产生一个基本的错误，就是以为中国今天的地位和进步似乎是理所当然的，这是一个常见的错误，不尊重毛泽东的人的误区就在这里。

真正了解中国近代史的人都会接受这样的事实：中国的工业化进程不是必然的，而是几乎无法实现的。蒋介石即使面对全面的军事失败，也不认为中国能在众多的人吃不饱饭的条件下快速进步。只是由于有了毛泽东这样的绝对的强势人物，能凝聚全中国的力量，能号召全中国人集体做出牺牲，注意这句话，是全中国人集体做出牺牲，舍此之外别无他路，这才逆转了中国社会的坠落轨迹，走上了追赶人类工业文明的进步之路的。

对照印度就知道了，印度可耕地比中国多，人口比中国少，独立比中国早，人民更温和，没有大规模的战乱，外部环境更好，按照自发进步的道理来讲应当比中国先进才对。但印度人今天依然没有实现真正的工业化，今天我们能够看到许多中国和印度比较的文章，多数都没有说到根子上，归根结底就是印度没有中国的暴力革命，没有战火的洗礼，没有经过毁灭到新生的涅槃，这就是乞讨者与战士的区别。

战士会牺牲，会流血，要养伤，受伤时他比普通人还要弱，打碎旧世界的同时甚至比要饭的还贫困，但一旦胜利，一旦重新站起来，世界必须给他们让出空间。在上个世纪，西方国家已经占据了上位，他们拒绝接受中国崛起，因为按照他们的理解，这不符合社会达尔文主义的潜规则。毛泽东不信这个邪，他打破了人类社会弱肉强食的规则，改变了世界力量的对比，这一点西方人比中国人理解得更深刻。

中国人虽然肌无力许多年，但是由于有了毛泽东而彻底改变。中国人亮出了瘦骨嶙峋的拳头，打痛了所有的强盗，一穷二白的情况下，我们靠着勇气和团结，赢得了独立和疗伤的机会，在敌人有什么我们也有什么的时候，我们将为世界带来和平。未来中国在国际上的地位有多高，毛泽东的地位就有多高，因为中国社会的一切基础都是他打下的，毫无疑问，随着中国在世界的地位不断上升，毛泽东的影响力也会大大上升。

一些人对毛泽东时代的高压颇有微词，认为这一过程违反了人权中的自由。不可否认，毛泽东时代的高压使得少部分人失去了作威作福的享受，但对于中国社会来讲却是凤凰浴火式的再生。

中国社会经历了数千年的沉淀，已经成了一个酱缸，是一个拥有着大量寄生虫、细菌和污秽的阴暗沼泽，需要在高温高压下得以净化。这恰是毛泽东时代最伟大的变革，是中国社会得以净化的过程，理解了这一点我们就不会抱怨而是应当感激我们的先辈做出的巨大牺牲。

这一过程的动力来自以毛泽东为首的少数领袖彻底革命的热忱和多数共产党人自我利益的牺牲。毛泽东的时代是一个不可思议的时代，在改天换地的奋斗中，中国人的思想和灵魂得以净化和升华，那是一个六亿人民皆尧舜的时代，那是一个在物质极度贫乏的条件下苦干之余依然追求高尚的精神境界的时代，那是一个多数人为了民族和国家的未来牺牲自我的时代。从某种意义上讲，那将是空前绝后的一段历史，千秋之下依然会令人敬仰和赞叹不已。

为了真正学到有用的道理，我们需要关注毛泽东的每一步，我们将他通向神圣的每一步视作方法论上的阶梯，仔细研究每一阶上留下的近乎神迹的印痕，关注他进步的各种因素，以求对我们有所助益。

第一章

天将降大任于斯人

Chairman Mao

很多好学生将精力花费在全面优秀上，这是一种很可惜的浪费。一个人要想成功，需要的不是全面优秀，而是某一点上绝对的出类拔萃，所以做出选择，敢于拒绝才是智慧。毛泽东恰恰拥有这种智慧。这种智慧不会来自外界，而是来自胆气。就是你要有放弃的胆量！

优势心理很重要

伟人降生没有异象

1893 年 12 月 26 日，是许多中国人铭刻于心的日子，因为这一天是毛泽东的诞生日，如果考虑到时差的因素，这一天和基督徒过的圣诞节几乎是同一天，这个日子也有可能成为中国人的节日，因为许多人正在倡议将 12 月 26 日变成中国的圣诞节。

不过到目前为止，没有任何正规的史书或是野史记载说，那一天有什么特殊的气候异常，就像中国史书中常见到的某些大人物出生时的祥云缭绕、五色光现等，也没有见到什么凤凰或是瑞兽一类的出来溜达溜达表示表示，如同历史记载中孔夫子出生那样。由于是冬天，万物都处于冬眠之中，没有异类受到感应出来表示一下，也没有红光满室、异香扑鼻。这一天，在中国湖南省湘潭县韶山冲，家境尚好的富裕农民毛贻昌（字顺生）满心欢喜地迎来自己儿子的出生。毛贻昌按照毛氏家谱“祖恩贻泽远，世代永承昌”给儿子取名毛泽东，字润之。

按照中国农历，毛泽东属蛇，喜欢讨论属相的自然可以从这个角度做一番研究，因为他身上确实存在极大的忍耐力，他在不顺当的时候总是十分有耐心地等着他的对手和敌人犯错误，这也是他成功的重要因素。但这样的说法在现如今已经很少有人相信了，我们与所有关注毛泽东的人们最大的不同就是力图寻找毛泽东成功的因素，以求对我们的人生有所助益，所以单单属相决定论于我们无益，它会使我们陷入先天决定论，是有害的，所以还需要接着找，最终希望找到能说服自己，最主要是找到对自己有益的原因和理由。

研究伟人成功的秘密是有益的，否则就没有必要学习历史。在中国的史书中和野史里，谈到一些开国帝王的部分最令人着迷。因为开国皇帝们的故事最具有传奇性，他们往往都是雄才大略者，人们最想知道他们的成功秘密，但通常会失望的，读者会发现由于书写者自己也没有搞明白帝王们的成功因素，往往都是假托天命来掩饰这一点。最明显的要数中国著名的皇帝唐太宗了，他的成功要素很少有人明白无误地表述过。多数书上都是说太原有帝王之气，应在李世民身上，以至于著名的风尘三侠之一虬髯客，那也应当是乱世英雄，有能力也有一定力量的人物，但仅仅与李世民打了一个照面，奇怪的事情就发生了，他居然就放弃了争霸中原的志向，什么原因呢？说是李世民有王者之气。

这王者之气到底是个什么东西，千百年来没有人知道，存在与否也争论不休，到今天依然是有人说有，有人说无，是先有王者之气还是成功上位之后自然产生的威严感，那就只有天知道了。反正是上千年来没有几个人知道李世民怎么就轻轻松松打下天下，以至于他的主要工作不是打天下，而是和魏征几个名臣探讨理论问题，留下了脍炙人口的座谈纪要《贞观政要》。明确指出李世民的成功在于后发制人及集中优势兵力的战略战术的只有毛泽东。

朱元璋则有异曲同工之妙，别看大老粗朱元璋不识字，可是听话，有人给他出个主意叫作“高筑墙，广积粮，缓称王”九字方针，他居然听懂了，并按照这一方针执行了。天下英雄在痛打蒙古人这一土财主（是的，当年的蒙古人已经从战士堕落成土财主了）的时候，依然抢着注册帝王这一商标，恰恰就忘了没有政府了，哪里来的工商注册呢。没有认证的后果就是互相掐，多少牛人就在这互相掐的过程中丧失了力气，最后只留下了文盲朱元璋，成了最后的胜利者。不要把朱元璋想象得有多么英明神武，卞庄刺虎，一死一伤，他只是杀死了最后一只奄奄一息的老虎，得到的却是一人杀二虎的利益。吃不饱饭的贫雇农朱元璋成了中国的最大地主，为了让他的子孙世世代代当大地主，朱元璋几乎杀死了所有的合作者。明朝是我们中国历史上最没有可以夸耀的事儿的一个朝代，科学没有诞生，资本主义萌芽被扼杀，玉米和土豆这样的良种引进都没有解救华夏被异族征服的命运，而清军入关时只有区区十三万披甲人。所以明朝那些事儿不说也罢。

清军入关，给中国人带来了丰厚的嫁妆，带来了国土扩大以及持久的和平，但中国也由此失去了渐进的工业化和市场化的最后一点可能性。

这是我们力图做的一个尝试，就是通过阅读毛泽东的奋斗历史，能学到一些能够启发我们心智的东西，最低了也能略略体会到一些伟人的心路才好。将成功归于天命或者天才对自己是没有帮助的。而且我们会发现要想读懂毛泽东就会涉及人类知识的方方面面，尤其要具备历史知识，这是我们要做的准备之一。

毛泽东有一个小名叫石三伢子，这一乳名中的三，是中国家族排序的规矩，是由于毛的母亲生的头两胎都夭折了，毛泽东是家里兄弟中的老大，却是行三，也就是第三胎。

中国和世界历史上都有关于老三的传说，传说中老三往往是智勇双全，这可能是由于过去人们生育早，当母亲开始生育时，身心尚没有成熟，到了第三胎时才达到身心的较佳状态的缘故。显然毛泽东符合这一条件。

但没有迹象表明，毛泽东的母亲怀孕的时候梦到过什么特殊的物品，或接收到什么近乎神迹的感应，所以无法套用古时候伟大的人物们的出生记载。例如传说中，第一个布衣皇帝刘邦的母亲就梦见了龙附，这一点叫明白人感到可笑，因为往深里想就有骂人不是人种的味道了，但这在过去的历史中是成立的，因为统治者就是想把自己搞成不是人，当然也不是普通的东西，而是某种神，这把戏对于愚弄平民却是甚为有效。如果非要找出毛泽东父母与众不同的地方，那就是大多数人都是父亲的年龄大于母亲的年龄，最特殊的是孔夫子，他是父亲高龄而母亲非常年少，所以生出了一个孔圣人。毛泽东则与孔夫子相反。

毛泽东的母亲文素勤算是童养媳，比毛泽东的父亲大三岁，中国过去有一句老话叫：女大三，抱金砖，这是目前为止找到的毛泽东出生时与多数人明显的不同点。

毛泽东的精明强悍应当是来自父亲毛顺生的遗传，他性格中另外一个也同样重要的特点谨慎是不是来自母亲在怀孕时的紧张呢？由于前两胎都夭折了，所以文素勤在怀孕的时候虽然没有了初孕的恐惧感，但不安依然会有的，我们可以认为这是导致毛泽东一生谨慎的重要的原因之一。

生下毛泽东的时候文素勤已经 26 岁了，这一点又是符合现代医学的解释，26 岁是做母亲的最佳年龄，毛泽东的好身体就是得自先天的，而不完全是来自后天的锻炼。

文素勤对这个孩子自然是十分珍爱，当了爹的毛顺生在儿子满月后，自然汤饼待客，庆祝一番，祝贺的人们都是亲朋邻居，没有任何外人像耶稣降临人世时收到感应的三博士一样前来朝拜。不过毛泽东的父母显然没有丝毫的不满，恰恰相反，儿子健康就已经叫他们心满意足了。为了更好地照顾毛泽东，文素勤在孩子满月后就回到娘家长住，毛泽东的外公家文氏家族也是小康，所以很欢迎女儿回家养育孩子，这一点也是有意义的，至少小孩子不受气。过于贫困生存压力过大，多数情况会使人精神压抑，很难做到温良恭俭让。

一般农村习俗给孩子起小名，往往是用贱名来寄托好养活之意，毛泽东的外婆是一个非常有见识的女人，给他起名石头，祝愿毛的命运像石头一样坚强，伢子是当地人对男孩的称呼，合起来他就被人称作石三伢子。所以历史书上所写的天现异象是后人的牵强附会而已，显然在毛泽东出生的时候，没有人会想到这块自家亲人认为的宝贝石头最终将成长为高山峻岭。至少可以肯定的是在毛泽东出生的时候，没有任何人望出那里的帝王之气而前去韶山膜拜一番。

韶山风水论

位于湖南湘潭县的韶山冲，是湘潭、宁乡、湘乡三县的交界处，冲就是被山环抱的一块狭长的谷地之意，如今韶山冲已成圣地，吸引着越来越多的人前往。现在再看出那是一块风水宝地，是否过于事后诸葛了？风水之说有没有道理呢？当然有，但不是一般人理解的那样，风水先生们应用了一些有道理的东西，但掺杂了太多的没道理的玄乎的事物，以防止别人学会了抢自己的饭碗。风水、风水，其中风和水就很有讲究，上水好过下水不用解释，下水人吃的有可能就是上水人的洗脚水。上风好过下风，不好理解，原因是风向是不断变化的。这时候就要考虑其他因素，例如北京的上风就是北边，下风就是南边，原因主要是冬天的西北风刮起来的时候，是要取暖的，取暖所产生的污染是由北向南移动的。要是再加上水源也在北边，就形成了上风上水在西北的格局，所以故宫到颐和园以及十三陵就是北京城的主轴线。这就是风水的应用。

下面我们要考虑韶山的大风水影响，就是湖南对中国近代的影响力。

湖南地处丘陵地带，人民勤劳勇敢，民风朴实而略有彪悍，是中国最具备蛮劲的区域之一，近代出了许多大人物，特别是毛泽东，当中国人为有毛泽东这样的巨人欢呼不已时，湖南人当然最可自豪。不过我们有理由认为，这也是中国气候变迁的自然过程。在中国这一块土地上，最早的时候中原最适合人类生存，后来北方越来越干旱，江浙就替代了中原，成了中国人所说的“上有天堂，下有苏杭”的鱼米之乡。我们可以认为这一南进过程是连续的，近代到达湖南广东，所以毛泽东诞生地的天地灵气来自中华大地气候的自然变迁，可以说这一伟人是我中华民族数千年列祖列宗之魂魄与中国大地日月山川之光华相交而孕育出的精灵。我们的民族是伟大的民族，所以才会产生这样的伟人，我们的民族又经历了最为悲惨的厄运，终于催生出自己的领袖和救星。

风水的讨论不会有完结的时候，因为它有可能变成一种寄托。环境对人群是有较大影响的，大到肤色种族，小到性格习性都有影响。按照人类起源学说，人类起源于非洲，留在热带的就成了黑人，到达寒带的变成白人，来到亚洲大陆的多成了黄种人。生活在中国大地的黄种人也有习性差异，我们关注地理与人群的性格关系就会发现，大自然的条件不能太严酷，过于艰难，人群可能会缺失勤快。可以肯定的是在农业文明中，北方人的劳动时间远远少于南方人，不是你不想劳动，而是严寒中的劳动收益极小导致的必然，久而久之，就成了习惯。所以同样是工作八个小时，对北方人来讲就可能是满负荷，对南方人来讲就是轻松的。但过于平坦和优越的地理环境，民风也会柔弱，这一点不应当奇怪，历史上北方人战胜南方人的次数是极多的，反之南方人扫荡北方是极少见的。综上所述，丘陵地带反倒是最佳的，所以要论文化氛围，平原要有优势，但要论斗争精神，一般来讲，平原比不过山区，丘陵地带的人们却有可能二者兼备。所以我们想说，毛泽东一生充满斗争精神，与他的祖先生活的环境有关系，因为他们长期生活在丘陵地带，这是能说得过去的。

毛泽东出生时，已经快到20世纪了，但韶山冲的生活与祖祖辈辈没有太大的区别，当时大部分中国人的生活与现代工业文明没有关系。这也是后人了解中国近代史的基础，不知道中国当时多么落伍于现代文明，就无法正确理解中国的那个时代，我们不能在21世纪的中国的城市中感觉到过去，不能在网络上感觉旧中国，应当到偏远的山区中去感受那个时代。

毛泽东的祖父毛恩普是个老实厚道的庄稼人，这在毛泽东本性中也有体现，只是由于他的能力过强这一点被掩盖了，因为老实厚道作本性是相当优秀的品质，但要是表露出来，往往就成了笨拙的同义词。毛泽东的爷爷就是这样的，他老先生不善理财，导致家境窘迫，不得不把祖传的一些田产典当给别人。毛泽东的老爹毛顺生17岁就开始当家理事，从这一点就能知道毛泽东的爷爷是多么实诚了，强悍的男人不会叫自己的17岁儿子当家的，真正把握自己命运的人是终生工作的人们。毛顺生曾因为负债被迫外出，在湘军里当了几年兵，长了不少见识，也积累了一些银钱，还乡后，赎回毛泽东的爷爷典出的土地，后来又买进一些地，增加到22亩，每年能收80担稻谷，这种收入能保障毛家衣食无忧。由此我们知道毛泽东有个强悍的老爹，老爹能够给他带来安全和衣食无忧。

衣食无忧重要不重要呢，我们认为很重要，家境贫寒对人的影响可不全是正面的，虽然贫寒使得一些人具有了强烈的欲望，获得了成功，但除了上进心还会带来偏激和自卑，而这种偏激和自卑会在处于高位时给自己的团队带来不良甚至灾难性影响。例如蒋介石在少年时代生活贫寒就导致他在获得权力之后变得十分贪婪，过于看重金钱，而无视民族和国家利益。中国皇帝中，朱元璋出身最低，饥饿和歧视的后遗症导致他把剥皮作为对付贪官的手段，但他的子孙躺在金银山里也不给军队发粮饷，最终导致整个民族被奴役。汉高祖刘邦由于自卑心理，成功后忙着改家谱则让人嘲笑。封建帝王中最常被称赞的则是贵族出身的唐太宗李世民，他与大臣的身份是一开始就确定的，所以成功后他把注意力放在了国家的长治久安上。可见同样是帝王，出身以及心理优势对后来的行为是有显著影响的。衣食无忧的毛泽东是没有造就性格偏激的外部环境的。那些认为毛泽东的行为是按照个人好恶来进行的人显然是很难说服别人的。建国后的政治风云远不是一些人想象的那样，是历史的翻版，例如抗美援朝彭总领兵绝不是什么赵匡胤的杯酒释兵权，而是举国之战的意志表现。与彭德怀、刘少奇的党内斗争也不是朱元璋的诛杀大臣，林彪也不是韩信，这样的类比如果不是别有用心，那么就要谨慎一些了，因为这样学习历史是没有益处的，许多人不明白自从三湾改造后，共产党的将军们就没有了所谓的兵权，所以拿以往的历史生搬硬套共产党的历史是不合适的。有些行为规则毛泽东已经改了。一些屁股坐歪了的人，以己之心度伟人，恐怕难以掩饰皮袍下藏着的小来，因为毛泽东的心理是十分健康的。

毛顺生老爹是个善于经营会发财的人物，除了农耕还去做贩卖稻谷和猪牛生意，资本逐渐滚到两三千元，在小小的韶山冲，可算是个财东了，请注意，此时的毛家正处于上升的状态。

影响儿童心理成长的家庭及社会地位是一个相对的概念，而不是成年人理解的绝对概念。例如皇帝的儿子社会地位极高，但排在老末的皇子，由于受到兄长们欺辱，往往心里很郁闷。农村的村长几乎不算干部，但在小范围里却是千人、万人中的老大，这种相对优势心理对人的影响，我们称之为优势心理决定论，他决定着一个人的心志。这也是由于我们实在想知道毛泽东成功之道中到底是什么在起最主要的作用，而找到的一个重要的因素，就是不要只看到毛泽东出身社会下层，只是温饱无忧，对他要从事的事业来讲如同一无所有，而是要看到他拥有最特殊的优势心理，无论家境还是个人他都具备相对的优势心理，他的不可思议的进步十分有可能就是在优势心理不断放大的过程中实现的。

优势心理很重要，这一点中国人尚未明确成为共识，是因为我们的社会尚处于变动的激荡之中，机遇和运气成分还很大。而社会结构相对已经平稳的一些西方的研究表明，领袖素质源自相对优势心理。所以要注意了，今天成千上万的挤进城市或跑到国外洋插队的人们，在试图改变自己的命运的时候，却忽略了由于相对的社会地位偏低对后代的心理伤害，最终有可能得不偿失的。我们力图找到毛泽东的成功轨迹，所以试着把各种因素都考虑进来。

在小小的韶山冲，毛泽东的家庭是受人尊重的，没有人会欺负毛泽东，毛泽东的外婆家也是小康，而且毛泽东更是受到外婆的宠爱以及表兄们的善待，不会有寄人篱下的感觉，也不会遭受什么白眼。由此我们可以知道，幼儿的毛泽东是在没有任何生活压力和不安全感的状态下成长的，这可能表明，毛泽东的心理健康指数是要远远高于那些出身较高但家境在走下坡路的人家的孩子，而后来中国社会的许多大人物出身正好是家道中落的，如蒋介石、鲁迅和周恩来。有兴趣将他们做一些对比，将是有启发意义的。也就是说，看上去毛泽东的家庭在中国的地位似乎低于一些领袖的家庭地位，但他处于衣食无忧和上升的态势中，不会有丝毫的紧张感和不安全感，而处于下降的家境中，反倒是很容易郁闷的。最著名的就是曹雪芹了，从皇皇世家到饥寒交迫的巨大的反差，实在使人难以舒展。大部分这样的家庭出身的人活得很痛苦，只有曹雪芹将这种痛苦化作了不朽的作品。由此我们得出一个重要的结论：幸福是一个变量，它等于现在减去过去，正值代表幸福，负值代表不幸。毛泽东的家境在父母的努力下一天天好起来，所以他的童年是幸福的。

毛的母亲后来又生了几个孩子，活下来的两个男孩，分别是毛泽民、毛泽覃。按照西方的心理分析说法，由于弟弟们会分掉父母特别是母亲的关爱，特别是父母偏爱小的，往往引起大孩子的焦虑和愤怒，这些都可能对毛泽东产生影响，但作为老大的毛泽东还是获得了某种补偿，例如他幼时主要待在外婆家，依然受到特殊的关爱，由于老爹偏爱老幺，母亲为了平衡而对他的关心等等，最主要的好处是他天然地成为了领导人，他自然是兄弟三人的小组长，谁又能说这些和他以后成为领袖没有关系呢？

毛泽东的老爹毛顺生经历过家境窘迫，贫困曾迫使他投军卖命，可想而知压力有多大了，只是靠着运气和自己的努力方才摆脱贫困，自然克勤克俭，这是最正常不过了。毛顺生精明刚强的性格，既能遗传给毛泽东，也给毛泽东带来了压迫感，继承和逆反永远是儿子和父亲关系中的两大话题，父亲给毛泽东遗传了精明强悍，但老爹过于贪图财富，则使得毛泽东十分厌恶金钱，以至于一生对钱不在意。毛老爹没有平等对待儿子的意思，恰恰促成了毛泽东一生的追求平等。这真的令人惊讶，但这也是人生常态，强烈的欲望一般都产生于奇缺，而拒绝某种事物常常是因为拥有的缘故。不热衷于拥有和享受物质这一点，使得毛泽东带领的共产党人完全不同于数千年来所有的成功的造反者，而是升华成为了理想而献身的圣徒，导致了中国革命的彻底性，对中国未来的影响是不可思议的巨大。正是由于这样的品质，使得毛泽东在掌握了大权后，能够带领全国人民勒紧裤腰带艰苦奋斗长达二十多年，熬过了由于人口的膨胀带来的巨大压力，更为不可思议的是同时实现了工业化，为中华民族的复兴打下了千万年之基础。就其精神境界来讲，这有可能是今后在滚滚红尘中摸爬滚打的人们永远不可企及的圣殿。

毛顺生在积累财富上颇有成就，自然信心满满，觉得有资格按自己的生活模式塑造儿子，所以我们可以想象，毛泽东和他的老爹的父子关系中，关爱会有的，溺爱则是不可能的，毛泽东从六岁起就做一些家务和农活，如拔草、放牛、拾粪、砍柴，所以他是一个真正的农家孩子。

读书的目的全在于应用

不读书即使成功也不过是个土财主

一个湖南人说过，进了城才知道有人不愿意读书，在我们乡下孩童的眼里，打猪草和读书的两个选项中，答案是唯一的。你打过猪草吗？想一下在酷暑寒冬里打猪草是什么感觉，酷暑与蚂蝗相伴，冰天雪地里刺骨难忍，读书在这些孩子眼里就已经是天下最美好的事物了。同理，读书与打游戏机相比，读书则是最枯燥无聊的事情了。愿不愿意读书，其实就是这么简单的一种选择罢了。这多少能解释为什么穷人家的孩子能读书有成。

少儿毛泽东的眼睛也是盯住了这一决定着他一生命运的最重要的事物，那就是他强烈地要求读书，而这一点却是和他老爹意愿相反的，因为那个时代读书是少数人的行为。普及教育是毛泽东改造中国的一个重要内容，并没有因为物质贫乏而打折扣。这与毛泽东在幼年欲读书而不能应当是有关系的吧。

阻止孩子读书反倒促使孩子热爱读书，这一成功经验可惜没有太多用途，是任何一个希望自己家孩子喜欢读书的家长们都不敢借鉴的。孩童教育与养牛相似，牛宁可伸着脖子费劲去够牛棚上的不易企及的草，也不愿意低头吃脚底下的草。人们常说有钱难买愿意，大概就是这个意思，人的欲望是决定每个人朝着不同方向发展的关键因素，最理想的莫过于家长的期望与孩子的自我欲望相符合，可惜统计结果告诉我们理想的总是少数。

自发的读书意愿是人最重要的欲望，真正理解这一点的家长是少之又少，多数人变成了家长后又去重复过去的故事，现实的压力使家长们认为自己之所以地位低下，就是没有多读书的结果，于是以为只要命令孩子读书就能进步，却不知道被动读书是没有意义的。强制读书的结果往往是事与愿违，最终孩子由于逆反而远离书本。人的知识不是在高中大学学到的，而是在漫长的岁月中积累的。除了少数科学上的天才人物突然顿悟产生出科学定理之外，绝大多数人的知识是靠着不断积累完成的，最后的结果之所以有云泥之别，是由于大部分人在年轻的时候就放弃了继续学习。这一点是孩子教育的关键，家长不可不知啊！

一般人少年时代往往是单向的，家境好些的是以读书为主，家境差的以劳作为主，毛泽东与众不同，他是处于劳动和读书各半的状态。少年毛泽东的劳作是带有强制性的，原因是他的老爹认为读书不如劳作经商获利，实际生活中也确实如此，毛老爹可不傻，通过读书成功的毕竟是少数，眼睛所见到的多数读了点书的秀才活得并不比会做买卖的毛老爹好。天天读书则是更有钱人家的专利，而毛老爹认为自己的家庭尚未达到那样的高度。这里面还有个人的因素，就是少年毛泽东是个大高个子，早早就能当个劳动力使用。所以能干活了就得下地，没啥好说的。

14 到 15 岁大约两年的时间内，毛泽东成天在地里跟家中雇的长工一同干活，毛泽东记忆深刻。

这是毛泽东最不同于中国其他的领袖们的地方，他是中国近代领袖中唯一真正在土地上劳作过的人。一亩地里能够打多少粮食，他是知道得清清楚楚的，面对大跃进中的宣传说亩产上万斤，毛泽东说这是吹牛、放大炮，并对某位领导说，你没有种过地，我是种过地的。仅仅通过这一段话，我们是无法知道这位领导是谁的，因为中国近代的领袖们都没有真正种过地，毛泽东是很特殊的。通过比较会发现他与其他的领袖最大的不同，就是他成长过程中，其心不甚苦而只是体乏过，这是绝对罕见的，也可能是最重要的。我们有一个最特别的发现，同样是面对困难，有人是受苦，有人是自苦；受苦是被动的，自苦是主动的，结果大不相同。站在人类思想最高峰的人们，无一例外，全是自苦，基督有王室血统，佛陀就是王子，马克思是博士。毛泽东家是富农，他幼小的心灵从没有沾染到恶毒的汁液，他完全是一种更主动的、更为积极的心劲起着主导作用。追求精神上的进步来自本身的内在的动力而非外界的压迫，这样的经历和心态产生了两个重大的结果：一个是中国的变革更加阳光些，一个是持续的时间更长些。这多少能解释为什么毛泽东终其一生都不曾安定，他不断地被更高尚更远大的目标所激励，对大多数追随者来讲，这是令人筋疲力尽的作为，但他却乐此不疲。因为精神力来自头脑而非身体，所以对毛泽东来讲，随着年龄的增长，他的力量不但没有减少，反而是增加的。对他的一些追随者来讲，他走得太快了、太远了，难以跟随，但对中国这个落后的积重难返的社会来讲，这却成了变革的最大动力。

毛泽东劳动的时候，依然坚持读书，这叫毛老爹很不愉快，父子曾有过冲突，毛泽东突击劳作来挤出时间，最后在完成老爹交代的较重的劳动任务后，老爹不再干涉他看书，父子二人达成基本谅解。我们无法不感叹命运造化之功，大部分父亲都希望儿子读书，恨不能将书山搬到儿子面前，可能就是因为太容易，反倒多数不爱书，真要是不让孩子读书恐怕是多数孩子就不读了。所以左右不是的可能性最大，像毛老爹这样的家长不叫读书，而毛泽东自己非读不可的总之是少而又少的，由于获得读书的许可如此不易，促成了一个难以想象的结果：读书伴随了毛泽东一生。进过毛泽东中南海故居的人就会惊讶地发现，毛泽东的大床上一半摆着书。一个人要是读几十年的书，那他的知识该是如海一般的宽广渊博了，更重要的是他能读懂绝大多数的书。

少年毛泽东为什么如此热衷于读书呢？这样的种子是怎样种进毛泽东的心田里的？无法想象没有读书的毛泽东通过什么途径进入中国的领导阶层，也就不可能再有后来的一切革命，所以读书是毛泽东成功天梯的第一阶。在过去的人类历史上文盲并不意味着一定不能成功，朱元璋就是文盲最终成了皇帝。未来依然会有文盲在某些关键领域里获得成功，例如积聚财富，但不会再有文盲成为社会的领袖，差一点读不成书的毛泽东最终成为一个学识巨为渊博的人，周恩来就曾对来访的尼克松说，毛泽东读的书太多了。读书并不意味着一定能够成功，因为读书的人实在是太多了，但不读书即使已经获得些许成功也不过是个土财主罢了。英国名人培根说读书有三种用途：增长才干、消遣和装饰。第一种用途最直接，就是读书可以增长才干，也就是说读书可以获利或得到力量，这是大部分人读书的动力，尤其是学习科学和技术更直截了当。读书还可以作为消遣，这一用途主要体现在培根所处的时代，那时读书尚是贵族的喜好，作为时髦的风气，显然读书是最能达到人畜无害的，值得提倡，领袖喜欢读书可比喜欢打高尔夫对社会的影响更正面。读书的第三种用途是可以作为装饰，这其实也是最容易叫人忽略的，但也是读书很有用途的地方，就如同女人都要化妆一样，虽然说起来有人鼓吹素面朝天最好，但事实上除了少数天赋极好的小女人，绝大多数美女都是画出来的，这就是装饰的作用。世俗力量如权力与财富对男人来讲是躯干，读书意味着有文化，文化就是男人的装饰和面子了，有势力的人如同山峦，有知识的人如同星斗，被人称之为泰斗就意味着他具备世俗力量和真知灼见。读书的这三种用途到了毛泽东这里达到了极大化：读书增长才干，毛泽东读了一辈子书，也检验和应用了一辈子知识和理论；读书可以修饰，毛泽东的光芒也来自他的博大精深；读书可以消遣，高处不胜寒，站在人类历史高点的毛泽东是孤独的，他的消遣只能是和人类历史上的天才们交流，渠道就是读书。

多数资料记载的毛泽东的启蒙老师是他的第一个私塾先生邹春培，而我们认为从真正意义上讲，毛泽东的启蒙者是他的姨表兄王季范。

毛泽东在幼年时代，长时间住在外婆家，受到外婆的宠爱和众多表哥的呵护，他甚至不愿意回到自己家，他在躲避严厉的老爹。显而易见，在外婆家不用打猪草，即使偶尔为之也是有众多的表兄为伴。众多表兄中，毛泽东最喜欢王季范，王季范大毛泽东九岁，行九，毛泽东一直叫他九哥。王季范1972年去世的时候，毛泽东送的挽联上依然写着“九哥千古”。毛泽东曾指着王季范说过这样的话：没有他就没有我。这就是对王季范的启蒙之功的最高评价。

作为幼年毛泽东楷模的王季范自小学业成绩极好，获得家族内亲戚们的器重，毛泽东小时候长期在外婆家寄养，王季范自然是毛泽东崇拜和钦佩的模范，王季范也喜欢这个聪颖好学的毛表弟，两人间培养了深厚的情谊，王季范并不是最早教毛泽东识字的人，那我们为什么把王季范视作第一启蒙者呢？

这是因为王季范为毛泽东开启了知识之门，智慧之门，关键是王季范的榜样让毛泽东产生了要读书的强烈欲望，他打心眼里抗拒永久性的下地劳作，拒绝像父亲那样活着，像表哥那样读书才是他的理想，这个种子埋在毛泽东心里，一直支撑着毛泽东上进，王季范的最大贡献就在于此。这就是为什么毛泽东在老爹强烈反对的情况下，能够坚持要读书的关键所在，可以想一下，若没有这个楷模，少儿毛泽东拿什么去对抗老爹。

读书上学成了幼年毛泽东的最大心愿。这是王季范的大功劳，所以我们将毛泽东的启蒙者定为王季范是最为恰当的。

虽然毛顺生没有寄希望于自己的儿子读书成才，但渐入富农家境识字还是必需的。所以毛顺生把儿子送到私塾，八九岁的毛泽东开始了自己的相对正式的学习之旅。自然，毛泽东是从传统的《三字经》《千字文》《百家姓》开始的，可以肯定，毛泽东在开始读这些启蒙教材时，他已识字了，他在外婆家可没有白待，这样他在同龄人中就有优势。这是我们能学到的一个好方法，一些家长做得完全反了，搞什么培养神童，那不是毁自己孩子吗？你见过几个神童最后成才了？读过《伤仲永》吗？读过而坚持培养神童的，那叫明知山有虎，偏向虎山行。家长把孩子往虎口里送，还很得意吗？

我们的结论与热衷于培养神童的人们相反，从毛泽东的成才路上得到的启示是：早识字、晚上学是培养孩子成才的好办法。

在经过邹春培等三位塾师之后，毛泽东遇到了一位好老师，他的族兄毛宇居，也叫毛泽启，从名字上我们就知道他和毛泽东辈分相同，但他比毛泽东要大许多岁，13 岁的毛泽东拜毛宇居为师。

毛宇居是当地有名的秀才，古典文学功底深厚，对毛泽东大为赞赏。有一次毛泽东趁老师不在，溜到山上摘野栗子，被毛宇居抓住，一开始毛泽东试图拿野栗子讨好老师，可见毛泽东还是十分灵活的，这种公然的小行贿当然被拒绝。毛宇居要惩罚他，毛泽东先是争辩说死读书不好，然后说那你罚我背书好了，企图将这种惩罚大事化小。毛宇居清楚知道背书难不倒毛泽东，为了师道尊严需要加码，一转眼有了主意，他把毛泽东领到院子中央要他赞井，面对这一难题，毛泽东围着井转了两圈后高声赞道：

天井四四方，周围是高墙，
清清见卵石，小鱼囿中央，
只喝井里水，永远养不长。

毛宇居听后惊叹不已，认为毛泽东是个奇才，此后更加尽心尽力培养。这首诗有可能是毛泽东最早的诗作。毛泽东是位大诗人，甚至有人说他是最伟大的诗人。有人则说，毛泽东的最著名的诗句是秘书代劳之作，说这话的人是故意中伤，不喜欢毛泽东也就罢了，干什么要露出自己无知呢？显然他们不明白诗词及诗人在中国历史的地位和意义。

诗是什么？我们常说诗言志。所以在中国相当长的历史长河中，有无数的诗句，就是文化人用文字表述自己的志向，写得好，获得别人的共鸣，哪怕只有几十个字，就可以获得诗人的桂冠，就可以一举成名天下知。这看上去最简单的事情却又是世上最难的事情，因为它的产出不单是需要天才，还需要苦难伴随，于是乎最好的诗词多是郁郁寡欢之作，更多是风花雪月的呻吟，最佳的也是壮志难酬的悲愤和绝望。其中关键因素就是诗人志向无法跨越自我所处的时代，在过去时代文人的最高志向只能是出将入相而已，而真正达到这样阶段的人多数是不热衷于作诗的，甚至是大老粗，结果秀才遇到兵，不光是讲理讲不过兵，而且诗也写不过战火中爬出来的战士。许多文人笔下万言，气势上依然比不过大老粗刘邦的《大风歌》：

大风起兮云飞扬，
威加海内兮归故乡。
安得猛士兮守四方！

问题是，在毛泽东之前谁的诗中志向超过了刘邦皇帝了呢？

我们知道人的觉悟或是认识过程，有渐悟和顿悟之说，渐悟是一个积累的过程，顿悟是一个提高的过程，人生不是简单的爬坡，不是说只要努力就一定能站到最高，人生更像是爬山，不懈努力固然能站得高些，但山的最高处是没有路的，只有峭壁，是一种能阻挡多数人的台阶，所以多数人到了一定程度就再也无法取得进步了。悟性也是这样的一种状况，对人来讲，也是有渐悟与顿悟之区别，渐悟是一个爬坡过程，顿悟则是台阶似的进步，顿悟很重要，有时候叫开天眼。顿悟需要机缘和天赋，无法作为普遍适用的方法来学习。

这一阶段毛泽东的学习历程有一点值得注意，那就是他中断了学习，因为老爹叫他下地干活去。一般的穷人家孩子遇到这种情况就会停止学习书本知识，毛泽东没有终止学习，相反他更轻松地学习，他在读课外书。

中断学习是一个好方法，但有可能依然没有家长敢效仿使用。连续读书似乎成了现代的基本方式，许多人在学校一直读到 30 岁，效果没有人敢说不好。那是因为大部分人没有接触到这一层面罢了。就如同北大号称是中国最高学府，很少受到批评，因为一般人没有勇气和底气，敢说北大缺点的批评者常常是北大自己人，而多数北大人还是要说北大的好的，因为利益相关。北大百年没有培养出几个影响中国历史的学生，就已经说明了问题。同样，连续读书效果不一定就好，显而易见的是因为这样做的结果没有培养出什么大人物来。

学习不怕晚，怕的是强迫

停学两三年之后的毛泽东，获得了再次学习的许可，起因是毛顺生在一场官司中有理，但由于没有文化知识吃了亏，这一损失使得毛老爹下决心让毛泽东继续读书识理，显然原先以为单单识字已经够用了的见识是不对的，毛老爹终于意识到了这一点，会做买卖可以衣食无忧，但不能保证自己不受人欺负，藏在保险柜里的金钱不会带来社会地位。这是命运的安排，信仰毛泽东的人们恨不得扑上前去抓住毛老爹的手说：太谢谢你了，太谢谢你了，就是这一决定，造就了毛泽东，从此后毛泽东就再也没有离开过书。也就是这时，毛泽东遇到了真正的良师，那就是有“韶山小隐人”之称的毛麓钟。

毛麓钟是韶山毛氏家族中唯一真正有功名成就的人，他大概当过相当于地师级干部这样大的官，在毛氏家族地位最高，自然深获族人尊崇，他是到外面闯过一番的人，又是毛泽东未出五服的堂伯父，毛泽东的父母对毛麓钟素来十分敬重，毛泽东自幼便格外敬畏毛麓钟，常随父母毕恭毕敬拜访毛麓钟，这种致敬式的行为产生了良好的效果：做一个堂伯父式的有知识而受人敬重的人，也是毛泽东幼年志向之一。

毛泽东想去毛麓钟那里读书，获得毛老爹的支持，这种一致在毛泽东和老爹的关系中是罕见的。他们父子二人脾气都犟，多数情况下是拧着的，你说朝东我非要朝西的，由此可见毛麓钟的影响力之大了。

毛麓钟先生的学生中，毛泽东禀性最聪明，记忆力最强，诗文作得最好，自然博得了十分爱才的毛麓钟先生的赞赏，毛麓钟是一个家族观念很重的人，他将毛氏家族中兴的希望，寄托在毛泽东的身上。

毛泽东辍学两年，就学机会失而复得之后，学习成为完全自觉的行为，他格外刻苦用功。值得注意的是这一时间将长达十年，虽然在时间上讲和一般人的读书时间相差不大，但由于毛泽东完全是自觉地刻苦地学习，效果要好得多。这是毛泽东在青年时代就已经达到博学的关键原因。请注意这一点：主动学习与被动学习有着云泥之别。那些强迫孩子学习的家长是好心办成了坏事，学习不怕晚，怕的是强迫，因为一旦强迫消失，孩子们多数就放弃了学习。你看看现在的大学生一进大学在干什么？有几个人是在学习呢？多数人除了玩耍就是放纵，不要怪孩子们，孩子们小呢，有几个人知道自己错了呢？这不都是家长和老师逼出来的吗？他们太累了，经历了漫长的考试马拉松之后，谁不想休息呢？

毛泽东不是秦皇汉武，他爹不是皇帝，毛泽东不是唐宗宋祖，他爹不是贵族，毛老爹只是一个农民，他的眼光就是读书不能直接获利，所以就不读了。可是毛泽东要读书，终于阴差阳错，毛老爹同意了，愿意供给他读书，能读书了，对毛泽东来讲这就够了。

毛泽东的正规学习只有十来年，由于是自觉的学习，效果要好得多，并且能持续一辈子，原因就是没有丝毫的强迫，完全是自觉的行为，这一点很关键。

毛麓钟把毛泽东读书的目的有意引向了为整个毛氏家族而努力，而不是仅仅顾及自己和自己的小家庭，这对毛泽东的人生观有着重大的影响，这是一个引子，也是一个方向，随着毛泽东眼界和心劲能力的增加，毛泽东的胸怀越来越开阔，最终毛泽东将奋斗的目的与目标光大到整个中华民族的进步上来。

毛麓钟花费心血，悉心指导毛泽东阅读了大量古籍，给他点读历代名家传世之作。而读史必读的《史记》《资治通鉴》和《贞观政要》等书，则给予细心的讲解。这些书毛泽东一辈子到底读了多少遍无法知道，但没有人能够否认他在书写历史的同时，历史也在他心中。

毛麓钟酷爱历代著名诗词辞赋，尤其喜爱宋词元曲。他的这一爱好，自然感染了他的学生，毛麓钟见毛泽东对诗歌辞赋产生了极大兴趣，便悉心地教他朗读、背诵，同时教他习诗作赋，毛泽东后来和陈毅讨论诗词的时候谦虚地说自己对词稍稍了解一些，显然来自这一导师的传授。

在这样一个良师的栽培下，毛泽东在1910年写下了一首《咏蛙》诗：

独坐池塘如虎踞，绿杨树下养精神，
春来我不先开口，哪个虫儿敢做声。

从中就能看出来毛泽东已窥出诗词曲赋的门径，登堂入室了，作为诗人的毛泽东显然得益于毛麓钟的教诲。从“春来我不先开口，哪个虫儿敢做声”之句中是不是已经能够感觉到那种王者之气了呢？

做诗人需要有天才，所以师傅领进门，修行靠个人。现代教育设立无数个专业，但没有教人做诗人的专业，除了作诗，还有更重要的事物需要毛泽东学习。毛麓钟不是一个简单的教书先生，他是一个真正闯荡过一番的能人，他有着成功的经验与失败的教训可以教授给毛泽东。毛麓钟最主要的影响力是教导毛泽东读书的目的，他常向他的这个弟子讲述古人读千卷书、行万里路，灌输学以致用的道理。

我们常说，学习目的要明确，小时候的评语中最常见的就是某某某同学学习目的明确，当然这是夸你呢，只有老师认可的好学生才会获得这样的评语，可惜的是用得太泛泛了，最终谁也不知道这是什么意思。尤其是小学生，能有几个学习目的是为了某种崇高呢？一些孩子学习目的是为家长，原因就是孩子直接的观感就是屁股后面站着督战队般的家长，其实这是最糟糕的，好一点的是为了自己，这一层次就叫懂事了，更好的则是为了较大的群体，这一层就是明理了，较为高尚的目的是值得赞赏的，就已经达到了英才一级了。当然过犹不及，例如有一个阶段曾号称读书是为了全人类，这就太虚幻了，也就不真实了，因为人类社会有一个大关尚未突破，那就是每个人都是社会的，都是民族的一分子，超越它难度太大了。当然学习目的明确，和能否实现不是一回事情，但没有较为积极的、较为正确的读书目的而读书有成的几乎没有，最著名的例子有周恩来的“为中华崛起而读书”，这是极为了不起的事情。

此时的毛泽东似乎没有写下为什么而读书，对毛泽东来讲，能读书的问题好不容易才解决，先赶快读再说。可以说，是王季范让毛泽东知道了读书好，应当读书，是几位塾师特别是毛宇居教会了他先记下来，这使得毛泽东有了自己坚持读书的能力。最重要的教师是毛麓钟，他告诉毛泽东读书的目的，读书的目的全在于应用。我们认为对学生来讲，导师的作用就是赞许和引导之功，王季范、毛宇居、毛麓钟，就是毛泽东的启蒙导师。

一个人一辈子遇到的教师不会太少，但多数人并没有将教过自己课程的老师都认作导师给予尊重和感激，这其中缘由多数人没有认真想过，以为是大家忙碌中忘却了老师，其实这不是学生的错，问题主要出在老师身上。很多教师，终其一生，都没有起到导师的作用，人们多以为是因为他们的知识水平的局限，其实对人起决定作用的导师是引导者，而人们接受引导是因为他们意识到这样做对自己有好处，这种主动的行为完全来自老师的赞许，没有赞许过学生的教师只是教书匠，永远成不了导师。每个人心中其实都有老师的影子，他们对自己的导师都是心存感激的，而那个刻在心里的导师一定是夸奖过自己的人，不要小看这句夸奖，它是幼小的心灵最关键的接引者。

人生众多碌碌者，最大的问题就是读书无作文胆，磨剑无破敌胆。胆，是欲望，也是目标方向，毛泽东的启蒙者们的言传身教，启发了毛泽东最重要的欲望，也给他指出了方向，关键是他们都意识到了毛泽东的与众不同，他们毫不吝啬地将最美好的赞许送给毛泽东。正是这种赞许将农民的儿子毛泽东送上了成就无限的攀登之路。这是我们重要的研究心得。

现如今，多数学校里的教师，没完没了地教训学生，批评学生，却不知道赞扬学生。机械地应用“骄傲使人落后”之语，却不知道毛泽东的这句名言是告诫他的战友的，只有那些经历过战火千锤百炼的勇士才有资格骄傲，毛泽东提醒他们不要骄傲，再求进步，他在为他们指明纯粹和高尚之路。普通的人根本没有资格使用，小孩子哪里来的骄傲呢？孩子们更多的是自卑、不安和恐惧，老师和家长的责任主要是帮助孩子们克服自卑和战胜恐惧，为他们提供保护伞，如何能让孩子们自己站起来，成为大写的人呢？别无他法，唯有夸奖。

现代作家郑渊洁受过老师和学校的严重伤害，愤怒之下，不让自己孩子再去学校受伤，自己带儿子学习，他总结的经验就是对孩子要往死里夸，是不是也很有道理呢?

夸赞孩子和溺爱完全是两回事儿，赞扬孩子是把孩子视作一个未来不可限量的人来尊重，只是现在还很弱小，需要鼓励方能长大，溺爱则是不把孩子当作平等的人而是玩物，是弱智。赞许和溺爱不是一个层面的问题。

少年毛泽东的家境不是很差，但也只能说不是社会最底层，所以实在不能作为能够成就伟业的条件，只能表述为他确实受到多数人的赞誉，几乎唯一的训斥来自毛老爹，也不是愚蠢笨伯之类，而是他常常斥责儿子懒惰，毛老爹见不得毛泽东闲着，甚至看书也算是闲着偷懒。

老爹毛顺生期望儿子将来成为同他一样生财有道的精明人，在他看来秀才的路不是发家的路，当塾师夸奖毛泽东会名登高科、光宗耀祖时，毛顺生却说：种田人家，不图什么功名利禄，只要能算清数，记得清账，能写信就可以了。一旦发现儿子的行为不合自己的准则，他便用高压手段来管教，说白了，老爹的方式就是骂不离口、打不离手，父子冲突就不可避免，对毛泽东来说，与天奋斗的第一目标就是反抗他的老爹。今天的读书人，为人之父以后很少再用拳头搞教育了，这种进步也不一定就全是好处，其实棍棒这种教育方法在过去很常见，并且是最符合社会达尔文主义原理了。

我们惊讶地发现，现代中国越来越多的儿子们不再反抗老爹，后果是严重的，儿子不反抗父亲实际上是不对的，越是食肉的动物，雄性动物之间的争斗越是激烈，哪怕是父子血亲关系。在毛泽东幼年的那个时代，父亲多是严厉的，打儿子的老爹是较多的，但鲜有毛老爹那样，因为毛老爹不光是有名的脾气暴躁，而且还当过兵，打起儿子来那是毫不客气的。暴老头往往会生出柔弱的儿子，原因就是有些儿子会被老爹的暴怒吓住，而无法体会那暴风骤雨般的大爱，反抗老爹的儿子会早早长大成人。毛泽东正好就是对老爹十分不满的儿子。老爹强迫他劳作，不让他上学，还不让他看杂书，老爹十分贪财等等都叫毛泽东逆反。但毛泽东不是愣头青，他没有为了显示勇敢而倔强地站在老爹的巴掌之下，而是能躲则躲，不能躲则寻求同盟军的支持。

他的同盟军就是母亲和两个弟弟，在处于弱势的情况下，依靠同盟军，这一招毛泽东小时候就知道，并且身体力行。这一造就毛泽东巨大成就的重要法宝居然是家庭环境使然，恐怕会使研究毛泽东的人瞠目结舌了。

同老爹比较起来，给少年毛泽东影响更大更深的是他的母亲，作为普通的农家妇女，文素勤一生默默地操持家务，抚养儿辈，她待人接物，纯朴善良，极富同情心。灾荒年月，常背着丈夫送米给讨饭的人，平时还虔诚地烧香拜佛，把“积德行善”、“因果报应”一类的信念灌输给孩子。母亲的言传身教，使毛泽东从小同情贫弱、乐于助人。少年毛泽东生活的气氛中有着相当的佛教色彩，这一点很重要。作为一个灭敌千百万的最伟大的军事家，在许多人眼里，他却是一个真正的佛，西藏农奴将毛泽东的士兵称作菩萨兵就是明证。

老一辈人不可能不遇到乞丐，因为缺衣少食在中国是常态。那个时代的乞丐不是现代城市的乞丐，他们要的真的是一口吃的，而不是钱，钱对他们是过于奢侈的东西了，他们放弃尊严伸出手来只是为了活下去。我们应当知道，对待乞丐的态度是人生一个分水岭，这一态度对人的成长很重要，决定着人这一辈子眼睛是向上还是向下。许多富裕的人家常常厌恶乞讨者，赶走接近他们的乞讨者，而不是伸出援助之手，他们拒绝施舍，原因是他们认为自己不够富有，他们眼睛向上看着更为富有的人，这类人一生都是锦衣玉食的可怜虫。眼睛向下的是那些心存慈悲的人们，他们是即使自己不富裕，但依然会施舍一点食物的人，他们是精神富翁。

毛泽东的母亲乐善好施对毛泽东影响很大，它构成了毛泽东人生观的基础，终其一生没有改变。毛泽东敢于面对任何强敌，却害怕面对弱者的伤痛、眼泪和哭声。他的少年时代，中华大地充满了痛苦，多数人是麻木的，少数人为了自己的私利继续制造痛苦。毛泽东既没有麻木，更没有自私，而是以天下人之苦为自己的苦，他要改变这种不合理的社会，佛教徒以忍让和同苦来化解世间的苦楚，毛泽东则是靠积极的行动来解除世间的痛苦，他比佛更慈悲。我们无法知道那些质疑毛泽东的人们是如何对待乞讨者和贫困者的，但有一点可以肯定，最能代表人类良知的恰恰就是慈悲心。以阶级把人划成不同的阵营，今后可能是不合时宜的，但是否考虑中下层大多数人的利益，则是衡量知识分子永久的标杆，一心一意只为上层利益出谋划策的人不是知识分子，只是识字的奴才而已。

毛泽东很早就在实践着自己的人生信念，他小时候的一件事情就能很好地说明这一点。他家附近一个农民婆婆，曾收下定金把猪卖给了毛顺生，过几天老爹派毛泽东去赶猪时，猪价已涨了，此事可见毛老爹的精明之一斑了，没有办法，毛老爹就是会算计，能发财。这个婆婆唉声叹气，埋怨自己运气不好，絮叨说少了几块钱对富人不打紧，对穷人家里却是个大空缺，意思是不言而喻的。尚是少儿的毛泽东心软了，居然自作主张收回定金，把这桩买卖退掉了，不赚这种叫心灵不安的金钱。他的做法自然叫老爹大怒，怒不可遏地训斥毛泽东愚蠢笨伯加傻瓜，可以想象那么在乎钱的老爹什么话都能骂出来。但毛泽东做的主却不能再更改，毛老爹再贪财也不能复去人家家里赶猪。毛泽东宁可挨骂也在坚持自我的道德判断，他成为实际上的胜利者。

毛泽东 11 岁那年，老爹毛顺生要买进堂弟毛菊生赖以活命的七亩田产。毛泽东和母亲的态度是一致的，都觉得应该设法周济毛菊生渡过难关，不应该乘机买他的田产，毛顺生却认为用钱买田是天经地义的事。田地是农民的命根子，不到万不得已是不会卖的，有钱也不是随时可以买到的，所以对想通过买地发财的人来讲这还真的是难得的好机会。母子俩的劝说自然没有效果，老爹获利了，但这件事情却给毛泽东留下一种十分压抑的印象，甚至到了建国后，他成为最高的领袖了，依然多次对毛菊生的儿子毛泽连说这件事情他老爹做得不对。

除此之外，毛泽东与他爹的大冲突主要有三次。

第一次反抗发生在他 10 岁那年的夏天，酷暑中孩子们更希望放下书本去泡在水里，塾师邹春培先生显然不会认同这种期盼，他布置学生们预习《论语》，内容是武侠爱好者都熟悉的一段："暮春者，春服既成，冠者五六人，童子六七人，浴乎沂，风乎舞雩，泳而归。"夫子喟然叹曰："吾与点也！"

这一段话，即使没有看过论语的，也有许多人知道，原因是金大侠写的《射雕英雄传》里，黄蓉强词夺理用它调侃过段皇爷手下的书生宰相读书不求甚解。

见到"吾与点也"的字样，毛泽东心中暗想：哦，原来孔圣人是赞成弟子们游泳的呀，于是在盛夏的炎热中，他号召同伴游泳去，并说自己找到了对付老师的办法。有人出头，这太好了，显然毛泽东在他的小伙伴中拥有较高的号召力，小伙伴们欢欢喜喜结伴下水。

邹先生回馆，发现他的学生们个个赤身裸体，正戏水弄波，大怒道："孺子不可教也！"再下来就该是朽木不可雕也，但显然邹先生准备用教鞭雕一下不是朽木的、但已经是出头的椽子的毛泽东，毛泽东则根据书上所写"吾与点也"，指出孔圣人是赞成下水游泳的！

这一下把先生逼到了犄角旮旯。邹春培十分尴尬，当时教育的最高精神就是服从孔夫子的教诲，而少儿毛泽东学习的悟性已经达到了这样的高度，现学现用，孔夫子成了挡箭牌。这使得邹春培无言以对，他气急败坏地折断戒尺，到毛顺生那里告状说："顺生兄，你家石三不得了，他才学比我高，我教不了他这样的学生啦！"毛老爹可不认为真的是石三伢子才学比老师还高，听说儿子竟敢坏了学堂的规矩，顺手拿了竹竿就去教训毛泽东。老爹可不讲究什么孔夫子的理论，讲究的是棍棒底下出孝子。师道尊严与父权具有十分接近的血缘关系，师父、师父，讲究的是一日为师终身为父。毛泽东让老师下不了台，老爹自然要帮师父找回面子，在这师与父的合力进攻面前，毛泽东选择了跑，毛泽东知道挨打必不可少，不敢回家，想往外跑，尚不足 10 岁的他，在山里转了 3 天，只离开家几里远，还未能走出韶山冲。

孩童的出走是家庭的重大内乱之一，所有家长在准备教育孩子之前，都要先给孩子打好预防针，讲好无论老爹如何惩罚你，都不可以离家出走，没有这个契约合同，就不要轻易实施雷霆之怒，否则一切教育可能适得其反。毛泽东的出走也不例外，这一惊人消息自然引发家人的极大担忧，亲友们全体出动，四处寻找，时间在焦虑中度过，亲人们度日如年，幸亏一位砍柴的老人，遇到了迷路的少儿，将毛泽东护送回家，老爹没敢因此再打毛泽东，先生也没有再为难他。对这次的经历，毛泽东自我感觉很好，几十年以后，他向一位国际友人谈起时，称之为"一次胜利的罢课"，他说："我的抗议行动的效果，给了我深刻的印象，这次罢课胜利了。"孩子出走就意味着家长教育失败，这一结论是古今中外概莫能免，是永远成立的。

第二次大的反抗发生在1906年的冬至这一天，毛顺生设酒席宴请生意场上的朋友，吩咐13岁的毛泽东帮着招待客人，毛泽东不愿意做这些事，他的心思根本就不在这种事情上。老爹生气了，就骂他懒而无用，为子不孝，他当着客人反驳说：父慈子孝，只有“父慈”才能“子孝”。这简直是批老爹的逆鳞，戳老爹的痛处，毛顺生气急败坏，举手就打。

少年毛泽东跑到家门前的一口池塘边，声称老爹再要逼近，就跳到冷水里去。这是真正的威胁，倒不是怕淹着了，而是怕冻着了，在当时的医疗条件下确实有危险。这是态度决然的标志，老爹也犯了含糊，不敢再过度逼迫，可是又不能后退就这么算了，这多丢面子，一时间父子俩僵持在那里。

自然这时候该妈妈出面了，文素勤见惯不怪，这父子俩都是倔脾气，谁又能彻底改了性子呢？在母亲的调解下，一场对峙以父子各退一步化解，老爹承诺不再随意打骂，儿子则半跪认个错得以和平解决。

13岁的毛泽东就和强悍老爹战成平手，可见他的斗争精神了，这种遇强不弱、不服输的精神在日后的岁月中被不断放大和扩展，在胜利的方针指引下变成了中国共产党人的斗争精神，最终成了中国人的斗争精神，一步步打败了国民党、日本人，一直到朝鲜战场，中华优秀儿女都被赋予了这种精神的力量，有了这种精神，哪怕是只有落后的武器也能与强大的美国打成了平手，这林林总总都是结果，而种子就是在少年毛泽东反抗老爹的时候种在心里的。

从此，毛泽东悟出一个直观的道理：在压迫下如果温顺示弱，反会遭受更多的打骂，只有用坚决反抗的办法，才能保护自己。当时的毛泽东并不知道社会达尔文主义是个什么东西，却知道“哪里有压迫，哪里就有反抗”，弱者必须反抗才能改变任人宰割的命运。这是我们中国人的福分，我们民族的命运改变是建立在毛泽东的反抗精神上的，而这种精神如果追溯渊源，它居然来自毛老爹的父权压迫，这实在是奇特的一幕。

最大的反抗，毛泽东对老爹最大的“不孝”，大概要算默默地抗婚了。14岁那年，毛顺生给他包办娶了个18岁的媳妇罗氏，实际上是为家里添个劳力，毛泽东始终不承认这桩婚事，从未和她同居，老爹也无可奈何，唯一能做的，就是把“毛罗氏”作为毛泽东的原配妻子写进毛氏家谱。毛罗氏早早就去世了，是个苦命人。这是命，毛泽东不属于她。

母亲去世后，毛泽东把父亲接到长沙住了一阵，毛老爹后来不再干涉他的选择，一直供他上学，对此毛泽东是很感激的。毛老爹亲眼看到了他的儿子与众不同，但也没有坚持到看到儿子成为至高，毛顺生于 1920 年 1 月 23 日患急性伤寒去世，时年 50 岁。毛泽东父母亲去世较早，并不是先天的因素而是染上了当时难治的疾病，他们给毛泽东遗传的基因是健壮的。这对毛泽东一生保持旺盛的斗志很有帮助。

三大名著的启示：斗争、平等、行动

中国有四大名著，但有迹象表明，毛泽东少年时主要热衷于读《水浒传》《西游记》《三国演义》，而最著名的《红楼梦》是他老年才热衷的，这是否在启示我们阅读名著的顺序呢？阅读名著的顺序重要吗？我们说是的，显然读书的顺序和内容是非常有讲究的，很多人没有注意过这一点，常以为只要是名著读了就有好处，事实上却是极不尽然。中国名著里面对人影响最大的、最特殊的是《红楼梦》，不是说它有多大的益处，而是一不小心就有坏处，不过少年人一般读不进去，它是天才书，对于普通人来讲就如同炼好的猪油难以下咽，所以读不进去就是好事情，读进去就糟了，这一点大多数家长没有意识到。《红楼梦》只有成功的人士才能读，读了才有好处，因为它描述的是繁华之后落败，没有成功经历的人是没有资格读的，少年人读了反倒有坏处，许多读书人一辈子没有出息，就是在不适当的年龄过早地读了《红楼梦》的缘故，他们常以为自己读懂了《红楼梦》，而没有意识到读书居然需要资格。

老话说的“老不看三国，少不看水浒”之类没有什么道理，除了《红楼梦》，其他三本名著就是少年时必读之书。这三本书对中国人的影响是极大的，对中国的历史也有重大的影响力。孙悟空的“皇帝轮流做今年到我家”的造反精神，《水浒传》里的“四海之内皆兄弟”的平等诉求，三国里的“浪花淘尽英雄”甚至成为数百年来行动者的教科书。汉族的读书人将《三国演义》看作是某人编的故事或野叟曝言，清军却将三国视作兵书而入主中原。这就

是书生与行动者的区别。

这三本书对毛泽东影响巨大，事实上也只有毛泽东对这三本名著研究最透，也只有他有能力和资格扩展这三本书的内涵。齐天大圣孙悟空是毛泽东最为赞赏的精灵，毛泽东后来有诗赞誉：金猴奋起千钧棒，玉宇澄清万里埃。毛泽东常说他有虎气和猴气，猴气最难理解，是不是指不安分呢？那就是大圣气了，金猴的斗争精神，七十二般变化，在毛泽东身上都有体现，金猴可以用毫毛化身千万，毛泽东则将自己的思想传授到亿万中国人的心中。

《水浒传》对毛泽东的影响更为明显，逼上梁山在毛泽东这儿真实再现，那就是上井冈山，五湖四海皆兄弟这样的平等诉求不仅仅在延安闪现，甚至在建国后已经实施军衔制，毛泽东依然敢废除军衔，恢复官兵一致。毛泽东的军队成员叫作指战员，不叫官兵，指挥员就是官，战斗员就是兵。不要小看这一称呼，当官的比当兵的只是上衣上多两个口袋，军长和连长没有服装上的差异，那么谁指挥谁呢？看惯了将星校杠以肩章排大小的现代年轻人，能想明白官兵穿一样服色的军队怎么打仗吗？要知道恰恰是这官兵一致的年代，中国军队取得了战无不胜的辉煌战绩。而到了晚年，毛泽东在全国范围开展评《水浒传》运动，又有几人明白他的用意——借用古典名著，毛泽东把人类最重要的思想传授给他的人民。

《三国演义》的作者虽有金鼓齐鸣的笔误，但依然掩不住满卷英雄气，诸葛亮则在数百年间被人视作智慧之化身，未出茅庐三分天下使无数人顶礼膜拜，然而孔明有问题，而且绝对不是“时也命也”就能掩饰过去了的。鲁迅先生虽然看出一些门道，例如诸葛孔明身上似乎放射出某种可以称为妖气的烟雾，但他也只判断出孔明是个假神仙，没有探究出孔明的错来。只有毛泽东知道诸葛为什么没有成功，只有毛泽东有资格指出孔明的错误竟然在于隆中对的分兵。所以这三本名著对毛泽东影响最大，是值得深入研究一番的。

由于毛泽东比他同班的孩子识字早，所以他就有机会和精力读课外书，私塾就读时，他最爱读塾师眼中的“闲书”和“杂书”。在学校里，老师不让读，他用课本挡住偷着读；在家里，老爹不让读，他就用布把窗户遮住，使老爹看不见灯光。

毛泽东读了这些故事，他就和小朋友乃至村里的老人们互相讲述，能说会道，肚子里有书，使得他在村子里，特别是在小伙伴中，地位很高，而且这时候已经显示出他的特殊的悟性。他后来回忆说："有一天我忽然想到，这些小说有一件事很特别，就是里面没有种田的农民，所有的人物都是武将、文官、书生，从来没有一个农民做主人公。"作为农民的儿子，毛泽东对这一点纳闷了很久，他开始分析小说的内容，发现这些小说的主人公"是不必种田的，因为土地归他们所有和控制，显然让农民替他们种田"，他觉得这样是不公平的。天才，这是绝对了不起的悟性。

不公平是一种常态，这是很可怕的结论。"出师未捷身先死，长使英雄泪满襟。"这句诗很容易使人们产生共鸣，大文人为诸葛壮志未酬而落泪，很少有人为这世道不公平而痛哭，原因就是不公平是人世间常态，这是多么残酷的心态和现实。面对这种残酷，多数人会无奈忍受着，一些人会反抗，但古往今来的多数造反者的目的不是消除不平等，而是自己占据高位，来享受不平等，追求平等则成为人类最高的精神境界。这一点我们在今后会多次说明，因为它实在是太重要了，它是毛泽东心灵的核心，贯穿毛泽东一生。耶稣基督的在上帝面前人人平等的呼唤，佛陀的众生平等的诉求占据了人类思想的巅峰，显然这种平等的思想要高于孔夫子的服从与秩序的观点，马克思则代表了近代人类知识分子的良知，那就是人类社会必须为多数人的生存提供保障，否则就是不合理的。毛泽东则是以强力推倒种种压迫，来追求多数人的平等，因为毛泽东生活的那个年代，实在是过于不平等了。追求平等这一伟大的信念就是这时候在毛泽东的心灵中萌发的。

农民们遇到活不下去的时候，自然要反抗这种不平等，《水浒传》里汇聚在梁山造反的人物，便成了毛泽东心目中的英雄。你能想象吗，在相当长的时间里，《水浒传》一直是他放在手边常常阅读的书，甚至可以这么说，水泊梁山英雄对毛泽东的影响力不会小于马列主义，因为《水浒传》最主要的观念就是平等。齐天大圣孙悟空，啸聚山林的梁山好汉，三国逐鹿的各路英雄，已经像种子一般埋在少年毛泽东的心里，在一般人看来这些只是故事，而在毛泽东看来这些都是真实的，具有可操作性的，因为他天生就是一个行动者。

除了和老爹斗争，毛泽东的少年时代几乎是过着与世隔绝的桃花源般田园诗样的生活。也就是说，现代文明和西方文化与他无缘，他完全是在中国土生土长的土环境里面生长出来的，他进行的是传统的农业劳作，接触的是中国传统文化，这是毛泽东的根，非要给毛泽东戴上某种外国的帽子，不是在夸他，而是某些中国人自卑的标志。今后的中国人无须再自卑了，我们的领袖毛泽东在思想层面与耶稣、佛陀和马克思是一致的，他们共同站在人类思想的巅峰。

外面的世界其实早已是暴风骤雨般地变化着，自 1840 年后，中国已经变质了，只是和毛泽东尚没有关系。距离毛泽东最近的动荡是 1910 年 4 月，长沙发生了饥民暴动，饥民开始只是请愿，盼着官府能给点吃的，但即使是这种最基本的要求都被清政府断然拒绝，他们的手段就是直接出兵镇压，镇压引发暴动，但最终统治者胜利了，大批暴动者被砍头示众。清政府对洋人卑躬屈膝，对自己的下层人民却是残忍无比。

消息传到了韶山，大家愤激地议论了好几天，但随着时间的推移，许多人对这件事逐渐淡忘了，又去忙碌自己的小日子了，毛泽东却久久不能平静下来，他觉得那些参加暴动的人都是善良的老百姓，只是被逼得走投无路才起来造反，结果无辜被杀，这使他很痛心。几十年后，他感慨地说：这件事“影响了我的一生”。这是伟大的觉醒，上帝之所以是上帝，就是因为他将世间万事万物都当作他自己，佛陀之所以至尊，因为他把天下人的痛苦当作自己的痛苦，毛泽东之所以是毛泽东，就是因为他把中国人的苦难当作自己的苦难。任何探索毛泽东的人都需要回归到那个时代，那个毛泽东少年时代的中国，底层人吃不饱，上层熟视无睹，中间阶层由着命运分化。

研究中国问题的大部分学者，都没有抓住中国社会的主线，所以看上去头头是道，其实都是盲人摸象，似是而非的东西太多。实际上，在袁隆平水稻良种和化肥普及之前的所有中国的历史中，粮食问题一直是中国社会的主线，不明白这一点就无法直面中国历史，也无法理解中国历史。鸦片战争之后的中国多了一个内容就是工业化，粮食问题第一，工业化问题第二，这就是中国历史的纲，纲举才能目张。其他的道德判断得不出太多有意义的结论。

在毛泽东趋于理性的过程中，情感和理性有时候会产生矛盾，这时候的倾向性决定了他一生的走向。

第二年，青黄不接的时节，韶山一带又闹粮荒，饥民们组织起来“吃大户”，劫走了毛顺生准备运往县城粜出的一批大米，毛顺生气得要命，毛泽东却并不同情老爹，他感情的天平已经倾向于平民百姓了。这是一个伟大的进步，毛泽东的眼界已经高出自我的家庭利益了。无数知识分子一开始欢呼革命，但真正革命到自己头上的时候，很多人又站到了反革命那一边。超越了小家的毛泽东，他的心境迈上了一个新的台阶。

第二章

只有中专学历也能成为最高领袖

Chairman Mao

毛泽东心中没有见到北大著名人物之前尚有的敬畏之心随着北大之行自然消失了，他通过对这些占据中国社会舆论上层的名流们的近距离观察得出结论：名声显赫的教授们不过是些聪明人在热衷于玩弄文字游戏罢了，他们在行动上是侏儒，是些不能自立的寄生者，北大不过如此。这一关能不能过很重要，但对毛泽东来讲，这一关就这样跨过去了。

出韶山

大失血的中国

中国其将亡也，这样的声音已经传到了毛泽东的耳边，一个在外面闯荡了一番的叫李漱清的老师，给他带来了外界的信息。李漱清曾帮助毛泽东在辍学时自学。李老先生看到了毛泽东最后的成功，解放后毛泽东在中南海多次接待他的老师们，李漱清自然上座。

要了解毛泽东，我们必须知道世界近代史，离开世界近代史就无法了解毛泽东，要想真实地了解毛泽东的伟大，亦需要知道中国的历史尤其是近代史，脱离了这些，会产生一个基本的错误，就是以为中国今天的一切似乎是理所当然的。事实上正好相反，中国的农业社会被工业化国家压榨得已经破产了，没有那一场长达半个多世纪的革命，我们的命运不会比非洲好多少，我们肯定不会好过印度。原因很简单，我们的自然条件还不如印度，印度那个温暖潮湿的地方，可耕地比我们中国还多，能养活的人口比我们山坡式的大陆要多。

我们先看看这500年里人类发生了什么样的变革。

1550年，火器成为战争的主要武器，大约100年后，牛顿力学体系建立，再随后瓦特改良蒸汽机，引发工业革命，拉瓦锡引领化学成为科学，电学、电磁学被发现，电报、内燃机、机枪、电话、电灯、汽车、电影、放射性、收音机、飞机被发明以及爱因斯坦创立了相对论，在毛泽东出生和长大的时候，这些构成现代文明的主要科学理论和重大发明已经完成了。

而我们中国呢?

人类社会几千年来，就是两种文明，一个是农业文明，一个是工业文明，农业文明在中国达到了鼎盛，游牧民族和农耕民族之间的战争在清朝得到平抑，小麦之后稻谷成为主食，再后来玉米和土豆以及众多的中药用植物的引进帮了中国人大忙，以至于中华大陆可以养活三亿多人。在科学被欧洲人掌握之前，我们这块大地上曾结出农业文明的灿烂硕果，这种富有一直领先了上千年。但牛顿诞生了，在牛顿力学的指引下，在欧洲以英国为代表的帝国通过工业革命，征服了世界，中国的大门被洋人们的火炮击碎了。熟悉鸦片战争的人们都知道，中国是独立于西方体系的，她的农业社会是一个完整的体系，她不需要西方的工业品也自给自足地生活，甚至可以活得很好。中国的物产却是西方人从来没有接触到的好东西，例如丝绸贩卖到西方一开始几乎与黄金等价，中国的瓷器更不用说，而胡椒、花椒尤其是茶叶，彻底改变了西方人的饮食习惯，大大改善了西方人的生活质量，使得西方欲罢不能，与中国的贸易已经成了西方的必需。

在中国这种相对独立的体系下，贸易带给西方的是黄金大量向中国转移，而中国人却不需要西方的工业品，这种不平衡必然导致西方人无以为继。为了保持贸易的平衡，为了不让自己破产，以英国人为首的西方人干出了贩卖鸦片的下三烂勾当，毒害中国人，这当然被中国政府断然拒绝。林则徐在皇帝的支持下开展禁烟，一把火烧了鸦片，这种正义的正当的举措对西方是致命的打击。这时候西方人翻脸了，干脆用炮和枪直接抢夺中国财富，在洋枪洋炮面前，富有的貌似庞大的中国无力抗争，中国农业社会的无组织状态的缺点暴露无遗。失败后的中国被迫赔款，中国财富大量外流，中国在不断失血，最终导致中国社会全面破产，几千年来第一次，在外力的作用下，中国无法养活自己的人民了。以清廷贵族为主体的中国上层没有能力组织人民进行有效的抗争，人民在自发的抗争中，屡遭失败，这种屡战屡败的伤痛彻底击垮了中国人的精神，导致中国变成了半殖民地半封建社会。英国人是罪魁祸首，以英帝国为首的强盗们没完没了地吸食着中国人的血液。

在毛泽东出生的时候，大英帝国仍处于鼎盛时期，中国的农业文明在西方的工业文明的打击下已经奄奄一息，清朝贵族已经堕落成洋人的走狗，中国从上到下已经被洋人压垮了，在当时的中国，一切打上洋字的东西，都比中国的东西好，中国人甚至无法理解西方的一切，以至于把西方人称作鬼子，而中国人则被西方人称作东亚病夫。那个原先穿着丝绸，使用瓷器，吃着美食的令人羡慕的中国人，变成了没有信仰，没有组织，没有精神也没有好的身体的猪狗般的“贱人”。当时中国人的地位到底有多高呢？不会比印度人高，因为印度人有当英国人仆人的资格，中国人也不会比黑人的地位高，因为身体上中国人没有任何优势，真是欲当奴隶而不能，自己单过外寇又不让。难道说勤劳、勇敢、智慧的中国人消失了？

了解了这些，我们就知道为什么一说起中国近代史就要提到鸦片战争，因为 1840 年是个分水岭，那之后的中国就是一个无边无际的沼泽泥潭，只是沼泽里的不是水，而是中国下层人民的血和泪。在解放初期的 20 多年，将解放前的中国形容成万恶的旧社会，现在很少有人再去这么提了，但静下心来想一想，在那漫长的百年历史中，有没有哪怕是一丁点值得我们民族自豪和欣慰的东西？万恶是唯一的表述，只有拥有吸血鬼基因的动物才会赞赏那个时代。台湾有一个叫柏杨的作家把中国的传统文化称作酱缸，那么 1840 年后的中国应该叫作什么呢，那就是下层贫民的肉林血海。

面对大失血已久的社会，中国人最想的是疗伤，怎么疗伤呢？没有医生也没有护士愿意帮助的情况下，最简单的方法就是闭门疗伤，但这恰恰是做不到的，家没有门，门已经被强盗们踢碎了。外有洋人掠夺，内有买办偷盗，不仅无法疗伤，可怕的是伤口还在不断地撕开扩大继续失血。没有独立的国防，中国的内河中游弋着西方和日本人的军舰；没有工业，多数人在从事着千年不变的仅比刀耕火种效率略高的农业劳作；没有科学教育，多数学生依然死记硬背传统识字教材，中国社会有的是堕落和背叛，上层社会和买办已经变成了洋人的走狗，有的是愚昧和麻木，下层人民为了求得温饱而卖命。这就是当时中国的状况。那些一味地以为开放好过封闭的人们，应当知道的是我们为什么要封闭？因为我们最需要的是先疗伤。

当时的中国就像一个病入膏肓的病人，所幸的是尚有一丝若断若续的精神还在一些人的骨子里延续着，可是谁又能集聚这微弱的精气神呢？面对这样的中国，所有的风云人物都成为过客，原因就是他们要么不去解决这些问题，要么是没有能力解决这些问题。谁来拯救我们中华民族？历史证明是在成千上万的仁人志士和先进知识分子中脱颖而出的毛泽东。中国需要毛泽东。由于他做的比我们期盼的还要多，所以我们无法不欢呼和崇敬他。

强制性是政治的灵魂

毛泽东不愿再守着老样子不变了，他 16 岁了，足迹所及只限于韶山冲和外婆家，老爹本来打算送他到湘潭县城一家米店当学徒，可是他到外面继续求学的愿望更迫切，他先后请八舅文玉清、族兄毛宇居、堂伯毛麓钟和表哥王季范劝说老爹，毛顺生看不起塾师秀才，但很敬重走出家乡的读书人，像毛麓钟、王季范这类人的地位是要远高过毛顺生的，读书比务农更有前途，这样的话在他们嘴里说出来，自然很有说服力，既然这些有能耐的人都认为自己的儿子毛泽东是个读书的材料，望子成龙乃父亲天性，儿子上洋学堂也许是件有利可图的好事，毛顺生就同意了。

1910 年秋天，毛泽东离开韶山，走向外面的世界，这是他人生自我意识的萌芽开端，临行前，他只是陪着母亲收拾他那简单的行囊，他拒绝和老爹当面道别，可想而知他的脾气有多倔了。他改写了一首诗，夹在老爹每天必看的账簿里：

孩儿立志出乡关，学不成名誓不还。
埋骨何须桑梓地，人生无处不青山。

毛泽东走出了乡关，这是有着决定性意义的一步。毛泽东去上小学了，在许多人跨进大学的年龄，毛泽东进入了小学，这是不是很奇特？

上东山小学堂并不是很顺利，原因是毛泽东个子太高，年龄太大了，以至于校长无法将他看作是个小学生，但在毛泽东的坚持和亲戚及教师的帮助下，他得以进小学试读。我们认为读小学应当是毛泽东遇到的人生第一个挫折。也就是说在这之前，在小小的韶山冲里，毛泽东的家庭和他个人都是处于相对上层的地位，但到了外面的世界，他一下子变成了最下层，不过好在这种地位的变化显然没有造成什么伤害。

当时能读新式小学的学生多数是地主士绅们的孩子，华衣轻裘，但物质享受低人一等并没有让毛泽东感到窘迫。为什么这样的环境没有造成毛泽东的自卑呢，这一点值得关注，显然毛泽东早年的那些有见识的老师们的教导和赞扬起了积极的作用。压力是有的，但毛泽东很快克服了易于自卑的压力，可以想象的是他靠的是个子、拳头和见识，在他的眼里，这些个少爷只是些小破孩儿。这一点很重要。挫折使得大部分人变得平庸，科学家做过实验，无法跨越的障碍和伤害使得凶猛的动物变得温顺不复血性，避免过早的挫折是人生保持上进心的关键。家长和老师的责任是为早年的孩童支起一片天空，而不是我们常说的让孩子经历风吹雨打，小苗需要的是阳光雨露，不是温室，但也不是狂风暴雨。

东山小学已经开始教授自然科学和地理、英语等新科目，学校里有留学日本的老师，这样毛泽东从老师那里知道了中国和世界，知道了中国就像是一头恹恹待毙的肥猪，周边全是豺狼虎豹、秃鹫、毒蛇、熊罴。这就是我们的祖国当时的状况。

在这时，毛泽东才知道光绪皇帝和慈禧太后已经死了。慈禧那个女人对付自己儿子和不成气候的王公贵族算是有点手段，但对付洋鬼子是一点招数没有，死就死了吧，不要再无聊地招魂了。此时此刻毛泽东接触到了梁启超那些鲜活的文章，康有为、梁启超成了他崇拜的人物，由于区域的封闭，他并不知道孙中山。许多人认为民国初的各种思想差异很大，其实不是那么回子事情，就从它们没有使中国产生根本变化这一条来讲，其实各种说法没有根本性的差异。

毛泽东最先接受了梁启超的《新民说》，梁先生主张社会改革应从“变化民质”入手，这个思路对毛泽东的影响持续了较长时期，他以后组织的“新民学会”的会名显然就是从这里来的。

为什么梁启超的思想会有影响力呢？关键在于这种思路不需要太多的物质条件，就如同佛教中的当头棒喝后顿悟一般，这一概念主张中国人若能在思想上脱胎换骨，突然觉悟，社会就会大变革，从而进步。显然这是一种不切实际的愿望。改变中国的关键在于科学和技术，在于现代工业。中国正在失血，需要独立来疗养伤口；中国需要大量的粮食解决底层人民的生存问题，根除动乱因素；中国需要向着工业化的方向迈进，扭转坠落轨迹。但这些在当时都做不到：西方人不答应，中国的实力派人物不热心，底层人民不知道。实行起来举步维艰，使得温良改革没有任何成功的可能性，这也是中国知识分子的局限性，可是连一点都不敢想的话，那中国也太没有人了。好在中国总是有人要叫两声的，喊出来是有好处的，至少他影响了毛泽东。

过于夸大名人言论的作用是不严肃的，单单靠着思想家的只言片语是很难进步的。美国人独立也不是靠着喊出“不自由、毋宁死”就成了的，而是靠着华盛顿以富可敌国的私产雇用军队和宗主国英国战斗长达八年的结果。中国需要独立，获得喘息和疗伤的机会，中国社会需要抑制上层的穷奢极欲来保障底层人的生存，中国需要工业化来复兴。这一切需要有人来领导，需要团队来组织，可是没有，只有少数知识分子愤怒地叫了几声。不过我们依然说这叫声很重要，是因为毛泽东听到了这样的呼喊声。

毛泽东从这时起，开始注意中国以外的事情。他从一位在日本留过学的教员那里了解到日本通过明治维新强大起来的事情后，非常羡慕。日本人战胜俄国，对中国人来讲有着极大的强心意义，中国人失败后在西方人面前直不起腰来，但对日本人，中国人又有某种根深蒂固的自信。日本人能做到的，中国人一定能做到。

他从同学萧三手中借来一本《世界英雄豪杰传》，被书中描写的华盛顿、林肯、拿破仑、彼得大帝等人的事迹感染，人类历史上的一些大人物的名字走进了毛泽东的心里，这是很有积极意义的。

在东山小学堂，毛泽东并不是完全舒心的，除了和那些少爷们的不愉快，主要的问题出在该如何看待《三国演义》上。无疑，毛泽东在小学生里是权威人物，他对《三国演义》熟悉的程度一定是令人吃惊的，所以当教师和校长告诉他，这不是真实的历史而只是人编出来的故事的时候，他就不愿意接受了。据传他甚至找到镇上，提出撤换校长。当然这不可能成功。另一种说法则是校长很喜欢他，这个可能性更大一些，搞教育的人谁会不喜欢英才呢？事实上这些说法都不重要，重要的是小学校已经装不下他了。

1911 年春天，东山小学的贺岚冈老师应聘到长沙的湘乡驻省中学任教，因为毛泽东成绩优异，贺老师愿意带他和萧三前往求学，这是他第一次到长沙，随后顺利地考入了湘乡驻省中学。在一般人已经高中毕业的时候，毛泽东走进了中学校门。但毛泽东在快速地进步。他只花了一年多的时间就弥补了乡村到城市的知识差异。

长沙是湖南的省城。毛泽东到达长沙的时刻，中国已到了辛亥革命爆发的前夜，清政府在湖南的统治力薄弱，革命党人很活跃，关键是驻守长沙的新军也越来越倾向革命。从这时候起，毛泽东才真正进入到了中国社会变革的前沿阵地。这是他未来的战场，他来了。

在省城，18 岁的毛泽东第一次看到报纸这个新鲜事物，报纸后来成了他最得心应手的工具之一。毛泽东最热心读革命派办的《民立报》，当他在报纸上读到黄兴领导广州黄花岗起义的新闻时，激动地在学校墙壁上贴了第一篇政见，提出把孙中山请回来当大总统，康有为做内阁总理，梁启超做外交部长。当时毛泽东连孙中山和康、梁等人政治主张的区别也没有弄清楚，这样不分青红皂白地一勺烩，让一些研究者觉得这时候的毛泽东似乎很幼稚，原因是他们只是看到各派势力在理论上和口号上有着明显的不同，很少有人关注他们的共同点。今天我们需要确定一点，就是所有的派系都是力图改变中国的，关注他们的不同点，就会发现他们的确是各吹各的调，但关注他们的共同点就会发现，他们都在努力来影响中国。谁又能想到，把各式各样的势力集合在一起共同为改造中国而奋斗却是毛泽东几十年后的真实作为，历史就这样奇异地展开了。许多人对毛泽东时代的高压十分不满，却忘记了毛泽东是号召所有的阶层为中华的进步而一起努力的，他后期的作为如果换一种角度考虑，就会发现这其实是一种净化，是近乎可遇而不可求的神迹。

为了表示同腐败的清政府彻底决裂，毛泽东在中学倡议并带头剪掉了辫子，还把一些答应剪辫子却迟疑不肯动手的同学的辫子给强行剪掉了。

这一行为似乎是他一生的缩影，喜欢他的人会发现他充满激情和魄力，不喜欢他的人则要面对他咄咄逼人的强制性。其实不喜欢毛泽东的人都有一个基本情结，就是不喜欢强制性，这是一种很普遍的青少年情感，这种自由主义的思想其实是很卑微的个人主义，在和平时期貌似牛烘烘，自我感觉良好，其实没有任何力量，一旦发生斗争，这样的人常常就是被用来祭旗的把式。这种自私在民族受到危害的时候，就成为罪恶了。强制性是政治的灵魂，不懂得这一点就应当一边玩别的项目去，不应当将时间花在讨论政治上。世俗领袖常常在观念上无法等价于思想家，就是因为思想家可以没有敌人，仅仅靠着极致的思考就可能产生天才的火花，而政治家则是相反，一般来讲，敌人越多，政治家的水平越高。

一师：一个政治家的好圈子

选择师范：低成本扩张

1911 年 10 月 10 日，武昌起义爆发了，革命呼唤着在中学读书的毛泽东，他投笔从戎，到湖南新军当了一个列兵。此时湖南新军的头领就是程潜。1949 年毛泽东在中南海接见程潜，说起往事，程潜才知道自己的军队里面曾有一个叫毛泽东的小兵。参军表明毛泽东是一个行动者。38 年后，中国近代所有的大人物都被毛泽东超越。

我们依然需要关注毛泽东行为上和思想上的转变和进步，看看到底是什么因素构成他上进的阶梯的。当兵时，毛泽东自恃是学生，所以不去挑水，而是花钱买水喝，由此可以看出，此时的毛泽东是十分看重身份与地位的，支撑他上进的一个重要的理念，就是通过读书可以获得上层社会地位。上进心就是向上看，不是吗？但事实上这是假象。多数人一辈子都不知道只有向下看才是真正的成功。

在当兵期间，没有发生大事件，似乎这时他第一次知道“社会主义”这个名词，毛泽东很有兴趣，和士兵们讨论，还热情地写信给几个同学提出应该研究这个问题，可是，反应很冷落，几乎没有人搭理和响应。我们读关于毛泽东的书，最怕的就是主义这一字眼满世界地飞，在一些人看来主义是那么地重要，离了主义就不会说话，可是他们真的知道自己在说些什么吗？就是社会主义也有无数的版本呢。

主义到底是个什么东西呢？它大概和定理的意思最接近。我们知道科学上有许多的定理，都是在一定假设的基础上，推导出一些公式和结论。这个主义大约就是文科定理。例如资本主义社会就是指资本起着决定作用的社会，资本主义相对于封建社会可以说就是一种进步，因为封建社会人一生下来就不平等，当然资本主义也不意味着公平，只能说比起封建社会强那么一点点，这样我们可以推断社会主义大概就是以集体利益为主要原则的一种制度，不过社会主义有许多版本，有成功的，也有失败的，里面包含的内容也随着民族和时代的不同而大相径庭，我们知道当兵的时候毛泽东第一次听到了社会主义这个词，这就够了。

在军队中，毛泽东试图说服自己周围的士兵接受自己的主张，结果叫他很失望，似乎只有两个列兵和他关系较好，而其他的流氓混混，则是有奶便是娘的主儿。吃谁的饷就会为谁卖命，这是人类社会最基本最原始的规矩，这使得毛泽东得出一个人生最重要的结论，就是在别人的房子里面盖自己的棚子是不可能的。任何希望自己上位的人，都应当明白这一点，不要光看着隋文帝、赵匡胤、袁世凯之类的成功者，他们都是遇到了两个同时出现的机遇：恰逢乱世，而位于自己上位的当权者弱小，这样的机会是极少见的，概率和中大奖接近。要想成功必须自立，这是成功人士所要遵守的基本规则，打工者很难成为公司老板就是此理。独立自主就是毛泽东当兵的收获，懂得这一点是人生自立的开始，但光是懂得还远远不够，必须是确定这一点才成，也就是说要融化在血液里，成为本性，显然此时的毛泽东尚未达到这样的认识，因为这需要时间和进一步的磨砺。

革命形势发展得很快，大清帝国早在慈禧太后拒绝改革后就已变得摇摇欲坠，中国社会遍布干柴火药，偶然的火星就引发了冲天的大火，一下子就烧毁了整个上层建筑。武昌起义后不到两个月，全国大多数省份已宣告独立。

从国外匆忙赶回的孙中山，在权力的真空中收拾烂摊子。请注意孙中山先生是从国外赶回来的，这足以说明辛亥革命的突发性。孙中山先生提出的“民治、民有、民享”的三民主义，显然来自美国林肯总统的演说词，没有人能否定他的高尚，但理想如何实现呢？军阀们手中的枪怎么能变成人民大众的呢？财主老爷们的土地和财产怎么能变成贫民共享呢？吃不饱的人爬上高位，其贪婪程度可能会远远大于贵族出身的人，朱元璋就是例子。我们在看待孙中山先生时，一定不能忘了一点，他在辛亥革命后回国的时候，是没有实力与北洋军阀抗争的，手中握有军队的袁世凯通过南北议和窃取了革命胜利的果实，当上了民国临时大总统，辛亥革命有可能比俄国的十月革命还简约，革命者连自己的军队都没有建立，清政府就垮台了。

青年毛泽东以自己的实际行动参与了这个中国历史上较为重大的事件，虽然没有出上什么力，但这表明他是一个行动者。毛泽东参军了，只是没有遇到战争，这是命运，也是造化，他没有遇到真正的危险。

溥仪宣布退位后，人们普遍兴高采烈，认为革命已经成功了，封建王朝被推翻了，辫子也剪掉了，男人们都成了短头发了，中国应当进入一个先进的社会了。可是事实呢？我们随后就会知道，中国的进步微乎其微。

毛泽东觉得自己参军的目的已经实现，开始重新考虑自己的前程，他决定退出军队，继续求学。而后来几十年里中国社会的大多数大人物则是留在了军队中。这说明中国未来将是军人们的时代，这意味着灾难与机会并存，这一点请大家要留意。

大清王朝自从堕落成为外国强盗的帮凶后，就虚弱到了只剩下最后的一口气，像是一阵风就能把它吹跑了。没有了皇帝的中国社会，一时间产生了许多的机会主义分子，中国社会各个实力派忙于各找靠山，积极开展争抢权力的斗争，没有了皇帝王爷，中国社会也没有自动进步，相反是大乱，这就是辛亥革命的结果，滑稽吗，可笑吗？不！只能是可悲可哭，因为我们民族的灾难没有结束，反而更加深重，混乱中出现了一堆乌龟王八，甚至我们都不愿意列出这些军阀的名字，我们不关注这些玩意儿们，虽然当年他们很牛，生杀予夺，名声显赫。我们只关注毛泽东，这时候的中国上层人物层出不穷的闹剧暂时与毛泽东这个学生兵无关，他需要寻找自己的出路和立脚点。

毛泽东开始关注报纸上的招生广告，在专业的选择上举棋不定，他先后对若干学校感兴趣，最后考上了一所商业学堂。原因是一个朋友说，国家面临的真正挑战来自经济方面，最需要经济专业人才来建设国家。你能说这一点道理没有吗？中国的改朝换代往往是比较迅猛的，一般都是帝国内部腐败后依然要惯性地运作一个时段，直到无法支撑下去后崩溃，紧接着改朝换代，重新开始，所以人们以为换了皇帝就够了，各自还是要忙各自的事情，这种观点甚至影响到了毛泽东选择专业。谁也没有想到这种内忧外患将持续三十多年，毛泽东才是忧患的终结者。

毛泽东选择学习商业，无非是他认为国家该建设了，自己可以通过这样的途径得到发展。紧接着一所公立高级商业学校的广告更是说得天花乱坠，于是他又交钱进入这所学校。老爹显然支持这种听上去距离发财最近的专业。

但是一个意想不到的困难摆在他的面前，高级商业学校基本上使用外教教学，而且没有教习英语的老师，此时的毛泽东大概除了英文字母什么都不知道，毛泽东只好退出。

最后毛泽东以第一名的成绩考入湖南省立第一中学，在这所学校里，毛泽东又只读了半年，因为他发现在学校里读书还不如自学。

一旦认定了的事，毛泽东是敢于采取行动的，哪怕是惊世骇俗的。他毅然退学，寄居在湘乡会馆，每天步行到湖南省立图书馆自学。

我们常说自学成才，可是事实上现代社会很少有人认可自学了，原因是各种专业已经变质为行业垄断了。要想长见识，自学实际上是最佳的最有效的途径，原因是自学是自发的、自觉的，并且自学只会学习自己真正感兴趣的知识，这样积极的学习远远强于被动的、强制的灌输性学习。所以为了提升自我必须自学，而为了进入别人的领域才需要上学。

毛泽东为自己订了一个庞大的自修计划，他的学习十分勤奋，像牛进菜园一样，不停歇地埋头读了大量中外书籍，每天中午只吃几块米糕，他在这个图书馆第一次看到世界地图，他才知道世界原来是多么大，中国只是其中的一小部分，他的家乡则小到没有踪影。

自学持续了半年。

毛泽东的自学生活虽然自认为“极有价值”，但已难以为继，他遇到了难题：老爹不支持他这种似乎是漫无目的的读书，老爹看不出来这样自学有什么前途，拒绝继续供给费用。

毛老爹的直觉是相当有道理的，读书不单是学习知识，而且是进入社会前的一个热身过程，是每一个人建立自己一生社交圈子的最重要的阶段。毛泽东必须做出选择和决定，不得不面对现实，这时，他已快满 20 岁了。

毛泽东决定重新回到学校读书，最终他选择上湖南省立第四师范。后来合并到第一师范，到 1918 年暑期在一师毕业，前后共做了五年半师范生。师范不收学费的举措，造就了一代巨人。

选择师范有可能是无可奈何之举，但也有它的必然性，因为它是达成目标的一个最低成本方案，不断地降低成本，也是毛泽东成功的一个重要因素。高成本扩张是机缘起着决定作用，低成本扩张则需要毅力和坚持。此时的毛泽东需要的是继续读书和建立自己的圈子，而读师范就成了他的最佳选择。

几十年以后，我们会惊讶当时的湖南已经有条件这样好的师范学校，来培养贫困人家的孩子读书。一师的方向是培养小学老师，注重子女的教育可能是我中华民族能够复兴的一个主要因素。中国人没有强烈的宗教意识，不关心自己后世前身，而是关注上下两代，所以中国人是最注重自家孩子的教育了，这一点叫西方人赞叹不已。中国社会有可能在某一阶段表现得很糟糕，但中国社会的基本单元即每个家庭却长时间保持着上进心，每一个元素是好的，需要的是外力来引导整合。外力常见的是政权强力，很少见的是来自思想和信仰的力量，而毛泽东同时具备了这两方面的力量，这一切的基础是在一师的学习中成型的。

湖南第一师范学校在湖南号称亚高学府，大约是排名第二的意思。学校的教师中有很多名流，如杨昌济、徐特立、方维夏、王季范、黎锦熙等，毛泽东的同学有蔡和森、周世钊、李维汉、萧瑜、萧三等，还有一些早年参加革命的烈士。本来已是秀才，比毛泽东大 17 岁的何叔衡，也一起考了进来，作为青史留名的大人物，他们之所以名声显赫是由于他们追随了毛泽东，或与毛泽东有极其深厚的渊源，当然他们本身也都是杰出人物，这种关系称之为相辅相成为好。不过，领袖与追随者的关系，一般来讲，不应当过于夸大追随者的作用，例如上述诸公的巨大名声显然是由于他们与毛泽东的师友关系。

由于毛泽东没有上过大学，也没有留过学，一师就成了毛泽东社会承认的全部学历，按照今天的学历，毛泽东既不是博士、硕士，也不是本科，而是介于中专生与本科之间的大专，这在当时的中国也不是高学历，当时中国已经有许多留学的博士了，现代教育体制中的博士实在应当称为渊士，因为他们所学的知识都是很专业的，较深入的，而博字表述的是广大涉猎极多的意思。

“一师是个好学校”，后来毛泽东多次这么说，他在这里通过刻苦学习，打下了学识基础，开始有了思想、方法和见解，获得社会活动的初步经验，成了一群人认可的领袖，结交了一批志同道合的朋友，形成了自己的社会圈子。最后这一点可能更重要，常被人忽略。

大学其实就是一个圈子，没有进入大学的人们常常以为大学教育主要是传授高深的知识，这是一个误解。举个例子就好明白了。例如教材都是统一的，名牌大学和普通大学使用同样的教材，学生们学的内容都一样，但毕业的时候，就业的机会还是不一样。有人说那是因为老师不一样，那么我们再退一步，用统一的最高明的老师的教学录像来教育，你认为结果会是一样吗？答案依然是不一样。这就说明是另外一些因素起着决定性的作用，这就是我们所说的圈子，一个人的大学圈子包括你的同学老师校友等等，形成了走向社会的最初的社交圈，这就能说明为什么名牌大学不是短时间拿钱就能拍出来的。毛泽东的团队就是来自一师这个最初的圈子。

当毛泽东进入一师时，中国社会乱象纷呈，皇朝变成了共和，中国却并未由此获得新生和进步，相反，陷入了大混乱，外有日本强迫中国接受“二十一条”，内有袁世凯想着恢复帝制，张勋又演出复辟闹剧，最后群龙无首，各路军阀割据混战，中国成了野心家的乐园。面对着空前的大灾难，思想界找不到有效解决动乱的方法，一急之下居然想着倒退，掀起一股尊孔读经的逆流，有钱的有枪的变成了强盗，热衷于趁火打劫，有知识的变成了鸵鸟，深受动乱之苦的人们，不再欢天喜地地欢呼打倒封建王朝，甚至悲观地感觉还不如回到过去。乱世，真正的乱世，就是社会大乱，但奇特的是乱中有稳，也就是说各派都没有足够的力量来战胜其他对手，好似一个螃蟹窝，大家互相掐，谁也动不了谁，中国社会处于僵持中。这一相对的稳定使得毛泽东有了五年的求学时间。

志与向的辩证

电视剧《恰同学少年》中有一段剧情很有启发意义，就是一师名师杨昌济询问他的学生们的志向，有些学生说想当教师，有些想当官，林林总总各种志向都有，而毛泽东却没有回答，由此引发了杨师的注意。

俗话说，无志之人常立志，有志之人立长志，其实这只是一种表象。学生时代常犯的错误就是常立志，最终多数人变成了无志之人，常见的解释是由于不坚持无恒心，其实这样的解释是浅薄的。关键是坚持不是人们想象的那样，只是自己意志的因素，而是各种因素综合的结果，坚持的先决条件是方向对，路线对，不断有成方能坚持。如果外在条件不合适，当事人自己再怎么坚持也很难成功。举例来讲，一颗种子要发芽需要土壤与水分，而不是在石板上坚持。青年人求学，大多喜欢谈立志，诸如将来要当军事家、政治家、教育家等。而毛泽东则认为，离开真理来谈立志，只是对前人中有成就者的简单模仿，真正的立志，首先是寻找真理，然后按它去做，而不是张嘴就来。在没有找到真理的情况下，为了一个自我设定的高尚的目标努力学习，大约是最正常的最积极的做法。虽然积极努力的学习并不意味着就一定能找到正确的路径，但先学起来是不会有错的。你想与高人过招吗？先让自己的本事大起来，你想看得更远吗？先往高处爬。天上不会掉馅饼，知识不会自动跑到你的脑袋里，大家都是学生，凭什么老天会眷顾你？

由此可以知道，心中设立较高的目标，并且寻找到实现目标的路径，光有志不成，还得有向，志向志向，二者相辅相成，缺一不可，年轻的毛泽东已经意识到了这一点，以至于他无法表述自己的志向。这一点真的是了不起的悟性，能在 20 岁的时候感悟到这一点的人是不多的，所以他只能先学起来，心系社会，苦学磨砺，而不去表述。现如今的年轻人，一进大学就放弃了苦读这一必需过程，原因是多方面的，例如学习的动力不是自我的欲望而是父母的强迫等，但没有前景也是一个原因，其实轻易放弃远大志向的人不明白，在未来不明确的情况下，需要一个蛹变过程，而实现这一变化需要的就是苦读，这样你才能有机会进入下一个阶段，进入更高层面的竞争。

在一师，对毛泽东影响最大的老师，是教伦理学的杨昌济，杨昌济就是杨开慧的父亲。这个杨师当年就大大有名：他先是留学日本六年，又赴英国修学三年，然后游历德国、瑞士。归国后，以他的留学经历从政当官易如反掌，杨师却对当官发财不感兴趣，他数次辞谢做官而从学，把教书育人看作自己的天职，有长沙大儒之名。据说他的志向是“欲栽长木柱青天”，也就是说他想要做的就是教出几个国家和社会的栋梁材，说实话这个志向更难实现，因为这个柱子不是由老师决定的，实在是可遇而不可求的。不过杨师的博学和高尚人格，关键还有他扶掖后生的热情，自然会吸引一批有志青年在自己的周围。

我们看看杨师是怎么样教育学生的，他在一师讲修身课时，要求学生“立一理想，此后一言一动皆期合此理想”。鼓励他们要“奋斗”，“有朝气”，“有独立心”，能“立定脚跟”，而办事又要“精细”，“小不谨，大事败矣。”对学问，他认为要“贯通今古，融合中西”，而且自己要有分析的批判的精神，他总是努力鼓励学生立志做有益于社会的正大光明的人。

不可思议吧？相信我们大部分人看了上面这一段，都会觉得怎么自己就没有遇到这样的老师呢？我们大部分人遇到的老师满嘴全是套话、空话和废话，就是没有真诚心语和热忱，我们年轻的时候要是能遇到这样的名师该有多幸运。

毛泽东遇到了这样的先生，杨先生就是这样教育学生的，杨师对学生的教诲，完全与毛泽东的心中最根本的天性一致，这就使得毛泽东的心中打开了一扇天窗，就如同传说中的开天眼，这真是一个奇迹。这些教诲印在心里，后来毛泽东就是这样做的。

学问、学问，毛泽东较早意识到学习的最好方法除了自学就是提问。而能问出问题就是进步的开端。我们常常惊讶于现在都市的孩子们知道那么多，从美国总统到摇滚歌手，从外星人到各类明星，他们似乎无所不知无所不晓，但是，他们失去了提问的能力，那些垃圾般的信息填满了他们的记忆，他们既不学也不问，于是学问这个东西就这样悄悄地离开了都市中的孩子。

青年毛泽东却是拿着书不断地学，不断地跟到老师屁股后头问，学着问着，学问就像小溪汇成江河一般集聚在他的头脑里。

1914 年，毛泽东和同学们曾组织一个哲学小组，请杨先生担任指导，师生之间，相交甚深。杨师对青年毛泽东所起的潜移默化的作用巨大，一个身份很高的知识分子，后来的北大教授，居然到中专教导毛泽东这样的农家子弟，一个道德高尚的人成了毛泽东人生指路人，这是毛泽东的福分。

除杨昌济外，毛泽东还常到徐特立、黎锦熙、方维夏等老师那里去求学解疑，黎锦熙仅比毛泽东大几岁，而且颇有文字学方面的天赋，是一个名气很大的湖湘俊才，据说还师从大画家齐白石学过绘画，真正是多才多艺。他热衷于与毛泽东的教学相长，在四个月中，毛泽东就拜访了黎锦熙约二十次。后来，黎锦熙离湘赴京工作，两人仍书信不断，相交介乎师友之间。

在一师的学习中，毛泽东最不同凡响的做法是他在有选择地学习。在学校的课程中，毛泽东把重点放在修身、哲学、国文、历史和地理等几门课上，对数学、美术等不愿意花更多精力，他的数学常常不及格，美术课则是画一个椭圆称之为鸡蛋交卷，这当然无法过关。有一次美术考试，他在纸上画了一条横线、一条弧线就交卷，这实在太写意了。当时中国尚未见识过毕加索的意识流，美术老师大惊之余，还是悄悄请教，问毛泽东画的是什么，毛说，这取自最伟大的浪漫主义诗人李白诗意“半壁见海日”啊！美术老师激动万分，大笔一挥，给了他 40 分，不及格！不过我们不用担心，这并不影响毛泽东成为好学生，因为他感兴趣的课程，当然主要是文科，他是超级优秀的。这时期毛泽东的意识已经相当明确了，他并不准备学习所有的课程，他是为了应用而学。

而与他相反的，是大部分学生在全面学习，其中就有人做到了全面的优秀，所以此时的一师三杰是这样排序的：萧瑜、蔡和森、毛泽东，这时候毛泽东排在第三，主要原因就是偏科，而高年级的萧瑜、蔡和森是较为全面发展的，巧的是萧瑜就是毛泽东老同学萧三的哥哥，他们的关系很好。

虽然排名第三，但其实毛泽东的学习目的最为明确，这时候的毛泽东已经敢于拒绝某些不必要的学习了。这真的是了不起的举动，在求学时就敢于拒绝某种诱惑，这是特殊的能耐。其实好学生最常见的错误恰恰是全面优秀。这个问题值得研究。常言说，整体大于个体之和，一个车能跑但是并不意味着每个零件都要动，就是这句话的注解。多数人总觉得自己能耐不够全面，但是个体和全体的差异可能更有指导意义，个体一味服从社会规则就会失去自我。例如对全社会而言，财富由物质、能量和信息构成，对个人而言财富就是货币。学校和学生的关系也是如此，事实上学校的课程设置不是为了培养某一个学生而量体裁衣专门设置的，它是为了全体学生而设置的，有人的兴趣在文科，有人悟性在科学，差异是很大的，同一个专业里面也有着不同的方向，这时候需要学生自己做出选择。但可能是考评设置的标准误导了学生，所以很多好学生将精力花费在全面优秀上，这是一种很可惜的浪费。一般来讲，一个人要想成功，需要的不是全面优秀，而是某一点上绝对的出类拔萃，所以做出选择，敢于拒绝才是智慧。毛泽东恰恰拥有这种智慧。这种智慧不会来自外界，而是来自胆气。就是你要有放弃的胆量！

人生最高智慧是顺序，常用智慧是取舍，取舍之间有得有失，失之东隅收之桑榆，反之得到的同时也在失去。多数人的问题往往集中在贪小舍大。

不遗余力的学习使得毛泽东在他感兴趣的领域成为博学者，他在不断积累和进步，他已经有了自我的意识，他曾徘徊在校长门前，因为他想再次退学。天，他想干什么？数学美术课不及格就不及格吧，学校又没有处罚开除，总不至于一不高兴就又不玩儿了。不过好在他没有迈出这一步。丢掉一师的圈子，毛泽东还会成为伟人吗？我们不知道。历史不能假设，反正毛泽东没有离开一师。不过毛泽东的思想显然在深化，他开始否定以前，他给朋友的信中表示以前主意错了，现在大了，有概念了，“于是决定为学之道，先博而后约，先中而后西，先普通而后专门。”你要是决定学习并且学有所成，就需要深刻领会一下毛泽东写的这一段话。订好了学习目标后，毛泽东开动了，先学起来。

在进入一师的头两年，毛泽东埋头读书，以刻苦著名，常常掏空腰包买书。

他每天总是在天色微明时就起身，晚上熄灯后还借外面一点微弱的灯光苦读，奇怪的是他并没有因此近视。所以戴眼镜并不代表知识多，也不代表刻苦，只是说明眼睛先天不强。毛泽东从不肯浪费半点时间，而且持之以恒，从先秦诸子到明清时代思想家的著作，从二十四史到司马光的《资治通鉴》，林林总总，都认真地研读，许多书他一定读了很多遍。中国传统文化对青年毛泽东有着深刻的影响。注意此时的毛泽东的知识中几乎不包含西方的文化。我们强调这一点就是想说明，中国人不要妄自菲薄。西方超越我们是因为科学而不是他们比我们高尚。

博览群书是毛泽东超然于其他领袖的重要因素，人类社会的实力派人物和博学者一般是两类人，穆罕默德是通过口授方式传播《古兰经》的，只能称之为天才；孔夫子笔削春秋，但在世俗领域中是个失败者。像毛泽东这样的博学的实权派是人类历史罕见的。毛泽东曾经投笔从戎，但最终他还是退出来了，毛泽东曾经想着退学，但他依然坚持了下来，在成为世俗领袖之前他先走了博学之路。

博学并不是成为领袖的必要条件，我们看看毛泽东的对手蒋介石就知道了，如同袁世凯一样，牢牢握住军权就足以控制世俗社会，但是，毛泽东的博学大才是他成为划时代巨人的条件，就如同口授《古兰经》使得穆罕默德远远超越成吉思汗一样。

毛泽东很推崇徐特立老师“不动笔墨不读书”的学习方法，徐特立曾留学日本，以写血书劝谏皇室改革而著名，后来追随他的学生毛泽东革命，绝对是特立独行，我们看历史一般都是学生追随先生，而罕有先生追随学生的，所以徐先生无愧他的名字。所谓“动笔墨”，就是不只是读前人的书，而且要经过认真思考和消化，把自己的心得和看法写下来，其中包括对书中同意或不同意的地方，这是一个好方法，它的核心意义就是读书是为了写书，不写书，读书做什么用？毛泽东显然是这一方法的拥趸。

从毛泽东的学习方法中，我们可以得到有益的启示，读书的有效方法就是两种，一种是记忆，将别人的文章不走样地变成自己的，叫作拿来主义，直接使用，比如别人说上半句，你就能对出下半句，至少能证明你有学问。另一种就是动笔墨，重新写过的意思。后面一种才是真正有意义的，因为读书不是为了开文字的杂货铺，而是为了写出署名自我的文章。

毛泽东的古文老师袁仲谦，对毛泽东影响也很大，“多亏袁大胡子，今天我在必要的时候仍然能写出一篇过得去的文言文。”毛泽东提倡白话文，他的多数名著都是写给大众的，所以是白话，但他的古文功底确实好，解放前他给许多人写的信是用文言文写的，也是十分得体的。在中国几千年的历史上，文化或者说读书识字一直是一道门槛。在孔夫子之前，受教育是贵族的专利，在乱世之中，孔夫子也不遵守这一规定了，他收学费较低，只要能交得起三斤猪肉，就可进门来，广告语就叫作“有教无类”，这一举措不光是叫他有肉吃，还成就了他的大教育家的名声。但光有这句话，并不表示穷人家孩子就能读书了，读书依然是奢侈品，并且那道门槛还在，士大夫们可以用西厢集句开开文雅的玩笑，也可以用四书五经作为联络暗号，将非我族类的文盲挡在门外。终结这一游戏，起始点是白话文，随着拼音字母和简化字的推行得以深化，由初等教育的普及画上句号。毛泽东不是白话文运动的发起者，但他是后面所有因素的主要推行者。

“九哥”王季范与毛泽东的关系更不必说，他也在一师任教，他在方方面面关心着表弟。

要读有字之书，更要读无字之书

后代的湖南人显然是可以十分自豪的，中国革命的领袖、十大元帅、十大将军半数出自湖南，著名人物除了毛泽东，还有许多先于毛泽东的名人。能够产生这么多的大人物，显然深受湘学士风的影响，湖南学风讲究内圣外王，通俗点说就是思想上和世俗领域都要达到至高。

湖南学风对近代有着重大影响。湖南的历史远不如中原有两千年以上，也不像江浙有一千多年积淀，而是只有几百年。但后来者居上，19 世纪的湖南成为引进现代教育和工业的先锋，在结合了湖南人的蛮劲后，形成十分注重行动力的学以致用的良好传统，在这种风气熏陶下，湖南涌现了一大批有影响的政治家、军事家、思想家和革命家。

湖南人里有一个哲学家，他就是明清之际的王夫之，亦称船山先生，他强调行是知的基础。这一观点对湖南人影响很大。

在杨昌济的倡导下，研究船山学问在一师成为风气，这使得当年毛泽东待的一师的学习氛围比后来的北大还要高明许多。知行关系也就是理论和实践的关系留待以后再讲，因为在这个问题上毛泽东是很有些发言权的，他的许多阻力也恰是来自这一方面的。

毛泽东还细读了曾国藩的书，并一度崇敬曾国藩。这里面有一个谜，就是为什么后来的毛泽东很少提及曾国藩呢？曾国藩是个有实力有能耐的人，但他对待底层人民却是无比的狠毒，他将造反者无情地杀掉，从他的外号曾剃头，就可以想象他是怎样对待造反的贫苦大众的了。现代有人居然把这样的人物当作楷模，道德标准实在模糊，难道中国没有人了？青年毛泽东曾经随着大流，敬仰过湖南的风云人物曾国藩，但很短，毛泽东在思想上倾向于代表人民之后，很少再提及曾国藩。

曾国藩的智慧就是他看到了大厦将倾，独木难支，于是他溜了，在他之后热衷于权力的李鸿章在自己的脑门子上刻下了汉奸卖国贼的烙印。

有人说重视经世致用的湘学士风，表现在思想方法上，就是实事求是。实事求是也是毛泽东极力倡导的，实事求是到底是不是一个直接能使用的可以制胜的工具呢？显然我们多数人在使用这一词句的时候没有搞明白它的真实意义，例如有人会说“实事求是地说，如何如何”，这样用词不是不可以但不是它的本义。还有就是实事求是和自以为是的“是”字不是一个概念，实事求是这一词包含两层意思，首先不是实事的层面而是求是的层面，也就是说你要是有所追求，追求某种大的理想或真理，就必须以老实的态度和踏实的工作方式去做。它和普通人关系甚少，原因是多数人本来就是老老实实地活着，但没有进入求是的层面；所以实事求是主要是针对读书人和追求向上的人们而言的，人不能虚幻和狂妄，不能仅仅以高尚或是宏大来支撑膨胀和欺骗自我，而不去脚踏实地工作，简单说就是既要求是，又得实事。

我们只能建议，如果实在搞不明白，就把它理解成正大光明一样的牌匾。正大光明这一词显然和普通人没有关系，它是为待在最高位置上的人提供的最独特的工作方式。

实事求是显然是一个哲学命题，那么哲学又是什么呢？说来可笑，我们从上初中开始就背：哲学是世界观和方法论。可背了半天到最后也不知道哲学是什么。从来没有人告诉我们年轻人与哲学没有关系，告诉了也不懂，教不了也学不会，原因是青少年的知识不够。所以有人说，大学本科生没有必要开设哲学课，因为年轻人无法学，这是很有道理的。这个问题会困扰人很多年，直到有一天在大仲马写的《基督山伯爵》一书中，我们找到了答案：“哲学无法学会，哲学是在各个学科实践的天才获得的知识总和，哲学是闪光的彩云，基督把它踏在脚下升天。”

如果认为“实事求是”很重要，那一定是已经有些水平的人了，对多数人来讲，湘学士风就是重视经世致用，就是先干起来，而不是中原江浙那里尚在崇尚玄学空扯，知道这一点足够了。行动力使得湖南的勇士们登上了中国近代史的最上层，而不是靠表述自己实事求是。社会学意义上的真理是大多数人自发遵循的，但不是自觉掌握的一般规律，多数情况下是隐藏在人性之中的。实事求是包含有立场因素，很难判断，所以我们依然需要继续探索更一般意义上的其他的导致毛泽东成功的诸多因素。

或许毛泽东天生就是一个行动者，读书只是他了解外部世界的途径。大师们所倡导的正合毛泽东心中先天神示，毛泽东的优势心理在这样一个最佳环境中生根发芽长大。毛泽东身上所具有的行动力，使得他的老师们早早意识到他将青出于蓝而胜于蓝，使得他注定要超越他的老师们，并将超越老师们所推崇的那些贤者，原因就是他具有无与伦比的行动力。

我们可以看出，由于家境的缘故，毛泽东总是比同龄人晚读书，但在自己的小圈子里，却总是比同班人知道得多，是不是这种相对优势被逐渐放大的过程，成就了一个中专生登上了巅峰呢？至少我们认为这是最重要的因素。没有人会在自卑中成功，成就来自自信，至少要克服自卑，相对的心理优势使得毛泽东很容易克服家境贫寒带来的自卑，中国传统的哲学思想中有一个高招叫作后发制人又为这种进步提供了支持，毛泽东就是这样一步步走上来了，走上属于他的竞技场。

毛泽东早早意识到不仅要读“有字之书”，还要读“无字之书”，这无字之书，就是社会实践。他早早就这样做了。

1917 年暑期，他同已经毕业当了教师的萧瑜，简装外出“游学”，形同乞丐，这一过程遭人白眼和挨骂是不可或少的，毛泽东是在有意识地磨炼自己的脸皮。读书人在求学上进的过程中，增长了知识的同时，也增加了缺点和心理负担，那就是脆弱，主要表现就是意志薄弱和脸皮子超薄，显然毛泽东准备克服这些缺点。例如他们需要蹭船，就是等船到了中游才告诉船工身上没钱，人家又不能掉头，还有别的顾客呢，少不得被臭骂一通。辱骂和白眼不会降低他们的游兴，他们的目光早就盯在了江河与大地上。在游学中，他们已经在推行他们的道德理念，例如作为乞丐实践者，他们强制财主善待乞讨者，否则他们就堵着门不走，这也是毛泽东后来许多作为的缩影。他不再是仅仅局限于自己乐善好施，而是强制其他的人这样做，一旦拥有力量，他将迫使中国社会的上层人物给下层人民留出生存空间，最终将上层人物牺牲掉以作为普通劳动者奉献后的精神报酬，这对富人来讲绝对是巨大的灾难。中国的上层阶层常讲士可杀而不可辱，听上去不含糊，实际上不是那么回事，多少次改朝换代也没见有几个自杀的。后来毛泽东以强权摁下他们高傲的头，让普通人在物质贫乏的时候，心灵得到革命性解放。这一切在毛泽东没有权力的时候，他就以个人年轻的身体力量开始实施了。毛泽东他们俩没带分文，历时一个多月，走了九百多里路，游历了五个县，结交各色人等，写了许多笔记。

这样的“游学”，毛泽东在校期间还进行过几次。第二年春天，他和蔡和森经历四县，游历了半个多月。如果说毛泽东和萧瑜的游学带有平等伙伴的意味，与蔡和森的游历，毛泽东一定是主导的，蔡和森是自觉接受毛泽东为领头人的最早的也是最重要的人物之一。

中国社会这时正处在剧烈的动荡中，毛泽东自然强烈地感受到这种动荡风云，他尚未投身其中，但他却在热切地关注着，在一师期间，他总共花了160块钱左右，这当然是老爹提供的。他没有把钱花在衣着打扮上，除了学杂费，其他的钱多用在订阅报刊和买书上面，他每天读报的时间很长，还常带着地图、字典和笔记本，和同学们谈起时事，他总是有条有理，了如指掌，并且往往充满着激情，于是就有了“时事通”的外号。这是一个明显的信号，表明毛泽东读书的目的不是搞学问，而是来自强烈的入世愿望也就是社会责任感。

他的生活方式是清教徒式的，青年毛泽东认为一个人如果过不了金钱和女人这两关，这个人就不值一谈。毛泽东心向古代仁人志士“有杀身亡家而不悔者”，毒蛇噬手、其必断腕。这种决绝是毛泽东成就大业的关键心理素质，就是这些分蘖导致伟人与平庸之辈的行为上的点滴差异，最终有了云泥之别。愿意牺牲、不怕牺牲，这是他精神上的升华，最终他将这样的精神灌输给了中国大众。

后来他将这种意志描述成“为有牺牲多壮志，敢教日月换新天”，成为全中国人民的新精神。在中国由于没有宗教的习惯势力，中国人几千年来其实活得较为自由，这种自由表现得比较散漫，表现在无组织无纪律，精神面貌不能算是好的。有思想的文化人都意识到了这一点，意识到了这种精神面貌无法适应现代工业文明，例如将它描述成酱缸文化，死水一潭等等，都是意识到了中国要想得到进步，必须要有彻底的革命。显然中国需要太阳，太阳的光芒必将导致物质的湮灭。在中国后来的革命中，所有人主动地或者被动地做出了牺牲，使得中国有了未来和复兴的基点。这一切来自毛泽东的精神诉求，从而造就了一个不可思议的时代。

青年毛泽东强调刻苦力行的重要性，认为“闭门求学，其学无用”，他特别痛恨懒惰，十分注重精细。注重细节意味着在实际工作中，除了规定出路线方针政策等大的纲领外，还必须为部属做出表率和榜样，有了具体的模范，大众就好做自己的工作和努力了。这是毛泽东一个相当高明的工作方法。他在求学的时候就已经想清楚了。

毛泽东身边逐渐集聚了一批有着崇高责任感的同学，他们不屑于议论身边的琐事，他们没有时间谈情说爱，他们认为时局危急，求知的需要迫切，不允许他们去谈论女人或私人问题，而且连日常生活的普通事情也拒绝谈论。毛泽东喜欢交朋友，但他也决绝地抛弃了许多庸人。

中国有一句老话叫作“交友须胜己，似我不如无”。年轻人不喜欢交朋友的少，朋友少的不是自己不喜欢，而是过于自卑了。我们无法帮助陷入自卑的朋友们，克服自卑没有什么太好的办法，只能靠自己觉悟，静心揣摩生命的来源，就会发现生命没有可比性，每个人都是独一无二的，知道了这一点就会明白，自卑是错的，做自己，坚定地走出误区。我们关心的问题是另外一方面，就是我们许多人滥交友，交了损友，这样对自己就没有什么好处，反倒是有坏处的，原因就是没有交友原则，所以积极交友的同时也要学会放弃。

毛泽东的书桌上总是堆了很多的书报，萧瑜有一次开玩笑说：己屋不扫，何以扫天下？毛泽东反驳说心怀天下者安能顾家。相信每个人年轻的时候都会遇到这样的困扰，就是大与小的矛盾，主要是立大志与具体做事情的矛盾，但真的回过头来看的时候，多数人还是太早地放弃了大的目标和志向了。那些有大目标大志向的人，成功者自然占据人类社会的最高层，失败者依然要高于从未尝试过的庸人们。原因是他们毕竟有机会成为成功者。而没有大的志向固然不会遭遇太大的失败，但有点辜负生命了。看到这里的时候，是不是就会想起保尔关于生命的名言呢？

有人说人生其实就是要做到六个字，年轻的时候三个字：不要怕；老了三个字：不要悔。就是啊，怕什么呢？此生无悔足矣。不过我们要学习的不光是这一境界，而是世间还有更高境界，那就是探索成功之道，登上成功之巅，不要忘了我们现在是在学习毛泽东。

丈夫要为天下奇

二十年前言中中日之战

两年潜心学习之后，毛泽东开始投身于社会活动，这时候他的组织才能开始显露。这是他最重要的才能，也是他力量的源泉。中国社会拥有巨大的人力资源和其他资源，但没有人能将他们组织起来。就如同每一个铁原子都有磁性，但被杂乱无章地自我消耗掉了，只有在统一的磁场中才能显示出磁力来。这一切需要有人来组织，毛泽东将自己和他领导的共产党化作了这一统一全国人民信仰和力量的场力。

他的社会活动的第一个成果是驱逐了自己的校长张干。这是毛泽东不同凡响的开端。

张干是一个有才干、有魄力、“年轻有为”的校长，一师的多数名流教师就是他极力聘请的。但为了贯彻上级多收学费的指示与学生们顶了牛，学生们认为张干“媚上”，私德不淑。毛泽东认为攻击私德没有抓住要害，自己出手拟就《驱张宣言》，尖锐地抨击张干误人子弟、不适宜校长职位，广为散发后引起极大反响。

张干气恼至极！张干是数学老师，这显然影响了他对毛泽东的判断，因为毛泽东数学常常不及格。而文科教师多数意识到了毛泽东的不世之才。怒火搅乱了理智，张干决定要“挂牌开除”包括毛泽东在内的17名发动“学潮”的学生，以儆效尤。

这一举动成了火上浇油，杨昌济不顾与张干的交情，联络了徐特立、方维夏、袁仲谦、王季范等先生，以罢教迫使张干收回成命。后来，张干郁闷地离开一师。在学校只有校长开除学生的，哪有学生“开除”校长？这一奇迹，只有毛泽东做到了。

其实张干不是什么坏人，毛泽东后来也说，驱逐张干实在是没有必要，做教育家张干其实是很称职的。解放后毛泽东一直照顾张干的生活，这是后话。

张干只是毛泽东锋芒稍露后倒下的第一个。毛泽东出手了，但如果就此认为他获得了什么力量，那也太夸张了，不过这不重要，重要的是，毛泽东开始行动了。

1915年1月，日本以支持袁世凯称帝为诱饵，提出了吞噬中国主权的“二十一条”，袁世凯为了当皇帝居然准备接受。消息传出，举国愤慨，毛泽东写下四句誓言：“五月七日，民国奇耻；何以报仇？在我学子！”这表明毛泽东将承担起社会责任，这是我们民族之大幸。

袁世凯紧锣密鼓地开始复辟帝制，大才子杨度等出面网罗名士，为袁世凯造势。听说老师黎锦熙也有可能被拉进去，毛泽东写信劝阻，他虽然做不了什么具体事儿，但他已经亮出了自己的政治倾向。

1916年6月6日，做了83天皇帝的袁世凯死了。袁世凯为什么会认为中国人需要皇帝呢？你能说他一点道理都没有吗？中国社会最奇特的就是保持大一统状态数千年，肯定是有原因和道理的。了解这一点很重要，因为它将持续很长时间。袁世凯不过是欺负中国人不得不接受他的强权罢了，他靠着兵权，迫使中国人要么面对分裂惨剧，要么拥护他做皇帝，他认为中国人不得不两害相权取其轻而接受他为皇帝。中国社会不能处于分裂的状态，在外敌虎视眈眈的情况下，分裂只能是大灾难，这本身是有道理的，可是袁世凯居然想着以此要挟全国，想着倒退，这实在是无良无德得过了头了。

袁世凯的自私和短寿，革命者与野心家鱼龙混杂，泥沙俱下，导致各路军阀粉墨登场，每一派势力都想着分得更多的蛋糕，为了增加自己的力量，不惜出卖中国的各种利益，他们各寻靠山，各找后台，分别投靠外界的帝国主义势力，干什么？借钱啊，白借可不行，得有抵押物吧，一帮帮的军阀将不属于自己的中国大地毫不吝啬地出卖给了外国的风险投资者。中国社会孕育着大分裂的重大危机，这就是袁世凯玩把戏的后果。袁世凯不是笨蛋，笨蛋爬不到那么高的位置，但他是自私的混蛋，这样说一点都不冤枉他，原因就是他的行为带来的分裂。革命的目的绝不可以是带来分裂，分裂只能给中国带来巨大的灾难，大清帝国能维持那样久，袁世凯想称帝，深层次原因皆出于此。曾参与策划护国战争的梁启超，转而致力于南北和解，梁启超政治改革没有成功，也不可能成功，但梁启超依然是智者。革命是为了进步，而不是分裂，他致力于防止权力出现真空时引发动乱危机，毛泽东对袁世凯称帝深恶痛绝，很赞成梁氏的主张。

湖南社会这时已陷入混乱之中，混乱一般定会给下层人民带来灾难，这使得毛泽东深恶痛绝，在同期的毛泽东的通信中多有表露。对人间苦难无法释怀就是成圣成佛的立场和觉悟，没有对底层人民所受灾难的深刻同情就不会有毛泽东的革命之路。从毛泽东的通信中还可以看出，在反袁前后，毛泽东对国家和政府的看法尚处于旁观者的角度，他寄希望于上层社会的自觉和道德自律。中国的上层一直代表着国家的道德，年轻的读书人上进的一个动力来自较高的道德追求，而不仅仅是为了自身获利。这是中国的一个特色。在中国由于没有统一的宗教信仰，所以上层人物一直负有道德楷模的责任。如果堕落到只是利益的获得者，在中国是无法长久占据统治地位的。这一点与有宗教的国家不太一样。

虽然对时局没有影响力，但此时的毛泽东已读书有成，他已经开始对未来做出预测。他的第一个著名的预言是在1917年断言：中日之间，二十年内，非一战不足以图存。

二十年后果然言中。尚是学生的毛泽东就已经意识到：欲完自身以保子孙，只有磨砺以待日本。

从一师后期开始，博学多才的毛泽东由于对社会有透彻的了解，对社会力量的变迁有远比常人深刻的把握，所以在以后的日子里他常常做出正确的预测，这也是他让他的追随者感到神奇所在。等他去世后，有人总结说，他一生大约准确的大预言多达24个。

辛亥革命后分裂的痛苦经历，使许多人开始考虑深层问题，中国国民隔岸观火，共和制根本没有基础。救国斗争屡遭失败，有实力的全力以赴保护的是自我利益，清流们无力地高喊口号。不甘沉沦的一些知识分子在迷茫中想挖掘思想根源，1915 年 9 月，陈独秀创办了《新青年》。

由于后来陈独秀是中国共产党的创建人，更主要的是共产党获得了胜利，所以有意无意之间人们放大了文化界的作用，这一点要引起注意。一般来讲，我们说的人世间的力量是指物质的力量，人类之所以超越其他生命而统治地球，是因为人类的智慧在于学会借助自然之力，但精神在某种情况下能起到相当大的作用。当精神力起了主要作用的时候，往往会让人产生神奇的感觉，所谓的神奇指的就是这不是常态，而是特殊事例。所以我们的社会要进步，不能仅仅是建立在精神上，最终还是要建立在物质上才是牢靠的。在毛泽东的领导下，我们靠着地道战打击日本侵略者，我们靠着小米加步枪赶走蒋介石，我们靠着不怕死的勇气打败美国人。但我们不能永远靠着血肉之躯战胜钢铁，敌人有的我们也要有，只有这样才会有子子孙孙永久的和平。有了精神的力量，我们还要有物质的力量，这是我们的使命。

许多人有一个误区，以为毛泽东时代天天在搞运动，不搞生产。这是个误传。那个时代是高唱歌曲的同时，手里拿着锄头、锤子和钢枪劳动的时代，是无私奉献的时代。当然后来中国人也没有闲着，不过是各顾各，直接为了自己利益而努力了，我们得承认这样可能更自觉。但有两点需要提请注意，第一，市场经济的有效性是建立在前人积累的基础上的；第二，可以肯定地说，要论精神境界，这两种劳动不是一个层面上的，为了私利再积极也无法和无私相提并论。

当时，杨昌济为《新青年》写文章，还向学生们推荐这本杂志。毛泽东虽有做文字游戏的天赋，但在读了《新青年》后，毛泽东的注意力转移到了思想层面，这是毛泽东进入到另一个台阶的信号。我们常常能够感觉到文章好坏在于思想而不是文字，有无思想是人生分水岭。鲁迅的文字并不是那个时代最佳的，但他超然于同时代，就是他有思想，他在指责那个吃人的社会，他在欢呼彻底的革命，而其他文化名人只是文字堆砌游戏的爱好者。

差别才是人间的真相

开始注重思想内涵的毛泽东，最先关注的是精神的力量。毛泽东的导师杨昌济十分强调主观意志的决定作用，对青年毛泽东来说，接受这一思想有一定的必然性。知识界中推崇思想革命的社会时尚，本身就容易夸大精神的作用，过分强调主观对改造社会的能力。而对于毛泽东来讲，接受并且放大这一点，是最为正常的，原因是除了精神力，此时的毛泽东一无所有。

此时的毛泽东已经开始倾向于动态人生，他在给朋友的信中说历史从来就是一个治乱交替的过程，声称特别喜欢战国七雄、楚汉相争、三国鼎立那些“事态百变，人才辈出”的时代。

毛泽东书写了中国的近代史，他一生翻遍了中国的史书，他也是最有资格评论中国数千年的历史，1964 年他写下了一首流传不广的诗词《读史》：

人猿相揖别，只几个石头磨过，小儿时节。铜铁炉中翻火焰，为问何时猜得？不过几千寒热。人世难逢开口笑，上疆场彼此弯弓月。流遍了，郊原血。一篇读罢头飞雪，但记得斑斑点点，几行陈迹。五帝三皇神圣事，骗了无涯过客。有多少风流人物？盗跖庄屩流誉后，更陈王奋起挥黄钺。歌未竟，东方白。

说实话这首词对历史有一种哲学意义上的终结，要想真正明白这首词，你需要从《三国演义》开始，《三侠五义》《说唐》也不能空过，从启蒙到研究，然后到子史经集都要涉猎，皓首穷经之后，你就有可能看懂了，看完后什么感觉呢？就是观止矣，观止矣。什么意思？就是你看不懂，就说明你的历史白学了，需要继续学；看懂了，你会发现你的历史也是白学了，历史就是这首诗词里写的这么多。这是老年毛泽东的总结，早知道有这样的结论摆在那里，为什么还去翻那故纸堆呢？这就是为什么我们说它是哲学意义上的终结，历史在历史的书写者面前是简单的。

有智者认为，读书不下秦汉，显然这一点在毛泽东这里也能得到印证。中国历史上思想最为活跃的时期就是在春秋战国时期，当时人才辈出，后人以百家争鸣来形容当时的盛况，孔夫子只是百家之一，他的凸显是被后来的帝王扶上了统治地位而已。处于大的变动之中，也就是处于乱世之中，才孕育出中华灿烂的文化。西方的文化也是大乱中孕育而生的也可以印证这一点。

毛泽东盼望着毁灭旧世界和创造新世界，而多数人倾向修修补补，他的笔记中写着“由毁而成”四个字，预示着未来他主持的革命的彻底性。事实上他最终将中国社会翻了个底朝天。他把那些生活在中国酱缸里和阴冷沼泽里过得舒服的寄生虫，全都暴晒在阳光之下。中国社会的兜底翻覆造成两个结果，一个是他去世后受到了铺天盖地的质疑，一个是中国大地成了世界上最干净的乐土。发达国家要么残存王室贵族的等级，要么新建上流社会资本世家，而中国则成了最彻底的平民社会，物质虽然尚未丰富，但中国人的精神和心灵却不再受任何束缚，得以根本的解放。

毛泽东曾经向往过社会“大同”境界。大同世界是平等的另一种表述，这是年轻人面对父权一类的压迫常常会有的冲动，实际上意识到“差别”这样的概念才是心智成熟的开始，但这种成熟也不一定就是积极的。青年人最易于接受的思想就是平等，跨过平等常常意味着堕落，平等只是思想境界，而非社会现实。当上进心变成了为自己与众不同而努力的时候，就是年轻人坠入红尘而不能自拔的开始，周而复始，人类就是这样在新旧力量的冲突中蹒跚行进着。万幸的是毛泽东意识到了差别才是人间真相，但他没有去追求个人的生活的改善，对他而言，真相只是他把握力量的开端。世界大同在一些人眼里是假象，是青春期的幻象，但对于另外一些人来讲，它却可能是理想，虽然很难，但值得信仰和追求。而追求和实施这一理想就使得毛泽东向着人类最高的巅峰攀登，那至高的峰顶上刻着“平等”两个字。

值得注意的是这时候中国社会已经处于火山爆发的前夜，时间点就是五四前期。毛泽东已经是一个有理想有抱负的年轻人了，有了远大的理想和抱负，最迫切的需要是什么呢？他依然在苦苦追求某种东西，那就是他想把握住事物的“本原”或“大本大原”，就是想找到终级真理。另一层意思，是在面对万千事物时，要从大处着眼，首先抓住它的根本，把根本抓住了，其他枝节问题才能迎刃而解。本原可能是个道理也可能是个方法，还有一个问题，本原和真理可以是同一个，也可能是不同的两个，因为所谓真理本身就是一个带有个人判断色彩的标准。就如同对错、左右等问题一样是一种判断，其标准是与自身的立场直接相关的。

我的左就是你的右，因为你站在了我的对面。这句话是不是觉得耳熟？没错，它就是革命者常说的立场。离开立场讨论世俗领域的一切问题都是可笑的，超越立场的是思想和理论层面。例如你可以说博爱，可以鼓吹割肉饲鹰，打左脸给人右脸，这可以是你自己的行为准则，但你不能推广，甚至不能推广到你的亲人。和尚不能结婚，就是这种思想的智慧，不仅仅是性问题更主要的是社会责任问题，一旦需要负担责任就无法出世。在世俗的社会中，一切行为是有另外一套规则的，一般来讲与上述极端的理想相反。例如一个组织的老大会说你可以打我的脸，但不可以打我的小弟；父亲说你可以捅我几刀子，但不能伤害我的孩子；男人会说你可以杀死我，但不可以侮辱我的女人。反之则不成立，做反了连做人的资格都没有了。对或是错的讨论，臭骂一通的斥责其实都是自己人的内耗，对敌人是用不着的，对敌人是另一种规则在起作用，那就是成吉思汗的战书：你要战，便作战。

在激烈动荡的革命年代，站在对立面上就意味着是死敌。可以说毛泽东一直在寻找大的本原，直到某一天，他说出了“凡是敌人反对的，我们就要拥护，凡是敌人拥护的，我们就要反对”这样的名言，它意味着毛泽东进入了另外一个境界，它意味着毛泽东进入了世俗领域，他将以人世间的真实的力量推行人类圣贤们的思想。

本原到底有没有，能找到吗？本原会不会就是一种否定的过程，可能就像老话传说那样，早就在你耳边响起过，但你可能不理会，总觉得不会是那样简单，但某一天你会突然间说找到了，当你将这一真理告诉其他人的时候，大多数人会惊讶地看着你，说难道这么简单的道理你刚刚知道？因为你找到的真理就是大实话，真理的分量不是那句话，而是那探求过程中的沉甸甸的否定。

毛泽东在随后的不断的失败中，不断尝试新的道路，最终他发现书生们的想法多数是空中楼阁，远不如社会中已有的各界实力派人物更接近世间本原，甚至不如农民，别看老百姓说不出什么道道，但遵循的却是真理。像枪杆子这一根本就是当时中国各路军阀的现实情况，也是千百年来一切统治的根基，游击战的走为上是他立于不败之地的关键所在，而这一根本，则是来自土匪的战术。

在成为领袖以后，毛泽东也常强调要善于抓住要领，抓住主要矛盾，强调纲举才能目张，小道理要服从大道理。而在当时，他心目中的“本原”或“大本大原”，很有些像老子的“道”或黑格尔的“绝对精神”，总之是宇宙生成和发展的根本原则，最终他实践的成果就是发现哲人们表述的只是文字幻象。

他当时把“本原”通俗地说成是“宇宙之真理”，认为它是支配着社会历史发展的，拯救中国，也必须从寻求本原开始。他表示，目前和将来一段时间里，自己“只将全副工夫，向大本大原处探讨，探讨既得，自然足以解释一切”。他随后的成功表明本原不是一个名词，或一个概念，一句话，而是一整套路线、方针、政策。

这样，毛泽东开悟了：“今日变法，俱从枝节入手，如议会、宪法、总统、内阁、军事、实业、教育，一切皆枝节也。”

注意毛泽东上述列举的诸多项目：议会就是指的选举式民主，这只是一个形式，关键是选票背后代表的利益之争，民主不是发动机而是刹车制动系统，这就能解释为什么只有美国民主才会正常发挥作用，原因就是美国拥有全球独大的资源和自由资本主义双引擎，引擎之力大到能够产生车毁人亡的疯狂地步，所以他们极端需要有效的制动系统来刹车，于是美国的大小地主选出总经理来代理，搞出成本巨大的律师和法律系统作为灵敏的刹车体系。这一套系统对美国至关重要也非常有效，但落后国家主要需要强大的动力系统来迎头赶上，没有动力和道路的国家，光靠刹车是无法前进的。所以我们看到的往往就是所谓民主的闹剧，落后的民族不是想方设法学习科学技术，全民努力向前赶，而是热衷于安装高度灵敏的刹车，然后就是热闹地不断地踩着刹车玩儿。

暮年的毛泽东曾十分鄙视美国的民主闹剧，那个一盘录音带就能撤换总统的把戏，多少说明美国很难产生真正的政治家，原因就是他在读师专的时候就已经明白选举只是形式，关键还是在于各种利益的争夺和平衡。

当北大的学究们看了大英帝国的辉煌之后，兴奋地说“民主与科学”是中国的希望，却有意识地忽略大英帝国几百年的掠夺和积累，着急忙慌地将这德赛两先生的幡杆竖起来，打算搞个抢先注册，好跑到新的强权面前讨赏，却不知道中国社会最需要的是粮食和工业化，知识分子空洞的口号，敢于面对中国千万个嗷嗷待哺的饥民和浴血奋斗的战士吗？民主就能换来粮食吗？给你一个 $E=MC^2$ 就能变成原子弹吗？我们不否定民主的呼喊，但我们希望探索中国社会最根本的问题。尤其是在当年中国多数人都吃不饱的情况下，我们中国人最需要什么？粮食。粮食问题是了解中国历史的金带主线。粮食问题的解决第一是土地。美国人有大量的土地没有人力来种，中国的土地不够养活中国的人口，这不是谁当政的问题而是生存空间的问题。粮食增产的第二个要素是化肥，这要工业化，第三个是要改良品种，这需要科技进步。说来说去，要想解决粮食问题除了土地还是一个工业化的问题，而工业化需要物质的积累，而不是简单的几个字母组成的公式。

宪法主要是指君主立宪制，是一种美好的愿望，是希望最高层有觉悟，希望他们看在民族和国家人民的分上自觉地做出进步的决策，无非是说皇上（太后）啊，你看看人家英国女王多高明啊，坐享进步，再看看日本天皇也是不错的，至少日本人进步了，你能不能让出你的那点权力，少得一点利，这样你就可以光荣啊，就可以青史留名，永垂不朽啊。可惜的是中国的贵族们没那个觉悟，慈禧不答应，后果固然是给大清帝国带来灭亡，没了皇帝，中国社会也没有因此而进步，反倒是中国社会大分裂。

“总统、内阁、军事、实业、教育，一切皆枝节也”，这就是智慧。单靠某种形式的变化，不成，就是靠着军事、教育、实业等具体的做法也不成，需要的是全面的革命和牺牲。这恰恰是最难的甚至是不可能的。好在此时的毛泽东已经意识到清末民初的风云人物，玩的多是花活，都是支流末节，虽然这时候的他尚未找到本原，但他已经知道别人的错了，这就可以少走许多弯路，这种否定就是真理的分量。所有指责毛泽东的人要注意了，就你知道的那些个理论和道理，能高过古今中外的哲人们吗？如果不能，那就谦虚一点，好好想想自己的那一点悟性是不是细枝末节呢？中国社会是经历过真正的大的动荡的，中国社会是处于一盘散沙的，中国是给过各类主张的人们以机会的，各式各样的想法导致各式各样的做法，都试过了，都不成。这就是结论，这个结论可能叫人不好受，不愉快，但情况是越来越糟，再没有太多的空间和时间容许中国人悠哉游哉地变革。这就是中国的实情，不承认这一点谁拿你也没有办法，只是后人如果轻易否定先辈的血汗，实在是不肖子孙啊！

上面这些能了解早年毛泽东的思想的珍贵资料出自毛泽东给他的师友黎锦熙的信中。黎锦熙先生离开湖南一师后长期在北京教书，生活较为安定，所以为我们保存了这样一些重要的历史资料。

毛泽东此时游走于“宇宙乃一大我”的膨胀和卑微的社会地位的压迫之间。“宇宙乃一大我”，这种表述是毛泽东的读书心得，既然宇宙是一大我，那地球呢？地球就是一个小小寰球，有时候它就像乒乓球那么大，小小寰球出现在毛泽东后来的诗句里，乒乓球出现在半个世纪后中美外交史上。卑微的社会地位，表现在毛泽东没有钱又要买书，只能从伙食和衣着上抠，不在乎物质享受是由于志向远大，被燃烧的信念和理想所支撑，对物质没感觉，那不是憨豆吗？压力不可怕，怕的是不能将它转化为动力。家境贫寒的学子要注意，要么直接放弃读书去获得财富，读书并不是获取财富的最佳通道；要么静下心来苦读，获得社会的认可，切忌三心二意，在校园里面与富家子弟攀比物质享受，这样的攀比是毁灭性的，有百害而无一利。

毛泽东没有这些问题，读书期间他的心灵在哲学、伦理学的王国里寻觅着、遨游着，他从中外文化里汲取了营养。

这期间，他写了一篇题为《心之力》的作文，深受杨昌济的赞赏，得了满分一百分，并加五分。据后来同学写的回忆录说，毛泽东十分得意，广为宣讲，可想他的性格何等张扬。我们知道，在学校最常见的就是低调，其实在读书期间低调是有害的，不要认为机会永远有，实际上，上位的位置是非常有限的，你不争自然会有别人来坐。所以要主动些才好。

但毛泽东这时的思想并没有定型，还在探索过程中，在读书人的思想历程中，这类状况是常见的，但毛泽东积极的人生态度已占据上风，有没有积极的态度可能是人生一个重要的分水岭。

那么这个重要的积极态度是个什么心态呢？我们将两首诗词比照着看看，也许就能有所体会。

陆游是南宋著名的爱国主义诗人，因坚决主张抗金，受到投降派打击，也得不到皇帝信任，他陷于孤立，在报国无门的苦闷和婚姻爱情不幸的双重挤压下写下了《咏梅》名篇：

驿外断桥边，寂寞开无主。已是黄昏独自愁，更著风和雨。无意苦争春，一任群芳妒。零落成泥碾作尘，只有香如故。

这首词很有名气，因为它描述了有才华的知识分子常有的心态：寂寞，遭妒，愁风苦雨，压迫，悲凉，清高。很容易引发读书人的共鸣。

作为诗词来讲，这首诗词是极高明的，但作为心态来讲它却不是积极的，而是充满了无奈。我们看看毛泽东反其意而用之的《咏梅》词：

风雨送春归，飞雪迎春到。已是悬崖百丈冰，犹有花枝俏。俏也不争春，只把春来报。待到山花烂漫时，她在丛中笑。

这就是积极的人生态度的最佳注解。同样是慈悲为怀，要消除苦难，也有积极和消极之分，佛教徒躲避今世苦难以待来世，而毛泽东却认为“一万年太久，只争朝夕”。人总是要活一辈子的，最终差距颇大影响因素很多，但有没有积极的人生态度显然很关键。热情是翅膀，冷漠是龟壳，积极和消极差异巨大，人生最低的台阶可以通过爬慢慢站上去，但最高的台阶一定是飞上去的。

毛泽东拥有积极向上的人生态度，这一点是确定无疑的，这也是他的魅力所在。

军事、办学、交友、社团：完美的毕业答卷

1917 年 4 月 1 日，毛泽东发表了第一篇论文,《新青年》上刊载了一篇《体育之研究》，全文约7000字，署名二十八画生，这个“二十八画生”就是毛泽东，是杨昌济把他的文章推荐给陈独秀的。毛泽东在文章里开宗明义，把体育和国力联系起来，他认为：身体是知识和道德的载体，在中学和中学以上，应该实行德、智、体“三育并重”，针对重文轻武的颓风，他提出一个口号：“欲文明其精神，先自野蛮其体魄。”我们熟悉的“三好生”，就是来自这时候的毛泽东的见识，毛泽东学生时期的感悟最终变成了中国全体青少年的行为指南。

体育和国力相关这是多数身处高位的大人物不注重的细节，但中国的历史却明明白白地用血书写着。一般人只知道楚王好细腰，宫中多饿死，却忽略了终结楚国的雄霸之气，最终被秦国所灭的关键是楚国男人也束腰。南宋将女人的脚裹起来，结果残废的女子不可能生出强壮的儿女。年复一年地沉沦，即使汉民族手握火药，最终也难免成为蒙古人的猎物，清军入关后，为了防止汉人抵抗，不光将火枪火炮雪藏起来，还十分热衷于鼓励汉人女子的裹脚。当粮食也不能保障的时候，中国人就成了东亚病夫。现如今很多人诟病毛泽东时代女人没有女人味，却不知“不爱红装爱武装”正是清除千年颓废风气的大革命。

毛泽东在建国后十分重视体育运动，开展全民体育运动也是毛泽东改造中国的一个重要内容。“发展体育运动，增强人民体质”成了国策，中国人体质弱，需要在营养上长时间地集聚，特别是建国初由于长期实行三个人的饭五个人吃的政策，导致中国人为了活下去而全体营养不良，以至于长时间找不到能踢足球的壮汉，要么跑不快，要么跑得快可没有刹车，骨子里没有力道，换了无数教练也不成，让无数足球爱好者郁闷了几十年，但中国人的精神上的改造却是在毛泽东时代就成功实施并基本上完成了。

在一师学习的后期，毛泽东把中国人讲究的天、地、人三才，化入他的名言中：“与天奋斗，其乐无穷；与地奋斗，其乐无穷；与人奋斗，其乐无穷。”最令人感慨万分的是，这三个其乐无穷竟然成了他一生事业的完整写

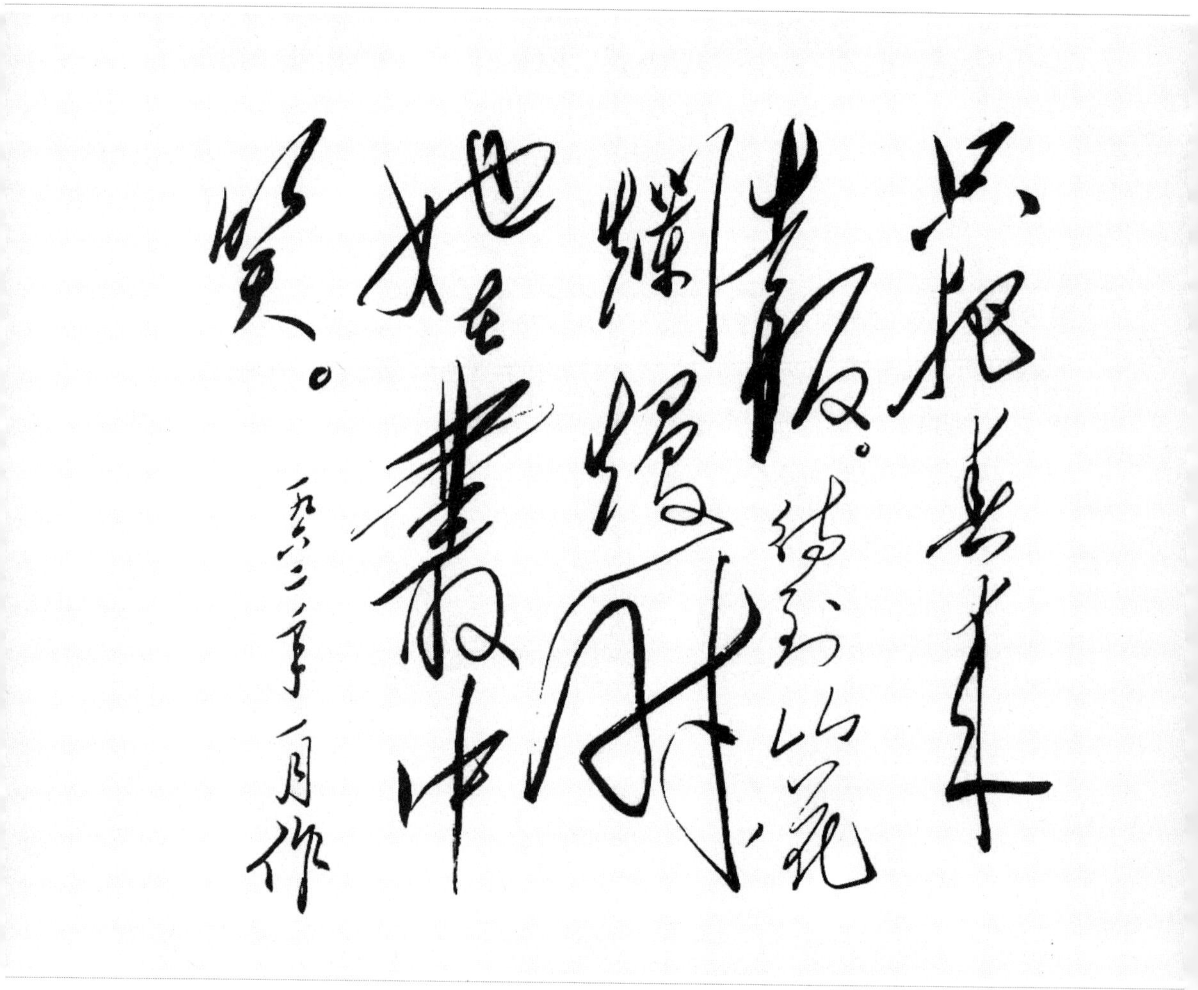
只把春来报。
待到山花烂漫时，
她在丛中笑。
一九六二年一月作

卜算子

咏梅，读陆游咏梅词，反其意而用之。

风雨送春归，飞雪迎春到。已是悬崖百丈冰，犹有花枝俏。俏也不争春，照，天包含了中国上层的统治者和外来的帝国主义；地包含了土改、大自然和中国所有制改造；人指的是人性改造。这一切都在他的奋斗之中，而且是其乐无穷。

毛泽东在锻炼的时候十分注重天地人的感应。中国古代有一句话叫作“人定胜天”，原意大概是指不要过分关注所谓的天意，人的心定下来是可以改变天意的，是人定则胜天的意思。但到了建国后大造梯田的时候，往往也能看到“人定胜天”四个大字做标语，这时候就有了与天奋斗的意味了。在毛泽东主导的那半个世纪，中国经历了由一个人的思想传播到多数人的思想，最终转化成亿万人行动的时空。那是一个感天动地的时代。有时候天地人的感应又带有某些神秘的色彩，例如毛泽东去世前中国就经历了天降陨石和地陷大震，这不能不说是一个奇异的巧合。

游泳这个爱好，毛泽东一直保持到晚年，此项运动优势源自天赋，不完全是锻炼的结果，他的肺活量很大，能立于水中不动而不沉，后来他在中南海的游泳池中接待套着救生圈的赫鲁晓夫的时候，心理优势高下立判。毛泽东与强势的斯大林打了一个平手，带着这样的孤独寂寞与遗憾，他在赫鲁晓夫那里找回来许多。斯大林的继承者和斯大林不是同一个数量级，你能想象斯大林会帮助中国人造原子弹吗？赫鲁晓夫虽然后来撤走专家，但毕竟帮了一些忙，原因不是他喜欢中国人，而是他有求于毛泽东。

游泳，不单是强健了体魄，更增强了他的自信，磨砺了他的意志。

毛泽东在60多岁的时候横渡长江，在全中国掀起游泳锻炼的热潮，而他70多岁时再次横渡长江，则震惊中国与世界，不同时期的游泳传达了不同的信号，共同的一点就是毛泽东身体好得很，这对他的信众来讲就是福音，对他的敌人和对手来讲就是灾难。

毛泽东常对同学说，丈夫要为天下奇，即读奇书，交奇友，创奇事，做个奇男子。同学们用谐音给他起了个外号，叫“毛奇”。

这样的人不论在哪里都是会显露锋芒的，毛泽东的努力、他的意志、他的才华得到了同学老师的认可。1917年6月，一师开展了一次人物互选活动，毛泽东得票最高。在德、智、体三个方面都有项目得票者，只有他一人，而“胆识”一项，则为他所独有。

这时候萧瑜、蔡和森已经毕业了。毛泽东成了一师最优秀的学生。人在读书期间当没当过第一很重要，特别是在人类社会的竞争中，很需要这种经历。这种成绩将会给人带来优势心理，而我们说过多次了，优势心理真的很重要。对出身平民家庭的人来讲，是最可靠也是最大的资产。

毛泽东的一师学习生活就要结束了，除了他将迈出的关键一步组团之外，还有三件事情值得特别地表述一下：一个是军事行动，一个是办学校，再有就是交友。为什么要表述这三件事情呢？因为它们是未来的毛泽东所拥有的主要力量的开端和萌芽。

第一件事是最早的军事行动。

1917 年 11 月 18 日，护法战争中失败的北洋军队有一支 3000 多人的溃军因为不知长沙的虚实，在一师以南一带徘徊。

这时候毛泽东展现出他的胆识和判断的天才，他根据溃军并不发动进攻判断出这股溃军群龙无首，毛泽东居然敢带着几百个学生自愿军，拿着木枪，虚张声势，在警察的帮助下，把溃军全部缴了枪，由商会出钱遣散，长沙免去了一场兵灾。

对毛泽东来说，这件事是他平生搞的第一次军事行动，事后，师生们称毛泽东“浑身是胆”，他的大胆不是盲目蛮干，而是基于对情况的明了和事先的深思熟虑，谋定而后动。

这就是一个最伟大的军事家的第一次军事行动，很多人熟悉作为军事统帅的毛泽东的军事传奇，却鲜有人关注这第一次。第一次恰恰代表了胆气，行动的关键在于毛泽东准确判断出溃军无首，没有主张，没有行动目标，所以毛泽东完成了一次不可思议的行动，此时的毛泽东尚没有意识到他在未来将主要从事军事领域的斗争。

毕业前的第二件大事是办学校。毛泽东在 1917 年 10 月学友会改选时，担任了总务（相当于后来的学生会主席）。

毛泽东认为应当继续办工人夜校。毛泽东写了一则《夜校招生广告》，用语是一般工人能懂得的大白话。广告先托警察贴到街头，并没收到预期效果，只有九个工人来报名。这样的好事情居然没有人搭理，可见做事情之难了，做事情不能仅凭自己的热情和想象。毛泽东并没有一蹶不振，就此放弃。他遇到难题总是先从弄清情况着手，他召集同学们分析原因，最后弄明白了：上学不要钱，工人觉得不会有这样的好事；不识字的人本来就不会去看街上的广告；让警察去贴广告，人们有惧怕心理。找到原因后，毛泽东和同学们又带着印好的广告，分头到工人宿舍区和贫民区，边分发边宣传，细细解释，大受欢迎。五天后，就有一百多人报名。

这使毛泽东体会到，做下层群众的工作，非做得周密细致不可。这也是毛泽东最早办的学校，就是从这时候起，毛泽东走上了教师之路，也就是说毛泽东尚未出一师校门，已经成功举办了短期学校，开始了他的大教育家的生涯，这是一个伟大的开端。

如果我们明白办学在毛泽东成功过程中起的作用就会知道，这一事件多么重要了。

枪杆子代表实力，作为一位世俗领袖，毛泽东总会找到它的，下一步就是要找到完整的成功的方法，这需要天才的醒悟，需要某一天灵感闪现，两者一旦同时存在于头脑里，剩下的就是落实了，落实这一切，最可行的办法就是办学了，这些能够成就伟业的条件只有毛泽东完全具备。我们曾请教过历史学家，除了毛泽东，中国其他的领袖们有没有可能取得这样的成就，也就是说，我们想知道中国近代史的轨迹是历史的必然呢，还是某一个特殊人物出现后的特例呢，有没有可以替代毛泽东的大人物？专家们沉默良久，最后结论是估计可能是没有。

中国有句老话叫作“物以类聚，人以群分”，有了毛泽东这样的一个核心，一师一批追求进步、志同道合的青年，逐渐聚集在毛泽东周围。

毛泽东显然有着更大的胸怀，他已经是一师学生中的第一了，他将眼光转向了外面社会，他试图寻求更多的志同道合者，他在报纸上刊登广告，张贴求友告示。

目前我们能看到的广告词有两个版本，不过《诗经》中“嘤其鸣矣，求其友声”则是共同之句。

显然此时毛泽东寻找的是平等的朋友，而不仅仅是追随者。一封署名“纵宇一郎”的回信，引起毛泽东的注意，毛泽东立即复书约晤，称“空谷足音，跫然色喜”，“空谷”反映出响应求友告示者寥寥，这是必然的，在学生中不可能有太多人具有和毛泽东一样的学识和心志，见到回应，毛泽东确实大喜。这位“纵宇一郎”可不是日本人，而是当时已经颇有名气的中学生罗章龙，毛泽东后来曾有诗赠他，第一次见面分手时，毛泽东脱口而出：“愿结管鲍之谊。”可见两个人结交层面之高。

“管鲍之交”，是指春秋时管仲与鲍叔牙两人的友谊。管仲是中国历史上最伟大的政治家之一，其历史地位被尊孔后的历代帝王人为地降低了，倒是孔夫子对管仲的评价很高，子曾曰：微管仲，吾其被发左衽矣。也就是说，如果没有管仲，我们汉族可能早就被少数民族剃发易服奴役了。管仲的主要贡献是在周朝中央权力削弱的情况下，联合并集中中原力量抗击游牧民族的侵扰，为中华民族的发展立有大功，同时管仲在治国方略上也有相当建树。你能想象这么个大人物被中国历史忽视了吗？后代将管仲作为祖师爷祭祀的居然是红灯区的某种行业，岂不是中华之悲哀？鲍叔牙则是管仲最重要的政治盟友，两个人相约互为扶持，鲍叔牙最先获得权位，但鲍叔牙将自己的权位让与管仲实现其治国理想，是相辅相成相知的典范。

罗章龙又介绍了自己的好朋友李立三与毛泽东相识，李立三当时刚刚 16 岁，尚无法与毛泽东对等交换意见，两个人没有太多的交流，所以毛泽东说他只算半个，后来说起这次交友行动，毛泽东称作一共结交了三个半朋友，要说效率也是极高的，另外两个人成了反共分子，历史不再记载他们的名字，而罗章龙、李立三则是中国革命史上的著名的大人物。后人很少讨论罗章龙、李立三与毛泽东的关系，可能有诸多的因素起着作用，但他们是毛泽东除了校友之外的最早的朋友。如果考虑到毛泽东的事业力量主要是人的话，就会知道能被毛泽东称为朋友意味着什么。

我们前面说了，在离开一师之前，毛泽东成了一师最优秀的学生，值得记忆的是三件事，他尝试了军事行动，试着搞了教育，他热衷于广交朋友，这是毛泽东后来行为的微观缩影。离开一师之前，毛泽东还迈出了构成他的事业的关键的一步：建立团队。

名列第一的光荣并非没有意义，除了能给人带来自信，还能带来影响力，它意味着毛泽东身上形成了某种向心力，开始向外发出某种力量。他的校友们最先感受到这种吸引力，毛泽东身边的人多了起来。

1917 年冬天，毛泽东、蔡和森、萧瑜等开始商量组织一个团体，立即得到大家的响应。这就能看出一师三杰的号召力，这是毛泽东在读书期间迈出的最有实质性意义的一步。我们查一下党团的定义就会知道，人类社会性主要的体现，就是每个人都是处于不同的组织中的。大到国家、民族，小到村落、班组，各种组织都是不同利益的集合体。组织之间也是千差万别，但自行组织起来则是最积极的进取方式，与被迫地待在某个被规定的团体里不可同日而语。我们举个例子，就知道自发的组织与被动的组织差距有多大。我们常说官员的级别有县团级、地师级、省军级，意思就是管理一个县的官员和带领一个团的军官是平级的，同样省长和军长是同一级，为什么会这样呢？要知道一个团只有一千多人，而一个县有可能几十万人呢。这就是有效组织和被动组织的区别，换句话说，一个团的人马就可以统治或叫控制一个县。毛泽东在一师后期，迈出了最具有实质性的一步就是组团。

1918 年 4 月 14 日，新民学会正式成立，到会的有毛泽东、蔡和森、萧瑜、何叔衡、萧三、罗章龙等 13 人，没有到会的有李维汉、周世钊等人。

他们的纪律来自孟子的教诲："天将降大任于斯人也，必先苦其心志，劳其筋骨，饿其体肤，空乏其身，行拂乱其所为，所以动心忍性，增益其所不能。"

新民学会成立时并没有明确的政治倾向，只是相约共同奋斗，杨昌济是他们的精神导师。学会最初的时候以萧瑜为首，毛泽东为辅。不过毛泽东与蔡和森很快确定了不会走他们的老师杨昌济这样的专注学问或是其他的清流的道路，这一否定是有意义的。

学生在学校期间，最易受到某种诱惑，那就是名人效应，就如同现代社会的追星。在历史的书卷中，多数有名气的并不是帝王将相、豪富巨贾，而是文化名流。世俗领域中的巨大成功没有偶然的，都是付出重大代价后方才有可能成功。但如同现代靠着一首歌就可以迅速蹿红一样，古代中国是靠着一首诗词亦可一举成名天下知。明白人并不排斥这种成功，因为这毕竟是一点天才的火花，但这不能成为人生道路的一种选择，就如同文学青年一样，一支笔一张纸，就可以开张，但最终成为名人的，比中大奖的还要少。年轻人必须要事先学会否定这种道路，而不是失败后后悔不已，因为这样的路起步太容易了，而起步容易则意味着参与者众多，这个行业的成功和努力关系不大，而是天赋机遇占据的比例太大，其实这个否定的答案在《三国演义》中就有，就是诸葛亮舌战群儒那一段。

诸葛亮是对的，因为人之所以为人，是因为人是社会性动物，在享受他人的帮助的同时，必须付出，必须承担社会责任。一个人生在和平时期，可以较为自由地选择自己的职业，可以搞搞学问，玩玩文字游戏，只要不伤害别人都是无可厚非的，但如果处于乱世，这样的行为则是一种没有责任心的自私行为。在诸葛亮生活的东汉末年，是中国历史上罕见的十室九空的大动乱时期，诸葛亮出山了，获得了千秋功名，虽然他的事业没有获得最后的成功，但从他没有放弃自己的责任这一点看，他依然是值得称颂的，依然是一个成功者。动乱之时需要行动力，诸葛亮就是一个行动者，毛泽东是一个更加积极的行动者，他没有等待别人的赏识和三顾茅庐，而是自己组织了团队。

许多学生在离开校园时有一个常见的错误，就是认为他们获得的较高的学历会使他们今后的生活更轻松，这实在是一个误会。事实正好相反，毕业的你将面对更为激烈的竞争。不要认为通过好好读书就能获得成功，书中自有黄金屋、书中自有颜如玉的时代早就过去了，这个社会是平衡的，给予你的同时，也就剥夺了你。中国社会发明了科举制度，使得年轻人只要书念得好就有机会获得官位和工作机会，但也就剥夺了年轻人成为独立自由的人的资格，当然也失去了成为最高统治者的机会和可能。读书只能获得高学历，高学历只能说明你获得了某种资格，是一张参加更高级别的竞争的入场券，在这新的竞技场上，你的对手可能比你还要优秀，可能比你还能吃苦和拥有更坚定的意志力，可能比你更有人缘，总之是一切皆有可能，唯一没有可能的就是你遇到的竞争对手是弱智白痴。你的目标越高，心劲越大，你的竞争者也就越强。这就是毕业生们共同面对的现实，醒醒吧，你将与强者竞争，你将踩住狮子？你将拔掉龙牙？

新民学会的会员们陆续毕业，是找工作，或者继续求学？这需要选择。我们知道，人生没有一条道是直接通向最高的台阶的，每一次的选择都是偏离向上的轨迹的，起着决定作用的就是这个偏角，甚至你自以为每一次的选择都是包含有向上的成分，但最终的结果却是很令人恐惧——在经历数次选择后这一偏角将带你回归原点，甚至向下。选择什么样的职业才能更好地施展抱负呢？新民学会成立之初，讨论最多的就是这个问题，向外发展成了会员的共识。

小时候的友谊很难持久，无法持久不是因为自发地放弃，而是无法汇合，由于各种差异导致的不能合作，最终必然淡化。只有建立在共同事业基础上的友谊，在合作中产生的利益才能滋润友谊保持长久甚至终生。毛泽东和他的新民学会的师友之间的友情将受到同样的考验。我们要注意的是毛泽东认为这种分离和散发对将来大有好处，这流露出两个信息，一来他们所谋之大，未来他们的人生轨迹一定是相交的，二来他们所谋之远，他们的目标定在未来。显然相知、相辅、相成是这批有志青年的心灵约定。

毛泽东毕业了，他 25 岁才从中专毕业，就是在当时，也属大龄青年。但与所有的单单拥有学历的学生不同，经历了十年苦读，你能想象他有多么渊博的知识吗？他已经拥有了常人不具备的许多东西，如胆识、欲望、毅力、意志力等等，关键是他已有了追随者，只是圈子很小，只有欣赏他的老师和愿意结交他的同学知道，在一师有一个了不起的人物，他的心胸已经大到装着全中国，只是中国社会尚未知晓。

政治改良此路不通

毛泽东为什么不留学

毕业后的毛泽东和他的同学们遇到了一个机会——到法国勤工俭学。法国人热衷于浪漫的生活，宁可去当强盗，也不愿意撅着屁股干活，他们春夏秋冬一年四季都能找到不干活的理由，所以他们总是缺少劳工。北大校长蔡元培等先知者在北京组织华法教育会，搞起赴法勤工俭学运动，杨昌济此前已到北京大学哲学系任教，于是把这个消息传回给家乡他的学生们。

留法勤工俭学具有很大的意义，它为中国共产党培养了许多高级干部，其中就有周恩来、蔡和森、朱德、邓小平、陈毅等等众多大人物。

1918 年 8 月 15 日，毛泽东和萧瑜、张昆弟、李维汉、罗章龙等 24 名青年，坐火车离开长沙，奔赴北京，这是毛泽东第一次走出湖南。

在全国各省中，湖南预备留法人员最多，一师教授徐特立也放弃教职志愿赴法，蔡和森更是携母亲、妹妹蔡畅（后来嫁给李富春）和未婚妻向警予一家四口赴法，一时传为佳话。

问题多得很，困难大得很，到了干活的时候，就显示出毛泽东的能耐了，毛泽东此时已是大家公认的领头人。

同行来京的罗章龙这时考进了北大预科，毛泽东却没有按杨昌济的希望去报考，这里面有各种原因。对于北大来讲，这是阴差阳错的历史误会，关键是毛泽东自己没有再继续挤进校园里读书的意愿了。

这时的毛已有了相当的自我意识了，他要的只是一个立足点，而不是拿出来当敲门砖的学历。

经杨昌济介绍，毛泽东由北大图书馆长李大钊安排当了一名图书管理员，当时北大教授的月薪大多为两三百元，毛泽东每月薪金只有八元。钱在毛泽东眼里没什么太大的意义，但此时的八元钱，代表了他与北大教授们的地位差异，北大教授们并没有意识到，为他们服务的这个小小的管理员是个未来历史的书写者，他们的眼睛可能都盯着天上的星星呢。但这个微不足道的工作岗位对毛泽东要达成的目的来说却是足够了，他可以继续为他的小团体出力，可以和杨师来往，亦可以阅读各种新出书刊，结识名流学者和有志青年，寻找自己的道路。

北京大学官办色彩向来浓郁，但当时却是新文化运动的发源地，主因来自校长蔡元培“循自由思想原则，取兼容并包主义”，各种思想、学术在这里争奇斗艳。把新文化运动看得过高是不恰当的，想想吧，它不过是高级知识分子的范围很小的相互争奇斗艳的一种游戏罢了，真的改天换地能有这么悠哉游哉吗？

毛泽东亲眼见到了新文化运动那些著名人物，他在湖南一师时就常读他们的文章，这时可以当面请教了。

最关键是他结识了陈、李二人。陈独秀是“五四运动时期的总司令”，李大钊是在中国歌颂俄国十月革命的第一人，马列主义在中国的传播是中国知识分子（代表人物陈、李）寻求新的道路与俄国意愿相遇而成，这可以说是有着必然性。很多人在学习党史的时候，没有把毛泽东成为领袖前后做个划分，就会形成误区，就无法真正理解这段历史的关键，是以俄国人的利益为出发点还是以中国的利益为出发点？这将是未来历史的分水岭。

过于夸大北大对毛泽东的正面影响力是一个显而易见的错误，解放后北大把毛泽东在图书馆工作的地方辟出来做纪念，享受的是超过碧纱笼的待遇——专室陈列。林林总总的纪念行为在明眼人看来是较为可笑的事情，毛泽东从来没有将自己的北大之行看作一生中值得记忆和炫耀的事情，这可能叫北大很没有面子，但这并不影响北大的热情，纪念毛泽东在北大是北大诸先生往自己脸上贴金。例如胡适在逃到台湾后，才想起毛泽东算是他的学生，似乎请教过他，一如道教徒讲孔子求教于老子。但在毛泽东的记忆里，似乎北大的教授们很少理睬这个有着明显南方口音的小小图书管理员。在我们看来，北大这一行程不过是毛泽东脚下多了一块光闪闪的垫脚石，在这里毛泽东跨越了一道心理上的高坎，那就是中国高层的知识分子们不过如此。

这种克服了的自卑上升为更大的自信，这种自信多半来自导师杨昌济的点拨。杨师在北大显然是和北大的大家们平起平坐的，而一师毕业时的毛泽东，已经是青出于蓝而胜于蓝，这不只是他自己个人的感觉，更非狂妄，而是获得杨师及同学们认可的。所以，毛泽东心中没有见到北大著名人物之前尚有的敬畏之心随着北大之行自然消失了。

解放初，北大著名哲学教授冯友兰先生激动地向毛泽东表示要以马克思主义的观点写书，毛泽东回书说先生愿意进步是值得欢迎的，但希望以老实的态度进行。这里面“老实”两个字叫冯先生很不痛快了好多年，只是到了晚年才知道毛泽东确实是真诚一片。北大的老先生们又有几个真正理解毛泽东所进行的革命到底意味着什么呢？后来的事实表明他们不知道，这把火会大到燎着北大老爷们的屁股，是的，他们谁也没有想到这场革命的彻底性，当革命之火烧到自己头上，他们绝大多数选择了反对，并且死不改悔，完全无视这场革命对中国的极大的促进作用。成立的百年之中，赫赫有名的北大不过产生了几许闪耀星光的人物，在毛泽东太阳般的光芒之下，很容易被忽略，这是民族之大幸，也是北大之悲哀，这一切是难免的。

在北京，毛泽东起初暂住在杨昌济先生家中，其他会员分住湖南在京设立的会馆，往来相聚，诸多不便。毛泽东的待遇要高过其他同学，因为对杨师家人来讲毛泽东不是外人，不过毛泽东还是选择了和朋友们在一起。不久，他和蔡和森、萧瑜、罗章龙等七个人搬进景山东街，没有钱烧炕，他们八个人挤在一个炕上，以相互体温抵御北国的寒冷。他们八人只有三件大衣，轮流穿着出行，所以毛泽东后来说他们是“隆然高炕，大被同眠”。

生活是清苦而紧促的，他们常吃的就是捡来的白菜帮子加盐煮，但在这些热血青年心中却算不了什么，他们心中装着对未来的憧憬。对毛泽东来讲还有更重要的事情发生，他恋爱了。

杨师的女儿杨开慧，已是 18 岁的大姑娘了，白净漂亮。她自小耳闻目睹都是关于毛泽东的横溢才华，在杨师的赞许之下，她和毛泽东相恋了，故宫河畔和北海冰上留下了他们热恋的身影。郎才女貌，羡煞众人。

爱情对人的一生影响很大，爱情观是我们人生观的最主要组成部分，但它只是阶段性的，不能过于夸大，就如同四季一样，人生也有春夏秋冬，否定爱情就如同不承认鲜花之美，一味执着，就如同光开花不结果。

爱情对男女的影响有巨大的不同，对女子来说，女怕嫁错郎，和男人选错行一样重要，对男人来讲恋爱婚姻只是阶段性的影响。其次，女子找对象主要受父亲影响，而且多是正面影响，而男孩子找对象则是多和母亲相反。不知道这一观点有没有统计学上的支持。

显然杨开慧受到了父亲的巨大影响，宋氏三姐妹的择偶观也不能说与她们父亲的翩翩风度无关，以至于她们都找的是成熟男人。

1919 年春天，毛泽东要回湖南，原因是母亲病势危重。同时，湖南赴法勤工俭学的同学们就要启程出洋，毛泽东在上海送走了蔡和森、萧瑜等，赶回湖南。

毛泽东对母亲的感情很深，他一返回长沙，便把母亲接来就医，10 月 5 日，文素勤病逝，终年 52 岁，毛泽东日夜兼程从长沙赶回韶山守灵，并和泪写下一篇情意深长的《祭母文》，这是一篇 495 言的骈体祭文，他这样追念母亲："吾母高风，首推博爱……" 毛泽东在写给同学的信中说：世界上有三种人，损人利己的，利己而不损人的，可以损己以利人的，自己的母亲便属于第三种人。母亲对他的影响力，在他的一生中都可以清楚地看出来。

这是我们中国人绝大的福分，一个善良的母亲养育出来的娇儿，成了中国人的最高领袖。正是因为有了这样的母亲，你会惊讶地发现，在中国革命的暴风骤雨中，在敌我之间你死我活的争斗中，始终带有某种佛家的慈悲色彩，而人类在大的变革和激战中表现出来的残酷是和平时代的人们难以想象的，不要说成吉思汗鞭挞欧亚大陆和中国历史上十室九空和人民相食，看看法国大革命、希特勒的纳粹、斯大林的集体化就知道了。

毛泽东为什么不留学？这是研究这一时期毛泽东的最重要课题。惦记着叫孩子出国的人更是一定要查阅毛泽东对留学的论述。

作为湖南青年赴法的组织者，毛泽东自己却没有迈出国门，许多赴法会友都曾力邀他同行，一些会友到了法国后，还来信劝他出洋，他仍然留了下来。这是一个伟大的跃进，这是毛泽东拒绝虚名，不再走世俗认可的上进之路的标志。这个信号明确显示他已经有了自己的主张，他要把握自己的命运。从走出乡关求学到长沙投笔从戎，再到退学自学，他一直试图把握自己的命运，甚至在一师他依然徘徊在校长门外准备再次退学，他最终没有迈出那一步，留在了一师，但这不意味着他是安分的，他终究要走自己的路。

没有钱是毛泽东给关心他的朋友们的一个简洁理由，但在毛泽东与周世钊的通信中，表述得是相当清楚的，有兴趣的可以去查一下。

留学的关键在于留学的目的是什么，要是为了出国，到白人的国度里生活，那是人各有志，没什么好说的。一个人如果不为自己的祖国做些事，就相当于家里面没有生过这个孩子一样。如果是为了学习外国的先进技术回国应用，则是最正确的，例如华罗庚、钱学森、李四光以及两弹一星的许多元勋都是榜样。其他的出国留学实在是不敢恭维，因为效果实在一般般。八十年过去了，毛泽东说的依然有效。

毛泽东热情支持他的同伴们留学，自己却没有出去，一师毕业的毛泽东，拒上北大预科，最后不去留法，这是因为他一路走来始终没有忘记读书是为了应用。留学这把戏骗不了他。他不是为了虚名读书的，其他人视作理想与归宿的某种好职业对他来讲没有吸引力，他显然没有准备从事某种终身的职业。他是一个行动者，在学问大家的虚名与世俗领袖的实力之间，他选择后者。

但是中国长时间存在两种极端：在许多人全面地倒向西方，精神上臣服于西方文明的时候，有些偏执者紧抱着中国的传统拒绝接受西方文明，只有毛泽东意识到了中西将各占半壁世界，这才是最正确最高明的观点，在今日看来依然是高屋建瓴。西方比我们先进是事实，其先进性主要表现在科学和技术上，但不是在所有的方面都比我们高明，思想、哲学、社会学、历史这类知识不需要出国。

知识、金钱、武力：最世俗也最有力量

1919 年 4 月 6 日，毛泽东回到长沙。北大之行带来的新鲜感被现实生活的紧迫感代替，毛泽东在思想上的进步不能直接改变他的社会地位，既然他拒绝出国，拒绝上北大，那他在世俗中就依然只是一个中专生，最先的落脚点就是在他的同班同学周世钊推荐下，当了个小学教员，工资不多，

刚刚够吃饭。

中国社会已经不是那么从容和平稳，从 1911 年的辛亥革命，到 1919 年的五四运动前期，历史已经给毛泽东留出了学习的时间，再也没有耐心了，中国社会已经是火山爆发的前夜，炙热的岩浆已在翻腾，酝酿着最后的爆发。

我们先看看自 1911 年辛亥革命后中国都遇到了哪些事情。

辛亥革命是个好事情，清朝贵族自从 1840 年后，堕落成洋人的走狗后就已经注定了它彻底消亡的命运，中国人不再需要跪下了，改成握手了，中国人不再被强迫地称呼别人老爷了，改称先生了，中国没有政府了，今天是南方人说了算，明天是北方人说了算，但要是以为中国没有了皇帝就会自动进步，那就大错了。大英帝国至今日尚保有皇室，法国人把路易十六砍了，却又欢呼拿破仑来当皇帝。对一个国家来讲，有没有皇帝不重要，关键是握有权力的人做些什么，清廷贵族已经证明他们失去了当政的资格，孙中山先生试图说明他当领袖是合适的，但他没有力量，手握军权的袁世凯说他是领袖，于是老百姓就得认他当大总统，当上大总统的袁世凯不是想着考虑国家的未来、民族的利益、人民的生活，而是想着当皇帝，于是乎拥护他的力量也分裂了。中国内部四分五裂，外侮扑面而来。

20 世纪初的世界最大的事件就是第一次世界大战，这是发生在欧洲的帝国主义之间的狗咬狗的战争，对世界有着重大的影响。战争的结果导致以德国为首的几大帝国的覆灭，导致大英帝国的衰落，导致俄国十月革命，导致美国的崛起，以及日本的兴起，给中国带来的不是荣誉和利益，而是侮辱和伤害。

世界历史将会画上一个大大的问号，那就是欧洲人为什么在科学的助力下，没有向外征服全球，而是自己互相掐？不管怎么说，这使得我们中国在最弱的时候，没有面临欧洲最强大的强盗的直接殖民进攻。

当时代表中国的是北洋政府，它的总理段祺瑞借了日本人的钱，提出对德国宣战，加入对德战争。我们不用讨论段祺瑞的目的了，因为这一政策根本没有机会实施，国内各派纷纷反对，结果就是中国死的人（主要是劳工）比日本还多，可是没有获得任何利益，反而面临进一步的屈辱和伤害。

1919年4月30日，世界强盗们的分赃大会在巴黎召开，中国成了强盗们的牺牲品，战败国德国在山东攫取的权益转送给日本。消息传来，北京学生在5月4日首先发动了大规模的游行示威活动，立刻震动了全国，活不了了！活着没有意思了！对洋人、对上层长年累月郁积的愤怒，像火山一样爆发了！

为了响应北京的爱国运动，毛泽东、何叔衡等改组了湖南学生联合会，毛泽东“是这个富有战斗性的新的学生组织的实际领导者”。

毛泽东担任《湘江评论》主编和主要撰稿人，一个多月内，毛泽东就为《湘江评论》写了40篇文章，自己编辑，自己排版，自己校对，有时还得亲自上街叫卖，他此时的生活异常艰苦，思想探索却进入最活跃的状态。

毛泽东撰写的《湘江评论》“创刊宣言”，很能反映他在这个时候的思想和心情，他热情欢呼：“时机到了！”

值得注意的是，这绝不是一篇空洞的文章，虽然还有点泛泛而谈，但毛泽东开始关注统治者的力量，无非就是“知识”、“金钱”、“武力”。可以看出毛泽东已经接近这些世俗的力量了，至少在概念上他知道是这些东西起着作用，唯一的问题是他尚没有意识到这些是他也能并且应该完全把握的力量，而且是唯一的力量。在把握力量之前，他还需要探索。

“五四运动”远不是我们想象中的那么具有先进性，真正具有先进性的力量是一种矢量，是一种同时包含正确的方向、积极的力量，是一种需要酝酿发展、持续作用的恒定力量，就如同牛顿定理所指出的那样，如果你想改变某个物体的运动状态，就需要将恒定的力量或者增加的力量施加其上方能完成，而不是火药式的爆发。“五四运动”更像是一种绝望情绪的大爆发，它是大学生产生了覆巢之下无完卵的感觉后的应激反应，强权人物已经不再代表国家民族，而是只管自己的利益，为此不惜出卖国家利益，换取自己小集团的苟延残喘，在损害大众利益的同时，将想依附于他的知识界也扔到了一边，民众麻木地忍受着，知识界忍不住叫了起来，当然在失落中奋起，得到的是跌落和进一步的绝望，于是有的人迈出了决绝的一步——走革命之路。所以说“五四运动”起到了为共产党准备干部的作用，是一个相当积极的评价。

“五四运动”到底应该怎么理解呢?

“五四”是一个岔路口，一条道是继续修修补补，一条道是彻底革命。

“五四”捅破了最后的一层窗户纸，它撕破了所有人的面纱，逼迫所有人做出选择。

“五四”意味着屈辱和灾难的开始而不是结束，没有科学技术，没有工业化，没有组织力的中国面对的屈辱并没有完结，而是会再一次降临。

“五四”是毛泽东在社会大舞台上的第一次露面，他的第一声不同凡响。毛泽东在《湘江评论》上发表的最重要的文章，是长篇论文《民众的大联合》。

毛泽东自小向往读书人的生活方式与地位，在一师的岁月这一理想放大成了向往中外圣贤，此时他最崇敬教育的力量，在他的心目中，似乎“大哲学家”、“大伦理学家”一出世，人们的思想和世界就会得以改造。北大之行和“五四运动”的现实给了他一个全新的认识，他感到需要有一个“透底的变化”了，他在这篇文章中第一次把“我们”作为主语使用，这种用语上的差别，预示着他的心理、思想情感都在发生某种变化。

从这以后，他逐渐将自己化身为人民的代表，总是把自己置身于民众之内，依靠民众的大联合，来实现救国救民的理想。孙中山先生拒绝万岁，因为他认为万岁是帝王的称呼，而他的使命是推翻帝制，看上去很高尚，但他显然忽略了领导者的力量来自人民的跟随和拥护，当他没有力量的时候，他又怎么能回应人民的渴求呢，他在拒绝万岁的同时，也拒绝了依附，其实也意味着拒绝了民众。毛泽东则是真正地解决了这一问题，最终当人民发自真诚地高呼“毛主席万岁”的时候，他回呼“人民万岁”，把他和人民化为一体。

毛泽东在这时选择的仍是温和的改良道路，然而，军阀统治下的现实却毫不“温和”，军阀一棒子打翻了他的小小地盘。《湘江评论》遭到湖南督军张敬尧的查禁，罪名是宣传“过激主义”，湖南学联也同时被强行解散。

《湘江评论》这本杂志只存在一个多月，但给毛泽东带来了追随者，不少进步青年，就是在他的影响下开始觉悟的，这本杂志，在省外也引人注目，胡适说了一声好。

胡适还是有点眼光的，但没有太多的人意识到这篇文章就是毛泽东思想的最重要观点的萌芽。只是此时的毛泽东尚未将他的观点整理成定理公式，没有归纳成我们所说的革命的方程式。

对当时流行的各种观点，毛泽东也在比较和试验之中，但毛泽东对过多的争论兴趣并不大，这些在他心目中依然是细枝末节，即使是李大钊和胡适这样的名流大家的“问题与主义”争论也不例外，显然李大钊鼓吹彻底变革，胡适则倾向于修修补补。毛泽东希望找到的是更基本的概念。

毛泽东没有太多的时间试验温和的路子，因为军阀张敬尧毫不温和地扫了他的摊子。张敬尧是北洋军阀一部，主政湖湘期间，作恶多端。毛泽东的《湘江评论》被张军阀封禁，学联被迫解散，这使得毛泽东忍无可忍，毛泽东领导学生和教育界进行了一场声势浩大的驱张运动。

这场政治运动是毛泽东第一次独当一面，它不像在学联时，毛泽东尚在幕后，现在他以小学教师的身份成为这场驱张运动的主要领导人。1919 年 12 月 18 日，毛泽东率领赴京的驱张代表团到达北京，这是他的第二次北京之行。

毛泽东是怎么干的呢？他成立联合会，发表大量驱张文章，七次请愿。

毛泽东的名字频频出现在报纸上和新闻里，他的社会活动能力和政治才干越来越引人注意。日益病重的杨昌济特地致信他的好友、当时任广州军政府秘书长、南北议和代表的章士钊，推荐毛泽东和蔡和森，说：“吾郑重语君，二子海内人才，前程远大，君不言救国则已，救国必先重二子。”

把国家命运与毛泽东的名字连在一起的第一人就是杨昌济这位导师兼岳父。后来的历史证明了这位北大教授的远见卓识。

可惜，毛泽东的这位恩师不久就病逝了，据推测早逝的一个原因有可能是北方不适合持续的冷水澡。毛泽东与杨家兄妹一起守灵，操办后事。

杨昌济只是一个清寒的知识分子，但他慧眼识英雄，将女儿嫁与毛泽东，不过这不是杨昌济在中国历史上获得较高地位的主因，他的至高位置来自于他是所有导师的至尊。

要论导师的地位，孔夫子影响时间最长，长达两千年，许多人都自称是他的弟子和门徒。毛泽东门下弟子堪称最多，数以百万、千万甚至上亿的人们都是他的学生。但要论教出的学生最有出息，那要数杨昌济了，谁又能像他一样教出毛泽东这样的弟子呢?

毛泽东大声呼喊并为之积极行动的驱张运动终于有了结果，军阀张敬尧溜出湖南，当然，原因是直系军队和湘军的武力威胁，已参加国民党的谭延闿在南方政府的旗号下率湘军再入长沙，时间是1920年6月。

毛泽东曾在一封信里，对自己倾全力投入的驱张运动作了反思，最终他承认这最主要是一种姿态。他意识到驱张靠的是武力，不是他的呼喊。

第二次北京之行，是为着驱张而来，但对毛泽东来讲个人问题似乎也成了一大收获，他与杨开慧确定了姻缘，为岳父办理丧事。但其他的盘旋在他脑际的大问题还没有什么实质性进展。关键点尚未展现，没有明朗。

在北京，毛泽东和李大钊接触更加频繁，毛泽东后来说："在他的帮助下，我才成为一个马列主义者。"

驱逐张军阀的第二个战场在上海。1920年4月1日，一帮湖南名流在上海成立"湖南改造促成会"，毛泽东在这里送走了萧三等第二批赴法勤工俭学的会员，此时，他的力量依然在向外发散。

在上海毛泽东找到了章士钊，希望为留法学生募捐到学费，获得他的支援。章士钊可是中国近代史上的大名人，他与黄兴很熟，曾积极宣传孙中山，鼓吹革命，参与策划过起义，曾赴英国留学，接近过袁世凯，后又参加了反袁、讨袁斗争，还投靠过段祺瑞推行复古倒退政策，最奇怪的就是他与中国近代的大人物关系都不错，他是中国近代史上最复杂的人物。

章士钊与毛泽东的岳父杨昌济是老朋友，杨昌济临终曾将毛泽东托付于他，显然，章士钊很看重老友杨昌济的判断，他自己没有钱，但有极大的号召力，居然募集到两万大洋，交给毛泽东。这是毛泽东在世俗领域中取得的重大进步之一。我们常常关注各种思想对中国社会变革的影响，却常常忽略世俗领域中实力的作用。对毛泽东来讲，他光是接受马列主义并不能代表他就有力量，就能号召同志集聚到他的周围，上面已经谈到，毛泽东已经列出了三个世俗力量：知识、金钱和武力。

两万大洋是个什么概念呢？之前的毛泽东的工资最高曾到过 8 块大洋，就相当于一个工资 800 元的小伙，突然间得到 200 万元，不用要发票，也不问你做什么用，这种支持表明毛泽东已是有某种获得他人认可的资格和能力了。章士钊是中国近代史上的一个异类，他与毛泽东的渊源深厚，所以单单以苏俄式的革命的眼光看待中国近代史就会发现，怎么可能会有章士钊这样的人物处于上层，他是鲁迅笔下的落水狗，是标准的反动派。而要是从我们提出的主线来看，也就是按照毛泽东大联合的理论来看，章士钊不但不是异类，还是一个起到重大作用的大人物呢。所以淡化各种主义对理解历史有着很大的帮助，不要先给自己定出框框才好。

陈独秀这时也在上海，正同李达等人筹组上海共产主义小组，毛泽东同陈独秀见面深谈，毛泽东后来回忆说："他对我的影响也许超过其他任何人。"

这确实是很关键的一步，和南陈北李这两位当时中国思想界的巨人相继晤谈，可以说是毛泽东第二次离开湖南的巨大收获，南陈北李在中国历史上应当有着独特的地位，适当地高一些也是可以接受的，虽然路需要自己走，但在关键时候的指路人还是要感谢的。不过多数人没有意识到，任何世俗领域的领袖都无法拒绝毛泽东。已经获得某种认可、赞助以及相当的名气的毛泽东又要回湖南了，这时他事业的基础还在湖南。

张敬尧溜走了，毛泽东回到长沙，当上了第一师范附属小学的主事（校长），这一提拔来自他一个老师的赏识。他的名气、他的才能已经开始被社会某些具有慧眼的人认可和接受。

回到长沙，毛泽东就着手办两件事，一件是他把眼光转向俄国，劝何叔衡留俄，准备组织"留俄队"；第二件事，就是创办文化书社。

我们先说第二件事。一般人关注毛泽东的文治武功，很少有人知道毛泽东是经过商的。他的经商就是办文化书社，采取的是股份制，由于他的名气很大，参股的人也是颇有名气和实力的人物，毛泽东要是不选择革命，也是能活得不错的，鲁迅先生就是例子。鲁迅先生逮谁骂谁，按理来讲生活应当是没有保障的，但鲁迅依然敢于辞掉大学教授的职位，照样能活，就是有才，饿不着。但毛泽东最终放弃了经商，做个文化商人不是他的目标。

回到湖南的毛泽东做了一件影响深远的事情，他筹组了湖南俄罗斯研究会，先后介绍了刘少奇、任弼时、萧劲光等进步青年赴俄国留学。这时我们会惊讶地发现，共产党的几大派别中，都有毛泽东的同学或学生。他的同学公认毛泽东为领袖。

从某种意义上讲，他与上面提到的诸位留苏学生有着师生关系。刘少奇比毛泽东小着五岁，任弼时、萧劲光则比毛泽东小着十几岁。

与苏俄的关系，是毛泽东书写的历史中最叫人迷惑的一段，其中充满了矛盾。

打开尘封的历史，掸去掩住真相的灰土，就会发现俄国熊对我们伤害最大，但要想讨回我们的利益，可不是一件容易的事情，不是简单地喊打喊杀就能解决的，它需要忍耐妥协甚至某种程度上的合作，这最能考验中国领袖的智慧和执政能力。

现在的毛泽东尚不是中国的领袖，他要做的是借助外力，哪怕这种外力是来自俄国人，组织自己人留苏未来将给他带来相当的力量。

组织了一帮子学友留苏，毛泽东自己依然待在湖南做另外一个尝试：湖南自治运动。

10 月 10 日，毛泽东组织长沙近两万群众冒着大雨上街游行，谭延闿接下了《请愿书》，却在事后对所提各项要求断然拒绝。11 月下旬取谭而代为湘军总司令的赵恒惕，则将威胁指向这场运动的关键人物毛泽东，一场以和平请愿方式进行的近乎与虎谋皮的自治运动，也从此一蹶不振，不了了之。

请人签字得花多少精力，组织两万人游行又需要做多少工作，可是结果呢？不予理睬的谭司令算是温和的，后来的赵司令干脆准备不客气，再折腾就把你抓起来，看看会有什么人来救你？无情的事实迫使毛泽东冷静下来，他心力交瘁，决定离开省城休息些日子，毛泽东又从行动回到了思考，原来设想的路走不通了，必须另外开辟一条新路，他就这样试来试去，不断地否定各种走不通的路。

我们为什么要如此花费时间叙述在革命史上并不重要的这一段历史呢？主要就是想说明毛泽东的路子实际上是很窄的，在走上正确的道路之前他是认真地尝试过许多不同的道路。否定是得到真理的唯一途径。残酷的不光是代价较大，而是在于没有找到正确的道路之前的一切失败的价值为零，也就是说只有在找到了成功之路以后所有的失败才是有价值的，失败是成功之母，没有错，但要找到成功之父才能孕育成功。

他在给新民学会会员的信中得出结论：政治改良此路不通。

毛泽东总是扎扎实实地走自己的路，这又是一个重大进步，以他温良的天性，他最愿意接受的就是上层能有道德地约束和主动，这也是他上进的动力，费尽千辛万苦，最终毫无结果，使得他摆脱开对社会改良道路的最后一点幻想，义无反顾地走上革命的道路，下这个决心实在是不容易的，一旦下定了决心，他再也没有回过头。

毛泽东提出：新民学会要向着蔡和森所主张的共产党方向走。

留法的新民学会会员集会，通过以“改造中国与世界”为学会方针，但在道路上，分裂成蔡和森激进派和萧瑜温和派两派。留在国内的新民学会的头脑是毛泽东，他需要选择支持哪一派。

被现实和失败击醒的毛泽东，回信说明自己赞同革命道路的理由：因为温和改良的法子，实属“理论上说得通，事实上做不到”。

这就是答案，那些热衷于理论的人如果走出书房去试一下，就会发现越是空洞玄虚的理论，越是没有力量。走俄国人的路，这是毛泽东的答案，但我们随后会发现这只是彻底革命的意思，而不是俄式恐怖。

高尔基曾经强烈地反对过俄国革命的残酷和无情，但有人拿列宁的被刺伤堵住了他的嘴。俄国的上层阶级被从肉体上消灭了，这种恐怖主要来自斯大林的个人意志而不是共产主义运动本身。不错，共产主义必定强制富有阶层牺牲利益，是因为多数人无法生存，看看社会底层的人们是如何挣扎的，就会发现这种要求并不过分，说到底这依然是一个立场问题。问题是非得从肉体上消灭吗？

1920年以后，毛泽东已经认为无政府主义、个人自由主义是一个民族优势阶层面对底层民众的痛苦熟视无睹的可耻的遁词。他是一个热情的实践者，他试过了各种温和的方法，可各种温和的方法在中国都走不通，原因就是中国的空间太小了，各种利益此消彼长，谁都不可能自觉地做出牺牲，为了利益“上疆场彼此弯弓月”是一种必然，我们没有美国的广大无垠的空间，也不像西方例如法国那样缺少劳动力，相反我们几乎拥有无限的人力，而且是只有人，除了人多，我们所有的物质都缺，这就是中国国情，不了解这一点，或者不以这一点为出发点来研究讨论中国问题全是瞎扯。

马克思主义是他“山穷水尽诸路皆走不通了”的最后选择，事实上他已经走了太多的路，没有一条能成功。但要是认为列宁的道路就是符合中国革命的路子，那就太天真了。事实上，毛泽东走的是一条全新的路，道路之艰难，时间之久，风险之大，牺牲之巨全都是不可思议的。

在表明这种态度时，毛泽东刚过完 27 岁的生日。

27 岁的毛泽东，个人生活也发生了变化，1920 年冬天，他和杨开慧结婚了。

杨开慧比毛泽东小 8 岁，毛泽东两次北京之行中，公开了他们的爱情，“自从听到他许多事，看了他许多文章、日记，我就爱了他。”毛泽东也有许多信给她，表示爱意，还写过一首《虞美人》寄给杨开慧，甚是温柔缠绵。

杨开慧还说：“我看见了他的心，他也是完全看见了我的心”，“不料我也有这样的幸运，得到了一个爱人”，“从此我有一个新意识，我觉得我为母亲所生之外，就是为了他，假设有一天母亲不在了，他被人捉住了，我要去跟着他同享一个命运”。

这些话写于 1929 年 6 月 20 日，直到 1983 年才被发现，毛泽东生前没有看到这些情话。不过想一下就能明白，他这样的俊才，理当获得美女的青睐，毛泽东可是要个子有个子，要才有才，名气、财富对他都不是什么难事。

新婚燕尔之际，毛泽东召开新民学会的新年大会，经过一整天讨论后，他们集体确定学会的共同目标是“改造中国与世界”。这是一个伟大的跨越，也是一个空前绝后的志向，年轻人谁不曾有志向，改变自己与家庭的命运，是所有有志者的欲望，但有几个人敢于提出改造中国与世界这样的目标呢？

当年刘邦见到秦始皇出巡，威风凛凛不可一世，感叹道大丈夫当如是也，项羽则喊出彼可取而代之。于是历史就出现了楚汉之争，后世文人每每说起这一段，免不了都要唏嘘一番。难道我们面对改造中国与世界这样的字样，却无动于衷吗？半个世纪后，当美国总统尼克松来到北京与中国领导人会面，讨论世界格局与未来的时候，没有人再怀疑毛泽东实现了他年轻的时候确立的这一目标。

这也将成为绝唱，无法想象未来还会有年轻人敢于立下这样的志向，并实现之。由于人类社会已经进入到了科技时代和严格分工合作的阶段，所以无法想象今后的人类还有机会产生毛泽东这样的领袖人物，他是个人改变人类历史进程的少数巨人之一。千秋之下此为巅，应当是可以确定的。

在讨论实现目的的方法时，毛泽东否定了其他四个改良主义，主张激烈方法的共产主义，被多数会友接受。

中国的变革将是你死我活的利益之争，无法调和，上层不喜欢失掉利益，只有镇压才能保住自己的权力，底层人民活不了只有起来抗争，没有第二种可能。除了革命，没有其他的路子可走。中国社会自东汉以来发生的多达十数次的人口大灭绝，总是在重复着这样的惨状，现如今又多了一群外国的帝国主义吸血鬼。伤口怎么可能自动愈合？社会怎么可能自然进步？改良没有可行性，革命必须彻底。意识到这一点很重要，除了将精力投入到这一方面，还有一点最重要，就是精神上的准备将是较为彻底的，未来将是极端残酷和漫长的，它将不断淘汰掉许多人。

新民学会早期加入共产党的约 31 人，毛泽东、蔡和森等十数人都担任过党的重要领导职务，没有参加共产党的会友只有两人，后来成为反共分子。其他人从事教育和科学事业，并同情革命。

和毛、蔡分道扬镳的，还有主张温和改良的萧瑜。萧比毛泽东早毕业三年，一师三杰中排在毛泽东的前面。他俩曾一同“游学”，相交甚深，萧瑜很有活动能力，书法很好，但有公子气，他从法国回来后，同毛泽东争论了好几个晚上，谁也没有说服谁，与毛泽东分手后，萧瑜长期旅居海外，成为历史看客。

据萧瑜回忆说，毛泽东直到赴上海参加建党，依然和萧瑜同行，萧瑜有其他事情要到武汉，所以同船。毛泽东仍试图说服萧瑜参加，当萧瑜拒绝时，毛泽东流下了眼泪。毛泽东说：如果我们全力以赴，共产党在30年至40年的时间里，就能统治中国。28年后这一预言变成了事实。

最最可惜的是萧瑜还是拒绝了。后来的萧瑜成为名人也只是由于他写了几本关于毛泽东早期的书，而不是其他。少年时的优秀最不可恃，没有后来的成就，少年之优秀只能随风飘散。人生机缘如此，后世不知道有多少人，想方设法跟随毛泽东，只恨没有机会早一天与他相识。谁还能有萧瑜这样的机会呢？萧瑜的弟弟萧三，也是渐行渐远，后来较长时间待在苏联，成为著名诗人。

在人生第一个阶段，毛泽东以自己的天分和刻苦努力，获得了几乎所有教授他学业的老师们的极大赞赏，打下了博学的底子，成长的过程里不断积累超出同学的优势，使他产生了极大的自信。在他周边集聚了蔡和森、何叔衡等优秀的人物，他建立了自己的团队，而且确立了“改造中国与世界”的目标和方针。立下这一志向不易，是毛泽东28岁时才确立的，但这一志向之宏大，也是绝大多数人不敢想象的。自从确立之后，毛泽东再也没有改变过，他要为实现这一宏大目标确定路线方针政策，他需要寻找到力量，更需要把握住力量。

| 第三章 |

幼年共产党：没有行动力，就无法掌握主动

Chairman Mao

性格温和的人最易和人相处，往往更有人缘，似乎距离成功更近些，其实这是假象，因为性格温和的人，可能天生就有另一种缺陷，那就是不够锋利，缺少突破力，而真正解决问题和困难，有时候需要的是一种决绝的意志力。所以性格鲜明的人，实在没有必要非得将自己的棱角磨平来适应他人。关键还是要把目光放在大事情上。

互相借力，第一次国共合作

把目标放在大事情上

毛泽东将新民学会的学友引入中国共产党，因为毛泽东已经和陈独秀建立了联系。

早在 1920 年 8 月，陈独秀等已在上海成立了共产党发起组，陈独秀很赏识毛泽东的才干，请他发动湖南的中共小组。毛泽东和何叔衡等人创建了长沙共产党早期组织。

当时，毛泽东已父母双亡，他先后把小弟弟毛泽覃和从小在他家里长大的堂妹毛泽建接来长沙读书，安排毛泽民在一师附小做校务。他的弟弟妹妹跟随了自己的兄长，却没有享受到任何特殊的待遇，相反，毛泽建、毛泽覃、毛泽民先后为革命献出了生命。

举家为国，这也是后来毛泽东在遇到各种打击的时候，都隐忍等待、决不放弃的重要原因。毛泽东将自己的亲人和所有的社会关系都加入了共产党，而其他党的建立者多是个人参与，可以随时随地轻松进出的。在这一点上毛泽东没有给自己留后路。

党史中说到这一段，多是注重毛泽东的行动，而我们依然想知道他的心理变化。此时的毛泽东悟出了一个重要的道理，就是如果你觉得自己的性格中有某种缺陷的话，不要紧张，改不了也不要难过。因为自己的缺点并不是自己想象的那样大，大到别人不可接受，就像年轻人看到自己脸上的青春痘郁闷得要命，对别人来讲这根本不是事儿。关注人生目标、解决重大问题，这比天天盯着自己的缺点重要，当然最好是有意识地主动注意克服缺点。这就是最正确的态度和方法。我们为什么要讨论这样一段话，其实这是我们在成长过程中常遇到的问题：影响我们成功的因素到底哪个是主要的？我们不知道！圣人告诉我们要吾日三省吾身，可真要是照着这套方案做，没准什么都做不成，孔夫子的名气再大，也没有办法掩饰他是一个世俗领域的失败者。

性格因素到底在人的成功中占据多大的成分，估计谁也说不清楚。性格温和的人最易和人相处，往往更有人缘，似乎距离成功更近些，其实这是假象，因为性格温和的人，可能天生就有另一种缺陷，那就是不够锋利，缺少突破力，而真正解决问题和困难，有时候需要的是一种决绝的意志力。世俗中的人在平和的时期一般接受温良性格的朋友更多些，但明白人会以利益来取舍，有利可图，踹着不走；无利可图，求着不来。所以性格鲜明的人，实在没有必要非得将自己的棱角磨平来适应他人。关键还是要把目光放在大事情上。

长沙共产主义小组成立后，是所有小组中最早开始有了行动的，"而其他地区的同志多数尚处于思想层面"。这段话很客气，其实说明了大家只是动口不动手的君子。这一点很重要，这就是为什么毛泽东后来能为全党指出道路，他之所以否定别人的路线，就是因为他知道那些路走不通。因为在这之前，他已经试过了。

1921 年 6 月，毛泽东和何叔衡一道前往上海参加中共第一次代表大会。

中国共产党的成立当然是中国近代史上一件大事，参加这次会议的有 12 位代表，有意思的是李大钊并没有参加，会议原定由陈独秀主持，但他因广州公务繁忙不能抽身，于是指派了一个代表与会，与会的还有两个共产国际的代表。

12 个代表中后来两人脱党：李达、李汉俊；两人被开除：刘仁静（托派）、张国焘；两人当了汉奸：陈公博、周佛海；四个人牺牲：邓恩铭、陈潭秋、何叔衡、王尽美（病逝）。只有两人 1949 年登上了天安门：毛泽东、董必武。

改变中国面貌的中国共产党，最初就是由这样一些年轻人成立起来的，他们是清一色的知识分子，毛泽东大概是学历最低的一个。

代表们以“北大暑期旅行团”的名义住在上海法租界，说它一开始就是一个北大高级知识分子的俱乐部也是十分恰当和准确的。

毛泽东除担任记录外，只作过一次发言，介绍长沙小组的情况。的确，毛泽东有着比其他人多得多的实际活动经验，但其他人精通外文，读马克思著作多，不少人常常引经据典——当然是马列的经典而不是中国古代的经典，涉及许多西方的理论问题，这都是毛泽东的弱项，尤其是外文，所以，毛泽东给与会者留下的印象是老成持重，沉默寡言，其实是毛泽东和他们无法交流，所以沉默不语。此时的共产党更像是一个高级知识分子的理论研究者俱乐部，夸夸其谈，而不是一个战斗团体，与这些人待在一起，凸显出毛学历和外语的劣势。

中国共产党是胜利者，有着无上的荣光。胜利后的共产党成为中国的领导核心力量，所以 1921 年党的成立，在后来被称之为开天辟地的大事情，我们曾经问过一位老共产党员，共产党为什么会取得胜利？老人说，是因为共产党代表了人民的利益。我们又问：代表人民就意味着肯定能胜利？老人说是的。问题是为什么大部分农民起义是失败的？如果中国共产党天然地应当胜利，那么共产党的领袖为什么不是北大的教授学者，也不是留法留苏的洋学生，而是中专生毛泽东呢？

许多人其实没有这么想过这个问题。

参加建党给毛泽东后来在党内以超然的地位，但要是认为建党有什么直接好处，也不是那么回事。要做的事情很多，怎样开展工作？党的“一大”会议并没有提供具体的办法。显然未来应该做什么，他们多数在等待俄国人的指示。无数人忽略了一个问题，那就是中国共产党是在俄国人支持下成立的，它是俄国国家战略在中国的渗透。

要论起国家战略，最高明的还是美国人。著名的清华大学就是美国人为了培养亲美的势力，在应当退还中国的赔款里附加上指定用途，在中国修建的，直到解放后清华才与美国人断了关系，成了新中国工程师的摇篮。

俄国人最初选择了北大人来做他们的代言人，这是研究共产党史无法回避的一点，也是存在最多误区之处。以后的历史将证明是毛泽东的加入改变了共产党的方方面面。

建党不是一些人想象的那样，自从有了党，天地变颜色。建党初期的共产党是一个松散的知识分子俱乐部，进出自由，有的人参加了建党，紧接着就忙自己的家庭小日子去了。共产党的建立在历史上之所以是大事，是因为后来辉煌的胜利，但这一胜利所遵循的路线方针政策不是一开始就有的，相反一开始什么也没有。

所以建党后，毛泽东依然需要找一份职业，他创办了一所湖南自修大学，他请上海建党者、湖南老乡李达来当校长。可见毛泽东热情结交之心，湖南人很抱团，这叫人不得不服。

此时陈独秀表现出了家长式的独裁倾向，一些不服陈独秀的人纷纷退党，其中有名的有李达、邵力子等。在很长一段时间里，陈独秀几乎是一个人说了算，手下的人进出很随意，可见大家也没有过于看重共产党的未来。

湖南自修大学培养了二百多名青年，这里面就有陈赓。大将陈赓与毛泽东也有师生之缘。对于国家、社会和党来讲，巨变来自有了一个毛泽东，对于个人命运来讲，很大程度上看你距离毛泽东有多远。

在创办湖南自修大学的同时，毛泽东开始着手组建湖南地方党组织，毛泽东的党员就是他的同学、亲人，甚至还有他的老师。这一点其实一点都不奇怪，它表明毛泽东在一开始的时候就是全力以赴的，这是他自己的事业，他的力量来自他最密切的人，是不会背叛他的人们。

留法的李立三热衷于工人运动，被遣送回国，此时在毛泽东手下工作。夏曦、郭亮、陈昌、夏明翰、蒋先云、毛泽民、黄静源、杨开慧等革命烈士，都是在这个时期入党的。

既然叫共产党，又是在俄国领导的共产国际的支持下成立的，而俄国老师告诉我们，力量来自工人阶级，怎么样获得工人阶级的支持呢？那就要做工人运动，怎么样做工人运动呢？那就要到工人中去，虽然不会像列宁同志那样，一挥手，工人就嗷嗷叫着“为了列宁，冲啊！”于是就胜利了，但工人运动是一条光明的路，是已经被列宁同志证明了正确的路，这一点总是没错的。照着葫芦画瓢，先学着做，既然是真理那就是放之四海而皆准的。可惜这仍然只是理论。毛泽东也是很长时间以后才知道的。

毛泽东在这一段时期的作为常常被一句话一带而过，就是不符合中国国情。其实我们知道这是相当客气的话，既维护了马列主义的正确，又体现毛泽东的英明，但常常叫人犯糊涂。毛泽东后来为什么会在他的同志们热衷于工人运动的时候站出来反对呢？原因就是他先行一步，他进行过多次实验。

当时湖南已经有工人组织，毛泽东从帮助黄爱、庞人铨两位工人领袖入手，使得黄爱接受毛泽东的主张，举行了多次示威游行并建立工会，举行罢工。

但这种游行示威和罢工完全不为统治者接受，黄、庞两位工人领袖被军阀赵司令秘密杀害。

黄、庞两位朋友就这样死了，毛泽东义愤填膺，两次召开追悼大会，发行纪念特刊，向各界控诉赵军阀的罪行。一时间，全国各地掀起了追悼黄、庞，抗议赵军阀摧残工运罪行的浪潮，可是赵军阀毫发无伤，继续当他的司令。

很少有人知道毛泽东搞了多少次工人运动，光是大罢工他就搞了十次。当然不能说毛泽东在整个过程中一无所获，他培养了骨干、建立了组织，先后组建了两个大的工人俱乐部，六个行业工会。

其中安源路矿罢工运动可圈可点。毛泽东两次到安源，指派李立三、刘少奇等到安源工作，刘少奇留苏归来后，被分派回湖南接受毛泽东的领导，杨开慧给刘少奇介绍了对象，他们关系自然很近。他们组织罢工取得胜利，并着重发展一批优秀工人入党，安源党团组织迅速发展，其中一部分成了秋收起义的骨干力量，工人运动给李立三、刘少奇带来了很高声誉。

此时的毛泽东名字已经传出湖南了。

的确，经过两年工人运动的锻炼，毛泽东已经开始证明自己的行动力。在实践中，他着手发展组织，培养骨干，注重策略，利用矛盾，争取舆论，以合法斗争做掩护，搞得有声有色，“大引起社会之注目”，同时也获得了党内的高度评价。

陈独秀欣慰地看到自己没有走眼，他选择了委托毛泽东在湖南组建共产党，毛泽东没有辜负他的期望，做出了成绩。陈总书记在中共三大上总结工作时，曾这样说："只有湖南的同志可以说工作得很好。"陈独秀越来越赏识毛泽东的才干，1923 年 1 月他着手筹备党的"三大"，便决定调毛泽东到中共中央工作。

寻找革命方程式

很少有人关注毛泽东在从事工人运动的过程中得到什么样的结论，他的心理发生了什么样的变化，例如黄爱和庞人铨的被杀，意味着工人运动的领袖们没有自保的力量，虽然他在后来十分隐晦地说道，在中国，工人力量太小，农民才是革命的主力军。其实只要想想就可以明白，俄国列宁之所以成功地依靠工人的力量获得政权，是因为俄国工人手里有枪，这在全世界也是独一份。美国不可能产生皇帝，因为美国全是杀人犯，人人手里有枪。中国的工人在极端活不下去的情况下会罢工，但罢工的目的是争取活得好一点，即使是获得胜利，也不是从此就当上主人，而是又去为老板干活了。这时候罢工的组织者，反倒面临老板们报复的危险，这完全是一件风险大、利益小、没前景的事情。对于毛泽东来讲，这样的试验他居然尝试了多达十次，可见一开始他对走列宁之路也是满腔热情的，也正是因为他做得最多，所以他也决绝地反对再继续这样的游戏，他已经试过太多次了，又是一个此路绝对不通。继温和的改良主义在中国行不通之后，毛泽东又否定了走工人罢工之路获得利益和力量这一条路，他有绝对的资格说与虎谋皮的道路是没有任何可能性的。

毛泽东的行动力获得了陈独秀的赏识，这时候他开始进入共产党的最高层。根据共产国际的指示，中共决定同国民党合作。

俄国的列宁为了对付西方的压迫和封锁，做出了一个重要的姿态，就是表示愿意放弃在中国的一些利益。在这个问题上常见的错误有两个，一个是以共产主义的名义说列宁多伟大，忽视了列宁只是口惠而实不至，最终中国并没有因此回收什么利益；另一个则是相反，口头上歇斯底里大骂俄国人，好像是宁可不活了也要和俄国人干一架，可等真正打起来就不知道逃到哪里去了。国与国之间说白了就是利益之争，既然是利益之争，就要按照最终的结果来衡量。俄国人既然准备和中国打交道，自然要挑选合作者，这时候俄国人发现中国共产党的力量过于微弱，远不如与国民党合作更有希望。孙中山先生在求遍西方各国无结果之后，接受了这一貌似友好的表示。

后来党史在描述这一过程时使用了这样的字眼：几年来工人运动的教训，使中国共产党认识到工人阶级力量较小，所以要和国民党合作。这时候的共产党力量甚小，国民党力量也不大，他们被另一个强力所控制着，那就是俄国人插手中国了。俄国人表现出罕见的不贪婪，不是俄国人改性子了，而是俄国人消化不了了，他们不想两条线作战，想着安抚中国人，想着在中国培养自己的代理人，历史真相不过如此，但这种迷雾居然围绕了几十年，所有的说辞在利益面前最终失去了意义。

真实的历史就是中国共产党尚处于幼年，共产党的领袖们多数是高级知识分子，他们缺少行动力和有效的组织力，很少有人能组织成功的罢工，只有毛泽东花大力气验证了此路不通，可是这样的否定并不能带来成功，因为毛泽东也没有找到成功的道路呢，这才是问题的关键。孙中山也在跌跌撞撞寻找出路，几经挫折，在对西方帝国主义大大失望之后，俄国的列宁表示了善意，孙中山接受了俄国人的这一表示，也有合作意向，于是乎李大钊、陈独秀等一批共产党的重要领导人就陆续以个人名义加入了国民党。这是没有办法的路子，国共两党都需要借力。

民国初期，中国的外患主要表现在俄国和日本，一个是熊，一边是狼，从感情上来讲，熊和狼都是恶棍，都伤害过我们，都该打，这就是中国领袖的使命，也是试金石。清廷贵族表现很差，对俄国丢掉了大片领土，对日本丢掉了朝鲜，让日本人进入东北。袁世凯更卑鄙，为了当皇帝居然想出卖中国的利益给日本。孙中山似乎找到了近似于正解的道路，提出联俄政策，但尚未将联俄的策略对准日本人而是对准国内的军阀，天不假年，历史没有给他时间来证明他是否明白和能够解决这个难题，而按照他做事情的套路，没有任何迹象表明他能解决这样巨大的难题。蒋介石联俄打败军阀后，居然立刻与苏联翻脸，对日本的蚕食反倒是不予理会，蒋介石在这道难题上给出了负解，带来最糟糕的后果，放任日本人的入侵给中华民族带来巨大灾难，和俄国人翻脸使得俄国人处心积虑挑唆促使外蒙古分离出去。可笑的是居然有人因为蒋介石反苏，就认为他是民族英雄。不要忘了，蒋介石是世俗领袖，领袖的使命就是保护中国的利益，联俄是谁也不想的屈辱，但为了民族必须低头，是斗争必需的策略，再强大的国家也不能同时面对两个强敌，是战略层面的基本智慧，这不是面子问题，而是民族生存和利益问题。

可问题是积弱的中国谁都打不过，倒有可能让恶兽给撕掉，这时候怎么办？

人为刀俎，我为鱼肉，这需要我们的领袖具有高度的智慧，这就是政治，这一道难题唯一的正解就是联俄是为了抗日。抗日是唯一正解，然后再找机会和俄国人算账。知道并做到这一点的是我们的领袖毛泽东，只是这一过程将长达半个世纪。

我们再回到 1923 年，此时毛泽东尚没有把握权力，他只是共产党内一个小团体的领袖。共产党尚在幼年，力量也不大，俄国人希望与国民党合作，同时又将中国共产党作为左派掺和进去，这就是当时的情况。与别人合作于毛泽东毫无困难，更主要的是毛泽东尚没有找到通向成功的方向和道路，他也没有找到可以依靠的力量。

在“三大”上，毛泽东尚没有太多的发言权，唯一值得表述的是他和张国焘产生了不愉快，大约就是从这时候起，埋下了今后不合作的种子。

“三大”上，陈独秀、毛泽东、罗章龙、蔡和森、谭平山（后被开除）为中央局（相当于后来的政治局）成员，五个人中有三个人原来是新民学会成员，蔡和森早在 1921 年就回国了。陈独秀为中央局委员长，毛泽东为中央局秘书，秘书权力很大，近乎第二的位置。新民学会暂时成了共产党的最大派别。

这时他 30 岁，刚好是“而立”之年。

湖南没有国民党组织，国民党湖南地方组织是在毛泽东的指导下建立的。经过毛泽东的努力，湖南在大革命时期成为国民党组织最发达的省份之一，这就是毛泽东能够得到孙中山青睐的原因，这就是毛泽东进入国民党最高领导层的资格。

毛泽东和杨开慧婚后聚少离多，开慧上有老母，下有孩子，负担很重，生活清苦，毛泽东作《贺新郎》相慰：

挥手从兹去，更那堪凄然相向，苦情重诉，眼角眉梢都似恨，热泪欲零还住，知误会前番书语，过眼滔滔云共雾，算人间知己吾与汝，人有病，天知否？

今朝霜重东门路，照横塘半天残月，凄清如许，汽笛一声肠已断，从此天涯孤旅，凭割断愁丝恨缕，要似昆仑崩绝壁，又恰像台风扫寰宇，重比翼，和云翥。

这是毛泽东诗词中最具小儿女情肠的一首了，大概在他生前没有正式出版过，原因很简单，中国人在领袖的领导下尚在长期奋斗之中，没有这种闲情逸致。我们从中能体会到一个忙于革命的年轻人无暇顾及娇妻弱子的无奈和自我解脱。

陈独秀把毛泽东从湖南召到上海，是为了在广州召开的国民党第一次全国代表大会中占据一席。自然毛泽东是很重要的一席。

1924 年 1 月 20 日，在孙中山主持下，国共两党的精英同处一堂，召开国民党第一次全国代表大会，毛泽东以湖南代表的身份出席，被选为中央候补执行委员。此时的毛泽东在国民党领导层中排名十三，地位比蒋介石要高许多，所以说，认为毛泽东是大器晚成的观点值得商榷，至少在表面上或是名义上，他是早早成为国共两党的最高层面的领导人的，只是实力不足而已。

这时的毛泽东和孙中山先生同处一堂，在接触中，他发现孙先生是一个具有高尚品质的高明的鼓动家，但缺少组织力和掌控力，最重要的是缺少财力、物力和武力，而毛泽东是以书生和宣传家的身份出现在孙先生面前，这大概是毛泽东和孙先生距离最近的时刻。

需要注意的是此时蒋介石在做什么呢？蒋介石被孙中山先生派往苏联考

察后正在筹备黄埔军校事宜。毛泽东热衷于宣传工作的时候，蒋介石正在忙着创办军校，建立自己的武装力量，周恩来作为中共负责军事的代表也介入黄埔军校的创办。查看黄埔军校主要人物的名单就会发现，这些都是后来国共两党的大人物，由此就能看出军队在后来的中国历史中的作用了，唯一例外的是毛泽东，他与枪杆子尚有一段距离。

国民党“一大”会后，毛泽东被派往上海工作。

这是一段表面上看起来令人愉快的时光，毛泽东与他的最要好的朋友们待在一起工作和生活，他与蔡和森、向警予、罗章龙等朝夕相处，杨开慧也带着两个儿子来到上海，一家人住在一起。不过这种好日子没有持续多长时间。

不是他们不愿意给别人打工，而是别人不乐意要他们。

这时候毛泽东担任了共产党的组织部长，大概是替代了张国焘的位置，张国焘能对毛泽东有好感吗？毛泽东不断展现着他敢于斗争、坚持原则，但也能灵活处理问题的能力，可是光有能力不行，共产党没有经济实力的弱点被右派抓住了，右派们开始使绊子了，不发工资没有经费是最简单有效的招数。毛泽东向孙中山告状，孙中山因北上事繁，又染重病，无暇处理此事。右派“用尽办法、把毛赶走”，加上积劳成疾，毛泽东就在12月请假回湖南老家养病，国民党右派胜利了。这件伤心事的刺激对毛泽东来说是痛彻骨髓的，一边批评人家，一边又要伸出手来要饭吃，这种人格分裂毛泽东是极其厌恶的。在上海毛泽东饱尝了寄人篱下和仰人鼻息的滋味，这对于他后来坚持自力更生的道路有着重大影响。

随后发生的事情叫人无法理解。毛泽东离开上海不久，中共“四大”在上海召开，大会选出的新的中央执行委员会和中央局中没有毛泽东，由此可见党在幼年时期的随意性和组织的脆弱，人员进进出出、上上下下很是轻率。

“四大”结束后不到两个月，孙中山在北京逝世，国民党内分成左右两派。随着国民党左派领袖廖仲恺被暗杀，国民党内部形成以蒋介石、戴季陶、胡汉民为代表的新右派崛起，预示着国民党向着保守的统治者和军阀迈进，这对中国和中国共产党都意味着灾难。

1925年9月，以左派面目出现的国民政府主席汪精卫召唤毛泽东替自己

中秋节月，书清之诗。气满一声
归正对，还此人生旅。遇事对
虽然忙碌了。要顺崇高当开创，了不起吧，
又恰像飘风扬絮宁。重比回家，
和平老人也回。

挥手从兹去，更那堪凄然相向，苦情重诉。眼角眉梢都似恨，热泪欲零还住。知误会前番书语。过眼滔滔云共雾，算人间知己吾和汝。人有病，天知否？今朝霜重东门路，照横塘代理宣传部长，地点是广州，汪精卫还是很识才的。有意思吧，共产党没把毛泽东当回事，国民党却很喜欢毛泽东，并且给了毛泽东高官。

毛泽东到任后，实施一系列措施，展现了缜密的组织才能。在毛泽东的主持下，国民党的宣传工作很快出现生气勃勃的局面。

国民党右派已经开始谋划着将共产党赶出去。蒋介石的把兄弟戴季陶先后出版一系列小册子，攻击马克思主义的阶级斗争学说，要求已加入国民党的共产党员，“脱离一切党派，做单纯的国民党员”。

面对这样的逆流，共产党领袖陈独秀所做的就是服从俄国人的奇思乱想，想方设法从国民党的大锅里为俄国人多取些利益，不是反击而是妥协。

此时的毛泽东由于热衷于国民党的宣传工作，被自己党内的对头张国焘讽刺为汪精卫、胡汉民的秘书。这种误解是没有道理的，毛泽东对待工作的热情是他的本性的自然流露，要知道这时候国民党与共产党是全面合作的关系。

代理宣传部长不是最主要的进步，最重要的是天窗打开了，毛泽东经过长时间的探索，他在读书的时候就试图寻找的那个最重要的、最关键的大本原已经在他头脑里产生了。这个顿悟不是来自书斋里，也不完全是个人的揣摩，而是在与中国社会最高层面的人们一起工作中凝聚提炼而成。

毛泽东所思之远、所图之大，都不可能在书本里找到答案，那些写书的先生们没有答案，原因是他们很少有人能够站到最高的统治者的位置上去考虑问题。

摆在20世纪初中国知识分子面前的中国是千疮百孔的中国，问题多多，但问题到底是什么，怎么解决，不同的探索者给出了不同的答案。历史证明只有毛泽东给出了正确答案。

就是在这个时刻，毛泽东的头脑里产生了后来称之为毛泽东思想的基本观点，那就是1925年12月1日，毛泽东发表的一篇文章——《中国社会各阶级的分析》。

“谁是我们的敌人？谁是我们的朋友？这个问题是革命的首要问题，中国过去一切革命斗争成效甚少，其基本原因就是因为不能团结真正的朋友，以攻击真正的敌人。”

这篇文章后来成了《毛泽东选集》的第一篇，粗看上去就像是一道多数和少数的简单的算术题，但是，谁能想到这就是毛泽东革命胜利的方程式呢？就如同 F=ma 造出火箭升空，就如同 $E=MC^2$ 造出原子弹，就是这样一道简单的算术，成就了人类历史上参与人最多，也是最轰轰烈烈的革命运动。

中国大约有四万万人，其中两亿人是赤贫的农民，一亿五千万人能够自饱，只有一百万和依附于他们的四百万人占据着中国的上层，这个金字塔看上去很结实，其实是底层人民没有行动起来，一旦底层人民不再接受上层的统治，中国社会就会大变样。革命的组织者显然在进行一个搬运的过程，将统治者下面的被统治者转变成革命的力量，天平就会倾斜。这个革命的方程式更像是一个数学的不等式，一开始革命的力量小于反革命的力量，但随着正确的工作，就会发生巨大的变化。正确的方法就是不断增加革命者的力量，减少反革命的力量。

毛泽东自读书以来，手不离笔，写下文字无数，其中文字优美、条理清晰的好文章不在少数，但都没有收入毛选，一些文章用文人的标准来衡量都是上乘之作，但作为思想家，此篇才是开山之作。

现在你知道毛泽东找到的大本原是什么了吧，其实我们每个人都知道，中国一切问题的核心就是中国的人多，解决中国问题的希望也是中国的人多。我们的包袱是人，我们的财富也是人。

中国人多到自己养不活自己了，外因是帝国主义侵略和欺压，内因是中国社会上层的贪婪与压榨，彻底解决问题的办法也是靠着人多，只要把大部分人的力量凝聚成一股劲，那就是不可思议的巨力，它将改变中国甚至世界，问题就在于你怎么样能发动起广大的人民群众。毛泽东知道了关键支点，但他尚未找到杠杆。

毛泽东继续为国民党干活，在国民党“二大”再次当选国民党中央候补执行委员，继续代理国民党的宣传部长，宣传部的工作当然是很有成绩的。

但是，蒋介石快速上升了，而共产党的领袖陈独秀和共产国际的代表完全没有概念，他们害怕造成国民党分裂，俄国人显然意识到了他们出的那一点枪和钱不足以让国民党的右派死心塌地跟着俄国人走，于是就迁就国民党右派。而国民党的壮大叫英美势力也刮目相看，孙中山时代，英美这些奸商更看好其他的实力派军阀。于是乎，手握军队的蒋介石成了俄国人和英美两边看好的香饽饽，实力大增的蒋介石渐露峥嵘，他当选中央执行委员，随后又被选为常务委员。

中国不能靠着外国人的力量来得以进步，靠着西方列强没有希望，靠着俄国人之力也好不到哪里，但蒋介石最终还是选择了一条罪恶之路，之所以这么不客气地说，是因为他最终选择了和买办合作。

买办不是我们一般人想象的那样简单，它不是简单的挟洋人自重，这和我们近几十年搞的引进外资形似而实质大不同。买办是中国近代史上最为诡异的现象，它也是最恶毒的生物，之所以这么说因为它反噬母体。

1840 年后，中国社会变成了一个烂泥潭，这个烂泥潭中产生了一个状似巨鳄的怪物——买办，他们是中国人，但他们干的却是吞噬中国人利益的事情，他们的利益完全来自为外国人服务，他们替西方人打开中国的市场，把中国大量的手工业者逼得破产，随后他们获得了政治特权。他们多是以基督教徒的身份出现在官场中，清朝官员见了他们也得点头哈腰，因为他们获得了洋人的支持，当中国社会破产后，他们又发起了国难财，那就是倒卖军火给各路军阀，由着军阀再去剥夺人民。军阀需要的是枪，买枪需要钱，没有钱买办可以借给你，只要你拿占领的土地作抵押。由于风险很大，自然利益也是巨大的，甚至只要你付了首付款，其他的借了还不了，买办也不会亏本，因为他不光是给你一家供货，这样打来打去，赚钱的是洋人，喝汤的是买办，毁坏的是中国，死伤的是中国的老百姓。汉奸比鬼子可恶，买办比洋人有罪。

中国赫赫有名的四大家族中的宋家，第一桶金是靠着印刷《圣经》得来的。许多人会纳闷，在中国会有多少人信奉基督教，会有多少人买《圣经》呢？其实卖一本《圣经》就是赚十块大洋，宋家也发不了大财，在印刷《圣经》的背后隐藏着他与英美基督教会建立了联系，基督教会可不是鼓吹博爱那么简单，上千年来教会早已经是可以和王权抗衡的巨大的世俗组织了，这样宋家就成了基督教会在中国的代言人。

通过联姻，宋家与中国本土的财阀孔祥熙家族建立了合作关系，蒋介石以军权作为本钱和宋家联姻，就完成了中国近代史上的黄金家族的大联合。最不可思议的是他们发了财，还要告诉老百姓他们是应该发财的，因为他们还是基督教徒呢。他们每天是要念《圣经》的，他们嘴上还离不开博爱。因为他们具有先进性，别看蒋介石拜过黑社会老大做小弟，别看蒋介石逼老婆离婚，人家蒋介石可是一个不抽烟、不喝酒，连茶都不喝只喝白开水的虔诚的基督徒呢，这么好的连缺点都没有的大人物当上了我们的领导，怎么会是我们中国人的灾难呢？原因无他，他们是买办。

宋美龄是大家闺秀，一举一动都散发着迷人的魅力，许多人都以拜倒在她的石榴裙下为荣。她的英语水平很高，在美国用英文演讲能获得呼啸般的欢呼。她是虔诚的基督教徒，她告诉美国人她是要博爱的，她将把基督的精神传递给中国人民，这个伟大的使命让美国人感动不已。当美国友人亲切地关心她说，在中国做领袖很累吧，因为中国有许多人都吃不饱，快饿死的人不好管，因为他们是要造反的，你和蒋先生很难对付他们吧？宋笑着说：no，no。这位女士优雅地伸出一个手指头，在她自己那美丽的脖子上轻轻地横着比画了一下。

这个动作，印在了我的脑海里，也写在了历史书上，因为这一段不是来自中国人写的四大家族，而是美国人记录下来的史料。从那以后我只要看到喜欢宋美龄的人，我就忍不住想记下他们的名字，只要是看到热爱蒋介石的粉丝，就想知道他们的行踪，这完全是无意识的、无意义的行为，只是想着万一哪一天碰着了，看一看他们铁石心肠之上的脖子能否抵抗这么轻轻的一划？

蒋介石的上升是一种必然。

蒋介石在投奔孙中山之前，算是混得不那么好的。但他也不是平凡之辈，他知道抓住趋势，在其他人热衷于混迹十里洋场的时候，他就意识到应当投奔孙中山。前面我们说过毛泽东获得了两万块大洋的资助，只是毛泽东将这些大洋用到组织同学出国和湖南的活动上了，而蒋介石也获得了某种资助，据说有人看出他的不平凡，资助了他若干大洋，这些大洋起了作用，他将大洋献给孙中山，使得他进入到孙中山的圈子。孙先生的圈子里面最缺的恰恰是军事人才，而蒋介石算是留学日本学过军事的，他的兴趣也在军队，他早早地抓住了枪杆子这一真理，积极组建黄埔军校，不断增加自己的实力以及培养学生对自己的忠诚，并且找到了自己内部同志们的缺陷（孙中山和汪精卫不注重军事）以及敌人（主要是军阀）的致命弱点，找到了战胜敌人的方法，那就是借钱买枪。有了枪就有军队，有了军队就可以打击军阀，得到军阀的地盘，就可以产生红利，有了利益就可以借到更多的钱，这样就形成了一个很好的盈利模式。军阀们多是些没有政治眼光及抱负的土鳖，就会守着自己占据的地盘，剥夺百姓，往往是等着别人来打。对军阀采取分化瓦解收买打击的策略，这些都是蒋介石的拿手好戏，蒋介石的力量就这样一步步扩大了。

虽然这种高成本的扩张做法为后来的失败埋下了隐患，但在当时的中国，蒋介石的办法确实是最容易被实力集团所接受的好方法，我们不能因为蒋介石后来的失败，就把蒋介石说成是臭狗屎，事实上蒋介石在一开始是最成功的，他的解决方案也是中国多数上层人物最容易接受的方案，他不愿意进行大的彻底的变革，除了他自己代表的集团的利益之外，这也是中国多数中间阶层的愿望。蒋介石通过军队的建设和买办及江浙财团建立了联系，再通过买办及江浙财团与西方英美财团建立了合作关系，他的力量一支独大，他是一位成功人士。中国其他的力量中大约只有阎锡山有资格与他抗衡，但阎锡山所依赖的华北财团财力比不过江浙财团，这就使得蒋介石最终胜出。英美势力与江浙财团最终选择了蒋介石作为他们的代言人，蒋介石也乐意做这样的成功者。于是后来的一切，与共产党翻脸，与俄国人闹翻就成了必然。中国人你死我活地拼杀，不过是外国利益的角斗场，人为刀俎，我为鱼肉，外国人固然可以不在乎中国人的生死，可是中国的高层人也不在乎，这是为什么？自己的同胞的性命不值钱，领袖又有什么可以自豪和值得尊崇的呢？

此时的共产党在国民党右派眼里就相当于不出本钱、干拿红利的大股东，在国民党右派们自我感觉已经找到胜利方法和道路、投靠英美势力肯定会得到更大利益的时候，英美也热衷于将俄国人的势力赶出中国，两方一拍即合。这时候陈独秀采取退让的政策只能更壮了国民党新右派的胆。

国民党“二大”结束后才两个月，蒋介石就制造了“中山舰事件”，他在做进一步的试探，这回他把矛头指向俄国。这就表明，此时的蒋介石已经获得英美等西方势力的支持，要不然他干吗要对俄国人挑衅？要知道黄埔军校就是在俄国人的资助下建立的。

那些认为斯大林是铁汉的人们要失望了。面对挑衅，苏联军事顾问团和陈独秀不敢反击，主张妥协，毛泽东和周恩来提议反击被拒绝。毛泽东准确判断出此时的蒋介石只是试探，因为他手里只有一个军。其他的军队尚不在蒋介石的控制之中。

机会稍纵即逝，事物总是在萌芽状态下最脆弱，一旦长大，就意味着失控。英法的绥靖政策鼓舞了希特勒，蒋介石的不抵抗策略育肥了日本人，陈独秀不敢反击蒋介石，道理是相通的。

蒋介石试出了结果，共产党尤其是俄国人不但没有实力而且还是软蛋，于是通过分化瓦解拉拢威胁，蒋介石把其他尚在观望的国民党军头们收服了，不到两个月，他就在国民党二届二中全会上，逼迫国民党通过了《整理党务案》，把共产党从国民党领导岗位上轰下去。

这时候的毛泽东赤手空拳，能做的就是拒绝签字、拒绝举手来表明自己的立场。虽然何香凝、柳亚子、彭泽民等国民党左派声泪俱下地反对《整理党务案》，但已不起决定作用。

历史总是惊人地相似，蒋介石和毛泽东都做出过先和俄国人合作，再与美国人合作的决策，结果却截然不同。蒋介石只是看到了俄国人穷的一面，远不如美国人富有，可以给他现金和武器，却短视到了看不到俄国人能够直接伤害中国。在没有力量的情况下得罪近邻，巴结远亲，不是愚蠢短视就是自私无良。斯大林固然没有勇气跳出来和希特勒或者美国人干上一架，但对待弱势中国，却拥有极大的魄力。蒋介石靠着黄埔军校起家，却以背叛俄国人的方式与英美勾搭，得到的是美元和武器，失去的却是外蒙古大片领土。不过联想后来的蒋氏作为，北方领土似乎不在蒋氏心中。毛泽东则不同，为了叫俄国人放心，不再伤害中国，不惜和美国人干上一架，但等俄国人不再有能力伤害中国的时候，又毫不客气地将俄国撂到一边，去和美国人握手言欢，最终美国人欢呼是他们击垮了苏联，中国人也乐于看到北方不再有大的威胁。

多数人研究这一段历史的时候过于关注国共两党之争了，其实这中间主要是国际势力之争，蒋介石也不用给自己找太多的反对共产主义的理由，无非就是一个小算盘打得颇精的政客罢了。

根据蒋介石的《整理党务案》，共产党人被罢职，毛泽东也丢了代理宣传部长的官。

实力是最大的真理

发现第一力量：农民

中国有一句成语叫作“塞翁失马，焉知非福”。蒋介石比毛泽东早一步懂得枪杆子的重要性，也早一步掌握了枪杆子，靠着与买办联手，最终得到中国的财主们的支持，爬上了中国统治者的宝座，用中国的国家利益作为抵押品，获得了英美财团的金钱支持，巩固了自己的统治。初一看好像是获利不小。但他的提案，却将热衷于搞宣传的毛泽东逼到了培养自己的力量那里，这恐怕是任何反动派都没有想到的。

上层的路被蒋介石堵死了，这看来是坏事但却是好事。把坏事变成好事是天才的特质。因为毛泽东的心向下转了，转向了他的力量基础，那就是广大的农民。

毛泽东自己就是农民的儿子，从小在农村长大，然而，他走向社会的时候，却是希望自己通过修养和努力，进入社会上层的俱乐部，他小心翼翼包装着自己，以防自己身上的农民味道散发出来。他热衷于读书，热衷于组织留学，热衷于和教授名流交往，积极参加共产党的建立，热情为国民党做宣传工作。我们从保留下来的照片上就能看出，年轻的毛泽东的打扮几乎是一袭长衫，头发中分，颇有名士风度，唯一与其他的领袖不同的是他总在寻找支撑自己的力量，对隐藏在农民中的力量，他一开始也没有确认。

建党初期，按照陈、李从俄国学来的道理去办是毛泽东的基本路子，他首先关注的是工人运动，党内有一个比较明白的人叫恽代英（烈士），他在1923年曾写信给毛泽东说，我们也可以学习陶行知（教育家）到乡村里去搞一搞。毛泽东认为，现在城市工作还忙不过来，怎么顾得上农村呢？

中国共产党内，最早在实践上致力于农民运动的，是彭湃（烈士），他组织的农会颇有成果。

说起来，把毛泽东逼到农民那里还真的是拜国民党右派们所赐，就是上面说过的被国民党右派们从上海赶走的那次。

1924年12月，毛泽东离开上海回湖南老家养病，命中注定，他就是和农民有血肉相连的缘分。他惊奇地发现“湖南农民变得非常富有战斗性”，于是，他尝试着“发动了一个把农村组织起来的运动”。

他创办夜校，秘密组织农民协会，发展会员，发展中共党员。农民运动开展得有声有色，在当时颇具影响，引起土豪劣绅的忌恨。他们提议逮捕毛泽东，毛泽东在乡亲们的帮助下，安然脱险。

1925年年初，毛泽东到了长沙，在湘江边上，橘子洲头，回想当年的师范生生活，写下了有名的《沁园春·长沙》：

独立寒秋，湘江北去，橘子洲头。看万山红遍，层林尽染，漫江碧透，百舸争流。鹰击长空，鱼翔浅底，万类霜天竞自由。怅寥廓，问苍茫大地，谁主沉浮？

携来百侣曾游，忆往昔峥嵘岁月稠。恰同学少年，风华正茂，书生意气，挥斥方遒。指点江山，激扬文字，粪土当年万户侯。曾记否，到中流击水，浪遏飞舟。

“问苍茫大地，谁主沉浮？”毛泽东在提出问题的时候是不是表明他已经知道答案了呢？这完全有可能，因为他随后就写出了毛选第一篇。

令人惊讶的是他并没有直接去干，他还想试试其他的途径，在韶山从事农民运动的实践，无疑让他接近真正的力量，不过在国民党的高层工作的吸引力似乎更大些。

国民党“二大”后，毛泽东当不成宣传部长了，但他依然为国民党工作，因为他的同志们也都待在国民党里。毛泽东的新工作是担任国民党主办的农民运动讲习所所长。蒋介石搞黄埔军校，毛泽东则主抓农民运动讲习所的工作，毛泽东请了周恩来、彭湃等所能请到的知名人士来讲课，毛泽东亲自讲授“中国农民问题”、“农村教育”、“地理”三门课。

毛泽东通过讲课，整理出了一个重要理论，抓住了中国近代历史的关键，那就是先前的革命没有得到三万万两千万农民的拥护，他敏锐地发现农民问题的重要性。

列宁依靠已经武装起来的工人阶级，夺取了政权，蒋介石依靠江浙财团和英美财团联上了手，获得了中国上层社会的支持和力量，毛泽东没有这样的直接的力量可以依靠。

在毛泽东的革命方程式中，联合最多的人参加革命是他的出发点，而农民占据着中国人口的绝大多数，自然是第一力量，他需要借助隐藏在中国最多人口的农民中的力量，只有依靠占中国人口绝大多数的深受压迫的农民群众，只有把农民最关心的土地问题放在革命的中心问题的地位上，才有可能领导中国革命取得胜利。

原来如此！毛泽东经过长期的探索，终于自觉地认清这个关键性问题，这是一个伟大的进步，这一思想的明确竟然花费了相当长的时间，从理论上先提出，再到无可奈何地投入，到最后的真正觉悟，就这样一步步完成了。毛泽东主要干这个了，从此他再也没有改变，他后来则明确提出“农村包围城市，武装夺取政权”的胜利路线，此时他已接近了这条道路。当然，对如何发动广大农民群众、如何解决农民的土地问题、如何取得革命的胜利，他还缺少一个关键步骤，那就是枪杆子。

此时，北伐开始了，蒋介石已经可以组织起有效的力量来验证自己的成功之道，各种左派的力量也在积极贡献着，这时候的敌人是共同的，那就是各个军阀。北伐军所到之处，都有当地工农群众直接给以各种援助，胜利使得参与革命的各派力量都产生了自己是正确的感觉，而不去考虑这种感觉有没有道理，是不是真的。

摊牌的时刻已经临近，陈独秀也在中共会议上提出要争夺领导权，不过要限制农民运动，农民的武装“不要超出自卫的范围”，从这样自相矛盾的指示中，谁也不知道陈独秀拿什么来和蒋介石争夺领导权。

毛泽东已经意识到农民运动可能是他寻找的最根本的力量。这种自觉和悟性使得他成为在全国有影响的农民运动权威。同时他找到了一个有力量的盟友——瞿秋白，此时的瞿秋白地位仅次于陈独秀，瞿秋白赞成毛泽东的观点。

我们有一个阶段知道的陈独秀、瞿秋白、李立三、罗章龙、王明这些名字，都是因为所谓的十次路线斗争，其实这是一段改写了的历史，准确说来他们其实走的都是一条路线，那就是俄国人指挥的路线，除了王明，他们多是毛泽东的朋友，只是后来毛泽东有了另外一条路线。注意，路线之争和私人关系是两回事，路线之争也代表身份，他们都接近最高层面，只是没有找到成功之路。

农民运动讲习所所长位置上的所作所为，证明毛泽东是有本事的，所以也为他赢回来共产党内的地位，他随后担任了中共中央农民运动委员会书记。

毛泽东不愿意坐在上海这样的大城市里去指导农民运动，他赴长江沿线一带视察，联络江西、湖南、湖北各省国民党省党部，商办武昌农民运动讲习所等事宜。

这一段历史看上去没有太多的意义，其实却是关键的转折点，无论是中国社会还是毛泽东本人都在经历蜕变的前夜。但没有太多的人意识到这一点。

在南昌，郭沫若第一次同毛泽东见面，郭沫若在后来写的回忆录里，感觉毛泽东“静如处子”，很有些像汉初的张良，男人女相是智慧的象征。可是事实上郭沫若并没有望气的本事，他没有意识到他眼前的这位就是中国未来的主宰者。

真正有这种本事的人是另外一位著名的诗人，他叫柳亚子。柳亚子在广州见到毛泽东后，居然望出了那盘踞在毛泽东头上的王者之气，这不能不让人惊讶，柳亚子是毛泽东团队之外，最早有这样意识的人之一。

这时候，按照官方的说法，叫作随着北伐战争的节节胜利，湘、鄂、赣三省出现了农村大革命的高潮。这是一个容易让人产生错觉的表述，正确的事实应当是北伐导致原有的权力机构失效，压在农民头上的强权突然消失了，农村处于无组织无政府状态，我们看湖南的一组数据就明白了。据党史研究的资料，湖南农民运动的最高领导者是毕业于广州第六届农讲所的毛泽民、贺尔康、王首道等 30 多名学员，他们派往各县的农运工作人员有 203 人，农民协会会员则有 200 万人，能直接领导的群众号称 1000 万人，当时湖南农民大约为 2000 万。知道为什么是假的了吗？这是一种无效的组织。有效组织是三三制，一个人直接指挥的人数不能超过十个，所以班排连营团构成了所有的军队系统。农民协会显然不是有效的组织，所以并没有什么力量。

疾风暴雨般迅猛兴起的农民运动，更像是一股失控的野火，威胁和烧痛了同地主豪绅有千丝万缕联系的国民党右派，一些名人决绝地反对革命，站在了共产党的对立面，在后人看来似乎不可思议，其实，主要原因就是自己家的利益受到伤害，而无法站在客观的立场来体现知识分子的良知。大批利益受到损害的上层富人投奔蒋介石阵营，蒋介石自然大受鼓舞，他也乐意担当旧秩序的维护者。

这时候陈独秀做出了错误的指示，向蒋介石妥协，以换取蒋介石由右向左。同时扶持汪精卫，以制约蒋介石的军事势力。这是一个莫名其妙的指示，唯一的解释就是这个指示来自俄国人。

共产党内许多人不同意陈独秀的意见，作为农委书记出席会议的毛泽东没有直接反对陈独秀，他也没有关心这个指示的对错，他的眼睛看到的却是细节，他提醒陈独秀注意:“右派有兵，左派没有兵，即右派有一排兵也比左派有力量。”这种见识真正是高明之极，这种对老百姓来讲是显而易见的道理，知识分子理解起来却是如此的困难，这恰恰是知识分子问题的根源所在。不要小看毛泽东说的大实话，要知道他一直在找高层次的真理，但此时的他已经回归到了基层，也就是最基本的道理，他能说出大实话了。这是一个伟大的跨越，知识分子往往追求超越平凡的道理，但一旦找到了回归平凡的道理，又比平民了解得更为透彻，这大概就是常讲的螺旋式上升吧？显然毛泽东已经在接近他所探求的大的本原了，但这一大本原隐藏之深，没有强大的外力，居然就是不出头。陈独秀无视这种危险，暴露了陈独秀不适合做政治领袖的缺点。他可能也没有听懂毛泽东在说什么。

陈独秀本来是毛泽东最敬重的人物，是陈独秀提拔他、扶持他进入中共最高层，对他有引路提携之恩，但此时的陈独秀已完全暴露出他只是一介书生，作为一位政治人物他压根就不合格，他没有自立的主张、概念、能力、魄力，作为舵手他居然看不到危险的临近。作为知识分子他是极为优秀的，他有良知，他的信念是为着底层人民，但作为一位党的领袖，他是不合格的，他做的只是服从俄国人的意志。

毛泽东需要做出判断，最后的觉悟在前方向他招手，他决心实地考察一下，看看农村的实际情况究竟是怎么一回事。

毛泽东下到湖南乡村去考察农民运动，我们注意到毛泽东此时依然是长衫打扮。打扮很重要吗？我们说是的，打扮的变化意味着思想的变化。请大家注意毛泽东是什么时候变成短打扮的。变成短打扮就是毛泽东走向平民的开始，就是他将代表人民。

著名的《湖南农民运动考察报告》很快写成了，这是毛泽东选集的第二篇文章，中央局委员瞿秋白为这本书写了热情洋溢的序言。

在这篇《序言》里，瞿秋白还给了毛泽东和彭湃一个称号："农民运动的王！"

毛泽东的这篇报告是一个大预言，他预言中国几万万农民将起来革命，将掀起滔天巨浪，几乎明示了几十年后中国社会的真实画面，唯一有问题的是时间概念，毛所说的很短的时间实际上是20年以上。

不能应对危险，就没有资格当领袖

毛泽东已经接近他一直要寻找的那些本原了，一个明显的迹象就是他办的农民运动讲习所的每个学员都发了枪，军训成了主要内容。

在《湖南农民运动考察报告》中，毛泽东观点明确，他欢呼这暴风骤雨，他欢迎这燎原大火，他希望彻底革命，他选择了自己的立场，他显然站到了一切既得利益者的对立面。

蒋介石也旗帜鲜明，站在了人民大众的对立面，他亮出的不光是立场还有明晃晃的大刀。1927 年 4 月 12 日，蒋介石在上海发动反革命政变，逮捕和屠杀了大批共产党员和革命群众。

南京的蒋介石与武汉的汪精卫分庭抗礼，再加上北京的张作霖奉系军阀政府，中国一时表面上出现三足鼎立的局面，其实局势已经完全倾向蒋介石。面对危机，陈独秀没有任何作为。

毛泽东预感到风云将要突变，一场大劫难很快就要来临，看到领导者陈独秀依然茫然无知而无力改变，他独步徘徊在武昌蛇山的黄鹤楼前，面对滔滔奔涌的长江水流，或许诗句更能表达出他内心的忧虑：

《菩萨蛮·登黄鹤楼》

茫茫九派流中国，沉沉一线穿南北，烟雨莽苍苍，龟蛇锁大江，
黄鹤知何去？剩有游人处，把酒酹滔滔，心潮逐浪高。

这是毛泽东最忧郁的一首诗词。毛泽东没有力量，面对危机，他无法应对，虽然在诗词的最后，他以“心潮逐浪高”收尾，但依然无法掩饰无奈。山雨欲来风满楼，多数实力派走向了反革命。

5 月 17 日，进攻武汉的反共军队和叶挺部队开战，毛泽东组织中央农讲所的四百余人参加战斗，这大概是毛泽东当时所能动员的所有力量。他表现出只要有力量就要反抗的勇气和决心，他绝不是一个坐以待毙的人。

5 月 21 日，驻长沙反共军队对湖南革命者举起屠刀，毛泽东的追随者们受到残酷屠杀。

6 月 6 日，朱培德在江西以“礼送出境”的名义逐走大批共产党员和国民党左派人士。

6 月 10 日，汪精卫撕下伪装，和冯玉祥、蒋介石携手，宁汉合流，反共反苏。

越来越多的共产党人意识到了危险，努力寻找出路。有实际意义的是中共中央常委蔡和森提议由毛泽东担任湖南省委书记。毛泽东立刻赶赴长沙开

展工作，决定要用武力来对付反动军队，以枪杆子对付枪杆子。这为他后来的秋收起义做了准备。

这时的毛泽东很难过，他看到了他追随的这些高级知识分子的巨大缺陷，他们不能够预见危险，不能防范危险。这样的素质暴露出他们作为党的领袖是不合格的，不能应对危险，就没有资格充当领袖，要想取得成功需要很多种能力，其中防范危险的能力所占的比例可能比我们想象的大得多。这大概是多数热衷于奋斗的人所无法接受的一个残酷的事实。

关键是毛泽东看见了血，那是相信他、追随他、响应他的成千上万农民的血，这使得毛泽东丢掉了一切幻想和犹豫，他做出了决断。

毛泽东到湖南刚十天又被召回武汉，出席中共中央政治局扩大会议。心力交瘁的毛泽东做出了最后的抉择，活不下去了只有“上山”，《水浒传》中的“逼上梁山”再现。

陈独秀依然在犹豫，他不知道汪精卫已经和蒋介石联上了手。毛泽东感到了危险正在逼近，所以他在中央政治局扩大会上说：“不保存武力，则将来一到事变，我们即无办法。”

我们可以看出，在没有发生突发事件之前，毛泽东是在积极地工作，他虽然也在集聚力量，但总的来讲是跟随陈独秀的，但一旦有了危险的苗头，毛泽东显然警惕性占据了上风，当形势非常不妙的时候，他是能当机立断的，突发事件暴露了陈独秀作为领袖的缺点，此时毛泽东站出来提请他的同志先防范危险，这是毛泽东准备走向前台的标志。

果然，只过了 11 天，汪精卫政府就公开宣布中国共产党非法。到处在搜捕，到处在屠杀，没有任何审判，手无寸铁的共产党人成串地被砍头或被枪决，在腥风血雨中，幸免于难的共产党人做出三个反应：1. 准备南昌起义；2. 组织秋收暴动；3. 与其坐以待毙，不如彻底反了吧。

钢刀落下的结果就是头颅落地，并不因为头脑中的高尚思想而逆转，这么简单的道理，却需要几十万人的血才能弄明白。知识分子在改造社会的行为中，过于看重理论的指导，却很少探究每一个成功背后的实力对比，这是很沉痛的教训。

1927 年 8 月 1 日，以周恩来为书记的中国共产党人，在南昌率领国民革命军贺龙、叶挺部两万多人起义了，打响了武装反抗国民党反动派的第一枪，军旗上飘扬着“八一”字样，就是它永恒的纪念。八一起义的部队，受到国民党反动派的绝对优势的军队围追堵截，最后被打散了，只有后来赶到的陈毅帮着朱德带领数千人坚持游击。

毛泽东这时仍隐蔽在环境极其险恶的武汉，中共中央实行紧急疏散时曾准备派他到四川去，他要求仍回自己更熟悉、并且武装起义条件正趋成熟的湖南，这是好事啊，危急时刻有人站出来挑担子，实在值得赞扬，毛泽东要求下基层，这要求自然得到批准。

毛泽东出席了著名的“八七会议”，陈独秀为自己书生意气付出了代价，俄国人简单地将导致数十万人的牺牲与流血的责任扣在陈独秀的头上了事，陈独秀黯然离开了中国的政治舞台。

会议确定了土改和革命两大方针，但谁领头呢？共产国际提出的政治局名单，只是将陈独秀踢了出去，依然没有毛泽东。此时毛泽东两头不落好，陈独秀没有重用他，共产国际也没有看上他。蔡和森不干了，他站出来强烈反对，他提出毛泽东应当进入政治局，并表示如果名额不够，他可以退出，以蔡和森在党内的资格，没有太多的人能与他相比。在这种先发制人的强烈要求下，毛泽东当选为中共中央临时政治局候补委员，这是蔡和森做出的巨大贡献。共产国际的这帮大爷只是按照学历和个人好恶来给共产党安排人事，可见我党尚处于任人摆布的幼年。

在“八七会议”上，毛泽东提出了后来人们熟知的“枪杆子里面出政权”这个重要论断，这是血中得来的教训，一切的努力化作泡影，一切的利益烟消云散，没有枪连命都保不住，一切口头高喊的主义、理想、真理都没了基础。简单说，就是毛泽东觉悟了。

枪杆子里面出政权，这才是真理，大约会是人类社会的终极真理，它可以说是毛泽东寻找到的最大的本原。多少年的努力，上下探求的本原，不是什么书本上的正义，不是圣贤的语录，而是现实社会中的实力。这一道理不应该是马克思主义的内容，这样的真理在蒋介石和军阀那里是不需要证明的，他们就是这么做的，土匪们没有理论，也不需要理论，只要手里有上几条枪，就能在世界上横着走，这样的道理却最难让革命者接受，因为这样一来，就意味着强权的合理性得到了证明，而处于弱势中的革命者的合理性受到了挑战，他们的信念和道路都会发生地震。

留苏归来的瞿秋白，与毛泽东关系极近，也无法接受这样的离经叛道，马克思的理论基础是劳动创造价值，结论是生产资料公有。马克思费了一生的精力，就是想证明被统治的工人阶级具有正义性和先进性，列宁看上去也是依靠了工人阶级的力量，毛泽东却抛开了这一事件的正义性，抓住了古今中外的一切事件背后的重要力量——枪杆子，看到了列宁领导的工人手中的枪。所以后来毛泽东说，马克思主义的道理千条万绪，归根结底，就是一句话：造反有理。但谁又能说有理就一定能赢呢？要想胜利靠什么呢？答案是胜利不能靠文字，也不能靠语言，而是世俗力量，是枪杆子。

“八七会议”开完后，主持中央工作的瞿秋白向毛泽东征求意见，要他到上海中央机关去工作，毛泽东回答：我不愿跟你们去住高楼大厦，我要上山结交绿林朋友。

我要去找我的天地，我要去找我的力量，我的天地在乡下，我的力量在民间，哪怕我要上山，哪怕说我是土匪。

这是毛泽东一生中最重要的决定，也是伟大的转折点。从少年时期的立志出乡关，毛泽东的目光一直是向上的，即使他拒绝上北大和出国留学，他的一切努力方向也都是向上的，接受国民党代理宣传部长的职务就是明证。给别人打工，从别人公司里面分取红利，这样的成功模式并不是他乐意的，但他一开始并没有拒绝，因为这是大多数高级知识分子认可的模式。当这一切的努力化作了泡影，一切努力换来的是杀头，毛泽东一定又想起了参军的经历，当时他就知道，不能在别人的房子里面搭棚子，经历了十几年，他才发现要追求的目标大到想通过给别人打工是不可能实现的。这血，这泪，使毛泽东自觉地上了“梁山”，促使毛泽东走上了一条没有人走过的路，这条路的方向是向下的，眼睛向上的人不可能是巨人，只能是打工者。

真理在哪里呢？真理在我们脚下。真理扎根于地球，距离普通人最近，距离聪明人最远，但普通人也难以找到真理，原因是绝大多数人的眼睛是向上看的。少数人获得真理，其过程一开始也是向上的，向上爬得越高，摔下来扎得越深，这时候就有机缘和真理碰面，从而得到它。

毛泽东的目光、他的着眼点终于放在了他一生权力的基本点——社会底层的人们身上。他原本以为高尚的人应当是为了大众的，于是他向上爬，在最高层为农民呼喊，没有意识到要真正实现这一目的，依靠的也只有大众，只有他处于绝境的时候，他才真正融会贯通，他才彻底地将自己和自己服务的人民合为一体，这是他成为伟人的起点。

毛泽东同一时代的共产党的领袖多数将目光放在城市，学习列宁的经验，搞工人运动，这在中国根本行不通。只有毛泽东意识到了这一点，这不是他先知先觉，而是他试过多次了，他知道要想成功，要想实现彻底的革命，就要联合最大多数人。他知道中国人最多的是农民，最初他以为靠着宣传可以达成或接近他的目的，蒋介石用屠刀说不，屠刀指明了最直接的真理，力量是枪杆子，事业在农村。这就是毛泽东得出的真正的结论。

眼睛盯住基层人民，力量来自枪杆子，道路在广大的农村。至此，毛泽东彻底觉悟了，构成他一生力量的关键点齐聚他的脑海。当年佛陀经历数十年的苦修，最终在菩提树下觉悟成佛，开始了佛教的传播。而毛泽东则是经历了集会结团，再到组党，他将自己的全部力量投入到共产党中，他按照大知识分子南陈北李指引的道路，热情地组织工人运动，没有取得预想的效果，说到底，只是锻炼了一下；随后，毛泽东接受了共产国际的指引，与国民党联合，他积极为国民党构建湖南基层组织，参加国民党的宣传工作，为讨伐军阀呼喊效力，这一切的努力与人家的刀枪相遇就烟消云散，生命都受到严重威胁，数年心血化为乌有，追随者被血淋淋屠杀而没有任何反抗之力。一切都是假象，力量在敌人的手里，震怒中，毛泽东豁然发现严重威胁他和他的同志们生命的正是他一直在寻找的大本原：他以前忽略的，也是世俗力量中最关键的力量——枪杆子。

革命意味着风险与机会共存

不要以卵击石，要以石击卵

8月9日，毛泽东以中央特派员的身份回湖南领导秋收起义。后来人们熟悉的歌词“毛委员，指航程”就是从此开始的。

毛泽东过去做过工人运动、农民运动、学生运动和统一战线工作，拿笔做武器，宣传部长的工作让他颇有成为大圣大贤的感觉，他从来没有真正做过军事工作，是敌人的枪杆子逼迫他拿起了枪杆子，因为在枪杆子面前，笔杆子代表的真理是那么地苍白无力。

当然，从“不会打仗，甚至连想也没想到过要打仗”到学会打仗，这需要一个过程。但关键是第一步已经迈出。

他在8月12日秘密回到长沙，我们熟悉的起义是9月9号，有没有人问过自己，为什么农民起义要等到秋收的时候？军队的起义就是在8月1日，说干起来就干起来了，而毛泽东的起义则要等到秋收呢？这就是革命条件的约束，所以光想着闹革命，不想着革命需要成熟的条件，如果条件不成熟，那就要创造条件，脱离了这些很细微的工作，革命无法成功。同样我们后人学习和了解近代史，如果只是停留在革命理当成功的阶段，那对自己的进步是没有任何帮助的。要想发动农民起来就要等到秋收后，能想明白吗？其实原因比我们想的要简单，秋收后有饭吃的人，就不会革命，但没有饭吃的人就会造反，中国人不是印度人，会木然地等着饿死，这就是革命的真相。

毛泽东在起义前做了认真的调查，得到两个非常重要的结论，一是农民有强烈的革命要求，另一个结论是，国民党的旗子真不能打了。国民党的旗子已成了军阀的旗子，只有打出共产党的旗子才是正理。

第一个结论很重要，它表明机遇和机会的作用，要造反得看有没有人跟着走，也就是可行性和可操作性。第二个结论则有利有弊，公然造反意味着风险与机会共存，会直接面对强敌，但也会得到自己人的支持。

在南昌起义时，打的是“国民党左派”的旗子，“八七会议”做出的是同样的规定。

毛泽东不再跟在中央的屁股后头，他要领头了，湖南秋收起义时要打出共产党的旗帜，这显然是重大的路线问题，毛泽东此时已经站出来，为自己的党指方向了。

旗帜问题很重要，但策略更重要。毛泽东清清楚楚地知道靠着乌合之众与国民党正规部队拼命终归是要失败的，拿着梭镖和敌人的钢枪直接对打是不能胜利的，毛泽东一方面宣传鼓励人民奋起反抗，要有压倒一切敌人的勇气，要有以一当十的气魄，另一方面又提醒大家不要以卵击石，而是要以石击卵。能明白这一点的人是少而又少，但在毛泽东的心中，这两者是完全统一的。

毛泽东的做法与中央的决定不一样，这表明毛泽东已经彻底地独立了，他有了较为完整的自己的套路，共产党人被逼拿起刀枪来拼命，但具体怎么办谁也不知道，而实干家毛泽东显然比其他的书生们强许多。

毛泽东开干了，他制定了五条暴动纲领：1. 同国民党决裂；2. 建军；3. 没收土地财产；4. 高举共产党旗帜；5. 组织政权。

莫道书生空议论，书生只是毛泽东的表象，真要干起来才知道，毛泽东可不是只会写文章的文化人，看看他的纲领吧，南昌起义可没有他搞的这么多内容，他一出手就是全方位的。就是从这时候起，毛泽东走在了他的同志们的前头。

我们看看毛泽东能拉起来的队伍：一支是共产党员卢德铭手下的一个团；一支是平江、浏阳等地的工农义勇队；还有一支是准备起义的安源煤矿的工人武装，这几支部队就是毛泽东秋收起义时的主要力量。

毛泽东先送杨开慧回板仓，要她照顾好老人和三个孩子，谁能想到，这次分手竟成了他们夫妻的永别！

9月初，毛泽东赶到安源，开始集合他的力量。几年前在安源的工作有了收获，安源的工人们愿意随他暴动。就在这时，长沙暴动计划被敌人截获，长沙戒严了。

毛泽东在安源做好安排后，赶往铜鼓，在途中被民团抓住，据说靠着行贿，更主要靠着逃跑，毛泽东躲过了这一劫难。

这一段经历是中国古语“白龙鱼服受制于渔夫禽鸟”的最好的注解，毛泽东这个后来震撼世界的巨人，差一点叫几个民团的团丁给捉起来毙了。人类最奇特的一点在于社会结构，使得某些在权力金字塔的上层的人们拥有与众不同的幻象，一句话决定千万人的生死荣辱的权力使人膨胀，以为自己金刚不坏。但作为生命，却又不能摆脱生老病死，在某种特定的力量面前，又是完全平等的。西方人常说在上帝面前人人平等，再了不起的人也不能直接面对子弹刀刃。真正的力量在于你可以有所选择，中国人常说的“千金之子坐不垂堂”、“君子不立危墙之下”就是这种智慧的体现。这是毛泽东少有的危险之最，面对指着脑壳的刀枪，他完全没有办法，最终他只得下决心靠自己的腿跑路，才脱离了危险。

好在毛泽东跑了，跑了就意味着新时代的开始，这时候的他第一次真正成了军队的指挥者，他发出命令，形成三路推进的态势，毛泽东兴奋地写下了《西江月·秋收起义》：

军叫工农革命，旗号镰刀斧头。修铜一带不停留，便向平浏直进。
地主重重压迫，农民个个同仇。秋收时节暮云沉，霹雳一声暴动。

但是真实的情况远不是诗词中描述的那样令人激动，令人乐观，工人、农民根本就没有像想象中的那样一呼百应，没有干柴，自然没有烈火，一点点火星子，遇到的是湿草和暴雨。起义军在强大的敌人反击下，败退下来。

有资料表明，毛泽东上报给瞿秋白的报告中，他预言的将参加起义的人数超过了实际人数，瞿秋白给共产国际的报告则进一步夸大。信以为真的共产国际大喜，其指令自然是猛烈地扩大，最好席卷湖南，最好拿下长沙，最好……

事实上没有最好只有更糟，农民运动在高温情况下的轰轰烈烈是一个表象，到了严寒冰雪的时节又都猫了起来，白茫茫大地真干净，没有直接能够看到的好处，还很危险。中国的大多数人只会躲起来，做旁观者，这一点鲁迅先生早就痛心疾首地指出过了，这才是当时中国社会的实际情况。

起义没有成功，这一桶冷水没有浇灭毛泽东革命的热情，毛泽东当机立断，下令撤退。这时，毛泽东的人马锐减到一千余人，原来到底是五千还是一万，甚至十万？多少已经不重要了，重要的是手下就这么多人，怎么办？怎么干？

毛泽东需要做出抉择：是进攻还是退却？进攻将全军覆没，退却会被加上“逃跑”的罪名，他陷入进退两难的境地。

毛泽东主张放弃进攻长沙，把起义军向南转移到敌人统治力量薄弱的农村山区，寻找落脚点，以保存革命力量，再图发展。这是他自立的开端，在困境中做出最正确的决断，表明他是最合格的世俗领袖，总指挥卢德铭支持了毛泽东。

第二天清晨，毛泽东在空场上向他的残兵败将们发表了如此演讲：胜败乃兵家常事，我们现在好比一块小石头，蒋介石反动派好比一口大水缸，但总有一天，我们这块小石头，一定要打烂蒋介石那口大水缸！这个比喻准确之极。这个讲话，大大鼓舞了刚刚受到严重挫折的起义军的士气，有人相信毛泽东，义无反顾地追随毛泽东，其中就有罗荣桓元帅。

注意这时候，毛泽东说胜败乃兵家常事，因为他尚未找到战无不胜的方法。

南下的路途依然充满险情，毛泽东巨大的名气给他带来集聚跟随者的优势，但也带来副作用——他的小部队遭到相对猛烈的追击。追击的动力来自高额的奖赏。

撤退江西途中，他们得知了井冈山可以落脚。于是毛泽东继续南下，途中，总指挥卢德铭牺牲。惜哉，卢德铭，活着岂不是一位元帅？

秋收起义也不是一次胜利都没有，经过莲花县时发现县城没有敌人的正规军，毛泽东就领兵打下莲花县城，这个难得的胜利，使连连受挫的工农革命军指战员又兴奋起来。一白遮百丑，一胜也能掩饰前面的失利，这就是人性，没有人能在失败中感到振奋。

由于一挫再挫，总指挥牺牲，部队情绪十分低落，逃跑变成了公开的事，部队就是在这种情况下来到三湾的。安全了，毛泽东和他的部下第一次得到从容休整的机会，就是在这里，毛泽东做出了一个重大决策，这就是著名的“三湾改编”。

此时的毛泽东手下只剩下了不足千人，毛泽东做出了一个令人瞠目结舌的、被后来历史证明是绝对英明的决策——缩编。毛泽东宣布愿留则留，愿走的发给路费，将来愿意回来还欢迎。

在毛泽东宣布他的这支军队不是为了当官、发财，而是为了打天下的目的之后，所有留下的人就成了有政治理想的中坚力量，他们将接受“三大纪律八项注意”这样的苛刻的规矩，是什么因素让七百来人留在这样一个几乎不发军饷的队伍里呢？不发军饷而建军，这是毛泽东划时代的杰作，这个几乎不成立的命题被毛泽东证明完全可行，这意味着毛泽东将克服任何艰难险阻，从成本角度分析，他的成本最低，这也意味着他将战胜所有的对手，真相就是中国当年的现实，就是中国当年残酷的生态，就是中国有大量恹恹待毙吃不饱饭的人民。毛泽东天才地知道中国不缺人，缺的是能够带来胜利的领袖。

一位老红军给自己的孙子讲故事的时候说起自己是怎样参加红军的：他的父母饿死了，哥哥也饿死了，就在他饿得已经开始摇摆的时候，遇到了一队人马，给了一块馒头，于是他就跟着走了。后生们十分惊讶，说敢情不是什么有阶级觉悟啊？于是一个聪明的后生说，要是当时来的是国民党军队，那你就可能参加国民党了。老人想了想，摇头说，不是的，要是国民党给饭吃，我的父母和哥哥就不会饿死了。政府不管人民死活，这就是我们国家的过去。

另一方面，蒋介石的屠杀政策也是逼迫人民造反的因素。蒋介石的屠杀政策源自曾国藩的策略，他们作为上层人物对解决中国社会问题尤其是人口众多所产生的问题和困境，采取了残酷镇压和杀光屠尽的政策。站在社会底层人的角度来看，这样的政策绝对是反动透顶的。美国总统罗斯福在劝说美国的上层社会对穷人做出必要的让步的时候，曾经这样说：如果某一个人（anyone）活不了，那么每一个人（everyone）也活不好。美国空间大，能说出这样的言语就是智者，就能被多数富人接受。中国空间小，加上蒋介石没有这种觉悟，他曾受过贫困的压力和窘迫，所以他努力向上爬，爬上去后他就努力保护着自己的利益，这本来也不能说错，但问题是有很多中国人活不了，这样的事情没有人管是不成的，中国的历史早就证明，你可以杀死造反者，但只要没有饭吃，总会有人造反的。所以蒋介石一辈子将曾国藩捧在手里，作为楷模，真正的湖湘子弟毛泽东则将曾彻底地抛弃了。

“三湾改编”的主要内容是：官兵平等，党指挥枪。

这是一个最了不起的变革。“三湾改编”是建设人民军队的开端，这一开端之伟大，它的重要意义怎么说都不过分，我们的军旗上飘扬着“八一”的字样，这是在江西苏维埃时期确定的，毛泽东掌权后也没有更改，他把建军的荣誉给了“八一”领导人，但真正意义上的共产党的军队，人民的军队，却是秋收起义的这支队伍，是从经历“三湾改编”开始的。

人还是那些人，但被毛泽东注入了思想和灵魂，他就脱胎换骨，成了新人。中国从此有了世界上独一无二的军队，它的参与者不再是拿命换钱的雇佣军，而是为了政治理想而战的强力团体。最后毛泽东将它塑造成人民子弟兵，决定了中国国家的政体，意义非凡而深远。可见毛泽东出手时，已经完全自立了。没有上级指示，这一切完全来自一位思想家的独创，他超越了他的上级和同一时代的人们。

在三湾，毛泽东给他的追随者们讲了他的全盘打算和路线图，用官话说就是武装斗争要同建立根据地结合的思想。毛泽东手握紧了枪，眼睛瞄向地盘，他第一步是先和袁文才部取得了联系。

1927 年 10 月 3 日，毛泽东在部队从三湾出发前，对着誓死跟随他的这些忠勇之士发表讲话，他说：贺龙同志两把菜刀起家，现在当军长，带了一军人，我们现在不止两把菜刀，我们有两营人，七百多条枪，还怕干不起来吗？这些话是很能鼓舞人心的。毛泽东作为宣传家和高明的鼓动者，面对民众奔走呼喊若干年，没有取得实际性效果，但一旦面对绝对追随他的部众，几句话就起到了激扬斗志的作用，可见语言的力量与实力是相辅相成的。没有实力，真理也会变成空话。

不能将所有人看作你的敌人

起义军继续往深山里面跑，以获得喘息立足之地，前来联络的是袁文才部文书陈慕平，他是毛泽东农民运动讲习所的学生。这是一个好兆头，至少可以说服大家伙儿，我们不是无目的地瞎跑。

井冈山，自古就是土匪的出没之地，进可攻，退可守，在敌我力量悬殊的条件下，是一块理想的落脚点，现有袁文才、王佐两支绿林式的农民武装，各有一百五六十人，人多枪少。

井冈山的妙处，只要到过那里的人，一下子就会明白了，南美的革命者就曾经说过：到哪里能找到我们的井冈山呢？但井冈山更是一种思想，井冈山已不再是一个地理的名词，它已化作了一种精神、一个方法，理解了这种精神和方法，东南亚的热带丛林就化作了新的井冈山。

转回到 1927 年，怎么与袁文才和王佐相处，就涉及革命的目标、方向、方式及政策和策略诸多方面。我们热衷于关注毛泽东最初始的作为是有道理的，秋收起义之前的毛泽东，是在别人下面打工的，虽然获得了不少的赞誉，但不是领袖，从秋收起义开始他才真正成为完全自立于世的人物，不要看他人少，但重要的章法却在逐步建立和完善。

袁文才、王佐虽也参加了大革命，袁文才还是中共党员，但早年他们是真正的绿林好汉，王佐同袁文才是拜把兄弟。在毛泽东到井冈山之前，一批共产党员也到了山上，袁文才、王佐是实打实的当地人。

有人说：工农革命军要在井冈山落脚，不得到袁文才、王佐的允许是根本不可能的。说这话的人压根就不明白毛泽东高明在哪里。毛泽东是什么身份？他是国共两党最高层的领导人，他上山不是为了占山为王、当土匪，而是立住脚跟寻求发展。

袁文才、王佐是绿林出身，他们本能地担心这支比他们力量大得多的部队上山会不会“火并山寨”，夺取他们原有的地盘。事实上毛泽东的手下确实有人提议灭了他们，而毛泽东否定了吞并政策，确定了联合政策。

与袁王联合，绝不像有人说的是关系到工农革命军能不能在井冈山地区站住脚跟的决策，而是关系到中国革命能否成功的大问题。毛泽东的决策乍一看，好像是为了立住脚，但实际上是搞大联合。联合一切可以联合的力量，这一根本性的策略开始实施了，这才是关键。它是毛泽东的力量从小到大发展起来的重大决策。实行大鱼吃小鱼的政策，就是弱肉强食的政策，就是千百年来所有强权实行的政策，就是自己虽然吃掉了别人，但也为自己树立了未知的敌人，最终被更大的力量吞并吃掉的可能性远远高于打败天下无敌手。这实际上是一个盈利模式的问题，你绝不能将所有人看作你的敌人，这就回到了革命的首要问题，而这时候已经是毛泽东搞明白这个问题两年之后了，现在到了应用的时候了。丛林法则，这是军阀们成败的主因，也是蒋介石集团认定的法则，没有毛泽东，这一切都是合理的正常的，狮子永远是草原之王，豺狼虎豹们要做的就是躲开狮子，瞄准牛羊。但毛泽东来了，他上山了，他要改变这一切，如果是弱敌，就如同上山前遇到的莲花县城，他会毫不犹豫吃掉，但如果是可以争取的力量，他就要做出尝试，将他们拉进自己队伍，这是毛泽东胜利的关键因素。

逮谁灭谁，固然能一时痛快，却是给自己的未来设置了无数难以逾越的障碍，给自己树立了无数的敌人。毛泽东又不是为了当井冈山大王而来，他是为了实现自己的政治理想而上的山，自然，他定下了联合而不是吞并的策略。有了策略，下面的自然就好办了，毛泽东决定先从已加入中国共产党的袁文才入手，再通过他去做王佐的工作。

绿林好汉们最看重枪，人可以少一个，枪却不能少一支，袁部有一百五六十人，只有六十支枪。于是，毛泽东向前委提议，准备一下子送他们一百支枪，将袁文才的全部人员都武装起来。这时候的毛泽东是人少枪多，多出来的枪是哪里来的呢？就是三湾改编时放走的不愿意接受新规则的动摇分子留下的。当时说得很清楚，要走可以给钱，但要把枪留下，这样毛泽东手里就有多出来的枪，他要把这些枪送出去。前委成员听到这个大胆的设想，差点晕过去，说实话，没有这么干的，别人明显地不欢迎你，你反倒要送枪给他。有人怀疑，有人反对，经过毛泽东反复说明，才以多数通过。这实在是只有毛泽东方能有的大手笔。

见面就送给他们一百支枪，这份诚意感动了袁文才，毛泽东队伍里的伤病员有了歇脚的地方。

袁文才认可了毛泽东，“毛委员，那可不是普通人。”

立住脚的毛泽东从报纸上看到南昌起义军在广东失败的消息，知道自己是对的。几个师团级干部却跑了，罗荣桓元帅这时候才是连级干部，这真是令人遗憾，历史没有这些人的痕迹。

事业在向着正确的方向前进，但最糟糕的情况却悄悄来临。湘军依然在追捕他们，毛泽东分兵向着王佐的地盘进发，由于人生地不熟，居然被地主武装打散，毛泽东一直退到井冈山南麓，最初收集到的失散人员只有四十多人，部队状况十分狼狈。

那时的情况绝对可谓是虎落平川被犬欺。毛泽东率领这几十人继续向井冈山转移，一分耕耘一分收获，三湾改编的效果这时候悄然展现，由于事先每一个士兵都知道目标，此时的毛泽东的追随者都是明确要跟着干革命的，所以，队伍行进到井冈山脚下，几乎全员归队。

这时王佐派人接应他们上山，毛泽东送了70支枪给王佐。

从这时候起，毛泽东开始创建井冈山根据地。袁文才、王佐两位绿林好汉由于接纳了毛泽东，在中国历史上留下了自己的英名，事实上毛泽东与人合作的强烈愿望也是让人难以拒绝的。

毛泽东到了井冈山后的第一件事，就是抓军队和地方的建党工作，这里面是两个内容，一个是原来军队中没有党员，要发展，一个是原来地方党组织要汇集重建。毛泽东的事业的核心就是人，所以，毛泽东把这件事看作一切的根本。

在“三湾改编”时，一个重要内容便是军队要在党的领导之下，并且确定了“支部建在连上”的原则，但那时时间匆促，许多措施还来不及落实，部队站住脚后，毛泽东主持了罗荣桓连队的六名新党员入党宣誓仪式。不久，各连的党支部都先后建立起来，这样这支军队就有了灵魂。

这就是最著名的党指挥枪的原则，这一原则就这样一步步实施落实到了部队的基层，为今后的指挥如意打下了基础。许多人不明白罗荣桓为什么能够成为元帅。罗荣桓在元帅里学历最高，他是正牌大学生，他随着毛泽东上了山，罗荣桓最大的贡献就是他是党指挥枪这一原则落实到组织上的关键人物。罗荣桓在元帅排行榜上是被降低了，是他自己谦虚的原因。

拉起一支队伍不难，关键在于制定行为规则，没有规矩则不成方圆，规则决定成败。毛泽东从来就能在失败中总结经验教训，找准方向，作为行动者，他认同湖南老百姓的俗话，草鞋无样，边打边像。他是在迈向目标的过程中去找发展的方法，集聚各种力量，使目标和理想变成现实。

战争的胜负不取决于军旗的颜色，正义更像是人的左右手，文人们在书房中编出的仁者无敌的故事，只能给自己的民族带来灭顶之灾。人类在战场上遵循的规则就是达尔文主义，食草类动物要想摆脱被吃掉的命运，除了胆量和勇气，还需要正确的方法，而命运的彻底改变，则需要从基因上从根上改变，要长出熊心豹子胆，要有尖牙利齿，才能杀死敌人，才能伐骨洗髓更生，改变人为刀俎我为鱼肉的命运，其他的冠冕堂皇的理论和华丽的辞藻敢面对先烈们的血吗？

爱心泛滥不应当受到指责，但请先将爱心付给社会最底层的人们，否则会叫人怀疑宣扬者的动机。

毛泽东上山了，虽然后来他数次被他的同志剥夺了军队的领导权，但他自己却从来没有离开过军队，如果说作为建党者，他是众多参与者之一，他的党组织一开始也是党内最大的团队，在 1935 年以前他并没有真正到达领导的地位，但作为建军者，他的地位截然不同，他是当仁不让的建军者，从工农红军到中国人民解放军，构建这支军队的一切要素都来自毛泽东，其他的同志无论贡献多大，都是参与者。

没有毛泽东照样会有中国共产党，但没有毛泽东会有这样一支军队吗？我们不知道。

人类的进步许多是水到渠成的渐进过程，但也有少数是天才的顿悟式贡献，如蔡伦的造纸术。中国共产党的产生带有历史的必然性，但把毛泽东的道路说成是必然的则是不知所云。

在军队内部建党的同时，毛泽东也抓紧地方党组织的恢复和发展。国民党从合作者突然间变成最凶残的敌人，使得共产党措手不及，多数地方上的党组织给打散了，蒋介石的屠杀政策，又迫使共产党人坚持斗争。毛泽东采取了军队的党帮助地方党发展的做法。井冈山上一立住脚，毛泽东就召集各县原党组织负责人，寻求发展，据说军队党帮助地方党的主张居然是贺子珍的建议，大概就是在这时贺子珍走进了毛泽东的心。

“宁可错杀三千，不可放过一个”的屠杀政策，使得共产党人决然地走向统治者的对立面，所以一旦有了主心骨，力量就又开始集聚。

袁、王二人接受毛泽东的召唤，毛的工农革命军和袁、王部队正式合为一体，在井冈山站稳了脚跟。

毛泽东作为一位政治家，他悟出了“枪杆子里面出政权”；作为一位革命家，他知道必须进行土地革命；作为一位军事家，他的战无不胜的方法是怎么来的呢？说来许多人都不相信，它来自井冈山的老土匪的一句话，叫作：“不要会打仗，只要会打圈。”如果非要归结成理论，就是“三十六计，走为上计”。这一计，超越了《孙子兵法》，因为它是可以直接使用的，而且是屡试不爽的。孙子兵法中最高境界就是“知己知彼，百战不殆”。注意“百战不殆”是指可以不失败，而不是百战百胜，不失败的条件依然苛刻，就是要知己知彼，事实上，两军对垒，谁能做到知己知彼呢？这一点难度很大，做不到不说，即便做到了，也仅仅是能避免失败，而一个走字，就能做到了不失败。所以千百年来，无数将军拿着《孙子兵法》对垒的结果依然是有胜有败，《孙子兵法》中没有必胜之道。毛泽东却找到了战无不胜的方法。

毛泽东在上山前，没有认真读过《孙子兵法》是可以肯定的，如果他读过，并且接受或着迷于《孙子兵法》，就有可能找不到这么高明的必胜术。

为什么其他的大人物拒绝这个“走”字呢？我们从动物世界中也许能找到一点答案。食肉动物多是以短时间的突袭来获得食物的，没有狮豹会长距离追逐猎物，只有食草动物为了生存会长途跋涉。人类历史上的所有的精英人物，都是认为自己是处于社会的上层，他们多愿意参与高智力的竞争和激烈的拼搏，而鲜有人愿意靠耐力实现成功，这既要有吞吐宇宙之志，又需要有平民之心，还需要有顽强的意志，更需要强壮的身体，这么多的条件要同时集中于一体是很难的，关键还需要你的同志也愿意走这一条路。这一点又是阻力，当你的同盟者是精英人物时，就无法实现，只有当你的支持者是社会底层的人们时，这一点才不难实行，就如同土匪就是出自生存的本能而实行这一方略。查遍历史，没有找到真正依靠底层力量成功的，但在毛泽东这里，这一切就变成最切合实际的方针，一旦深入到基层革命者的心里，就会引发物理学上的共振，把不可能变成可能。毛泽东一代人最终完成的革命用实现裂变聚变来形容也不为过吧？这场20世纪发生的不可思议的变革，即使是到了几千年后依然会令人神往，特殊的事件发生了，历史在这里转了一个弯，它不是必然的，它是人类历史上少有的由于某个特殊人物的出现改变了历史进程的奇迹之一。如同1500年前的穆罕默德，800年前的成吉思汗那样，而最神奇的是，这一进程发生在20世纪，这可能就成了绝唱，无法想象在人类今后的岁月中再会有这般人物。尤其重要的启示是，对我们愿意学习的人来讲，中国传统的智慧，“三十六计走为上”、“后发制人”这样的哲学思想将闪现出恒久的光芒，中国人完全没有必要在西方人面前自卑，西方的先进性表现在科学上，而科学是可以学习的，中国的智慧却不是那么容易学会的。

毛泽东可不是一个能静下来的人，他上山是为了站稳脚跟，可不是当山大王，他已经找到了革命的路线图。1927年10月，国民党的李宗仁和唐生智两集团之间的战争爆发，井冈山周围各县国民党兵力空虚。这就是机会，毛泽东立刻发动攻势，攻打茶陵县城，打下茶陵后，立刻着手成立工农兵政府，工人出身的谭震林被选为主席，这是毛泽东建立的第一个红色政权，并组织了赤卫队。

毛泽东当时因脚溃烂，没有随军前去，但他却控制着整个局势，当团长陈皓不执行他的政策时，营党代表就写信向毛泽东报告，党指挥枪的原则开始起作用。

毛泽东下令处决了企图叛变的陈皓等人，这就不能怪罪毛泽东杀人了，毛泽东是不喜欢杀人的，在他的一生中，从来没有随意杀人。三湾改编时已经讲得清楚，不愿意革命的可以走，但不可以带枪投敌，以后加入革命队伍的人也是建立在自愿的基础上的，这样发展可能慢一些，但极为牢靠。

毛泽东发现他的一个重要的指示被忙于打仗的军人忽略，那就是在茶陵军队没有参加做群众工作，于是他制定出红军三大任务：第一，打仗消灭敌人；第二，打土豪筹款子；第三，做群众工作。

这是毛泽东的发明创造，自古以来，军人们的任务就是打仗，提出军队的任务不仅是打仗，也要自己养活自己，而且要做群众工作，最后这一项是天才和神圣的结合，造就了世界上独一无二的军队，是真正的来自人民，属于人民，为了人民的军队。这使得毛泽东的军队不再单单是实现政治目的的工具，直接变成了政治灵魂的强大躯干。毛泽东没有学习军事的经历，大概只有他才能超越军队观念的束缚，提出新的学说，并且推行它。

敌人依然有空虚之处，毛泽东就趁机发展，这时候，人民军队的纪律产生了，最早叫“三大纪律，六项注意”。

三湾改编时，毛泽东就告诉他的追随者上山是干革命的，留下来的是愿意革命的，这样毛泽东制订了最严格的纪律。他知道，如果老百姓不接受他，不接受他的军队，他的事业是做不成的，而要老百姓接受红军，则需要红军具有超强的纪律，于是他宣布了三项纪律、六项注意。

自古以来老百姓见了军队，第一感觉是怕，第二是恨。毛泽东用强有力的纪律约束了自己的军队，用行动证明一支全新的军队的诞生，他改变了军队同群众的关系，他称之为鱼水关系。他的军队是为人民利益而建、而战、而存在，这是确保胜利的重要因素。

成功的第一要素：保存自己

虽然南昌起义、广州起义之火被扑灭，毛泽东在井冈山却像是残留的火星，又被点燃了。接连几座县城被占，使国民党江西当局大惊，于是出兵，对井冈山第一次“进剿”。

1928 年年初，敌人来了，这是毛泽东真正的第一回临敌，前面的真不能算，都属于抽冷子给敌人一下。我们无法确切知道毛泽东是什么时候学会打仗的，但可以肯定，毛泽东的军事天才就是这时候展现的。有资料表明毛泽东此时已在总结战争的取胜之道，因为他提出了“敌来我走，敌驻我扰，敌退我追”的游击战作战原则，他已能集中部队，然后针对两路敌军较少的那一路展开攻击，制定出利用晨雾发动袭击、围三阙一的作战方针，这一招就是将敌人赶出阵地、在运动中消灭敌人的致胜法宝。这是很了不起的悟性。

第一次与正规军作战，毛泽东就取得了好成绩，全歼敌军一个营和县靖卫团，俘虏近 300 人。

就是在这次战斗后，又一个克敌制胜的法宝被天才制造出来了。我们不得不叹服毛泽东作为一位政治家、思想家，他的多才多艺发挥到军事领域，使得军事领域产生了革命性变化。

这是毛泽东领兵对国民党正规军的第一个歼灭战，俘虏那么多，怎么对待俘虏呢？当时没有规定，也没有纪律，因为这是新问题，俘虏押送途中出现过打骂俘虏、搜俘虏腰包等行为，毛泽东发现这个问题必须解决，因为毛泽东认为他必然胜利，所以在以后的岁月中，这将是个常态，需要定出规矩。他提出了优待俘虏的政策。这是个新鲜事，但他的部下却很顺利地接受了，因为他的部下本来就不是为了钱而当兵的。毛泽东的解释是，国民党军队中许多士兵是被作为壮丁抓来的穷人，不应该打骂他们，而要进行说服，教育他们反戈一击。他明确宣布：工农革命军不杀、不打、不骂俘虏，不搜俘虏腰包，对伤病俘虏给以治疗，经过教育、治疗后留去自由，留者开欢迎会做革命军战士，去者开欢送会并发路费。

国民党逮到共产党就杀，这一政策只能叫共产党人拼命，宁可战死也不投降。而毛泽东的军队逮到国民党的军人，却是优待，这简直是菩萨心肠。毛泽东告诉他的士兵，这不仅仅是阶级立场和感情问题，也是消灭敌人的好方法。优待俘虏也是消灭敌人？是的，毛泽东的这一纪律，不只是戳穿了国民党散布的“共匪见人就杀”的宣传那么简单。

毛泽东的这一策略，使得国民党的军队面对共产党时多了一个选项，那就是投降。释放回去的人员，极有可能再一次参加国民党军队，国民党总不能将自己的被俘人员杀了吧，可以想象，当过俘虏的国军，下一次再面对俘获过自己的共军，只要处于劣势，就一定会自动举起手来，这样一来其他想抵抗的人也会动摇。赣军的《九师旬刊》上，对这种做法发出了“毒矣哉”的哀叹！看来国民党里还是有明白人的。

就是这一政策以及其他的一系列制胜法宝，使得毛泽东的军队变成了国民党军队的天敌，天敌的关系就是猫和老鼠的关系，就是雄鸡和蜈蚣的关系。

说毛泽东是蒋介石的天敌是有根据的，你只要看看他们两个人交手的全部历史就会同意这一说法的。

毛泽东可不想当流寇，他抓住了枪杆子，就要落实他的力量，他的目标是获得政权，所以建设根据地，毛泽东看得很重，抓得很坚决。

毛泽东的力量在发展壮大，发展的后劲很大，他渐渐找到了通向胜利之路。

他开始实践他的政治理想，包括工农当家做主，均分土地等，这时候的毛泽东把资本家、地主、土豪劣绅、反动政府官吏等列在一起，准许工农平民就地自由抓捕他们，并烧毁他们的房屋。

按照毛泽东后来的政策，这样对待资本家和其他的中间势力的政策显然是过于左倾了，但即使是这样，毛泽东的做法也非常不符合当时中央的指示，在留苏的人眼里，这完全是右倾，他们的政策是大杀大烧，“使小资产变成无产，然后强迫他们革命”。这显然是昏招，就如同恐怖行为触动不着敌人上层，反将普通民众逼着去依靠上层，这样阻力更大。

今天的我们已经无法知道，是什么因素使得当时的中央变得如此极端，不管不顾。也许是敌人的残酷屠杀使得一些人绝望、暴怒，革命成了比赛暴力。斯大林的戾气也影响着中国革命，蒋介石一开始接受俄国人的援助，但在找到更大的后台后，将俄国人扔到一边，完全投向英美财团，这让斯大林怒不可遏，斯大林靠着共产国际指挥中国共产党报复，他考虑的不是中国革命如何胜利，而是如何出这一口恶气。

毛泽东也认为中国需要彻底革命，极端到拿起武器上山当土匪，但他拒绝乱砍乱杀，这既是他的方法，也是他的天性，所以他不断地被自己的党内人士指责为右倾。

毛泽东说自己身上有猴虎二气，虎气好理解，他的王者之气，贯天彻地，但猴气该怎么理解呢？毛泽东确实有为了成功不怕任何牺牲的勇气和决心，但他显然又对各种成功的方法道路产生怀疑，他极端地渴望成功，以至于他极其谨慎地保护着成功之本，战争的第一要务是保存自己，这是不是成功的第一要素呢？

这时候中央做出开除毛泽东的中央委员的决定，这大概是共产国际的代表印度人罗易的杰作，结果特派员误传为“开除党籍”。这使毛泽东一度成为“党外人士”，不能再担任前委书记和党代表，只能担任工农革命军第一师师长。面对这样的撤职，毛泽东似乎从来没有过放弃的意思，这个党包含了他的全部的家人、朋友、同学和一切，所以打击固然是沉重的，但不可能动摇他的意志，他积极地担当起师长的职务。

湖南省委命令他将部队开向湘南，配合湘南暴动，毛泽东却在途中把队伍停下来整训，上级的这种瞎指挥，造成红军主力外出，井冈山根据地遭受很大损失。

这时候传来两条好消息：一是看到中共中央的文件，毛泽东只是被开除委员而不是“开除党籍”；二是在湘南暴动的朱德、陈毅率领的南昌起义军余部被敌人追着正向井冈山方向撤退。

这样一来，难题迎刃而解，毛泽东成了湘南暴动的接应者，他阻击追敌，掩护朱德部撤退。

朱毛会师了，这一历史时刻后来被大大赞颂，一个主要原因就是这支部队产生了许多的元帅和将军。最先上山的人里面就有朱德、陈毅、林彪、粟裕等人，毛泽东后来说身背盒子枪、师长见军长，就是说的这一段。合兵之后部队简称红四军，朱德任军长，陈毅任教导大队队长，毛泽东任军委书记。

朱德率领的南昌起义军余部主力是北伐劲旅叶挺独立团，有一批毕业于黄埔军校的习武军人，这就使得毛泽东手下多了一批将领，也使毛泽东有机会了解科班出身的军人们对战争的观点以及作战的方法。

凡事有好就有坏。无条件地欢迎朱德上山，给毛泽东的事业带来了生力军和许多的帮手，但也带来了隐忧，那就是新来的人多势众，指挥权并不牢靠，毛泽东无法做主，这将给他带来很大的伤害，而且将持续很长时间，这是毛泽东没有想到的。造成这一后果的原因，主要是毛泽东还没有找到必胜的路线图，他依然在尝试，尝试中他没有拒绝与别人合作，没有给别人讲条件，相当于在没有明确的盈利模式下就获得了注资是好事，可以进行更深入的开发和拓展，但由于股份的稀释，决定权不在毛泽东的手里，一旦遇到外界干扰，就失去了控股权，这是毛泽东在形成最终的独立自主基础上的大合作前的必需的磨砺。

朱毛会师后，他们打败了敌人第二次“进剿”。

中央下命令撤销了毛泽东的中央委员职务，毛泽东可不会离开共产党。

战斗取得胜利后，毛泽东以第四军军委书记名义向中央写报告，汇报朱毛两部会师后的胜利，解释他的行动，并建议成立湘赣边界特委。此时在中央主持工作的任弼时代表中共中央于 6 月 4 日写了回信，赞同这个方针，并确定成立前敌委员会，以毛泽东为书记。

这是一封迟到的回信，由于交通不通畅，多半年以后才到毛泽东手里，就在这个过程中毛泽东丢了权力，革命受到损失。

在这一阶段，毛泽东主要做了争取陈毅的工作。陈毅没有立刻接受毛泽东的召唤，陈毅更多的时候是倾向周恩来的。但毛泽东在这支部队中找到了自己的长期支持者，那就是建国后排在十大元帅第三位的林彪。

朱毛兵合一处了，毛泽东的工作是试图在新加入的队伍中推广自己的主张。朱德对建军的贡献是很大的，这倒不是说他贡献了思想和灵魂，而是他贡献了人马和团队，并对一些制度的建立和执行起到了好的示范作用。

朱德具有高尚的情操，作为一名旧军人，朱德本来是可以过上好日子的，但他选择了追求更为高尚的事业，他在周恩来的介绍下加入共产党。他是赞成毛泽东的建军思想和原则的，那就是党指挥枪，这一点在朱毛会师时体现得就很明显，毛泽东算是师长，但一见面就成了上级，所以说朱德是赞成毛泽东的党指挥枪的原则的，差别是毛泽东认为他就代表了党，但一旦中央和毛泽东有了不同意见，那么根据这个原则，朱德自然听从上级的，这让毛泽东很是搓火，也很受伤。对毛泽东来讲，朱德的到来壮大了毛泽东的军事力量，朱德总的来讲是有大功劳的，这一点是理解朱毛关系的关键，朱德的高尚人格对于实行新的纪律，也有巨大的帮助和促进作用，所以军队的总司令这一殊荣归于朱德是理所当然的。

朱德身经百战，他同毛泽东总结了前面的战斗经验，把“敌来我走，敌驻我扰，敌退我追”提升成“敌进我退，敌驻我扰，敌疲我打，敌退我追”的游击战十六字诀。

但有迹象表明，朱德只是觉得这样的战术适合于游击战争，显然没有意识到这是通向最后胜利的法宝。朱德和其他的中国共产党的最高领导们一样，此时并没有意识到中国革命将完全靠着自己的力量，要经过长时间的奋斗才能获得最后的胜利。他们多是信奉列宁的道路，他们相信真理在手，只需要在某一个时机到来之时就可以获得摧枯拉朽般的胜利，所以作为真正的军人，面对这一战无不胜的法宝却表现出了波澜不惊的平静。

同样，要是将朱德理解成就此服从和完全支持毛泽东也是不恰当的。朱德在军队的地位，主要是一种资格，几乎所有的军人都不可能在他面前挺腰子，所以即使是朱德没有无条件地支持毛泽东，是有限支持，对毛泽东来讲已经足够了，因为这让他能早点进行更大的实验。毛泽东不容易与强者相处，因为他想征服所有的人，但智慧和理想又促使他和任何人能够相处，这也是理解毛泽东人际关系中的关键点。

很多军迷对十大元帅的排名很感兴趣，各种争论不绝于耳，最有意思的就是十大元帅的战功并不显著，最明显的就是排在十大将军之首的粟裕，战功极为显赫，却与元帅无缘，这叫人纳闷不已，要知道元帅作为军人的至高荣誉，却与战功不成正比，这一点叫人很难适应，所以争论将是无休止的。

我们在这里提供另一种思路，也许更容易理解元帅的排名。我们将毛泽东领导的红军看作一个公司，首先说明，这种庸俗化的说法可不是笔者首创，而是来自毛泽东自己的比喻。毛泽东在后来给李达的召唤信中说："吾兄系本公司发起人之一，现公司生意兴隆，望速前来参与经营。"毛泽东这家公司，名号是自己起的，注册地点是井冈山，公司规则是毛泽东定的，自己的资本不多，也就是几百号人，但业务发展得不错，盈利模式也是已经确定的，表现了很好的发展性，这时候朱德同志参股了，由于他的资本很大，所以毛泽东当然十分欢迎，这一参股给这支部队带来了三位元帅和数位大将的董事会名额，同时也为参加南昌起义的其他的元帅们预留了位置。

在井冈山初期时，在没有比毛泽东党内地位更高的领导者发令之前，朱德是遵循毛泽东制定的游击战争的军事原则的，他们又接连打退蒋军两次"进剿"，两次进剿的敌军指挥官都姓杨，所以根据地军民兴高采烈，奔走相告："不费红军三分力，打败江西两只羊（杨）。"

此时红军的力量已经可以消灭江西军阀朱培德的主力，地盘进一步扩大，控制的人口达到了 50 万，是井冈山斗争的最辉煌时期。

共产党的上层人物中能够意识到毛泽东将带领他们走向胜利的人不多，但基层的英才已经向着毛泽东靠拢，林彪、罗荣桓、粟裕这些后来的大人物在战火中被快速提升。

林彪在军队的快速上升，主要原因被多数人忽略，人们常以为是由于林彪的军事天才，这是不完全的。林彪背后有政治力量，那就是林彪的两个哥哥，一般人不了解林彪哥哥在党内的地位，所以造成历史的盲区。毛泽东是兄弟三个参加革命，林彪也是弟兄三个，和他们相近的是杨尚昆，也是随着哥哥参加革命的。

罗荣桓不用说，他是毛泽东原班人马。真正靠着军功上升的恰恰是粟裕，粟裕和毛泽东最近的关系是担任过毛泽东的警卫连长，他静悄悄地学到了毛泽东用兵的精髓。

敌人三次"进剿"都被毛泽东打败了，但胜利只是让红军站稳了脚跟，并没有解决所有的问题，大革命失败后的挫折感依然弥漫在军队中，毛泽东尚未消化朱德带上山的大队人马，毛泽东开始推广他的一整套方案，建立政权，土改，练兵。最有名的就是回答了林彪提出"红旗到底打得多久"的疑问。

毛泽东想告诉他的同志，这样的道路是通向最终胜利的，革命的过程将是生存、发展、壮大的过程。此时的毛泽东没有外界的干扰，在井冈山没有能挑战他地位的人，颇有点你说什么就是什么的味道。

随后建立了苏维埃政府，袁文才任主席。

袁文才和王佐都是拥有上百人武装的，当时罗荣桓元帅才是连级干部，粟裕大将也是连级干部，所以以袁王二人的贡献应当是大将级别的，这一点应当是没有太多疑问的吧？可惜后来他们被彭德怀误杀。革命的过程中有许多令人叹息的细节，影响了人们对某些人的好恶评价。我们建议学历史应当看大方向。这个大方向就是关注毛泽东的思想历程。

有了枪就有了政权，有了政权就可以开始实施毛泽东的理想，改造中国与世界。改造中国的力量来自农民，要驱使中国农民参与革命，就是要分田，此时的毛泽东开始迈出关键一步，这是毛泽东革命方程式中获得农民支持的第一次试验。

土地是一切财富的根源，对于中国这样的农业国，特别是农民，土地是他们知道的唯一财富源泉，获得土地，是贫苦农民最强烈的渴望，没有枪怎么可能分地，不分土地怎么可能获得农民的支持，这一切在毛泽东这里完成了统一。

红军在井冈山的最初阶段，发动群众的主要内容是打土豪，分浮财，但单单这样做，显然是不够的，手里有枪的毛泽东开始了分田。

毛泽东要干什么？他要革命。革命对农民意味着什么？他要告诉农民，革命就是六个字：打土豪、分田地，农民一听就全明白了。这比“闯王来了不纳粮”还叫人激动，这是中国彻底革命的开端，分得土地的农民自然就站在了红军一边。

毛泽东知道自己在接近某种确定的通道，他把这项工作抓得很紧，他甚至迫不及待想在敌人反攻前，争取以一个月时间把永新根据地建设起来，就是在这个时候，毛泽东贺子珍结为伴侣，毛泽东告诉她，自己结过婚，有三个孩子，留在湖南老家，现在杳无音信。

那些责备毛泽东不忠于爱情的人，不应当关注毛泽东，应当去温习琼瑶阿姨编的故事。

有人解释说，毛泽东将婚姻作为联合当地力量的一种策略，这也不是说不过去，不过我们想说的是，在那个时刻准备被人砍头的年代，在那个上层社会热衷于三妻四妾的年代，这个问题不是什么重要的问题。

联姻作为力量的联合方式，古往今来，多数大人物都是这样做的，华盛顿、蒋介石的成功因素中，联姻的因素都远远高于毛泽东。这是毛泽东的第二次婚姻，像毛泽东这样的英杰获得少女的爱慕是很正常的事情，我们要说的是，毛泽东巨大的成就中，从外部获得的帮助不占据重要位置，皇皇成就主要是来自他找到的真理和他的思想。

对建设根据地的问题，毛泽东一直紧抓不放，这是他与其他军事家最大的不同，因为在毛泽东军事家头衔的前面，还有政治家。粟裕回忆道：“毛泽东同志很注意对部队进行建立根据地思想的教育，他常说，人不能老走着，老站着，也得有坐下来的时候，坐下来就靠屁股，根据地就是人民军队的屁股，毛泽东同志深入浅出的比喻，很有说服力。”

毛泽东知道这一切慢慢地向着自己设定的方向前进，可是对于参加革命的许多同志来讲，这种胜利可不是他们期望的革命，他们可没有想着上山当土匪。他们更喜欢直截了当地开打，外面的命令来了，正合心意，怎么办？

不听毛泽东的，听了别人的命令就会失败，这在土地革命时期成了常见的现象，可见毛泽东胜利之路的轨道之窄，别人很难把握。

湖南省委拿着中央指令命令毛泽东立即向湘南发展，“留袁文才同志一营守山”。毛泽东不听，别人听。陈毅率数千红军到湘南后，先胜后败，结果多数自行解散回家，这只能说明毛泽东的建军原则在朱德、陈毅领导的队伍中并没有得到彻底的贯彻执行。

结果很伤心，原先打下的地盘全部丧失，还乡团乘机报复，杀人放火，逼债收租，一时乌烟瘴气，当时有一句口号：“农民分田，地主割谷。”这次惨痛的教训，史称“八月失败”。

毛泽东给打蔫了的陈毅鼓气说：“打仗就如下棋，下错一着马上就得输，取得教训就行了。”陈毅是个好同志，但他打仗不怎么灵光。许多人会纳闷陈毅怎么会是元帅呢？其实应当反着问，陈毅怎么可能不是元帅呢？陈毅要是会打仗的话，元帅位置还得靠前，名义上是他和朱德两个人带着人马上山的啊！

毛泽东接应陈毅相当于“第二次会师”，决定主力返回井冈山。离开了毛泽东就会失败，这一近似魔咒的东西，大约就是从这时候开始发作的。

毛泽东十分看重纪律，随时纠正部队中的小错，毛泽东极力要传达给中国社会积极的信息，这种做派对于毛泽东将他的军队区别于其他所有军队，最终被人民接受起着积极的作用。

留守井冈山的一个营凭借黄洋界天险抵抗国民党军队四个团的猛烈进攻，后来用仅有的一门迫击炮，打中敌军冲锋密集区，敌军指挥官以为红军主力已回井冈山，立刻命令部队撤退。毛泽东听到这个喜讯，挥毫写下《西江月·井冈山》：

山下旌旗在望，山头鼓角相闻。敌军围困万千重，我自岿然不动。
早已森严壁垒，更加众志成城。黄洋界上炮声隆，报道敌军宵遁。

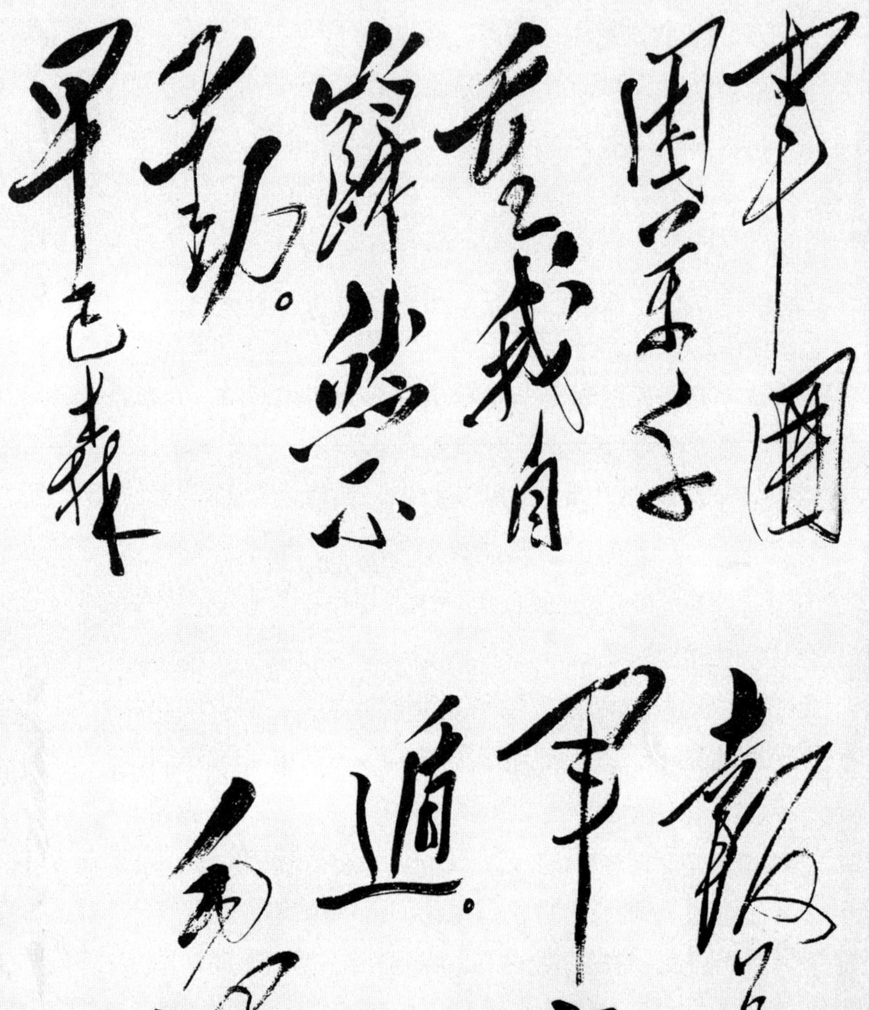

毛泽东

西江月
井冈山
山下旌旗在望，山头鼓角相闻。敌

严壁垒，更加众志成城。黄洋界上炮声隆，

这就是毛泽东，他在经历失败后，写下的诗篇却是洋溢着胜利的激情。

失败也有好处，就是毛泽东的观点和意见得到了进一步认可。朱德、陈毅开始接受毛泽东的政策，毛泽东、朱德随即率领红军大队开展恢复井冈山根据地的工作，取得三战皆捷的胜利。这样，湘赣两省国民党军队对井冈山根据地第二次“会剿”被打破了。有了毛泽东就有了胜利，这是魔咒。

这时毛泽东收到了任弼时代表中共中央的指示信，有了这封信，毛泽东的地位就高于省委，在他领导的根据地里，他就成为了最高领袖。

他在 1928 年 10 月、11 月先后写成了《中国的红色政权为什么能够存在？》和《井冈山的斗争》两篇重要著作，表明他心中已有了通往胜利的线路图。

为什么在四周白色政权包围中能有一小块或若干小块红色政权长期存在并得到发展？

今天的人们看到这样的词句是不是很晕菜，但没有办法，这就是文章。毛泽东表述的道理并不复杂，他说出了最直接的问题，一个是我们能活下来，除此方式之外，别的看上去高明的方式连活下去的可能性都没有，更不用谈发展了，第二就是这样的方针不但能活下去，而且能发展壮大，并且最终通向全面的成功。

在《井冈山的斗争》中，他进一步阐明：发展壮大的过程中有时候会快一点，有时候会慢一点，不是自己决定的，而是根据敌人的不同情况决定的。什么叫本事，这就叫本事。努力是必须的，但结果不是努力就一定会有的，你必须搞清楚，打仗是你和敌人的较量，他也不想输。这就叫老实。

毛泽东提出，拿枪杆子打仗、搞土改、建立地盘是要同时进行的，没有枪杆子就没有土改，也不会有地盘，没有土改，就没有人民支持，没有人民支持，地盘就保不住，没有地盘，哪来的土改，没有土改哪里来的后方，没有后方怎么打仗，这就是几年来斗争的主要经验。

毛泽东的表述，后来经过笔杆子润色，再加上他自己也试图证明这是个理论问题，所以容易叫人搞不明白。其实这个道理拿大白话说就是，在中国土匪都能活，而且还活得不错，可是一帮子嘴里喊着革命的人，却连土匪都不如，也无力保护跟随自己革命的人们，这算什么事呢？

在发展的过程中，要一手拿枪，一手分田，慢慢造成革命的波浪，最终掀起万丈巨浪，就能达成革命目的，这就是毛泽东设置的达成目的之路径，就是他后来最喜欢说的路线方针政策。这条道路看上去很漫长，却是唯一的可以胜利的道路。这就是毛泽东，他自己的实践已经证明了，其他的路子是不通的，关键一点就是他先于党内其他同志尝试过了，没有人比他更具有发言权。

毛泽东发现了俄式革命的缺点，斯大林的那种打击中间势力的路数在中国不能用，因为中国是一个两头小、中间大的社会，你把中间势力推向敌人一边，胜利是不可能的，团结一切可能团结的力量才能实现中国的彻底革命，这里的关键点除了发动最底层的人民之外，就是要团结中间势力，就必须坚决纠正那种打击中间势力的“过左的政策”。

革命的方程式将在实践中得以应用，这个方程式可以最简单地表述为尽可能减少自己的敌人，增加自己的朋友。

土改将在几个县的范围内尝试实行，毛泽东多次向中共中央作了报告，此时的中央主持者是任弼时，其他的领袖们应该是去莫斯科了。很多人忽略了这一点，共产党人除了毛泽东，其他人都被莫斯科牢牢控制着。任弼时通过多种方式，向各地红军和革命根据地介绍井冈山的斗争经验，毛泽东没有吝啬地藏着掖着，相反他将他的成功之道告诉他的同志，推广到全国，这对于后来这些人汇聚到他的旗帜之下起到了极佳的作用。

1928 年 10 月，彭德怀、滕代远率领七百多人上了井冈山。现在应该知道为什么朱老总是元帅首位，而彭老总位居第二了吧，这真可以说是个股份问题。

毛泽东、朱德和彭德怀领导的人马，招牌就是井冈山，成为中国人数最多、战斗力最强的一支红军。彭德怀也是中国革命中的重要人物，理解彭德怀与毛泽东的关系是一个非常重要的关键。有人将彭德怀看作是猛张飞是很不恰当的，彭德怀是会做诗的。林彪曾将彭德怀比作冯玉祥。这不是赞扬他。但不管怎么说，彭德怀带人马上了井冈山，这一行为给他带来了日后中国军队的次帅的地位。

井冈山的斗争在中国革命的历史上拥有绝对重要的意义，怎么说也不为过，中国军队的元帅大将和将军们多出此处，也是构成毛泽东权力的基石。

人多是好事，但人多了，井冈山的优势就变成了劣势。我们看看真正的军事家粟裕是怎么说的。

粟裕评论道："这个地区作为一个后方是可以的，从战略发展观点来看，作为大发展的基地不够理想。"

此时井冈山终于进入了蒋介石的法眼，他尚不知道毛泽东干了些什么，但终于意识到需要重视毛泽东了。

真正的敌人来了，问题肯定是严重的，局势是严峻的，井冈山无法支撑毛泽东反击敌人，完全有可能被敌人困死，毛泽东决定采取"攻势的防御"方针。毛泽东一生作为令人眼花缭乱，但主动性是根本，他在拥有实力之后几乎都是保持主动性，也就是说后发制人与主动性在他这里也是统一的。

袁文才、王佐留守井冈山，统归彭德怀指挥。毛泽东、朱德率领主力出击赣南，毛泽东想来个"围魏救赵"。他估计红四军主力下山后，将会吸引开相当数量的进攻井冈山的国民党军队。毛泽东太高看敌人了，他没有想到敌人不跟着转，他的敌人根本不把毛泽东矛头指向的地方当作必救的，而是一心一意收回井冈山，也就是说蒋介石的指令就是收复井冈山而不是消灭朱毛，在蒋介石看来，朱毛和其他军阀一样，失去了地盘就会完蛋。可是蒋介石错了，这样蒋介石就失去了将朱毛红军扼杀在摇篮之中的机会了。因为这时候的朱毛是最弱的。

毛泽东早期照片（摄影：吴印咸）

毛泽东在延安为朱德六十生日贺寿。

1938 年，毛泽东与朱德、贺龙在中共扩大的六届六中全会上。（摄影：徐肖冰）

毛泽东在延安会见美国观察员赫尔利。

1951 年毛泽东和李敏的同学们在中南海聊天。（摄影：侯波）

毛泽东与女儿李讷及秘书叶子龙的女儿叶燕燕。（摄影：徐肖冰）

1949 年春天毛泽东和江青、毛岸英、刘松林、李讷在香山。（摄影：徐肖冰）

1953 年 9 月，毛泽东与李讷一起看荷花。（摄影：侯波）

1953 年 5 月，毛泽东与李讷、李敏等在北京玉泉山。（摄影：吕厚民）

1959 年毛泽东首回故乡韶山，在父母墓前致哀。（摄影：侯波）

1956年10月6日，毛泽东在北京展览馆参观日本工业展览会。（摄影:杜修贤）

1959 年 9 月 30 日，毛泽东、宋庆龄等领导人在北京设宴招待苏联领导人赫鲁晓夫和越南领导人胡志明。（摄影：杜修贤）

1959 年 10 月，毛泽东在北京会见苏联驻中国大使馆的工作人员，与他们一起举杯，共同庆祝“十月革命节”。（摄影：杜修贤）

1960 年 12 月 3 日，毛泽东在中南海会见越南民主共和国主席胡志明。（摄影：杜修贤）

1958 年毛泽东在长沙观看木偶剧后与演职人员交谈。（摄影：侯波）

1964 年 10 月 1 日，毛泽东主席和彭真等党和国家领导人登上天安门城楼，庆祝中华人民共和国成立十五周年。（摄影：杜修贤）

毛泽东递中华牌香烟给非洲外宾品尝，并与他们亲切交谈。（摄影：杜修贤）

1965 年，毛泽东和刘少奇在人民大会堂会见外宾。（摄影：杜修贤）

1960 年 10 月 9 日，毛泽东观看了缅甸文化代表团的演出，并且登台与演员们一起合影。（摄影：杜修贤）

第四章

成功的路往往是最窄的

Chairman Mao

毛泽东心灵中最闪光的一面，不是他的性格，事实上如果不认可他是领袖，他的性格并不是叫许多人喜欢的，他最光辉的是他渴望胜利。你要是喜欢他，认可他为领袖，你就会发现他绝对是个天才人物，他几乎可以在任何方面表现出杰出的才华，但要是你不喜欢他，他又是叫人绝对不愉快的，甚至是叫人难以忍受的，他的个性就像是锋利的刀刃，只要你站在他的对面，你就会感到悚然与不安。

为中国的利益而战

自我证明，军权失而复得

1929 年 1 月 14 日，毛泽东、朱德率领红四军主力从井冈山出发，乘国民党“会剿”部队还没有合围，向赣南进军，他们大张旗鼓，意在吸引蒋军，沿途张贴布告，宣传毛泽东制定的各项政策。这也是毛泽东的高明之处，宣传的真谛在于重复，不能指望着说一次就让人们接受。

布告以红四军军长朱德、党代表毛泽东共同署名，“朱毛红军”的名声开始传播到更远的地方。

党史中描述这一段的资料里出现了许多令人不解的东西，毛泽东在给中央的报告中说:“是为我军最困苦的时候”，甚至朱毛都曾陷入敌军的包围之中，此时毛泽东依然不能直接指挥军队，指挥权在朱德和毛泽东之间轮换。政委有权的双首长制的有效性体现在上级的高明上，而不是两个人讨论，最高统帅不能是两个人，只能是一个人说了算。朱德人品高贵，在危急之中把权力交给毛泽东。毛泽东的高明立刻体现出来，他集中了兵力。

这时，国民党方面误以为红军已难坚持，他们分路堵截追剿。

毛泽东等的就是这个分兵。战场选在大柏地。大柏地在瑞金以北，是一条十余里长的峡谷，山高林密，是打伏击战的好场所。

这是红军初期的最关键一仗，因为红军弹药缺乏，体力疲惫，仅仅是仗着人多和居高临下，拿刺刀、石头、枪托同敌军拼。这也是最危险的一仗，朱老总带队冲在前头，平时很少摸枪的毛泽东，这时也提枪带着警卫排向敌军阵地冲锋，这几乎是毛泽东直接参加战斗的唯一一次。据说朱德的帽子曾被枪子打了个窟窿，可见运气的成分。

鏖战至第二天下午，才全歼被围敌军，光是俘虏就八百余人。这是红军主力下井冈山以来的第一次大胜仗，打了这个胜仗，心气立刻就变了，红军不再被动，变成了主动。

大胜连着小胜，毛泽东想着救援井冈山，可随即得知井冈山已失守，彭德怀已率部突围下山。甘蔗没有两头甜，红军力量太小，这边赚了，那边就吃亏了，没有办法，万事开头难。

敌人围了上来，想和毛泽东干仗，毛泽东既不固守也不分兵，而是带着全班人马打圈子，就这么转着、转着，大机会又来了，显然走字已经融进他的血液。

这时，蒋介石要和控制两湖地区的桂系军阀开战，原来追着毛泽东跑的国军奉命北调，不再“追剿”红军，缓过一口气的毛泽东发现他面对的是一片没有强敌的广大空间，这可是天赐良机，守在闽西一带的敌人本来就是土匪，战斗力不强，这好事哪能错过。

红军叫国民党的正规军打得追着跑，打土匪则是一打一个准，朱毛红军进入闽西长汀县，歼敌两千余人，占领长汀。

长汀我们就不多说了，总之是毛泽东手下穷人没见过的繁华之地，毛泽东没有出过洋，可好歹也是长年待在广州上海，但他的部下没见过大世面，就出了新问题，毛泽东发现需要制定城市政策了。毛泽东并不是闭门造车，而是在发展过程中，遇到什么问题就解决什么问题，当然规则此时已定，他依然是将矛头指向少数人。

更好的消息接踵而至，蒋介石和桂系军阀掐在一起了，空间和时间之窗突然打开，毛泽东决定放手在赣南闽西大干一番。

这是一个重大而正确的战略决策，赣南闽西地方大，山多林密，穷人多，物产可不少，远离大城市，对国民党军来说就是交通不便，对红军而言是好处多多。

毛泽东进入了一个新境界，在井冈山那一颗种子发了芽，但要想长大也不易，没想到，挪了一个地方后找到了肥沃的土壤，就像中国老话说的，树挪死、人挪活，这一回胜利挡都挡不住。

给大家带来胜利的毛泽东有资格对更愿意听从朱德统领的军队提出更为严格的要求，红军战士每人发了两套军服，五块大洋，高兴之余，毛泽东进行整编，设立政治部，党代表。党指挥枪是个规则，而规则的执行需要组织和系统。这些不是一天完成的，但依然普及着，成长着。

自然，政权也随之建立。

这时，从井冈山突围的彭德怀也转战到达赣南。得到消息的朱毛带着红军回师赣南。

最艰苦的时期朱毛挺过来了，就在这时候，中央来了个“二月来信”。

中央实在是太悲观了，觉得朱毛这样小打小闹成不了什么气候，居然指示朱毛将队伍分散，朱、毛离开队伍，到上海回中央工作。我们今天无法想象毛泽东和朱德要是到了上海能干些什么。其实在八七会议后，毛泽东已经表明了他的态度，他不愿留在城市的阁楼里，他更愿意下去组织暴动，最后上了山。现在的毛泽东已经进入成功通道，只是其他人尚未意识到这样肯定通向成功而已，毛泽东自然不会再跑到上海租界里面讨生活，毛泽东没有响应中央的召唤，虽然这是一种好意，但毛泽东仍然很委婉地拒绝了他的朋友们的召唤，事实是他已经走上了胜利之路，他上报中央，希望中央同意他们“抓住蒋桂战争机会”争取在江西、闽西、浙西三省来个大发展。

这是毛泽东成熟和独立的过程，也是毛泽东的自我证明的过程。

这年4月上旬，蒋桂战争爆发，毛泽东同意彭德怀率部回井冈山，恢复失地，袁、王悲剧就是这时候的事情，我们不多说了。

毛泽东和朱德在没有大股敌人的情况下，实行近距离分兵，发动群众打土豪、分田地，发展地方武装，建立红色政权，干得是热火朝天。

毛泽东待在兴国县城期间，完成了一件大事，就是制定《土地法》，将中央的“没收一切土地”政策，改为“没收一切公共土地及地主阶级的土地”，这样他又减少了自己革命的阻力，与此同时，他手下的红军一口一口地吃掉国民党的地方力量，人枪一天天在增多。

不过，这样的好日子随着蒋桂战争结束而结束。蒋介石总是能赢了军阀，赣南方面的国军又回来了。但天无绝人之路，在闽西方面又有了空子，毛泽东避实就虚，再次入闽，奔袭灭敌一个营，敌人主力回援，红军转脸就跑，再找人少的地方去。这一胜利策略今天看上去太伟大了，但当时可不被人看好，因为这活儿太累太苦了。

胜利不断，艰苦依旧，就是毛泽东这一时期的真实写照。

按照人们知道的列宁的道路，革命的烈火是很容易烧的，如果是这样地当土匪，很多人尤其是军队中上层是不会干的。果然，红军部队的领导层中先出现了分歧。

毛泽东的独断作风也受到指责，一时间军内意见纷纷，毛泽东表现出强悍的一面，一度以书面提出辞职的方式威胁那些反对他的人们，在这种近似不讲理的压迫中，毛泽东赢了一次。但这胜利并不牢靠，关键是大家伙儿没有意识到要靠毛泽东的路线才能胜利，毛泽东的圈子绕得太大，一般的军人反应不过来。另外，他们不认可毛泽东为领袖，因为他的性格容易给人压迫感，对照周恩来、朱德、陈毅的性格就能明了，一旦有了外来的头领，一些人就不愿意接受毛泽东的领导，问题就来了。

有人就站对了队列，第一纵队司令员林彪明确支持毛泽东，破格提拔林彪有了收获，林彪的军事才能又使得这种提拔变得无可厚非，这样在后上山的军人中有了毛泽东的坚定的支持者。

陈毅和朱德似乎在中央派来的“钦差”与毛泽东之间摇摆，要求他们各做一篇文章。

写文章是毛泽东的拿手好戏，更何况他做试验已经证明自己是对的。毛泽东从历史和环境两方面、十四个问题上林林总总写了一大堆，这功夫没有白费，半年后成了古田会议决议。

到底怎么样指挥军队，谁说了算，毛泽东想请大家回想一下从井冈山一路走来的经验教训。可能是教训还不够，所以他的建议没有被采纳。陈毅稀里糊涂地号召“大家努力来争论”，后上山的人多势众，居然给了毛泽东党内“严重警告”处分，中央指定的前委书记毛泽东被陈毅替代。

这就是毛泽东在军队推行民主的最初怪相，平等能提升战斗力，但指挥打仗靠民主决策可行不通，因为大部分人的决定并不一定是对的，尤其是在未来尚未明了的情况下，对于未来道路的选择，靠着民主决策，成功的概率不会高于百分之五十。这就是为什么自古到今绝大多数军队都不是双首长制，监军制多数情况下是要打败仗的。

如果这个世界上有后悔药，陈毅一定愿意买两万颗，在他以后的日子里天天吃。其实陈毅并没有像党内某些人物一样和毛泽东不对付，没法共事，或者说在思想上有不同的道路，只是因为他自己并没有明确的思路，所以才会稀里糊涂地夺了毛泽东的军权。

毛泽东被夺了军权，他只能去指导地方工作。由于毛泽东设计的中国革命路线关乎中国社会的方方面面，虽然主要的杠杆是枪杆子，但他不是纯粹的军头，他还规划了其他方面的支持，所以此时的毛泽东依然不会闲着，他继续搞土改新政策，规定对地主也“酌量分与土地”，这样就将决死对抗的对立面减到了最少。

他的同志们不喜欢他的独断和性格，把他的军队指挥权剥夺了，祸不单行，他此时又患上了疟疾，病倒了，于是他到山区养病。

在这期间，红四军打破了三省国军对闽西根据地的第一次“会剿”。

这个胜利，似乎证明离了毛泽东地球照样转。参加革命的人们并不全是农民，其中不乏英才，如果革命胜利的条件齐备，领袖不会必然是毛泽东。我们要有耐心多看看毛泽东在成为最高领袖之前遇到的尴尬，很多细节决定了革命的人们后来的命运。陈毅召集会议要毛泽东出席，毛泽东回信拒绝，身体不好，就不参加会了。陈毅那性格里面也是有拍桌子的成分的，于是前委给了毛泽东党内“警告”处分，并要他马上赶来。毛泽东只得坐担架来开会，大家见毛泽东确实病得很重，不是单单地闹情绪，就让他继续养病。

毛泽东在治病中度过重阳节，填了一首《采桑子·重阳》：

人生易老天难老，岁岁重阳，今又重阳，战地黄花分外香。
一年一度秋风劲，不似春光，胜似春光，寥廓江天万里霜。

奇特的是从诗词中依然看不出他有任何颓废。

毛泽东当时病得很重，国民党也希望他死，还造谣说，他已死于肺结核病，共产国际在莫斯科则发了一千多字的讣告，对毛泽东做出很高的评价："据中国消息：中国共产党的奠基者，中国游击队的创立者和中国红军的缔造者之一的毛泽东同志，因长期患肺结核而在福建前线逝世"，"这是中国共产党、中国红军和中国革命事业的重大损失"。

这个"讣告"是有意义的，至少表明毛泽东在中国革命和中国共产党中的重要地位，不仅为他的追随者如蔡和森等所认可，而且也已为共产国际部分认可。

红四军的纷争交由中央裁决，这时候的中共中央的人事有了一些变化。自从 1928 年中共在莫斯科召开"六大"以后，斯大林直接指派一些真正的工人出身的人物担任中共最高领导，向忠发担任政治局主席，还有项英、陈云等人。向忠发后来成了叛徒，这真叫人难受。不过大家知道当时实际主持中央工作的是周恩来。而周恩来支持了毛泽东。

不久，陈毅到达上海汇报工作，这时陈毅已经意识到毛泽东在政治上更能站住脚，毛泽东是政治局候补委员，当然代表党。中央不可能不支持他的党指挥枪的决策，因为这是中央绝对赞成但尚未意识到的一个原则，毛泽东走到了大家的前头。

李立三、周恩来代表中央肯定了毛泽东的做法和建军原则，毛泽东"应仍为前委书记"，李立三对毛泽东是有帮助的，而且李立三在党内的地位上升得很快。

陈毅受中央的委托，回红四军做解释和纠正的工作。这时候陈毅表现出他性格中最优秀的一面，他登门谢罪请毛泽东复职，毛泽东接受了陈毅的道歉，事实上他也不可能离开军队，他只是要表达自己的不愉快，在发作了一通后，他便随前来迎接的部队回到长汀。陈毅原来担心与毛泽东无法共事，

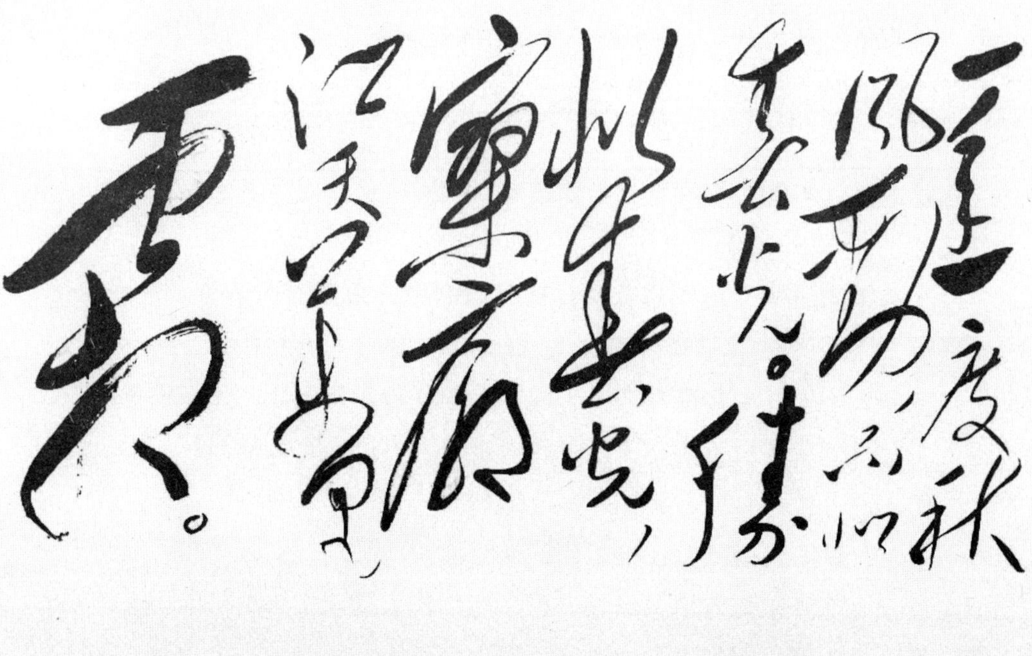
一年一度秋风劲，不似春光。胜似春光，寥廓江天万里霜。

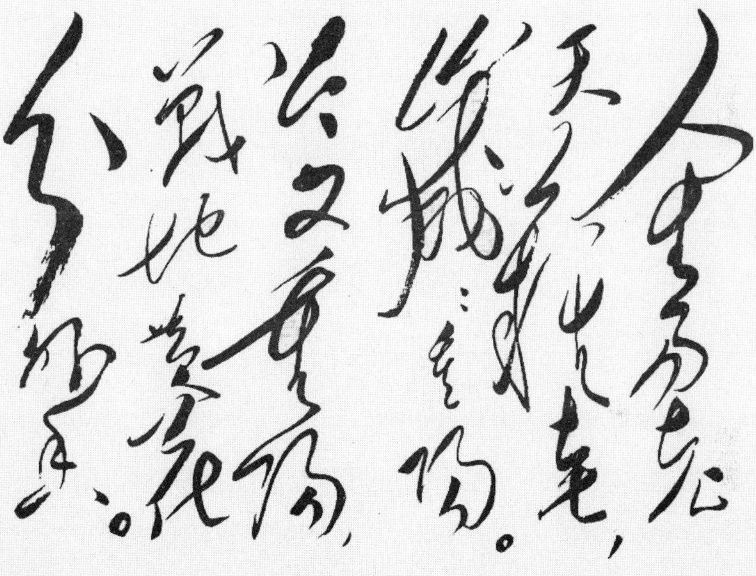
人生易老天难老，
岁岁重阳。
今又重阳，
战地黄花
分外香。

所以在完成任务后，曾想着回中央另找工作，毛泽东说，你哪里都不要去，就在我这里工作。这样陈毅在得罪了毛泽东之后，以自己的好品德和好性格修复了裂痕，终于站在了毛泽东这一边。

朱德也很坦率地承认了错误。毛泽东重新当选为前委书记。确定毛泽东的指挥权后，红军产生了著名的古田会议决议案，确立了建军原则。

古田会议决议之所以重要，因为它标志着毛泽东建军思想的基本建立，这是人类历史上不曾有过的军事思想。

渴望胜利才能够胜利

毛泽东重掌军权，这时他收到第一纵队司令员林彪的元旦贺信。他觉得林彪对前途比较悲观，而且有一定的代表性，他给林彪写了回信，就是后来收入《毛泽东选集》的那篇《星星之火，可以燎原》。

林彪一定很郁闷，因为毛泽东没有为他写过什么诗词，毛选中收录的这一篇和他有关，是写给他的，还是带有批评意味的回信，反过来在他倒霉的时候，起到了证明他意志动摇的作用。其实林彪应当分开来看，搞军事的林彪和后来搞政治的林彪，不是一回子事情。

我们常常把一些人称之为风云人物，应当是来自汉高祖刘邦的大风起兮云飞扬之句，绝大多数的成功者就是风云人物，借助于某个潮流乘势而起，由于自己的天赋和运气，取得最后胜利。列宁取得政权，靠的是工人武装，但工人手里的枪可不是列宁发的，而是沙皇为了对外战争发下来的。俄国由于对外战争失败导致上层建筑的崩溃，社会激荡不已，列宁引导了这一浪潮建立起社会主义国家，看过电影《列宁在 1918》就知道了，列宁一路走来，失败的次数也很多，但机会到了，列宁巨手一挥，革命就成功了。

中国也经历了辛亥革命，算是第一次浪潮，但被袁世凯篡夺了胜利果实，袁世凯莫名其妙又想当皇帝，就又掀起了第二次浪潮。中国社会动荡不已，使得多数人对动乱深恶痛绝，造就了蒋介石集团的崛起，蒋介石的白色恐怖，又使得中国社会回归到死水一潭，支持变革的人们没有力量，有力量的人群不支持变革，即便有波浪，也不是革命的波浪，而是不同利益集团之间的狗咬狗。

枪和土改，是人为地制造浪潮的过程，光有枪只能是流寇，最终的命运要么被人收编，要么灭亡，这不是你会不会打仗的问题。

这一时期应该制造波浪而不是乘势而起，在中国当时没有过多的势头可以利用，一切要靠自己长期的努力和奋斗，这是毛泽东眼光远高于他的同志的地方。毛泽东形象地把这一过程表述为星星之火可以燎原。

中国共产党的胜利就是建立在毛泽东的这些观点上的，也就是后来说的毛泽东思想，他的追随者贡献的是团队、能力和体力，灵魂的东西来自毛泽东的头脑。

国军的第二次“会剿”来了，毛泽东这一回还是用的“围魏救赵”老招数，就不信你不跟着我打圈。

这时候基层的同志还处于半信半疑状态，毛泽东叫他们放心，他满有把握地说：敌军是跟着我们走的，不会留在闽西的。相比起第一回下井冈山的时候，毛泽东更有把握了。

回师赣南，果然将敌人调离闽西。一切正常，此时一切都在毛泽东的把握之中。想一想毛泽东该干什么了？土改啊。

毛泽东发现他可以放开手脚了，他批评了不分配土地等错误，这一取得全国胜利的基本路线显然此时没有被他身边的军人同志们打心眼里接受，老百姓并没有信任红军，给他们分地并不像打土豪那样可以得到浮财的红利，获利的弯子绕得太大，军人们不积极，没有热情。毛泽东可不愿意等下去，虽然说罗马不是一天建起来的，但正确的规划却不是逐渐完成的，而是一开始大框架就是构思好的。土改是毛泽东作为政治家的关键思想，他要推行之。

这时毛泽东的权力在手，他的思想得以实施，在红军控制的范围内全面展开了分田运动，这一回是把大量的农民绑上了革命的战车，规模远高于上次的试验。随着军事斗争的胜利，革命的波涛开始澎湃。分得田地的农民自然地站到了国民党的对立面上了，这就是制造波浪的开始。

到 3 月中旬，赣西南和闽西苏维埃政府成立，实现了毛泽东一年前向中央立下的军令状。

这一成就有很重要的意义，表明毛泽东是说得到做得到，事先说出来，告诉他的同志他将怎么做，要达到什么样的目标，这样到实现预定的目标后，总结一下，再提出下一阶段的任务和目标，一旦不断地重复这样的过程，对于争取人心，效果会不可思议地放大，这也是毛泽东的一个著名的工作方法。

毛泽东办法很多。他形象地将他的办法表述为以根据地为依托波浪式地向前发展。从红四军主力下井冈山后，只经过短短的一年多一点的时间，毛泽东试验了一整套行之有效的方针政策，有了一大片农村根据地，红军作战规模变大，进入运动战境界。

我们可以看出，有了毛泽东指引的路线图，再有朱、彭、林、陈、罗诸位元戎相助，毛泽东开辟了一条通向胜利之路。

这是毛泽东完全独立的起点，他的思想已经完全脱离了书本和外界的指导，他的方法也是没有人实行过的，按照后来通行的说法他在坚持从实际出发，其实就是怎么活下来，怎么才能做大，先得在理论上说服自己，然后再到实践中验证。

毛选第一篇说的是革命需要的是团结多数打击少数，中国人口中农民最多，革命的主力军是广大农民；第二篇说的是农民有着强烈的均分土地的革命欲望。随后的文章则是表明农民中的力量就像火山一样被压在厚厚的地壳下，需要枪杆子的力量来撬动，来引发，所以他要上山，建立军队，用枪杆子建立政权，推行土改，这个过程自然就伴随根据地建设。这个过程如同星星之火，是可以燎原的。

毛泽东的事业的核心元素是人，所以他需要说服更多的人接受他的观点，他强烈地盼望他的同志们从书本上，从俄国人的指挥下走出来，听从他的理论和道理。我们需要知道，当毛泽东上山独立寻找中国革命出路的时候，我们党的其他领导人在干什么。

我们无法知道毛泽东是什么时候和俄国人分道扬镳的，共产主义运动中有一个最常见的误区就是将民族主义变成贬义词，这是斯大林给其他党扣的一顶大帽子，可是斯大林之所以影响巨大恰恰是他无休止地为俄国的利益而战，美英则针锋相对，其他的国家则在这场斗争中被伤害，主义之争的背后是赤裸裸的利益，大到国际全世界，小到党内斗争。毛泽东尚没有进入为了民族和国家利益而战的层面，他只是需要有力量，需要在这腥风血雨中活下来，能够发展壮大。

上山就是开始，建军就是落实，土改就是试验，尤其是通过实践已经初步证实了他的路是能够走通的时候，他的探索已经有了结果。他已经试出来了，他已经把握了某种原理，这时候他的阻力主要来自他的党内同志，特别是那些在党内比他地位高的同志。

因为这时即使是他的亲密的同事们，像朱德这样的一些好同志往往也是更倾向于听从上级的指示。

为了说服更多的同志接受他的观点，他将目光瞄向了当时的中共中央和共产国际，他需要理论上说服他的同志们，告诉他们他找到了大本大原。

毛泽东抓住了自己距离现实最近这个优势，有意识开始克服他遇到的阻力，使用的武器叫作：调查研究。

经过寻乌调查，毛泽东其实是确定了一个方针，能使富农、中农、贫农、雇农都过活下去，地主富农也给出路，不至于逼得地主、富农造反，减少胡汉三这类人的阻力。当时有人指责毛泽东是富农路线，事实上只有毛泽东这办法是正确的。革命是在上层人物不管不顾将底层的人们逼向绝路而产生的，同样，革命要想从弱势转化为强势，也不能将中间偏右的人群逼到无法生存的程度。这一点只有毛泽东知道而其他的领袖们不清楚或是做得相反，做得十分极端的原因是由于他们并没有自己的主张而是听命于俄国人，而俄国人关心的不是中国革命如何胜利而是报复和搅和蒋介石。

在制定出减少中间阻力这一方针的同时，毛泽东写了一篇反击他的对手的理论性文章《反对本本主义》。

文章劈头就提出一个重要的命题："没有调查，就没有发言权。"显然他把矛头指向待在上海租界里的中央和共产国际。这些人也不傻，知道老毛在较劲。不过关山万里，大家还没有碰头。

文章同时也尖锐地批评他身边的某些人开口闭口"拿本本来"。毛泽东手里只有中国的古典，没有洋码码。

毛泽东没有留学的经历，当时的中国也没有什么马克思的理论性著作，要说毛泽东的做派是马克思主义是非常勉强的，字里行间毛泽东只想告诉他的同志，能胜利才是最重要的，别的都是拽文。他实在是没有办法写上这样一句话：要想胜利，听谁的，我建议大家听我毛泽东的。

毛泽东在这篇文章中还有一个极其重要的论断："中国革命斗争的胜利要靠中国同志了解中国情况。"这自然将矛头对准共产国际，这才是毛泽东思想的灵魂——独立自主为中国的利益而战。

这是一个标志，它意味着毛泽东在党内树起了一面自己的旗帜，表明毛泽东将引领胜利。这时候的中央还在上海租界里面忙着对付巡捕房警察呢。

1931 年 2 月，毛泽东要求省苏维埃政府贴出布告，明确土地所有权属于农民，这样他的土改方案完成了。

毛泽东的革命原理，是建立在中国的土地上的。在这块土地上，大多数人无法生存，在没有土地的情况下挣扎在死亡线上，他们期盼革命，特别是农民。中国的上层社会，借助于手中的财力集中，靠着握有枪杆子，不思改革反而变本加厉剥夺底层民众，主要原因就是底层民众的无组织。革命者被屠杀，是因为手里没有枪，而土匪军阀活得很好，也是因为有枪，所以枪杆子理论显然超越了所有的主义。我们实在没有办法将枪杆子理论说成是马克思主义，你非要说它是马克思主义的一种发展，那是你的事情，因为枪杆子实际上贯穿了人类社会，在马克思之前之后都是它在起作用，而马克思学说的对历史的一个修正，正好是反对强权，指出社会底层人的利益的正义性，所以毛泽东的这一观点，在教条主义者眼里恰恰是反马克思主义的。

无论是革命的，还是反革命的，要想说话起作用，就得有枪，有了枪才能改变社会。蒋介石解决了一个大问题，就是枪、钱、人形成了良性循环，因为他和江浙财团联上了手，并且通过江浙财团与英美财团建立了合作关系。毛泽东的循环要复杂曲折得多，他没有钱，他需要用枪去筹到钱，他没有钱直接买到枪，而是需要夺枪，他依靠的是农民，因为他发现农民要的是他愿意给予的，就是土地，可是土地不在他的手里，在地主手里，要完成这一大循环，就要倒着推导，核心是要有枪杆子，所以他不再待在中央，他宁可上山当"土匪"也要有枪，但他不是一个土匪，他是一位有政治理想的革命家，上山只是他获得喘息和立住脚跟的第一步，在山上他找到了让他的小小武装活下去、能长大的方法，就是一个字“走”，通过一个走字，他获得了只赢不输的战争方略。

有了这一点，他就开始着手土改，要土改就要建政权，就有了根据地之说。在一开始，他也是把地主资本家彻底剥夺，结果带来较大的阻力，他在实践中发现了这个问题，就修正成给所有人活路。由于朱德、彭德怀的加入，使得他的力量大大增加，有机会找到更肥沃的土地，也就是更大的地盘——江西，于是更大的实践开始了。当然，在这个过程中，中国上层军阀们之间的狗咬狗也帮了忙，共产国际主持下的中央则是不断添乱，但不管怎么说，他把这么大的一个循环走成了。

毛泽东心灵中最闪光的一面，不是他的性格，事实上如果不认可他是领袖，他的性格并不是叫许多人喜欢的，他最光辉的是他渴望胜利。他为了胜利可以牺牲一切，他为了胜利愿意团结一切，只要你不是他的死对头，他就会想方设法接近你，这样我们就发现了一个现象，它对于理解毛泽东有十分重要的帮助，就是你要是喜欢他，认可他为领袖，你就会发现他绝对是个天才人物，他几乎可以在任何方面表现出杰出的才华，但要是你不喜欢他，他又是叫人绝对不愉快的，甚至是叫人难以忍受的，他的个性就像是锋利的刀刃，只要你站在他的对面，你就会感到悚然与不安。

你无法与他平行，你无法跟上他的脚步，结果就是要么跟在他的后面，成为他的追随者，你就会分享胜利成果和光荣，要是挡在他的前面不改向，就会成为他的锋芒下的牺牲品。

正当毛泽东、朱德率领红四军波浪式向前发展的时候，李立三开始主持中央工作，此时的李立三已不再是当年跟在毛泽东后头的小伙子了，留法和工人运动的经历得到俄国人青睐，使得他成了中央最高的决策者。

我们知道的瞿秋白的大名，是以十次路线斗争中的反面人物出现的，实际上瞿秋白对中国革命是有大功的。毛泽东以中央政治局候补委员的身份，以中央特派员的名义到湖南领导秋收起义是在瞿秋白的支持下成行的，所谓的瞿秋白的“左”倾错误实际上是在革命遭受严重挫败时带有浓厚拼命色彩的蛮干，但根子上是一种反抗精神，那时候谁也不知道该怎么走，事实上毛泽东也在摸索中，周恩来和其他的起义者的尝试都失败了，只有毛泽东的路子走通了，总之，瞿秋白对毛泽东的成功是有很大帮助的。

如同以往的党内变动一样，瞿秋白被共产国际轻松地解除了领导权，变成了文艺工作者（他的职业是记者）。

1930 年 6 月，在共产国际的扶持下，李立三成了中共中央的主持者，李立三起草了《新的革命高潮与一省或几省的首先胜利》的决议。

还记得他们前面叫朱毛放弃红军吗？那不是恶意，只是悲观，他们之所以从绝望短时间又变成了亢奋，原因很简单，就是蒋介石和其他的军阀们大打出手了，俄国人觉得机会来了，他们觉得军阀们会像老虎一样拼个你死我活，最后中国大地上除了死虎就是伤虎，共产党就成了卞庄刺虎，就能在全中国获得胜利，在他们看来中国的形势和当年列宁胜利前有很高的相似性，按照当时的用语叫作中国革命到了大决战的前夜。

他们要走的路子还是列宁的道路，他们轻易地否决了毛泽东的路线，他们认为没有那么复杂，真理在手，天下我有。

后面的事情就比较好理解了，中央指令就是这儿暴动，那儿也暴动。上海则担负总罢工，各路拿枪的同志们向前冲，名字都起好了，叫作“会师武汉”，“饮马长江”。好听吧，有气魄吧，可惜一切都是假的。

李立三被俄国人扶上了最高位置，就要按照俄国人的指示去办，李立三将为此付出代价。

中央严厉地批评毛泽东，并派出中央特派员传达指示：准备冲。此时朱德已经倾向于毛泽东的路线图，但“除了毛泽东和我之外，很少有人反对李立三路线，我们别无选择，只有接受”。

话虽如此，红军的指挥权还是在朱毛手中，他们在执行过程中灵活处置，化解了这一危机。

于是，在 8 月 1 日那一天，红军奉命隔江向南昌鸣枪，以纪念南昌起义三周年，如此就算是向中央交了差。就这样，毛泽东在朱德的支持下，就这么转着、打着，一小口、一小口地吃着，由出发时的一万人左右居然发展到一万八千人。

不久，李立三又被俄国人丢在一边。毛泽东此时依然是中央政治局候补委员，地位没有变化，有变化的是朱德，成了中央候补委员。注意，这时候朱德才进入中央。

攻打长沙的彭德怀受到何键的追击，朱毛率军接应，打了一个胜仗。这样毛泽东、朱德、彭德怀会合，再次兵合一处，成立中国红军第一方面军，共有兵力三万多人，是当时最强大的红军，由朱德任总司令，毛泽东任总政治委员，彭老总当然是副司令。这就是毛泽东的军队班底。

兵强马壮的朱、毛、彭又接到莫名其妙的命令：再打长沙。彭总的手下曾尝到甜头的一些人似乎上瘾了，也叫嚷着去打长沙，上有命令，下有响应，朱毛只得硬着头皮打长沙。

这时，长沙敌人比朱毛红军多一倍多，毛泽东的意见是把敌人先骗出来干掉，然后再打进城，可是敌人不傻，何键守着就是不出来。不出来就说明敌人怕了我们，彭老总的手下悍将兴奋地喊着：冲啊，杀啊！朱毛只得下令总攻，后世常见的无坚不摧没有发生，红军死伤无数，依然挨不着长沙城。何键看到红军进攻受阻，兴奋之余又忘乎所以，下令出击，结果一出来迎头就挨了一棒，吃了亏的何键不再出击，红军发动第二次总攻击，结果依然同上——失利。

朱毛彭率兵围攻长沙 16 天，两次总攻都没有奏效，诱歼敌军的计划也没能实现，又得到国民党的部队已增援的消息，毛泽东决心撤退，休整待机。

当时最大的问题是他麾下的这些人，并不是完全听老毛的。中央的打下大城市的主张和多数人的心理是一致的，没有多少人参加革命准备好了几十年的长期奋斗，都是觉得真理在手，就应当能胜利。

所以一说起下一步该怎么办，七嘴八舌头，说打哪里的都有，而且全是瞄向大城市的。毛泽东心里知道这些都不成，但他吸取以前的教训，不再强制灌输，他的策略是让大家说，讨论，最后众口不一，他再提出折中方案，把大家引向他的路线，这是他在一师学习的时候就已经掌握的方法。他决定先筹措给养。这理由充分，兵马未动粮草先行，红军也得有吃的用的，于是红军从湖南折回江西。

事情没有完，毛泽东坚持先打吉安。有人却提出吉安算个屁，要干就干大个的，这一豪言壮语符合中央意思。中央指示则是再打长沙。毛泽东费了许多口舌，才叫大伙同意他的意见，可见当时军令之难以下达，官兵一致、民主平等改造出了一支崭新的军队，但在一开始的磨合期，却是谁都能发言，毛泽东说了也不算，尤其是指令来自比毛泽东位置高的中央的时候，就出现了这样的场面，好在毛泽东有耐心，说服了大伙。

朱毛下达命令，总攻吉安。红军胜利攻占吉安城，成立了省级政府，毛泽东写诗庆祝。

胜利带来朱毛红军的扩大，连续攻克一些县城，土改的范围扩大到几十个县，革命形势很好。但由此就认为军人们接受毛泽东的路线那就太乐观了，军人们依然喜欢当时中央的决策，向大城市发展，认为这样胜利会快一点、会早一点过上好日子，这也无可厚非。

朱毛手下依然有人想打南昌，毛泽东依然受到两面夹击，毛泽东的招数就是拖，他预感到危险正在降临，他的预感常常是正确的。

这时，国民党各派军阀之间的中原大战已接近尾声，国军开始准备对红军发动“围剿”。毛泽东指出危险和困难即将到来，他告诉他的同志们，狗咬狗是会有的，但狗咬狗不是你死我活的斗争，而是争老大，一旦比画出结果就会结束，回过头当他们发现有更大的危险，军阀们依然会停下来共同对付敌人，将矛头指向红军。

国民党多路军队约十万人已经出动，毛泽东下令撤。

毛泽东在不断进步中，他在军事行动中已经检验了自己的感悟，他已经接近完成最终的军事战略和战术了，他告诉同志们未来应该避强击弱，应该诱敌深入，应该依靠人民，应该集中力量。

这在后人看上去是绝对真理的战略思想，并不是所有人一开始就接受的。转变不是一下子完成的，而是毛泽东费了很大的功夫，尽了最大的耐心，开了许多次会，大家才初步接受了。

但对“诱敌深入”的方针，也就是让敌人进到自己家里，这一招多数人还是无法接受的。好在决定权依然在毛泽东手中，毛泽东不和敌人硬碰硬，他带全军转移，待机破敌。

彭德怀的部下多数是湖南、湖北人，有些人主张分家另过，彭德怀拒绝分家，愿以朱、毛为旗帜，这一决定成就了彭老总，他的态度起了举足轻重的作用，毛泽东很领情。

毛泽东虽也听从中央的指示，对长沙发动了历时 16 天的围攻，造成较大伤亡。但失败的账不能算在他的头上，相反他是事先就说保留自己意见的，在验证别人的错误之后，他耐心地、一步一步地把红军的行动引入他设置的轨道，一步一个脚印踏踏实实走向胜利。

这是又一次的磋磨，长沙之战不听毛泽东的就赢不了，吉安之战听了毛泽东的就赢了。

到 1930 年 10 月间，毛泽东麾下红军总人数已达 4 万人，关键是朱德、彭德怀愿意听从他的指挥，根据地也明显扩大。

胜利法宝:“走就一个字”

红军能在中国存在和发展，是和当时中国的形势密切相关的，蒋介石并没有一统中国的实力和时间。蒋介石控制江浙，建都南京，东北张作霖，华北阎锡山，西北冯玉祥，广西的李宗仁、张发奎等各自为政，是较大的独立势力，下面各省林林总总的小军阀，占山为王的土匪多如牛毛。朱毛力量并不大，朱毛红军的特殊地方在于他们有明确的政治主张，但从实力上讲，一开始没有进入大军阀们的眼里，大帅一级的军头将主要精力放在争夺中国领导权上，规模空前的中原大战，投入的兵力达 100 万人，蒋介石胜出。

胜利后的蒋介石才发现一个大问题，军阀们只是争权夺利而已，没有置对手于死地的政治意图，可以妥协甚至联合，而朱毛红军不同，他们是旗帜鲜明地要推翻他的统治，并且通过土改，已经开始挖掘他的根基了。

这时候，蒋介石反应过来，真正敌人就是朱毛红军。蒋介石刚腾出手来，就立刻调集兵力向红军发动大规模的“围剿”。

毛泽东面对的敌人是逐渐升级的，他在势力最小的时候，遇到的是“进剿”，那时的敌人只是将他当作一般的土匪对待，后来势力大了，蒋介石也只是协调江西湖南福建两三省军阀进行“会剿”。“围剿”则表明蒋介石真正把毛泽东视作了自己对手。

从这个意义上说，蒋介石没有将待在租界里的共产党放在眼里，在他看来，秀才造反三年不成，搞暴动，搞恐怖，警察就能灭了你，他没有意识到他的敌人是毛泽东，因为汪精卫都已经屈服于他的威势，他真的没注意那个曾经比他地位还高的宣传部长已经上了山。

他没有想到毛泽东这个书生也拿起了枪杆子，并且将力量对准了他统治的社会结构的基础部，蒋介石的实力在增加，他的获利模式在进一步放大，但他不知道，毛泽东的成功模式也已经形成，并且比他的膨胀速度要快得多，短短几年工夫，毛泽东已经发展了近百倍，蒋介石最多发展了十来倍。这就是我们现在常说的，大的固然能吃小的，但快的也能吃掉慢的。

取得中原大战胜利的蒋介石目光盯住了最高的权力宝座，他居然只调集了十万大军进行第一次“围剿”。他大概把红军当成了军阀一样的土鳖等着他来打，蒋军以“长驱直入，分进合击”的战术，向朱毛的根据地大举进攻，此时根据地内人口已达200多万，分得土地的农民积极支持红军，人心已经倒向朱毛。

“诱敌深入”的方针，是一个狠到家的方法，它最厉害的一点就是将农民摆到了风口浪尖上，也把国民党逼到两难境地，国民党怎样对待这些分得田地的农民，都将是错的。国民党一来，肯定要将土地收回去，还给地主，那他就得罪了多数的农民，由于土豪的浮财已被没收，地主收回土地所能拿出来的红利远远少于得罪多数农民带来的损失，这样国民党就丧失了民心，还没有得到多大的利益，如果采取屠杀政策，则将会迫使农民加入到红军队伍里来。毛泽东就像是一个太极高手，他以自己的力量推动土改、换取农民的支持，当国民党的力量反击的时候，他又将这种力量引向农民，借助于敌人的力量推动农民参与革命，从而达到鼓动大多数人参与革命的终极目的。

要实施这一策略，主要阻力来自自己的内部，革命者很难接受这种狠心肠，退却会叫勇敢者视作胆怯，有的人则是舍不得。对于毛泽东来讲，只获利不吃亏是他设定的规则，他知道这样将带来最后的胜利，可是对于其他领导人来讲，占领意味着胜利，放弃意味着失败，所以毛泽东占领城市随后轻易放弃叫人无法接受。可以说上上下下都被毛泽东搞得头晕，除了铁杆追随者，其他人都表示怀疑这种方式的正确性。

为了讲清这个道理，毛泽东做了大量工作，主要是解释欲取先与的道理。

毛泽东的上山不是为了山，攻城不是为了城，经略地方不是为了地盘，他的目标是全国政权。为了达到这一几乎不可能的目标，毛泽东走了一条漫长的道路，也制定出了一些让人特别是他的同志都无法接受的方针策略。反对他的人们从某种意义上可能更容易觉得自己很高尚，但注定要失败，失败则将这些人淹没在历史的黑暗中。

早在周朝，就有人喊出了：“一时之利在于力，千古之利在于理。”这似是而非的道理，给我们民族带来的伤害是很重的，仁义无敌更是胡话，宋襄公常叫人视作笑话，但立国根本脱离了力这一根本，引发的灭顶灾难恐怕叫所有人都笑不出来吧。自南宋以来，中国就在北方游牧民族的压迫之下讨生活，最终遭受蒙古铁骑的彻底蹂躏，当国土成为异族的牧场，当女人成为别人的财富，男人们还有脸活着吗？

所以胜利才是最重要的，这是社会达尔文主义的规则之一，对错只是左右手的一种标准，毛泽东为我们民族留下的宝贵财富就是战无不胜的法宝，这一法宝是在无数的鲜血和生命中锻炼出来的。有人指责毛泽东打内战，流的是自己人的血，这是一种阴暗的恶毒，岂不知只有自己流血才能换得敌人的血，只有敌人的血才能换得我们的女人不再流泪，后代不再流血。

初次直面蒋介石，毛泽东确定了“诱敌深入”的方针，这样蒋军就没有获胜的可能，一个走字叫蒋军连连扑空，蒋军一进入根据地中心，就陷入困境，没有人烟、没有向导，也没有粮食，国军变成了瞎子聋子和瘸子。

红军却以逸待劳，消息灵便，对国民党军队的一举一动了如指掌。“围剿”敌军虽有十万，却是分散的，毛泽东手下只有四万余人却是集中的，毛泽东心中盘算着：如果能消灭敌人一个师，其他将不攻自破，毛泽东将目光瞄向敌张辉瓒第十八师和谭道源第五十师。

毛泽东最高明的工作方法之一是事先告诉他的军民，他将获得胜利。与此同时，毛泽东十分重视“慎重初战”的问题，一定要在有充分把握的情况下才打，这时候打击的目标，最初选的是谭道源师，谭道源靠着胆小谨慎躲过了这一劫。没有等到胆小的兔子，蹦来了一只骄傲的兔子，在忍耐待机中，一向骄横的第十八师师长张辉瓒冒进了，他向龙冈推进。

龙冈是狭长的盆地，是弱旅打强旅的好场所。红军全歼了蒋军近一万人，活捉张辉瓒。主攻师的师长是粟裕。

灭敌一万，并且不需要朱老总、彭老总亲临前线，不需要他们再冲锋陷阵了。在数百次战斗中逐级爬上来的军头彭德怀也不得不佩服地说：还是摇羽毛扇的厉害啊。此时的老毛在朱德、彭德怀眼里开始接近诸葛孔明的形象了。

这是一次巨大的胜利，毛泽东以十分兴奋的心情，写下了脍炙人口的《渔家傲》，它的前半阕是：

万木霜天红烂漫，天兵怒气冲霄汉，雾满龙冈千嶂暗，齐声唤，前头捉了张辉瓒。

毛泽东乘胜挥师向东，直取谭道源师，歼敌3000多人，其他各路蒋军仓皇退走。

所有的忍耐都变成了正确，一切放弃都有了回报。在五天内，红军连续打了两个大胜仗，打破了蒋介石的第一次“围剿”。

不过对蒋介石来说，第一次“围剿”失利似乎算不了什么，有资料表明蒋介石听到失败后，说胜败乃是兵家常事，并且写信说：“我兄每闻共党，便张皇失措，何胆小乃尔！使为共党闻之，岂不为之所窃笑乎？”说明此时的蒋介石还真没心痛。

全歼一个师意味着某种变化，毛泽东获得了现代化的工具——无线电台，这等于齐天大圣又多了一双顺风耳。

杀敌上万，是共产党开始起义后取得的最大胜利，在全国引起强烈震动。

蒋介石大队人马跑了，毛泽东就开始打县城。胜利自然带来情绪高涨，顺势而为，采取攻势作战，占领瑞金等县城，摧毁了不少地主豪绅武装，根据地扩大了，地方武装发展了。打土豪，分田地那是不能少的，红军给养和经费增加了，在军内作战经验要总结，训练、教育两不误。

失败后的蒋介石才知道大意了，好在他有钱有枪有人，第二回他派军政部长何应钦统一指挥四省部队，调集 20 万人“围剿”，不掐死朱毛誓不罢休。

蒋介石第一回“围剿”用兵 10 万，肯定是错的，因为兵力比例是十比四，第二回要好一些，二十比四，符合五打一，兵力上有绝对优势。同时，蒋介石也不是傻瓜，他还是要总结经验教训的，不过从这以后主要是教训了。鉴于第一次惨败的教训，他搞了一个“稳扎稳打、步步为营”。这真是要钱有钱、要人有人、要枪有枪，我不上当不冒进，打不死你？作战方针是每日进展只五里、十里，停下来，马上修工事，再加上一招让还乡团搞民团善后。这一回看上去无懈可击，看你毛泽东怎么对付？

朱、毛发布命令：跑。正确的说法叫走，因为敌人不追，按照军事术语叫作脱离同敌军接触，总而言之战法上已经写明了，敌进我退。

这时苏区领导层有了变化，“真正工人出身的”（斯大林语）并且被斯大林接见过的项英成了毛泽东的上级，不过项英刚从莫斯科回来不久，又不大懂得军事指挥，所以，毛泽东仍然指挥作战。

随后任弼时、王稼祥、顾作霖组成的中央代表团到达中央革命根据地，任弼时身份最高，他是政治局委员。他们开会作的决议中基本肯定了毛泽东的工作，注意这句话，他们肯定了毛泽东，如实施土改、建立了红军的整个制度等等；背后的潜台词就是你毛泽东虽然做了很多工作，我们也是肯定的，这句话好听吧，意思却是：听清楚了，我们是你的上级，明白不？

敌人就在前面，先打仗吧。可是自从见了新领导，军内又有人站出来表态听中央的。中央局代书记项英虽然不会打仗，但也不会有权不用，根据中央指示，项英主张跑远一点，干脆跑到根据地外头去，还有些人主张“分兵退敌”。

这里要注意一个细节，就是毛泽东的走，可不是逃，他的诱敌深入，是要灭了敌人的，而不是躲避敌人的。他比土匪的打圈要主动得多。

毛泽东反对这两种主张，分兵硬碰硬和跑得远远的他都反对。由此我们就知道毛泽东的招数后来看着高明，是因为胜利了，但一开始却不是别人能够想到和容易接受的。他的意见只得到朱德、谭震林等人支持，在会上处于少数地位，因此，他便向官最大的任弼时提议扩大会议范围，来讨论这个至关重要的战略方针问题，这个提议被任弼时接受了。

这一招很有效，越往基层毛泽东的支持者越多，这些人跟着打了好几年了，当然支持毛泽东，这样，毛泽东的意见由少数变成了多数。

跑路还是打仗的问题解决后，紧接着就是从哪儿下手。有人主张先打强敌，毛泽东则认为应打弱敌王金钰部，经过讨论，采纳了毛泽东提出的作战方针。

毛泽东在会后闲谈时曾说：他们不懂得在战略上先打弱敌的道理，是古已有之的，然后毛泽东就背了一段古文。

这样子在会下讲事情，有两方面效果，愿意听从他的意见的，视他为领袖的会认为毛泽东懂得真多，不由得就产生出滔滔不绝的仰慕之情，而对他不感冒的知道后则会更搓火。

关于这一段历史，需要注意任弼时的态度和立场，由于任弼时逝世较早，关于任弼时的资料中有很多误解。

前面我们谈到，1928 年党的“六大”前后，任弼时奉命留守中央，对毛泽东在井冈山的斗争给予了很大支持，对于毛泽东的工作和红军初创的斗争，产生了积极的推动作用。

一般人会问，任弼时在苏区毛泽东受到不公正待遇时是什么态度呢？由于后来在延安整风时，任弼时常常为左倾中央承担责任，所以很多人认为任弼时错误也很大，这是一个误解。毛泽东与任弼时近乎师生关系，以后来毛泽东与任弼时的关系可以推断任弼时不会反对毛泽东，即使他说的毛泽东不爱听，也只是在传达中央的指令。任弼时的使命是执行王明、博古为首的中央的指示，所以他起草过文件批评“狭隘经验论”来向上交差，因为毛泽东的“反对本本主义”和“没有调查就没有发言权”的主张其矛头直指布尔什维克们，任弼时心向毛泽东，从他从来没有夺过毛泽东的权力就能看出，所以无须做工作来争取，毛泽东把重点放在说服王稼祥上，因为王稼祥是负责军事的。

毛泽东初见王稼祥的时候就深谈过，并把他的经验写成对联："敌进我退、敌驻我扰、敌退我进、敌疲我打，游击战里操胜券；大步进退、诱敌深入、集中兵力、各个击破，运动战中歼敌人。"赠给王稼祥，王稼祥十分佩服，逐渐理解了毛泽东的主张，转而支持毛泽东，这种支持很重要。毛泽东非常注重争取别人的支持，这是他的特点之一。

项英和顾作霖反对毛泽东，任弼时却来个"未置可否"，但在争论中任弼时却确认毛泽东"有独特见解，有才干"。这就是他俩关系的明证。

通过扩大会议毛泽东获得了支持，朱毛立刻签发命令：消灭王金钰。红军立刻埋伏了下来，没有想到一下子就等了25天。

三万多红军在二十多天内隐蔽在山区，敌人迟迟不来，下了钩了鱼儿不咬，性子急的人恨不得把钩儿提上来看，这样的人无法钓着鱼，毛泽东岿然不动，就一个字——等。

等了二十多天，王金钰部一个师加一个旅终于来了，朱毛下令消灭他们。

敌人这时候似乎还不知道毛泽东手里有了电台，在用明码通报，明确告诉红军他们将到达毛泽东指定的地点。

这一回与上一次纯粹的口袋阵不同的是，红军用穿插的方式抄了敌人的后路，使毫无应战准备的敌军陷入一片混乱，该师大部被歼灭，师长被俘后，伪装成一般俘虏而获释，在追击中又歼灭一个旅。

首战告捷，朱毛指挥红军扩大战果，半个月中，朱毛指挥红军，横扫七百余里，连续打了五个胜仗，歼敌三万余人，缴获各种武器两万余件和大量的军用物资，痛快淋漓地打破了蒋介石第二次"围剿"。

毛泽东在取得第二次反"围剿"的重大胜利后，又兴奋地填词《渔家傲》：

白云山头云欲立，白云山下呼声急，枯木朽株齐努力，枪林逼，飞将军自重霄入。

七百里驱十五日，赣水苍茫闽山碧，横扫千军如卷席，有人泣，为营步步嗟何及！

这里面的“有人泣”，是指蒋介石，这么惨痛的失败，足以叫蒋介石落泪。

这一边正打着呢，蒋介石可没有闲着，他软禁了他的盟友胡汉民，汪精卫找到了翻脸的理由，又拉上反蒋各派在广州另行成立“国民政府”，并积极部署向湖南进攻。汪精卫是个反复无常的人，由于没有实力被蒋介石从高位上挤下来，使得他走的完全是偏锋，而且越走越歪。

我们对照蒋介石和毛泽东的路线，会惊讶地发现，蒋介石走的路线是联络大的，消灭弱小的，这显然成功得快，对比他小的势力是能消灭就消灭、不能消灭的采取收买的政策，对张作霖、冯玉祥、阎锡山以及两广的李宗仁、白崇禧似乎都是这样，但走到一定份上就走不动了。毛泽东则是相反，他的路线是联合弱小对抗强敌，这样要慢得多，毛泽东连袁文才、王佐这样的几十条枪的力量都是合作的态度，最终他的成就是无限的。

毛泽东当时估计：“蒋有先对付两广的必要。”于是他把红军分散在各地筹集给养和款项。这一次毛泽东的判断不那么准确，这就给我们研究毛泽东的人一个机会，让我们看看如果情况不是毛泽东判断的那样，他是如何处理危机的。

蒋介石的第三次“围剿”，比毛泽东预计来得早得多，规模也比第二次“围剿”大得多。这倒不是蒋介石知道自己要失败早早做了准备，而是蒋介石要对付广东军阀的缘故，蒋介石下决心圈禁胡汉民的时候就知道会有人不服，要跳脚，就准备了军队应付南方的反对势力。而毛泽东距离蒋介石最近，于是蒋介石将朱毛与广州汪精卫串起来对付，准备一枪先扎穿朱毛，然后再扎汪精卫，来个串糖葫芦。

不到一个月的时间，蒋介石亲赴江西指挥作战，集中的总兵力达 30 万人。这是蒋介石第一次面对面和毛泽东对打。

蒋介石自恃兵力雄厚，又回到老路子上去，他以重兵由北向南猛烈推进，企图一举歼灭红军主力，再乘势直捣广东，解决汪精卫等反对派势力。这方法是对的，这也是蒋介石少有的正确打法。

毛泽东没有想到蒋介石会来得这么快，主要没有料到蒋介石把红军和广州的汪精卫串起来一块来打。红军总数仍是三万多人，而且部队分散一时无法集中起来。毛泽东、朱德先是指挥部队收缩集中，一开始他们曾想在边界消灭蒋军一路，再及其他。但很快就发现不是这么回子事情，立刻放弃了原来的打算，集中主力，跑回根据地内部。

敌人进兵的速度比他想的快得多，毛泽东想退到腹地都已来不及，毛泽东绕了一个巨大的圈子，躲过“围剿”军进攻的锋芒，方才实现主力集中。所以后来毛泽东常说，集中优势兵力谁都能懂，能做到的不多。集中兵力，要先行收缩才能做到，这意味着直接吃亏，胜利在未来并不确定，这就是为什么道理大家都懂，但多数人做不到。

蒋军全力寻找红军主力决战，却到处扑空。毛泽东定下的方针是避敌主力，打其虚弱。但战机难寻，敌人实在是太多了。自己在弱势的情况下，被强大的敌人包围，这仗最难打。你跑早了，敌人的十面埋伏可以顺势转成二龙戏珠接着追；跑晚了，就被人包了饺子，就得在包围圈似成非成之间，最晚在包围圈尚未厚实之前跳出或是撕开才成，总之是很苦很累很危险，传奇就是这样造就的。

这时候毛泽东处于三面临敌一面临赣江的危险境地，南北都有强大的敌军，中间只有 20 公里的空隙可以穿过，为了造成对方错觉，红军以少量部队伪装主力，向赣江方向佯动，主力却趁着黑夜，翻山越岭向东跳出了敌军主力的包围圈。

跳出圈子的毛泽东相当于在敌人的背后出刀子，蒋介石搞了一个包围圈，鱼儿却在外面，此鱼还能咬网子。毛泽东连胜两次后，接着向更东边打，从原来的被动局面中夺回了主动权，但危险并没有结束，空间实在太小了。

蒋军快速扑了回来，毛泽东让谭震林带一小部分兵力继续向东引开敌军，红军主力秘密西进。

这一回蒋介石只给毛泽东留了 10 公里的窄缝，毛泽东依然穿越过去，经过一整夜的急行军，再次溜出了包围圈。国民党军队被少量的红军牵着鼻子往东北向走，谭震林靠着汽油桶里放鞭炮，晚上就扔几颗手榴弹，一路攀山越岭，把国军肥的拖瘦、瘦的拖死，非战斗减员达三分之一。等蒋介石命令蒋军主力再次掉头向西，红军主力已休整了半个月，蒋军来了，朱毛接着西移。

蒋军一再扑空，精疲力竭，反蒋的两广联军趁机大举北进，进入湖南，蒋介石只好退却。

这正是红军反击的大好机会，反击中一次打平，五次胜利。蒋介石直接指挥的国军的第三次“围剿”被打破。至此蒋介石手下的多数大员已经和毛泽东交过手，他们无一例外尝到了失败的滋味。

蒋介石亲自指挥调动30万大军，没有打败朱毛3万人马，不知道该怎么解释，当然可以将账算到汪精卫和两广军阀头上。但谁都不能否定的一点是，蒋介石不可能战胜毛泽东。一比十，毛泽东没有任何外界帮助的情况下，在一个极小的空间里，不输反胜。从此以后蒋介石再也没有过这样的优势和机会了。

胜利自然带来地盘扩大，以瑞金为中心的中央苏区，范围扩展到28个县境，在根据地内，发动群众，建立党、团组织和苏维埃政权，分配土地，动员群众参加红军，一个新政府中华苏维埃共和国已现雏形。

这胜利是不可思议的，是历史上从来没有过的，中国历史上也有一些以少胜多、以弱胜强的战例，但都是借助地利和其他条件完成的，没有人像毛泽东一样只是靠了方法就实现了。毛泽东后来最欣赏的是李世民和朱元璋，他们都是后发制人。尤其是朱元璋，靠着“高筑墙、广积粮、缓称王”九字方针成就帝业。毛泽东为什么会早早地打出自己的旗帜，在力量很小的时候就明确地站到了蒋介石的对面，军队对军队，政府对政府，堂堂正正打了几十年，最后取得彻底胜利呢？显然他找到了以弱胜强、以少胜多的一整套战法，这是军事家的最高境界。

毛泽东后来在《中国革命战争的战略问题》中写道：“等到战胜敌人的第三次‘围剿’，于是全部红军作战的原则就形成了。”

我们不能说蒋介石一点都不会打仗，毕竟蒋介石是靠军队的胜利崛起的，问题是他遇到了毛泽东，过去一切有效的方法，对付毛泽东无效。毛泽东看上去老在跑，但他的跑是极其主动的行为，他不是跑得无影无踪，而是就在敌人边上，他时刻等着咬敌人一口。三次反“围剿”毛泽东完胜，毛泽东完整的战略战术成型了。这些战略战术的基本原则包括：在敌强我弱的现实状况下，“诱敌深入”是红军反“围剿”的基本战略方针；运动战是反“围剿”的基本作战形式；歼灭战是反“围剿”的基本要求。它的要点是集中优势兵力，各个歼灭敌人，避强击弱，慎重初战，采取包围迂回、穿插分割的战术，制造并抓住敌军在运动中暴露出来的弱点，出其不意地发动攻击，实行战斗中的速决战。

毛泽东的奇思妙想，在这个时候已经得到了全面的验证，从拿起枪杆子开始，在三湾改造军队确定党指挥枪，制定三大纪律八项注意的纪律，到游击战争十六字诀，到优待俘虏，开始了军队的建设，有了枪就建立政权，推进土改，然后滚动发展，这一步步走来，中间虽有调整但多是微调和进一步改进，只是更接近他的革命的方程式，最后他的理论得到实践的检验，关键是他的军队接受了最严酷的考验，蒋介石亲自率领的30万大军在毛泽东的3万人面前失败了，从这一天起，再没有敌人能够打败毛泽东。

失败让人们选择了毛泽东

成功的路往往是最窄的

共产党人的起义多数被蒋介石等军阀扑灭了，活下来的只有毛泽东的队伍做得最大，他最有生命力。其他较大的是张国焘和徐向前、贺龙、方志敏三块根据地。

蒋介石不再是毛泽东的对手，毛泽东已经练就了战胜蒋介石的全套功夫，但中华民族的灾难不单单是蒋介石这一内贼，我们还面临强大的外寇，毛泽东要成为领袖，他的敌人除了蒋介石还有日本人。造就巨人的恰恰是灾难，战胜巨大的敌人才是伟人。

第三次反“围剿”刚刚胜利，日本人突然发动了“九一八事变”，日军在短短四个多月内就占领我国东北三省，这意味着外患已成为中国的主要问题。

今天生活在“两弹一星”的保护伞下，凭借着打败天下无敌手的先人们的余威，指点江山激扬文字的年轻人知道多少近代历史呢？知道日本人是怎么产生蚕食中国野心的吗？中国粗一看依然是庞然大物，实际却似一头恹恹待毙的肥猪。日本人在占据朝鲜之后，等着中国的反应，为什么要等待呢？因为他们已经尝试过了，在明朝、清朝强盛的时期，只要朝鲜有事，中国必然出手，所以他们并没有敢直接进入东北，直到某一天，在鸭绿江边日本军队看着八旗士兵耀武扬威的样子不高兴，给了一排子枪，接下来发生的事情叫日本人目瞪口呆：他们没有遇到反击，看到的却是八旗兵丢盔卸甲，轰然逃命，从捡到的枪看他们的装备并不比日本差。在殖民者看来这样的人们占据着肥沃的土地就成了罪过。就这样日本人一步步跨进了中国人的家园，在发现没有任何抵抗后，就演变成了中国国耻“九一八”。

那些对蒋介石抱有好感的人，敢于面对这样的现实吗？日本人占据朝鲜，说不上是蒋介石的错，是前面统治者的错误。但日本人蚕食东北的意义是什么，蒋介石都不懂吗？如果连这一点都不懂，怎么有资格做中国的领袖？当时东北的张学良、华北的阎锡山、西北的冯玉祥都已归顺蒋介石，蒋介石已经成为中国的最高领袖了。是东北的资源养活了日本人的军队，给日本人提供了进一步侵略中国的物质，也膨胀了日本人的野心。如果事态尚在萌芽中就予以剪灭，我们何至于全民陷入被日本人屠戮的悲惨之中？

看看毛泽东吧，他成为中国领袖后，遇到世界第一的美国人朝着三八线进军，他就敢于喝止，警告美国不可以越过三八线。美国人哈哈大笑，你中国人的话谁当回子事情呢。百年耻辱的历史写在那里，美国人照样往前，直接开到鸭绿江，毛泽东就果断出手了，东北边境不容许有强敌，这是中国的底线，侵略中国的通路就是东北到华北再到南方，历史早就重复着这一点。在东北直接抗日，其难度绝对不能和抗美援朝相提并论，发起“九一八事变”的日本兵仅有数万，是带有试探性质的挑衅，无奈我们的民族积弱太久，江浙财团选出的领袖过于自私，蒋介石对日本人的蚕食无动于衷，对待内部的共产党却竭尽全力镇压铲除，这种自私与无良导致我们民族将面对巨大灾难。

毛泽东明白自己的责任，战胜蒋介石意味着他将代表这个国家和人民，维护民族利益就是他的责任，“九一八事变”发生后，毛泽东、朱德、贺龙、彭德怀等在 9 月 25 日联名发表文告，坚决主张抗日。

是什么因素使得毛泽东有如此敏锐的方向感？一个最合理的解释是民族主义。我们不知道为什么民族主义在一些人的观念里是一个贬义词，我们认为它是一个褒义词。在人类历史上，没有民族的土壤，任何思想只能是理论，后来的历史证明，毛泽东是我们民族的最伟大的英雄，即使不喜欢毛泽东，也必须承认这一点，否则就无法探讨任何问题。

毛泽东遇到的首要问题不是对抗日本人，而是俄国人。此时的中共中央，一个叫王明的年轻人在共产国际支持下不正当地攫取了领导权。共产国际和他们支持的王明是有大罪的，他们为了夺取中共的领导权，把一大批中国共产党人赶了出去，其中就有毛泽东的主要盟友罗章龙。严格说来，罗章龙他们也有错误，他们有违反组织程序的嫌疑，他们面对不正当的压力没有忍耐，而是做出了分裂的举动，这是有害的，因为和俄国人的斗争必须用特殊的方法，这一点我们说过，这是中国近代史上最难的一项工作，需要的是又要联合又要斗争，除了毛泽东谁都做不到谁都做不好。不服俄国人指挥的这一批共产党人受到了来自敌我两方面的打击，在国民党看来他们是共产党，在共产党看来他们是叛党者，想要清理他们的一些人一直在党内。后来人为尊者讳，不愿意多说这个问题。毛泽东没有参与这场政治斗争，他忙于武装斗争，忙着为中国革命找出路。

可笑的是被俄国人扶持的王明一帮人，他们居然完全站在俄国人的立场上看问题，压根就没有意识到他们是中国人，应当考虑的是中华民族的利益，他们把日本侵占我国东北看作主要是“反苏战争的导火线”，提出“武装保卫苏联”这样的匪夷所思的口号，为了保卫苏联，他们要求中国共产党人光着膀子往前冲。他们占据了中央政治局的多数，不听指挥就把你赶出党组织。

在我们党的历史上，共产国际起到的作用是相当成问题的，毛泽东不愿意否定它，是出于信仰上的策略，他不愿意将内部分歧暴露给外界，这是他的高明之处。但我们学习历史，就要弄明白些。陈独秀应当为大革命的失败负责，李立三需要对“左”倾冒进负责，但撤换他的居然就是原来让他下命令冒进的同一拨人，随后俄国人又将李立三关在俄国不让回国，他们赶走了罗章龙，扶持了王明一帮子人进入中共中央最高领导层，这一回，他们人多势众。

就在毛泽东获得了第三次反“围剿”胜利后，传来了蔡和森牺牲的噩耗，蔡和森被叛徒顾顺章出卖，壮烈牺牲。蔡和森是毛泽东最亲密的战友，在党内的地位极高，是留法学生的领袖之一，与周恩来并肩，可以想象蔡和森不死，中国共产党的第一代领导核心一定有他。

蔡和森对中国革命的贡献极大，是他以辞掉自己的政治局委员的决绝态度，迫使中央给毛泽东以政治局候补委员的身份，他支持毛泽东回湖南领导秋收起义，他曾想与毛泽东一起回湖南或苏区革命，但最终服从组织安排，去领导白区工作。毛泽东曾说:“一个共产党员应该做的，和森同志都做到了。”毛泽东很少夸奖自己的同志，对对手倒是不吝赞誉，所以政治领袖的语言不能过于较真，否则会把自己搅晕了，但蔡和森显然是毛泽东最好的帮手。

中国革命的路线方针政策都是毛泽东摸索出来的，其他人只是贡献了力量，所以没有人能和毛泽东并肩，但要论影响力，谁也比不过蔡和森，蔡和森几乎是唯一可以影响毛泽东的人。

陈独秀靠边了，瞿秋白、李立三、罗章龙下台了，蔡和森牺牲了，这些和毛泽东关系密切的、曾给毛泽东以支持的人，一个个失去了影响力，毛泽东的支持者尚在基层，现在他要单枪匹马面对教条主义者了。但毛泽东已经是压不垮的了，他的试验已经完成了。上升到最高层面的他知道，真正的敌人是日本人，可是他最先遇到的对手却是俄国人支持的号称是他的同志的这些人。

王明他们给根据地派来了若干领导，俄国人支持的这些人对中央苏区的工作除了批评就是指责。搞政治比干活简单，说白了就是党同伐异即可。

毛泽东被说成是“狭隘经验论”，“根本否认马克思列宁主义的理论，这完全是农民的落后思想。”土改给地主富农活路这叫富农路线；在根据地问题上，毛泽东的方针是“傍着发展”，教条主义者说这是右倾保守；在军事方面，共产国际派来一个叫李德的外国人，一个可能混到团级干部的人，来指挥红军作战。俄国人，绕不开的俄国人，只要是想在中国领导岗位上做一番事业的人，必须搞明白怎样对付俄国人，这是宿命。当年的中国共产党人尚没有意识到他们中间已经产生了改变世界的巨人，他们多数人更倾向于听俄国人的。

他们做了组织上的调整，取消了毛泽东军队的职位。

被赶出红军的毛泽东怎么安排，这是个问题。毛泽东最好的战友牺牲了，最高位置上没有人再为了毛泽东闹着辞职了，但毛泽东已经自立了，没有人帮助，但也没有人能真正赶走他，威望在那里摆着，这地盘全是毛泽东打下的，他们实在是绕不开的。正好中华苏维埃共和国在筹备中，这样毛泽东获得了一个称号，就是我们习惯上的毛主席，名义上的国家元首。

中华苏维埃共和国很正规，有宪法、有法令，还有选举。

对于毛泽东来讲，当上主席，真是悲喜交加，喜的是他成了元首，这是毛泽东第一次获得全党认可；悲的是这些人不但剥夺了他的军权，而且随时可以免掉他的其他职务。

中国共产党的高层人物开始陆续进入苏区，不是所有的外来者都是反对派，这其中 1931 年年初来的叶剑英和夏天到达瑞金的邓小平就直接坐到了毛泽东的板凳上。叶剑英是真正的职业军人，又有留苏经历，自然被寄予厚望，期望他能来反驳毛泽东的那一套土办法。不过叶剑英叫他们失望了，叶剑英极具军事天才，居然一眼就看出毛泽东的军事思想有巨大威力，以至于登门拜师，请毛泽东收下他这个徒弟。这太叫人惊讶了，这是做人的最高智慧，要么你是天才，要么你识天才，显然叶剑英具有极高的政治智慧，他的拜服，使毛泽东的信心更足。留法的邓小平更是旗帜鲜明站在毛泽东一边，许多人将邓小平理解成独立于毛泽东之外的人物是对历史的误解，邓小平作为留法学生和周恩来渊源很深，但在政治上，邓小平更具备政治天才。他早早立场鲜明，站在毛泽东这一边，对毛泽东的心理支持很大。1931 年年底到达的聂荣臻没有像叶剑英那样拜毛泽东为师，但明确表态，在毛泽东这里比在上海搞暴动要坦荡得多。后来人很难想象，像周恩来这样的伟人，带着陈赓这样的俊杰，在上海滩天天和洋人豢养的走狗鹰犬打交道是什么滋味？他们手里拿着炸弹和驳壳枪，干着白刀子进红刀子出的事儿，既不能消除敌人上层统治者，也不能动摇统治者的基础，每天还得提心吊胆，一不小心就被逮捕枪毙。而这样的才俊，到了毛泽东打下的根据地，立刻就成了上层领袖，明白人如聂荣臻就表述出来了，毛泽东心领了这一好意。

毛泽东当上了中华苏维埃主席后不到一个月，就遇到了一个大好事，国民党第二十六路军一部起义来归。

第二十六路军原属冯玉祥的西北军，在第二次“围剿”时被调到江西参加对红军作战，蒋介石借刀杀人排除异己，而毛泽东战无不胜的军威和广泛联合的感召吸引了他们，一推一拉之间他们参加了共产党，成为红五军团。

毛泽东负责改造新人，这样他就积累了另外一项本事：整合。在他刚刚开始探索的阶段，他对朱德、彭德怀的队伍，是全面合作的方式，以至于相当长的时间，他的命令得不到执行，不过不能认真追究，因为当时毛泽东尚未找到通向胜利的战略战术，他需要朱德、彭德怀这样真正军人的参与、修正和检验，当这个工作完成后，他进入下一个阶段，许多事情就不是那么复杂了。

毛泽东把肖劲光等出国留过学的一批人派到红五军团工作。红军的人才还是很多的，关键是有毛泽东的好政策、好方法。

毛泽东成功了，红五军团后来的表现证明了他的整合改造相当成功。有了胜利的法宝，有了各种规矩，一切外来的力量都能很快转变成得心应手的力量。

这时红一方面军由四万多人发展到六万多人。

周恩来是这时候到达瑞金的。

周恩来担任的职务就是毛泽东一直代理的中共苏区中央局书记。注意，这时候周恩来是毛泽东的直接上司。

周恩来还带来了攻打江西大城市的指令，毛泽东表态不能打。轮到他发言的时候，他把话说在明处：第一不打为好，非要打，也只能围城打援。

毛泽东又一次成为少数派，他再次建议可否听听前线指挥员的意见。这一回其他人不再上他的当，他们知道毛泽东在基层的支持率，项英不客气地说：我问过彭德怀，彭德怀说过可以打下的。这样毛泽东的提议被否决。

彭德怀为前敌总指挥，王稼祥等赴前线督战，顾作霖在途中还说：打开赣州再和毛泽东算账。顾作霖最年轻，反对毛泽东最积极，他在长征前就病逝了，所以历史上没有什么名气。

作为中华苏维埃国家主席，毛泽东没有忘记中华民族的最主要敌人是日本人，毛泽东发表文章指出，“九一八事变”后日本帝国主义的入侵将成为全中国人的共同敌人，后来的历史证明这真的是高瞻远瞩。当时党的最高负责人却说：“日本占领东北主要是为了进攻苏联”，“我们必须提出武装保卫苏联”，这就是教条主义者，这就是他们吃了俄国人面包后的立场。

毛泽东拒绝妥协。毛泽东考虑的是中国人的事情，是中华民族的利益问题，和俄国人联合是为了抗击日本人，而不是保卫苏联，看上去都是抗日，出发点却不同。为了苏联而抗日，中国社会的各个阶层会认可吗？

毛泽东没有办法了，他请病假休养获准。

病休中的毛泽东依然关注着那个最凶恶的敌人——日本侵略者，当他得知日本军队突然进攻上海和上海军民奋起抗战的消息，他抱病起草了《对日战争宣言》，“中华苏维埃共和国临时中央政府特正式宣布对日战争”。

有兴趣的可以查查蒋介石是什么时候对日宣战的，那些试图为蒋介石涂脂抹粉的人要伤心了，蒋介石是在美国人宣战之后才对日宣战的，不要说什么毛泽东对日宣战是假的，不要忘了，毛泽东刚刚建立全国政权就敢与美国开战。

赣州前线战事失利，红军腹背受敌，急请毛泽东暂停休养，赶赴前线参加决策。你不能说毛泽东在等着大家失败吧，可是离开了毛泽东就是没有办法取得胜利，毛泽东说不能打，大家不服气就要打，结果就是这样的。

毛泽东立刻动身，在赶到前线之前，提议起用预备队红五军团，以解红三军团之围。当他赶到前线时，朱德告诉毛泽东：按照你的意见，立竿见影，红三军团已经脱险。

赣州之役，历时 33 天，城未攻下，红军伤亡达 3000 多人，没招了又叫来毛泽东，所以毛泽东说开个会，讨论一下吧。

毛泽东在会上说打赣州是错误的，当时的领导人很不高兴，但也没话可说，因为这可不是事后诸葛亮，是有话在先的。毛泽东指出一个进军方向，去打福建。有人唱反调，主张开到湖南去，有人不想给毛泽东证明的机会，既否定毛泽东的意见，也没有把部队开到湖南去，而是决定兵分两路，相机行事。这就有比较的意味了，看看谁对，老毛别是蒙对的吧？这些人要面子，要巩固自己的领导地位，所以拒绝听老毛的，毛泽东则率人马，兵指福建。朱德 1964 年曾赋诗："不听仙人指，寻求武夷巅。"指的就是这一段故事。长期与毛泽东并肩战斗的朱德在三十多年后想起往事依然有神人般的感觉，关键是毛泽东总是对的。因为只有毛泽东有着完整的套路，那就是只赚不亏，以红军的家当只能先找弱敌。

毛泽东指向武夷山，道理在今天看来很简单，就是当时福建敌人军事力量很弱，毛泽东说服红一军团领导人林彪和聂荣臻向闽西发展，周恩来批准由毛泽东以中央政府主席身份领军，这对毛泽东是一个很大的支持。

毛泽东向周恩来提出一个大胆的建议：远离根据地，直下漳州。原因是根据侦察，漳州易攻难守。毛泽东这主意比起原先大家伙儿的意见看上去还要激进，而毛泽东一贯是被同志们认为保守的，这能成吗？

周恩来此时是苏区最高领导，但他却能听从作为下级的毛泽东的方向性意见，批准了向福建进军。

毛泽东和林彪、聂荣臻指挥红一军团占领漳州城。这一次胜利政治影响很大，毛泽东给周恩来去电报捷。

红军从来没有进入过这么富有的城市，按照穷地方的土豪标准，华侨们通通够格，满大街都是，后来发现抓错了，怎么办？道歉呗。这样留下的影响很好。华侨们知道了中国有了这样一支军队。

毛泽东在漳州规定的城市政策，比一年多前打下吉安时规定的政策更加完善了：强调商店照常营业，对一般工商业通过商会向他们筹款。

就是在这里，作为政委的聂荣臻和林彪发生了冲突，原因是林彪只关心筹款，而无视手下打人，聂荣臻说这样是不对的，筹款是必须的，但不能打人。林彪不高兴，一甩手以后这类事情不管了。可见林总真的是搞军事的，他真的不是搞政治的，他居然没有意识到毛泽东的政治策略作用一点都不比军事力量小。东路军有钱了，光款项就筹集了一百多万元，还多了近千名战士。毛泽东再一次证明，胜利就在他指的那个方向。

同样是城市，为什么打赣州是错的，打漳州是正确的？毛泽东坚决反对打赣州，打赣州就失败，他主张打漳州，远距离奔袭依然胜利，这一切似乎都在不断地灌输着某种东西，你要是明白了，你也就会打仗了，要是不明白就会产生某种迷信，毛主席总是对的。

就在毛泽东打仗的时候，项英到上海去了。出乎项英预料，中央常委们认为毛泽东的错误已经升级了，博古、洛浦认为毛派观点不是布尔什维克，是机会主义。知道什么是政治了吧，什么都是围绕着立场转圈圈的，王明带领的这个小集团似乎不在乎胜利，他们在乎的是他们是否说了算。

临时中央严厉批评毛泽东，也捎上了周恩来，项英带着"尚方宝剑"，从上海回到苏区，传达了这么几个指示：1. 日本占领满洲是帝国主义新的瓜分中国的开始，是进攻苏联的具体的危险的步骤。2. 消灭国民党的武力，就是直接打击帝国主义，拥护苏联。最后强调，不同意这些观点就是右倾机会主义。

妈呀，王明这帮人要干什么？日本人要做的是独占中国，日本人要进攻俄国干你鸟事？呵，我们忘了，王明就待在俄国呢，当然要关心日本是否进攻俄国。问题是中国呢？中华民族的利益和生死谁来考虑？

毛泽东听到这种指示，断然表示："中央的政治估量和军事战略，完全是错误的。"这是一个绝对勇气的宣示，毛泽东大声说出了不。

周恩来没有能像毛泽东那样坚决顶住来自共产国际和临时中央的错误批评，他承认犯了极严重的一贯的右倾机会主义错误，表示要"彻底纠正"这种"错误"。

蒋介石依然不去打日本人，他不理会日本人正在东北挖煤炼铁，在移民在制造枪炮，他要做的就是掐死自己的同胞，因为他们的名字叫共产党，当然他还有一个堂皇的理由：这些人是俄国人的代理人。他发动了第四次"围剿"，打算是先集中兵力进攻张国焘和贺龙两个苏区，得手后再大举进攻中央苏区，总兵力 50 万。难道蒋介石也会了先打弱的？

毛泽东从福建回来，看见苏区中央局的决议，十分不满胜利了依然受指责。当时中央的这些人就是这样工作的，为了自己的权力，一味听从莫斯科的主张，他们到了不管不顾的程度。

此时毛泽东依然没有军队职务，红军兵力不够集中，无法取得明显的战果。

于是，周恩来、朱德、王稼祥推举毛泽东为红一方面军总政委。任弼时此时已被中央常委们识破，被撂到一边，项英和顾作霖反对。毛泽东和项英他们直接发生冲突，他要求设在后方的中央局“不要干涉前方的军事行动”，这是毛泽东最激烈的发飙。可以想象，那帮人能高兴吗？

权力问题解决了，朱毛开干，表述起来无非又是声东击西，出敌不意，速战速决，各个击破，战果是歼灭国军一个师，俘虏 5000 多人，缴获长短枪 4000 余支，直接援助了张国焘、徐向前和贺龙的两个苏区。

暂处下风的项英等人得到中央支持，命令毛泽东乘胜前进，毛泽东没有理会，将红军主力退却休整，寻求战机。

项英他们发现命令得不到执行时，他们知道必须采取行动了，这就是著名的宁都会议，出席会议的有在后方的任弼时、项英、顾作霖、邓发，有在前方的周恩来、毛泽东、朱德、王稼祥，列席的有刘伯承。

这是在党史研究中相当重要的一次会议，倒不是它在中国革命中起到了多大的作用，而在于它是明确反对毛泽东的一次会议。项英和顾作霖拥有“尚方宝剑”，他们旗帜鲜明反对毛泽东。任弼时的意见可能无效，大家知道了他是毛泽东的学生，博古他们一定后悔派任弼时到苏区，所以对任弼时一定有事先约束。项英、顾作霖说打赣州输了也对，打漳州胜了也错。面对这种不讲理的做法，王稼祥拍案而起，作了惊人发言，坚决支持毛泽东，王稼祥大声疾呼：“大敌当前，不可换将；指挥重任，非他莫属。”这是一个了不起的举措，这是多么难能可贵，王稼祥不是毛泽东嫡系，与毛泽东也没有渊源，他这种行为意味着脱离原来的圈子，站到了毛泽东一边。这样会议进入僵局，任弼时、王稼祥对项英、顾作霖、邓发，刘伯承应当是没有表决权，但刘伯承倾向于不同意毛泽东的意见，所以，周恩来的态度就变得十分重要，但他没有得罪毛泽东，可也不能说绝对地支持毛泽东，他似乎是想调和。朱德倾向于毛泽东，但也没有绝对支持的意思，相当于弃权，王稼祥受到了奚落，毛泽东在这九个人的会议上，实际上加上自己只有三票，是绝对的少数派。对待毛泽东的态度，决定了人们未来的位置。历史不是我们后来读到的粗线条，而是由无法明了的细节组成。毛泽东如此渴望成功，为了成功，他敢于抛弃任何利益，愿意做出任何牺牲，所以绝对在意别人是否支持他。

周恩来则试图调和，毛泽东拒绝没有权力的虚位，他已经有了最高的职位，可是没有权，没法干，于是他病休了。

会后，毛泽东对王稼祥说：算了吧，我们是少数，还是服从多数吧！这是毛泽东最了不起的地方，他对党的纪律的维护十分上心，即使决议对他不利，他也能服从。能等待能忍耐是毛泽东的一个特点，他似乎早早悟出，这个世界上不会同时有两条路通向成功，成功的路是最窄的，所以人生一旦遇到不同意见，不要急，自己正确的要坚持，希望与等待是人世间最高智慧之一。

毛泽东对周恩来表示：前方军事急需，何时电召便何时来。这种态度是相当积极负责的。

临时中央常委会也在讨论苏区中央局的问题，博古批评周恩来调和以至投降的弱点和毛泽东的保守、退却，张闻天表示："泽东可调回后方做苏维埃工作。"这一回，毛泽东的军职又没了。

毛泽东又被气得生病住院，他已经公开站在了上级的对立面，所以说话相当地冲，"他们不做实际工作，却要指手画脚，到处发号施令，同国民党打仗，怎样才能取胜？农民为什么会革命？他们懂吗？"我们认真看一下，这两个问题提得绝对尖锐。为什么胜利只有毛泽东知道，因为他已经全盘试验成功了，关键是他还是人情世故大师，他不是靠着口号和自我的感觉在工作，他已洞穿人性。农民为什么会革命？这个问题才是根本问题，很多人热衷于将中国革命解释成马克思主义的学说指引，说成是共产主义运动的胜利，但很少有人关注，农民为什么会革命，更没有人探讨，如果革命遇到挫折，农民会有怎么样的行为。洞悉这一切靠的是中国人常说的人情世故层面的智慧。

中国知识分子一直在万般皆下品、唯有读书高的优势环境中自我陶醉，这使得中国的读书人在思想境界上从来没有真正达到如佛陀如耶稣那样追求平等，也没有像西方的文学大师们那样关注同情下层人民，所以中国的读书人从来不是西方意义上的知识分子，只是可怜的寄生者。不过中国人还有另外的智慧，那就是世事洞明皆学问，人情练达即文章。世俗领域中，人情世故是更重要的知识。中国的农民会在某种趋势下参与革命，快要饿死的人会为了生存而造反，人多的时候就会胆壮，有利可图就会向前冲，反过头来，统治者力量大，多数人就会做良民，能有一口吃的，就会委曲求全地活着，人少了底气就不足，明知道要死，就会懦弱胆怯，这就是人性。明白这些才是世俗领袖的必修课，超越这些才会成为真正的世俗领袖。

毛泽东不再委曲求全，他知道他将获得更多人的支持，只是他的支持者尚在基层，他同即将出院的福建省委代理书记罗明长谈了一次。罗明出院后，在福建省委的工作中全面执行了毛泽东的指示。

这样，当临时中央总负责人博古等因为在上海已难以立足，来到中央苏区时，最先见到罗明，见面没有说上几句话，博古就知道罗明是毛泽东的人。博古拒绝看望正在疗养的毛泽东，可见他真的不通人情。他们直奔权力前台而去，很快就发现他们的政策没有得到真正的贯彻执行，这显然是任弼时的责任，于是就打发任弼时到贺龙那里任省委书记去了。

进入 1933 年，当张国焘和贺龙被逼成了流动人员后，蒋介石便集中 50 万兵力开始对中央苏区进行第四次“围剿”，这一回蒋介石同时抓了两手：

军事“围剿”是“杀死政策”，经济封锁是“饿死政策”。

毛泽东没了军权，又不愿意闲着，就主抓打破经济封锁这件事。不过这一回他的上级变成了一大帮子。

休养了四个月后，毛泽东接到召唤，布尔什维克们既要用他来开展工作，又能通过表决权来控制他，这些哥儿们不会干活，也怕底下的同志们心里不服，依然需要毛泽东出来工作。

这段时间内，周恩来、王稼祥、朱德在前线，顶住了临时中央的压力，率领红军打了两次伏击战，共歼灭国民党军队近三个师，28000 人。胜利后，王稼祥飞马向毛泽东报捷，说还是毛泽东的方法能胜利，毛泽东大为欣慰。

进入中央苏区的临时中央发现他们的“进攻路线”遭到抵制，这非同小可，当头嘛，就是要说了算，要不然怎么叫领导。他们也不含糊，权力在手，先给罗明后头加个路线来斗争，撤销谭震林、张鼎丞等毛派人物的职务。

接着批判邓小平、毛泽覃、谢维俊、古柏，他们是毛派人物，又把肖劲光开除党籍和军籍，还判了刑，总共七个基层书记被撤职。

博古这些人，不会打仗，也不会搞经济工作，但搞政治斗争还是有一套的，他们知道毛泽东的权力基石是这些基层领导者，所以先要抽掉他们。毛泽东之所以躲了过去，是因为共产国际执委会的干预。

毛泽东没有能力保护他的同志，他的追随者受到很大打击，邓小平连老婆都丢了，罗荣桓被说成是宗派主义者被撤了职。毛泽东只能忍着，但他也没有躺倒不干，毛泽东把主要精力用来领导中央苏区的经济建设。

说毛泽东不懂经济的人请闭嘴，因为你只能说毛泽东不搞自由市场式的经济，因为市场经济起作用的不是领袖人物，而是看不见的手，毛泽东搞的是战时经济，解放后他搞的是经济基础，不明白的人就不要乱发言，万丈高楼打地基最不显成绩，没有工业化，怎么和外国做生意？

动员一切积极因素就能成功，这就是毛泽东搞经济的高招，早在他当苏维埃主席的时候他已经证明过了。

总得有人为失败负责

中国革命不是必然成功的，相反它是怒海行舟，稍有不慎就会船翻人亡。把持中央的布尔什维克们，既不会打仗，又实行把中间阶级推到自己对立面的政策，走上了一条取败之道，恶果渐显。

1933 年下半年，蒋介石经过半年准备，发动对中央苏区的第五次大规模军事“围剿”。蒋介石吸取前几次“围剿”失败的教训，强调要实行“三分军事，七分政治”的方针：在根据地周围地区实行保甲制度和“连坐法”；对根据地实行更严密的经济封锁。很多人都认可经济基础决定上层建筑，也知道物质的重要性，但多数人并没有具体落实到最简单的物质层面，没有注意到中原控制边远地区依仗的就是集中必需的物质，其中最重要的就是食盐，蒋介石明白这一点，把必需品卡住，就能困住红军。他在军事上采取“堡垒主义”和逐步推进的新战术，调集 100 万军队，自任总司令。

这时，蒋军用于进攻的兵力 50 万，中央苏区红军主力已发展到 10 万以上，同国民党军队的兵力对比是一比五，看上去敌人百万，其实比起第三次反“围剿”时的一比十，形势还是要好一些。也就是说在军力对比上，蒋介石再也没有超过第三次“围剿”。这样第五次反“围剿”失败的原因就不可能是兵力对比的问题。

布尔什维克们大概觉得自己真理在手，所向披靡，太阿出匣，要露一手。博古不懂得军事，完全依靠共产国际派来的德国人李德（原名奥托·布劳恩）负责指挥作战。

他们提出要进行“中国两条道路的决战”，“御敌于国门之外”，“不让敌人蹂躏一寸苏区”土地的方针。怎么样，听上去不错吧？是不是很牛？

毛泽东自然不同意这些方针，但博古不听，蒋介石筹备了那么长时间，终于等到了自己最想要的结果，红军愿意和他分兵硬拼，蒋介石当然想和红军比试枪炮。红军连连失利，陷于被动。

博古、李德把失利归罪于战场上的指挥员，他们说肖劲光退却逃跑，要枪毙肖劲光。由于毛泽东、王稼祥等坚决反对，肖劲光才没有掉脑袋。

这时，出现过一个打破“围剿”的机会：抗日名将蔡廷锴、陈铭枢、蒋光鼐和李济深等在福建起来反蒋，他们派代表同红军谈判合作，这样蒋介石不得不从前线抽调九个师讨伐福建，毛泽东紧急建议中央：以红军主力冲破国民党军队的围攻线，进攻蒋介石的后方。蒋介石在前三次“围剿”时追着红军跑，没有占到便宜，继而搞一个厚重的大圈子，办法更不高明，这个包围圈太大，看上去很厚实，但只要集中力量突破一点跳出去就破了，毛泽东看到了机会，告诉了博古。但是博古拒绝了，结果，蒋介石很快击垮李济深等，转过头来全力以赴对付红军，红军错失良机。

1934 年 1 月，毛泽东被选为中共中央政治局委员，他的政治地位看上去上升了，但实际情况并没有多少改变。毛泽东继续被认定为是右倾机会主义，毛泽东的主张依然是富农路线，这时候的博古犯下了一个大臭，他和张闻天产生了矛盾，张闻天觉得博古把军事指挥权交给李德，只听李德的意见，提醒博古这样不妥。博古觉得张闻天不太听话了，就把张闻天调到政府方面工作，以张闻天代替毛泽东担任人民委员会主席，达到架空毛泽东的目的。殊不知这样一来，把张闻天推向了毛泽东这一边，张闻天这时候开始接触毛泽东，他很谦虚，有事总是请教毛泽东，毛泽东当然乐意倾囊相授。

与此同时，博古等继续批毛派，何叔衡也被罢职。吓得人们不敢接近毛泽东，为了少牵连别人，毛泽东也很少再和别人谈话。

毛泽东后来伤心地说：那时候，不但一个人也不上门，连一个鬼也不上门，我的任务是吃饭、睡觉和拉屎，还好，我的脑袋没有被砍掉。

研究党史的人很少注意这一段。事实上这一段时间才是毛泽东心理彻底觉悟的关键点。觉悟者必然也是孤独者。前面我们说毛泽东拥有最积极的人生态度，他的欲望和强壮的身体，都使得他对别人有热情，这种热情似火，最终成为太阳，但最初的时候可能过于炙热，并没有太多的人有能力直接接受，这种拒绝对毛泽东是一种伤害，随着他的能量越来越大，他也渐渐地远离了身边最近的人，他洞穿了人性。

当然也不是所有人都背离了毛泽东，工人出身的湖南老乡王震就明确表态，只听老毛的。

仗是越打越臭，博古、李德等亲自披挂上阵，周恩来被留在后方，负责中央的日常工作。毛泽东知道局势正在失控，借着周恩来主持工作之便，毛泽东申请到苏区南部的会昌视察。

毛泽东在会昌待了两个多月，写下了《清平乐・会昌》：

东方欲晓，莫道君行早，踏遍青山人未老，风景这边独好。会昌城外高峰，颠连直接东溟，战士指看南粤，更加郁郁葱葱。

从这诗中你能看到他的心情很压抑吗？你要知道写诗可不是毛泽东到会昌的目的，失败就在眼前，毛泽东需要为红军找后路。

东方欲晓，莫道君行早。踏遍青山人未老，风景这边独好。
会昌城外高峰，颠连直接东溟。战士指看南粤，更加郁郁葱葱。

词寄清平乐

一九三四登会昌山

博古似乎很害羞，觉得自己一出手，怎么就打成了这样子，不好意思之余，想出来的遮羞的办法居然是想叫毛、周到苏联养病，结果被共产国际拒绝，“苏区离不开毛泽东，所以不同意毛泽东同志去苏联养病”。看来共产国际对自己扶持的这些年轻人的斤两还是有所了解的。

败象已露，博古他们还是想了办法的，他们想以小股部队佯动来调动蒋介石部队，没有成功。招数不是这么使的，蒋介石不追着跑了，你再佯动人家不上当，这时候要变策略，就是撕开口子跳到外围，可惜博古不懂。

失败就在眼前，毛泽东指示他的弟弟、银行行长毛泽民，把金钱分散给部队，守财奴只能给自己带来伤害，从这件事我们能看出毛泽东几乎是算无遗策。

仗打到这份儿上，毛泽东不需要通报也能知道该跑路了，这时候毛泽东显然在找突围的线路，即使博古不听他的，失败后必然会跑路，所以毛泽东不管受不受命，都会未雨绸缪。对于毛泽东来讲，一切的关键在于主动权，主动地跑就会带来更大的主动权。可惜握着权力的其他人不懂。

此时，博古准备先西后北同贺龙、任弼时的红二、六军团会合，但不想带毛泽东走，这一回毛泽东名义上的国家元首起了作用，希望他一起走的人理由很充分，毛泽东已是中国革命的某种象征，被杀被俘，都是巨大失败，所以才被允许一起长征，如果他当时也被留下，历史可真的不知道是什么样子了。

关键时刻毛泽东患上恶性疟疾，多亏红军已经有西医西药，毛泽东缓了过来。

战争是人世间最残酷的竞争，也是利益最大的买卖，值得人以性命相争。两军对垒只有一个胜出，战无不胜相当于赌博中的只赢不输，那是天下第一营生，不是最高的天才是玩不转的，更不是读了几天书的书生可以把握的。瞎指挥导致接连失败，到了 10 月初，纸已经包不住火，火烧眉毛之际需要跑了。据后来的解密资料说，蒋介石已经决心彻底屠尽这一片长出红色力量土地上的所有人，中共地下情报人员冒死送来蒋介石合围的计划，再不撤就被人一锅焖了，博古秘密通知毛泽东要走。

博古做出了一个叫人不好接受的决定，他把一部分人留下来坚持斗争。说实话这一决定后人无法评定，因为你不能说他有太多的错误，可从后来的结果上看这一决定是灾难性的，许多革命领袖牺牲了。毛泽东没有权力决定人员去留，但毛泽东站出来为他的战友争取，第一个是瞿秋白，毛泽东说瞿秋白当过我党最高领袖，应当走，被博古拒绝了。毛泽东又为王稼祥争取，说王稼祥（此时重伤）是军委副主席，应当随部队转移，博古同意了。没有权力的毛泽东只能这样略尽心事。他自己随队都是勉强的。

瞿秋白、何叔衡、陈毅、项英等人被留了下来。大概除了项英，其他留下的人多数是博古不喜欢的。毛泽东找周恩来，周恩来无奈地表示，去留人员的权力全在博古，毛泽东无言了。大丈夫不可无权，没有权说话屁都不顶。毛泽东最要好的朋友何叔衡和瞿秋白等人后来牺牲了。

很多人觉得毛泽东对政治对手冷酷无情，但真正通晓党史的人会注意革命过程中领袖的错误带给革命者的牺牲和灾难是巨大的，是需要有人负责的。

博古还定了一条更不近情理的规矩：不带女的，孩子更不能带，政治局委员分散行动。这一点完全暴露了博古偏执的一面。革命者跑的时候连自己的老婆都不带，不是勇敢而是冷酷，革命的决心不是也不应当以决绝地抛弃自己的亲人来显示。知识分子带有歇斯底里的狂热也是很可怕的。

毛泽东又提了两条意见，第一，在转移时将他和张闻天、王稼祥安排在一起，不要分散到各军团。为什么要这样做，随后就能知道答案。第二，应带一部分女同志走。因为留下来几乎意味着死亡。

最后中央决定带走 30 名女同志，主要是中国共产党领袖们的妻子，把她们编成卫生部休养连，但不能带孩子，毛泽东和贺子珍的儿子毛毛只能托付给留下的毛泽覃、贺怡了，这个孩子被寄养在当地老乡家，毛泽覃他们两口子牺牲后孩子再也没有找到。

权力不在毛泽东手里，灾难就降临到革命者的头上，但博古并没有放权，所以更大的灾难还在后头。

中央红军主力和中央机关人员共 86000 余人，被迫实行转移。

红军从于都出走，走的就是毛主席事先选定的路线。我们用出走而不是出征来表述红军离开根据地，是因为他的行动完全是被动的。红军没有方向，没有目的地。

我们很难体会毛泽东所遇到的情景，毛泽东自己走出了一条胜利的道路，打下了一片天地，可是从莫斯科回来的一些人轻易否决了他的主张，剥夺了他的权力，这究竟是为什么？红军损兵折将到了全军覆灭的边缘，这样的失败，很多人都是有责任的。

毛泽东似乎知道他将失去这一片天地，他却无从发泄他的愤怒。

长征开始后，毛泽东体弱，是被抬在担架上行军的，王稼祥重伤也是被抬着走，张闻天和他们在一起，他们三人开始议论第五次反“围剿”为什么不能取胜的问题。由于他们三人在党内的特殊地位，这就意味着某种可能即将发生。

红军走后，根据地的人民遭到彻底屠杀，蒋介石没有耐心审查谁是共产党的拥护者，在他看来只有还乡团是反共产党的，其他的都是共产党的拥护者，于是杀无赦，只要是和红军沾上一点边的人，通通杀掉。大将徐海东留在老家的亲人只要是姓徐的全被杀死。

中央红军在蒋介石合围之前跑了，只是逃脱了灭顶之灾，但并没有摆脱蒋介石，蒋介石立刻部署“追剿”和堵截，要求将红军“歼灭于湘江、漓水以东地区”。

面对生死存亡的局势，毛泽东没有消极怠工，此时红军依然有八九万人，按照他的打法依然可以扭转战局，变被动为主动，这是毛泽东的拿手好戏。红三军团军团长彭德怀也向中央同样建议，但博古不听，因为他们知道这样做就要交出军权，他们舍不得。博古、李德暴露出另一面更叫人伤心的缺点，从盲目的硬干变成了丧失勇气，一味地避战，结果更糟。在湘江，红军大部队遭受优势敌军的夹击，这一段后来叫作血战湘江。为什么叫血战湘江？就此一战红军由出发时的 86000 余人，锐减为 3 万多人。

这是什么概念？三停去了两停。红军自从毛泽东建军以来就是吃小亏占大便宜，从来没有这样的重大损失，湘江的水被红军的血染红，湘江漂浮着红军战士的尸体，没有什么人投降，敌人也不接受投降，所以损失的就是战死的。周恩来的眼睛红了，却流不出眼泪，因为眼泪不能等同于鲜血。我们知道的事实是，从某一天起，周恩来就再也没有试图做出战略上的决策，而这一天最有可能的就是血战湘江的这一时刻。

数万烈士的血化作了一股怨气，凝结在天上，变成了一个大大的问号，谁应当对失败负责？

这时，博古的意志已经被彻底摧毁了，他知道自己铸下大错，犯了大罪，他曾热衷于夺取权力，他把握权力的结果，就是把自己的同志带向死亡的深渊，他现在一筹莫展了，他无法面对这血和死亡，甚至想到了以死谢罪。李德一面唉声叹气，一面却诿过于人，他想拿断后的师长周子昆开刀，这个师在湘江岸边进行顽强阻击，被打垮了，只有负伤的周子昆等十多人突围出来，李德指责周子昆临阵脱逃，命令警卫班将他捆起来，送军事法庭处置。李德似乎不认为他和博古有责任。面对这种乖戾举止，没有人再执行命令了，警卫班战士站着不听指挥，不肯动手，博古在一旁默不作声，最糟糕的情况发生了，军令已经无人执行了。毛泽东直接站出来干预："周子昆交给我处理。"他鼓励周子昆好好干，继续带兵打仗，李德知道后，气得暴跳如雷，但也无可奈何。这一细节不是没有意义的，它代表的是军心已经转变。

迭次失利，几乎使红军濒于绝境，只要是毛泽东领导就从胜利走向胜利，他一不在就是失败，这不需要宣传，每一个参与者都能体会到。部队中明显地增长了怀疑、不满和要求改变领导的情绪，这种情绪随着失利日益显著，在湘江战役之后达到了顶点。

不过这时候，军队的领导们似乎只有朱德进入政治局一级的领导层。其他将帅尚未进入最高层，按照党的纪律和组织原则，变动还是要在政治局一层完成方为妥当。这样就产生了两种变数，最理想的是在党的高层协商解决，最不理想的是兵变冲突最后散伙。

毛泽东在出走伊始，就申请和王稼祥、张闻天同行，这说明毛泽东早有准备，指责者可以将这种行为说成是阴谋，但知道历史的会认可这是必然。最高领袖是博古、张闻天、周恩来，这是大家熟知的三位常委，一般人忽略的是毛泽东这时候已经是政治局委员，王稼祥的地位也不低，这样关键的人物就成了张闻天了。王稼祥感激毛泽东仗义执言抬着他长征，已经早就表态支持毛泽东，毛泽东需要说服的是张闻天，张闻天倾向于毛泽东，对中国共产党的胜利是有大功的，这样毛泽东获得最高权力的过程，就是完全符合党的纪律和规则的，没有丝毫的血腥和过多的威势压迫，没有靠着下层力量逼宫，这对党的团结、稳定有着极其积极的意义。毛泽东有没有资格成为最高呢？我们说有，他在“三大”时就接近最高，只是后来被人压下来了，在苏区他已是政府元首，所以接受毛泽东为领袖对绝大多数人来讲并不是难事。

这时，蒋介石已觉察到中央红军主力要和贺龙会合的意图，集结近 20 万军队，布置好了包围圈，等着红军往里面钻，博古、李德坚持原定计划，周恩来没有自己的意见，而毛泽东提出，部队应该放弃原定计划，继续向西到敌人力量薄弱的贵州去，一定不能再往北走了。

这时，博古、李德已因湘江失败而垂头丧气，红军主要由周恩来指挥，周恩来接受了毛泽东的主张。中国革命的领袖是毛泽东而不是周恩来，就是这样决定的。周恩来有机会成为最高领袖，他几乎是没有缺点的人，但这种赞美是建立在一个基础上的，那就是他作为合作者和协调者是完美的，但作为最高领袖需要的第一素质是方向，是胜利，而这时，需要的是刀锋斧刃和矛头，需要的是犀利和决绝。我们可以看出，周恩来不是这样的，他的性格圆润温和，他善于团结人，但他没有找到胜利的路线方针政策，而最高领袖所需要的素质毛泽东全部具备。所以如果认为中国革命必然胜利，那么周恩来也可以代表中国人民，他能吸引更多的人参加。这个观点之所以不成立，因为中国革命是在黑暗中开始的，是的，黑暗是一个最准确的表述，黑暗中第一需要是指路明灯，这个明灯不是一群人而是一个人，他就是毛泽东。他是火种，其他的领袖们贡献的是柴火和燃料，中国革命之火烧起来是由于毛泽东，他上山，建军，搞根据地，发展壮大的路线图是他摸索出来的，在他完成了战略战术的全面试验后，周恩来和其他的领袖们才来到苏区的，革命之火没有熄灭也是由于毛泽东，在最危急的时刻只有毛泽东知道怎么能跑出蒋介石的包围圈。

周恩来听从毛泽东的意见是最重要的转变的开始，最后的方向由博古、周恩来、张闻天、毛泽东、王稼祥和李德开会决定，王稼祥、张闻天支持毛泽东的主张，周恩来也赞同，博古已完全没有概念了，所以也不坚持自己的观点了，最后决定西进贵州。这样毛泽东虽然没有站在舵手的位置，但他出手拨转了航向，他的手已经扶在了舵上。

红军主力西进，果然没有遇到太大的阻力，日子好过多了，博古当然知道听从毛泽东的意味着权力丧失，他还是想试一下，于是博古又提出北上。李德也是坚持同贺龙会合，毛泽东主张继续向西进军，两种不同的意见摆在周恩来面前，周恩来必须做出选择，在事关生死面前，没有调和的余地，不能抹稀泥。李德丝毫不尊重中国人的态度惹怒了周恩来，一向温文尔雅的周恩来拍案大怒和李德翻脸了。其实这只是表象，真正的内涵是周恩来选择了毛泽东。

听从了毛泽东的意见，这一盘死棋就现出了活气。

挥戈西指，不仅完全打乱了国民党军队的原有部署，贵州之弱敌无法抵御红军，又是小胜不断，红军士气得以恢复，甚至又都穿上了新军装。胜利，不断的胜利，支撑着这支疲惫不堪的队伍没有垮掉、没有散伙。

1935 年元旦，毛泽东提出红军接着向西的主张，提议红军立刻抢渡乌江、攻占遵义，获得最高领袖们的赞同。他们开会取消了李德独断专行的军事指挥权，重新任命刘伯承为总参谋长。党内力量的天平向毛泽东倾斜，此时的刘伯承已经站在周恩来一边，靠近了毛泽东。

王稼祥已经彻底站在了毛泽东这一边，成了毛泽东的坚定的拥护者，这一回，王稼祥已不仅仅是观点上的赞成，而是准备从组织上推举毛泽东为领袖。王稼祥向毛泽东提议召开中央政治局扩大会议，毛泽东当然赞成，为了稳妥起见，建议他先同张闻天通通气。效果很好，张闻天也同意王稼祥把李德、博古轰下来的意见，说："毛泽东同志打仗有办法，比我们有办法，我们是领导不了啦，还是要毛泽东同志出来。"

第五章

领袖必修课：用正确证明实力

Chairman Mao

路子不通就换条路，这才是关键，关键是不能硬拼，不能吃亏。这次战斗打得不好，博古就曾幸灾乐祸地说：看起来，狭隘经验论者指挥也不成。但我们知道这才是毛泽东最成功的地方，人最不可能做到的就是掌握敌人的情况，这样一旦实际情况与判断的不相符合，就要变动，这才是关键所在，博古显然没有弄明白。

遵义会议：选择决定命运

能指明出路是最大的高明

1935年1月2日至6日，中央红军按照毛泽东的意见西渡乌江，占领遵义。

这样的一味西向有了结果，蒋介石丢了目标，只得命令军队整训待命，这样中央红军也能歇歇脚了。

能歇歇了，就该说说理了，开会吧，要不然底下人非炸了锅不可。参加革命的人们可不是奔着死亡而来的，而是为了胜利而来，他们不要钱，不要利，没有直接的好处，图的就是有个光明的未来，如果是死路一条，没有人会跟着走了。时机成熟了，正反两方面的表演足够了，两条道需要选择了，毛泽东、王稼祥提议召开政治局扩大会议。张闻天也接受了毛泽东、王稼祥的意见。

毛泽东是政治局委员，张闻天是常委，王稼祥是候补委员，按照组织规则，他们的提议有效。

博古和周恩来需要解释这仗是怎么打的，为什么会有今天惨痛的失败。

博古自然意识到这次会上必有一场争论，也不想坐以待毙，拱手让出权力，也想做点说服工作来寻求更多支持。支持博古的政治局候补委员凯丰曾几次找聂荣臻谈话，要聂在会上发言支持博古，聂荣臻拒绝了。

这只能说明博古一拨人实在是没有人支持了，他们居然不知道聂荣臻从来没有反对过毛泽东。

接下来就是中共历史上最著名的遵义会议了。我们需要列出参加会议的所有人的名单，如果你对他们很陌生，那么对不起，你应该补历史课了，他们全是大人物。

我们先看下这之前共产党的领袖人物名单，当时的政治局委员共 12 位，博古、王明、张闻天、周恩来、项英、陈云、张国焘、朱德、任弼时、顾作霖、康生、毛泽东。政治局委员中毛泽东排名最后。

其中顾作霖已病逝，项英留在苏区负责，张国焘和任弼时各管一摊，王明、康生待在俄国，他们没有参加遵义会议。这样少了六个人，不过总书记和政治局候补委员都在，所以会议合法。

参加遵义会议的第一阵容是政治局委员，有博古、周恩来、张闻天、陈云、朱德、毛泽东，第二阵容是政治局候补委员，有王稼祥、邓发、刘少奇、凯丰，第三阵容是红军总部和各军团负责人，有刘伯承、李富春、林彪、聂荣臻、彭德怀、杨尚昆、李卓然，还有中央秘书长邓小平，军事顾问李德及翻译伍修权也列席会议，共 20 人。

遵义会议的态度决定了他们后来在中国历史上的地位。在关乎生死的大问题上做出错误选择，自然就消失了。

会议由博古主持，死了这么多人，作为总负责的他不得不认错，但强调失败原因是敌人太强大；周恩来主动承担了责任，他承认失败是指挥错误；张闻天做了反报告，反报告就是说不。

接着，毛泽东作了长篇发言，给博古扣上了进攻时的冒险主义、防御时的保守主义、突围时的逃跑主义三顶大帽子。毛泽东可不是光扣帽子，他有事实，红军最弱的时候，敌人更强大，但红军赢了，最高的时候十比一照样赢，事实摆在那里，失败没有借口。

在批评的同时，毛泽东告诉同志们他自己的战略战术，指出今后军事行动的方向。更多的人关心的是下一步怎么办，能不能活下去，而不是前头的坏账怎么算。

会议出现了两种截然相对的观点，大家都不想再藏着掖着了。这时候王稼祥从担架上站了起来，发言支持毛泽东。这是一个令人感动的时刻，王稼祥重伤之余，从担架上爬起来支持毛泽东，为中国革命做出了大贡献。

遵义会议是中国共产党历史上的最重要的会议，在这次会议上，中国共产党的领袖们被迫地做出自己的政治选择，中国共产党从成立伊始，就是在共产国际的助产、俄国人的引领和支持下，一路蹒跚走来，由于幼年，由于自己的领导人的书生气，由于没有找到成功的道路，使得革命者很受伤，无数先烈牺牲了。只有毛泽东找到了一条不依靠别人靠着自己就能存活、能发展的正确的道路，他打下了一片地盘，使得他的同志能堂堂正正对敌，以军队对军队，以政府对政府，发展势头很好，但他的领导权被轻松剥夺，其原因我们今天依然不好理解，为什么俄国人指派的几个年轻人转眼间就成了最高领袖？中国共产党这个组织的产权归俄国人吗？王明指派的博古成了说一不二的首领，他们压根就不会打仗，根据地丢了，数百万人民陷入血海，红军战士一战就死了三分之二。

传说中的哪吒曾割肉还母，剔骨还父，今日红军以数以十万计人的性命为牺牲，摆脱了共产国际，中国共产党人不再欠俄国人什么了。

我们可以认真看看遵义会议前后毛泽东的支持力量的对比。遵义会议之前，毛泽东的力量源泉在基层，那些跟着他从井冈山一路打过来的人们，尚没有进入中共的最高领导层，中共的领导层多是有留学背景的，博古、张闻天、陈云、王稼祥、邓发、刘少奇、凯丰、刘伯承等人有留苏背景；周恩来、朱德、李富春、聂荣臻有留法背景；林彪的哥哥是留苏的，杨尚昆的哥哥是留法的。没有任何迹象表明，土生土长的彭德怀在遵义会议前是明确站在毛泽东一边的。

遵义会议上，留苏的王稼祥积极站在毛泽东的一边，张闻天也表明了自己的观点，刘少奇是明确支持毛泽东的，本来支持博古的刘伯承，由于博古只听李德的意见被贬，所以也倾向毛泽东。

军头们即使不是绝对支持毛泽东，要求换人的呼声已是高涨了，朱德的态度已经明朗，他明确说了，要是再这么打下去，我们肯定是不再跟着走了。朱德在会上表态，他一开始就是跟着毛泽东革命的，今后也只跟着毛泽东。

朱德品德高尚，说到了也做到了，虽然有点晚，但毛泽东依然领情。

留法的李富春是蔡和森的妹夫，新民学会会员，态度也不用说。所以变数在周恩来这里，但周恩来显然有自知之明，他终于明白了一条，就是这条路是毛泽东走出来的，也只有毛泽东知道为什么这样走，下一步怎么走，这是最关键的一点，方法和方向在毛泽东心里。毛泽东的性格和做派再让人不愉快，在彻底失败和死亡的威胁下都可以被忽略，活下来并且胜利的欲望占据绝对上风，其他的都是支流末节，都已是不重要的了。

这样博古在政治局里面的支持者只剩下邓发、凯丰。

在多数人站到毛泽东一边的时候，凯丰依然倾向博古。他明确表态不同意毛、张、王的意见，并且讽刺毛泽东打仗的方法也不怎么高明，是照着《三国演义》和《孙子兵法》打的。

这时候的毛泽东的确有可能没有认真看过《孙子兵法》，但毛泽东抓住一点，他反问凯丰，《孙子兵法》共有几篇？第一篇的题目叫什么？凯丰答不上来，这就说明凯丰也没有看过，这样凯丰的指责就没有了力度。

其实大家关心的不是孙子兵法，是生死，是出路问题，博古的路子是错的，周恩来指不出新的出路，张闻天也不知道，三大常委没有指路人，其他人也没有这种能耐，虽然毛泽东在政治局排名最后，但只有他不断地告诉他的同志们应当怎么走，而且从来没有失误过。现在又是毛泽东站出来指明一条道路，没有人能和他竞争，他以他以前的正确来指明未来，这是人世间最好的证明方式，是一切希望有人追随的领袖的必修课。

会议的结果是毛泽东被选为常委，周恩来是军事上最高负责者。

遵义会议之所以重要，因为它实际上确定了毛泽东的军事指挥权，这个权力是从井冈山开始的，整个过程中虽然有过断续，但大部分时候是在毛泽东手里的，朱德和周恩来曾经试图把握过，但他们俩不是独立地完成指挥作用，而是在毛泽东与其他的领袖们之间摇摆，一直到毛泽东彻底被剥夺军权，惨败导致军权再次回到周恩来手里，这时候周、朱选择了与毛泽东合作，从此后他们没有再动摇，一直到三个人同一年去世，成为中国人最熟知的第一代领袖的核心。

遵义会议后不久，由张闻天替代博古成了总书记。毛泽东成为周恩来在军事指挥上的帮助者，周恩来有没有让出军权的意思不是绝对重要，因为他不反对毛泽东成为党的最高领袖。

张闻天提议毛泽东当总书记，却被毛泽东劝阻，这是出于什么样的考虑，我们不得而知，一个可能是毛泽东不希望全党有政变夺权的感觉，较少的变动可以安定人心，会让大敌当前的红军集中力量共同对敌，另外可能是一个策略，这一点随后将证明十分高明。

这样陷入绝境的中国共产党人终于接受毛泽东为舵手。遵义会议值得大加赞许和歌颂，它完全符合党内生活规则，共产党在最危急的关头也没有发生流血和胁迫，使得毛泽东的领导地位的获得是光明正大的，是获得多数领袖的赞许的。

一旦认可毛泽东为领头人，他性格中的锋利一面就成为光闪闪的优点，一旦成为领袖，毛泽东那种私下里怪话连篇、不服从上级的坏形象就消失了。

毛泽东渴望胜利，他无法忍受失败，只有最高的位置适合他，这一点是由于他的志向和见识决定的。一旦处于最高位置，他就变得更容易和任何人相处，从呼唤民众大联合，到1925年的革命方程式，他一直在寻求合作，只是他的这种合作与周恩来不同，他是要求别人认可他为领袖的合作，这样的诉求，在蔡和森、何叔衡这里不成问题，到了陈独秀、王明那里就绝对行不通，在邓小平、叶剑英这里是能以身相许，也获得聂荣臻、林彪的默认，但在周恩来和朱德这里曾被婉言回绝，因为在竞争中大家都有机会获胜，只有经历过血与火的考核，才会分出胜负。

这样我们就初步明了，中国革命的领袖为什么是毛泽东，而且只能是毛泽东。列宁主义如同一把锤子，砸掉了束缚俄国工人阶级和下层人民的铁链，而束缚中国人民的不仅仅是铁链，更多的是牛皮绳索，中国也没有可用的锤子，毛泽东天才地发现革命的力量是农民，是镰刀，反革命力量盘根错节，而毛泽东把自己锻炼成一把开山巨斧，既厚重又锋利，才得以战胜各类敌人。

遵义会议以后的毛泽东，别人觉得他有很大的变化，更加沉着、练达，思想更加缜密、周到，特别是更善于团结人了，这是作为妻子的贺子珍的感觉。我们要说，毛泽东变得不多，真正的变化出自其他人的心理，是由于位置发生变化而产生的。就如同每个人都有好看的一面，有的人侧着看很美，有的人正着看很俊。毛泽东就属于需要仰视的人。

遵义会议后，毛泽东有发言权了，受打击的支持毛泽东的干部得到“赦免”，邓小平在遵义会议前已被任命为中共中央秘书长，肖劲光恢复党籍、军籍。

合作的基础是以我为主

追丢了红军的蒋介石也歇了过来，又调集40万兵围追堵截。蒋介石有钱全花在打红军上了，他的口号是先灭了共产党再去打日本人，反过来，只要共产党灭不了他就不打日本人，最后的结论是共产党他杀不死，所以他就不去打日本人。这时的毛泽东又回到领导岗位上了，而且这一回再也不下去了，蒋介石彻底没戏唱了，中央红军又扩成了三万五千多人。在毛泽东看来此时的情况并不比第三次反“围剿”的时候更糟糕，原因是蒋介石的包围圈是假的，他在东拼西凑，毛泽东的劣势在于他带领的是疲惫之师，尚处于被动之中。

遵义会议后，毛泽东重掌军权，第一战叫土城之战，并没有取得预想的战果，似乎打破了用兵如神的赞誉，其实却是毛泽东军事生涯中最直白的一笔。我们知道毛泽东是很少失败的，无数个胜利连着胜利，好像也没有什么了不起，这样一来就很难知道他到底是怎么赢的，只有你知道他是怎么样对待不利和小失败的，你才能知道他的胜利是怎么回子事情。

遵义会议后的第一个出路是北渡长江，寻求与张国焘、徐向前领导的第四方面军会合，这大家都知道，问题在于实现不易。毛泽东在向土城行军途中，认为道路两边是山谷地带，如果追兵孤军深入，红军能利用有利地形，集中优势兵力，围歼川军一个师。

经过激战，没有取得较大战果，原来的情报有误，敌军不是六千多人，而是一万多人，川军也不是想象中的那么不经打，后续的增援部队又即将开到，战局逐渐对红军不利。毛泽东决定迅速撤出战斗，渡赤水河西进。

注意这里的两点，撤离与西进，也就是路子不通就换条路，这才是关键，关键是不能硬拼，不能吃亏。这次战斗打得不好，博古就曾幸灾乐祸地说：看起来，狭隘经验论者指挥也不成。但我们知道这才是毛泽东最成功的地方，人最不可能做到的就是掌握敌人的情况，这样一旦实际情况与判断的不相符合，就要变动，这才是关键所在，博古显然没有弄明白。

蒋介石下了大本钱，雇川军部署在长江南岸，防止红军北渡，毛泽东认为在这种情况下，不应恋战，避实就虚，摆脱川军，接着向西进入云南。

中国地方大得很，这里不成走那里，只要我想走，总能找到敌人的薄弱环节，一旦有机会我还要咬你一口。这盘棋到了毛泽东手里，第一件事就是化被动为主动，这才是毛泽东高明之处。

毛泽东开会总结了土城战斗失利的教训："今后力戒之！"毛泽东后来很少再犯这样的错误。

他要打圈了，"走为上"再次成为所有方法之首，为了向西，先回东边，再渡赤水，重占遵义。理由很简单：要让敌人犯错，要寻求战机，要集中兵力，要运动战，要主动，为此要整编，要轻装，要精简。这样毛泽东一领头大家伙儿就知道自己该干什么了。邓小平后来说了一句名言：跟着走。

敌人从南北方向进逼，红军为了往西而朝东，而且毛泽东告诉部下"红军必须经常地转移，而唯一的目的是求得作战的胜利"。

红军再疲惫，遇到弱敌还是能干一下的，第二次渡过赤水河，就俘敌约3000人，取得长征以来最大的一次胜利，毛泽东在娄山关吟成《忆秦娥·娄山关》：

西风烈，长空雁叫霜晨月，霜晨月，马蹄声碎，喇叭声咽。雄关漫道真如铁，而今迈步从头越，从头越，苍山如海，残阳如血。

据后来的文人考证，此词已含有神异之句了。"苍山如海，残阳如血"之句接近鬼斧神工的境界。

毛泽东又找回了久违的感觉。这样，在蒋介石指挥军队向东合围时，毛泽东又向西走了。

这时候遇到一件事情很有意义。从遵义一出发，就遇到敌人一个师，这可是一块带骨头的大肉棒，吃不吃？大家看到的是骨头上的肉，毛泽东看到的是肉下的骨头，大家开会都说要打，只有毛泽东一个人说不能打，牙口不好啃不动，一不小心会把牙崩了。身体没有恢复，吃不了消化不了都是原因，只有毛泽东知道现在不是占便宜的时候，稍有不慎，就会有灭顶之灾，领导人必须经得起诱惑。但别人一致要打，毛泽东也只好服从多数。为了团结付出的代价太大了，毛泽东似乎反应过来，不能再这样了，于是半夜毛泽东找到周恩来，两个人合力说服了大家。这样才没有引火上身。

毛泽东意识到作战不能再像过去那么多人来集体讨论，还是成立一个小组指挥的好，他提议他自己和周恩来、王稼祥组成新三人团，全权指挥作战，以周恩来为团长。

这样毛泽东就获得了军事指挥权，周恩来是个最好的参谋长，王稼祥对毛泽东是崇拜的，这样对红军来讲，命令来自中央，大家都容易接受。愿意听毛泽东指挥的人没有意见，因为实际上就是毛泽东在指挥；愿意听周恩来指挥的人也没有意见，因为名义上周恩来在发布命令；他俩的指挥都不爱听？那你一边凉快去。

这时，红军的行动看上去就没有了方向，忽东忽西，飘忽不定，难倒了蒋介石，他只得分散兵力，四面防堵，为了调动蒋军队西移，红军第三次渡过赤水河西进，并派一个团伪装主力继续向西北挺进，主力却隐蔽集结。这再次证明敌人追着跑的时候佯动才是有意义的。

蒋介石得到飞机侦察的情报，急忙调集各军，还得意地声称“剿匪成功，在此一举”。蒋军大举西向，红军立刻掉头再次东渡赤水河，返回贵州。看到这里，是不是有很熟悉的感觉？那就是第三次反“围剿”的重演。

这时，贵州境内的国民党兵力已十分空虚。

“四渡赤水”是毛泽东在军事指挥中的“得意之笔”，堪称是武侠里面的无招胜有招的最高境界。为什么是得意之笔？不能明白这一点，就无法知道毛泽东军事思想的精髓，整个过程并没有辉煌的胜利，却是立于不败之地的典范，蒋介石动用十几倍的兵力，对付没有任何外援、没有任何根据地可依靠、而且是败军的毛泽东，蒋介石花了大价钱编织的大网就是逮不着毛泽东这条漏网之鱼，你南北夹击，他就东西乱跑，你搞一个包围圈，他就选择最弱的一个点撕开，这个过程中，他还一口连着一口吃小鱼，不断长大，天才的招数就是这样炼成的。

红军第四次渡过赤水河，毛泽东挥师南下，南渡乌江，跳出国民党军队的合围圈，前锋直逼贵阳督战的蒋介石，后来想挺蒋介石的人很郁闷，你蒋介石没事跑到前线上干什么，不救你不对，救你的话，计划就全打乱了。毛泽东的目的却是调出滇军，蒋介石当然没有诸葛亮唱空城计的本事，遇到危险他先慌了，急调离他最近的云南军阀部队来“保驾”。这就对了，毛泽东一边虚张声势，做出攻打蒋介石所待的贵阳之态，真正的主力直插云南，接着西去，直逼昆明。

这时，滇军主力全部调去保卫蒋委员长了，自己这一边根本就没有兵，要说这也可算是国军中最大公无私的特例了，现在红军来啦，吓得云南军阀龙云胆战心惊，集中民团守备昆明，这时候毛泽东哪有心情占领城池，谁又能想到这招招都是虚招，红军的真正目的是抢渡天险金沙江，脱离追敌，活下来，歇一下，就成了最重要的目标。

就在这时，贺子珍被敌机炸得遍体鳞伤，挂花 17 处。毛泽东赶到担架旁，她对毛泽东说：“润之，把我寄放在附近老百姓家里，将来革命胜利了，再见面，你们走吧！”毛泽东不同意，说：“抬也要抬走。”当时要是留下来，重伤的贺子珍绝无可能活下来。但这次受伤是很重的，多次怀孕流产，以及身负重伤，能坚持完长征实在是奇迹，贺子珍不仅仅是身体上受伤，她的精神也受到严重伤害。

毛泽东虚晃一枪比画着要打昆明，迫使云南军阀调兵固守昆明，削弱了金沙江的防务，毛泽东自己率主力迅速北上抢渡金沙江，过河后烧掉船只，金沙江这一天险反而挡住了国民党追兵，7 天后国军主力才赶到金沙江边，只能隔江兴叹。天险没有成为毛泽东的敌人，反倒成了帮手。其实真正的棋下到这里已经下完了，后面只是收官了。

后来，萧华写的长征组歌唱道：

战士双脚走天下，四渡赤水出奇兵。
乌江天险重飞渡，兵临贵阳逼昆明。
敌人弃甲丢烟枪，我军乘胜赶路程。
调虎离山袭金沙，毛主席用兵真如神。

有人说没有见到毛泽东打什么仗，只见到乱跑，这也好意思说用兵如神？是的，三大战役鸿篇巨制，抗美援朝赫赫威名，毛泽东没有得意过，他最得意的就是四渡赤水之举，就能说明问题。渡过金沙江后，红军得到了休整。

目标、方法、决策都在毛泽东心中，只有周恩来、朱德少数人知道，这样的东西乱跑，使得军队中的中层干部产生不满，林彪给中央军委写了一封信，大意是：毛、朱、周随军主持大计，请彭德怀任前敌指挥，迅速北进与四方面军会合。林彪此举并不是政治上反毛，而是希望毛泽东不要直接指挥战役，在林彪看来毛泽东就应该是总书记，而不是前敌指挥官，可是他不知道毛泽东此时地位并不巩固，此举对毛泽东没有任何帮助。

其实北上是出路毛泽东心里清清楚楚，北方不是蒋介石的势力范围，问题是直接北上做不到，所以毛泽东不断向西，再向西，才有了北上的机会和可能，此时的林彪，尚不是后来的林彪，他的意见有点像是早知道吃四个包子会饱，干吗要吃前三个的味道。

毛泽东批评了林彪，“你是娃娃，你懂得什么？”周恩来、朱德支持毛泽东，他们身处最高位，形势和情报都印证了毛泽东的正确，他们知道毛泽东的高明，称赞他在危急的情况下，采取兜大圈子、机动作战的方针，四渡赤水，佯攻贵阳，威逼昆明，一系列“东西乱窜”全是虚招，真正的目的只有一个，向北，北渡金沙江，才摆脱了敌人的重兵包围。

红军此时开始正式北上，先要通过少数民族彝族聚居地区，才能到达大渡河畔，毛泽东这时候制定了中国历史上最好的民族政策，汉族帮助少数民族发展，少数民族受到破天荒的优待政策，而在毛泽东之前的历朝历代少数民族多数时候是被汉族欺负的。

毛泽东的民族政策是非常进步的，是基于民众大联合的基础上的，中国过去的民族政策多是建立在大汉族主义的基础上的。如同大国政治中的小国命运很少是能独立自主的，少数民族由于所处的地理位置和人口因素，他们自己并没有太多的力量改变这一点，这是几千年历史形成的，是毛泽东直接将民族政策提升到共同进步这一高度的。

先遣队司令刘伯承没有辜负毛泽东的厚望，他与彝族首领歃血为盟结为兄弟，顺利地通过彝族地区，赶到大渡河的安顺场渡口。

大渡河是太平天国石达开大军覆灭之地，蒋介石希望他的部下复制历史，建立“殊勋”，不知道依据是什么？可见历史不能轻易套用。在安顺场，刘伯承率先遣队到达后，找到两只小船，由 17 名勇士抢过河，占领了渡口，先遣队各部陆续过江，但此处架桥不易，全军难以在短时间内从这里过江，红军大部队在安顺场以北 170 公里的泸定桥全部渡过大渡河。泸定桥上的壮举是红军长征中最具有震撼力的画面。你能想象吗？红军是从 13 根光光的铁索上爬过去的。西方有人研究说，只要炸掉十几根铁索，红军就完蛋了，这是一个误解，毛泽东是不做这种极端危险的事情的，这是毛泽东成功的一个关键点，如果不知道毛泽东对待危险的态度，就无法理解毛泽东的成功，真实的情况不是那么糟糕，最糟糕的时段已经过去了，泸定桥只是敌人没有意识到毛泽东的队伍会这样快速到达而产生的破绽，它给红军过河带来的便利，不是长征中的关键点位，所以我们说这只是画面上的震撼，是收官阶段的动人情节，蒋军大部队被毛泽东远远地甩在后面，大渡河可不是台湾海峡。

这时的毛泽东，就可谓金鳌入海不回头，蒋介石鞭长莫及了，他花费巨大的金钱和军力织就的大网没有抓住红军，就是因为长征途中，他的对手不再是留苏的书生，而是又换成了毛泽东。这盘棋他没有下赢，而且以后他再也没有机会了。

摆脱了追敌，毛泽东和他的部下，面对的是大自然的艰难险阻，这就是常说的雪山草地中的雪山，许多战士倒在了寒冷中，再也没有起来。

熬过来的勇士们在雪山坡滑下时有了笑声，终于没有敌人跟在屁股后头了，他们见到了自己的同志，下山后，毛泽东见到了退出原根据地的张国焘的部队，他们边打边撤，人马有八万之众。

红一、四方面军的会师，本来是一件天大好事，但对毛泽东却成了一生中最黑暗的时刻。

会师大大增强了红军的力量，红军兵力达到10万多人，但会师也带来问题，红军向哪里去？选项有三个：向北、向西、向南。这涉及未来的出路以及背后的领导权之争。

这一回决赛选手是毛泽东与张国焘。

毛泽东的意见是北上川、陕、甘，张国焘意在向西去青海、新疆，或暂时向南进攻。张国焘的意见中显然包含有依靠俄国人的意味。

毛泽东和张国焘都是中共“一大”的代表，张国焘这个在党内资格一直比毛泽东高的北大高才生，从中央红军的破衣烂衫中看到的是获得最高权力的机会，他没有将张闻天等放在眼里，他知道这时候的中央是毛泽东说了算，所以他把矛头指向毛泽东。为什么毛泽东说这是他一生中最黑暗的时刻，因为蒋介石没能力伤害他，他的党内的其他同志也已接受了他，但张国焘却有资格和资本与他较劲，其他的领袖已经证明自己错了，但这不适用于张国焘，张国焘没有这样的包袱，最糟糕的是在这次较量中，毛泽东甚至没有回旋余地，不像对待蒋介石，他可以跑，他的部下肯定跟着走。但面对张国焘，他没有把握他的同志会支持他，而与张国焘翻脸。

中央红军号称三万多人，其实会师时人马不在一起，而且疲惫至极，张国焘的四方面军八万以上，这主要原因是四方面军有一个天才的军事家徐向前，他们在反“围剿”的时候没有什么损失，算得上是兵强马壮，如果张国焘合兵北上，仅仅就拿股份说事，他也应该是数一数二的地位啊，即便要争，他只要把矛头只对着毛泽东一个人，其他人什么态度都尚未可知，但张国焘注定成不了大气候，他将矛头对准了所有人，这样不光是得罪了毛泽东，也把博古、张闻天、周恩来、朱德推到了自己的对立面。

这时候就能看出，毛泽东并没有成为总书记，也没有成为名义上军事最高负责人，这一步骤就体现出了巨大的智慧。

中国共产党刚刚换完领导人，就又遇到党内最激烈的斗争，毛泽东提出的北上目标就是中国历史上周朝和秦朝兴起的地方，紧挨着中原，而张国焘指出的地方则是少数民族地区，对中原的影响力小得多，周恩来支持北上，提出迅速北上攻打松潘，走大路直奔川陕甘，这显然也是毛泽东的意思。张国焘含糊其辞，毛泽东强调：今天决定，明天即须行动。当机立断是多么重要的一个素质。因为机不可失时不再来。战争往往是一念之间，云泥之别。

张国焘人多势众，给官吧，张国焘成了军委副主席，徐向前、陈昌浩成了军委委员。张国焘还不满意，一面伸手要权，一面拖延北上计划。

妥协是必要的，周恩来担任的红军总政委改由张国焘担任，但战机已被张国焘贻误，胡宗南得以集中兵力扼守松潘，红军只得从自然条件极端恶劣的大草地也就是大沼泽地北上。也就是说，长征中的过草地是拜张国焘之赐，本来抓住机会夺路而走是有可能的。没有张国焘打横炮就不会有后来大众熟知的雪山草地之歌，因为大沼泽地本是可以不用走的。

就在这时，毛泽东给他的残兵败将打了一支强心针，他告诉红军，北上是为了抗日，一个高尚的目标被树立起来了。这样北上成了红军的初步共识。

红军分两路北上：一路是张国焘、朱德和刘伯承，他们职位是红军总政委、总司令和总参谋长；另一路是毛泽东、周恩来、张闻天。

张国焘犯了一个技术性错误，使得他的举动变得不合乎组织规则，就是他伸手要官。周恩来和张闻天都同意让出位置，毛泽东阻止了张闻天，而是提议将周恩来的总政委让出来，这一点后来证明又是极其英明的。而张国焘认为总政委是管军的，是实权，他也欣然接受了。

张国焘下了决心拒绝北上，坚持南下。

毛泽东坚决北上。就是在这时，常委推举毛泽东负责军事工作，他们不再犹豫，他们需要毛泽东出面抗衡张国焘，虽然有水到渠成的因素，但张国焘把其他人一股脑推向毛泽东也是原因之一。

毛泽东从军事、经济、民族、地形等条件，论证了红军主力不应向西而应向北，他这番话主要是为了说服张国焘手下的徐向前、陈昌浩，效果不错，徐向前、陈昌浩同意了毛泽东的意见。

毛泽东为他的同志指出的是最终将夺取全国政权，最终成为中华民族利益的捍卫者的崇高的光明之路。这一点被中共最高层的领袖们完全接受了，在这一次斗争中，张国焘没有得到任何高层人物的支持。

经过七天六夜的艰苦跋涉，毛泽东同部下一道走出荒无人烟的草地，到了班佑，在这里歼灭国军5000余人，这是红一、四方面军会师后取得的第一个大胜仗。领兵的是许世友。这样许和尚进入了毛泽东的视野。

毛泽东距离他的目的地不远了，他和徐向前、陈昌浩联名致电朱德、张国焘，要他们快速靠拢过来，这时候的张国焘迈出了不可饶恕的一步，他自己原地不动，反而密电陈昌浩率右路军南下，并且企图以武力裹挟中央。

这是红军历史上最令人难过的一幕，党内斗争是很激烈的，无非就是看谁水平高，能带来胜利，失败者自然被淘汰，从来没有过大规模的军事对峙，避免这一危机的关键人物是叶剑英，据说叶剑英先于陈昌浩看到张国焘的电报，立刻秘密向毛泽东报告，毛泽东迅速抄下电文（后来，毛泽东讲到电文中有：南下，彻底开展党内斗争）。

当晚，毛泽东同张闻天、博古、王稼祥和病中的周恩来等率红一、三军团迅速脱离第四方面军范围，自行北上。

毛泽东想说服徐向前一起走，由于言语闪烁，徐向前似乎没有明白。这是最没有办法的事情，该怎么表述呢？没有办法，毛泽东自己走了。

至此，本来兵合一处的红军分成了三部分，张国焘统领大部分，陈昌浩、徐向前一部分，毛泽东一部分，毛泽东的人数最少。

四方面军的一些人没有跟着毛泽东走，毛泽东说："捆绑不成夫妻，他们要走，让他们走吧！以后他们自己会回来的。"

这是毛泽东一个很大的变化。他意识到，求着不是买卖，不光是对敌胜利求不来，合作也是求不来的。这是一个伟大的进步，从这一天起，毛泽东依然与所有人合作，但合作的基础变了，再也不是无条件的了，而是坚持以我为主的合作，也就是我们熟知的独立自主、自力更生基础上的合作。人少了怕什么，关键是我已经全会了。所以当张国焘再玩这一把戏的时候，分开就是必然的，各过各的，看谁对。

“独立自主、自力更生”的精神到底有多重要呢？我们无法准确表述，因为它是我们人生最重要的根基。世界上无数有才华的人，努力一生所得甚少，常常觉得是自己命运不好，是别人不识才，发些什么“千里马常有，伯乐不常有”之类的牢骚，却从来没有深入内心想想，自己有根基吗？才华横溢的人们更多是浮萍式地活着，扎根于土地可能因为地理贫瘠而不能成长为参天大树，但浮萍却永远没有机会长成材。

这与老话说的人挪活树挪死有没有矛盾呢？这是一个问题的两个方面。事物都是一分为二的，我们今天对这句话很熟悉，因为它是毛泽东的心血总结，可是我们多数人是进入不了这一境界的。只有经历过生死荣辱成败的磋磨，才会发现这一规则定理，才会应用它。随后你就会知道这一定律式的大发现已经产生于毛泽东的心里。

徐向前得知毛泽东走了，才反应过来，毛泽东在争取他，徐向前这是第二次失去机会，他蒙头哭了。下面人报告说，中央红军对四方面军放了警戒哨，问打不打，徐向前坚定地说：哪有红军打红军的道理！这就是徐向前的信念，毛泽东知道后，刻骨铭心，终身不忘。

危险没有了，可人变得更少了。不过，毛泽东这一边人数虽然少，但总书记和多数中央委员们在这里，所以他们就能以中共中央的名义做出决议，不给张国焘总书记职位的决策此时显示出高明了。会议通过《关于张国焘同志的错误的决定》，此举在政治上给张国焘判了个缓刑，给他留了一条路，看他怎么走。

张国焘这个北大毕业的怪胎，在中国革命最困难的时候，不是先考虑怎么胜利，而是想着要权，虚位不要，要实权，实权有了还要全权，为了自己的私欲居然敢使用武力裹挟中央，危害毛泽东和其他领导人的生命，这种私欲将自己堕落到地狱之中，他给革命带来巨大危害。

重敲锣鼓另开张，毛泽东把手下红军合编为中国工农红军陕甘支队，彭德怀为司令员，毛泽东为政治委员。彭大将军又和毛泽东并肩了。

他们的前方没有太多敌人，毛泽东先进入甘肃。这时候，毛泽东从缴获的报纸上得知陕北有苏区和红军。这就有了落脚点。他看着这些跟着他走了一路的勇士们，深情地说："我们现在的干部是精华，应该注意保护。"他把部队整编为三个纵队，共 8000 多人。

毛泽东跟他的部下说："目前，日本帝国主义侵略中国，我们就是要北上抗日，首先要到陕北去，那里有刘志丹的红军，大家用不着悲观，我们现在比 1929 年年初红四军下井冈山时的人数还多呢！"

这样毛泽东给他的部下找到了一个高尚的目标，他这样表述红军向北走是对的，不能在部下面前过多地指责自己人的错误，应当把眼光放在更远大的目标上。这是毛泽东的高明之处。而且他也有资格这么说，他从井冈山下山后就没有败过。

张国焘拉走的红军达七八万，在四川另立"中共中央"，宣布"开除"毛泽东、周恩来、博古、张闻天中央委员及党籍，对杨尚昆、叶剑英"免职查办"，张国焘一杆子打翻了所有人，他把脚迈过坎了，就很难再收回来了。

这时，蒋介石误判红军将威胁西安，急忙调胡宗南防止红军东进。

毛泽东却继续北上，跨过海拔 3000 米高的六盘山，陕北苏区在望。

毛泽东渴望权力，他的同志们在绝望中将权力给了他，他需要将他的同志带出险境，找到一个可以歇息的落脚点重新开始，而这一目标在他看到陕北的时候达成了。所以，我们看到了毛泽东登上六盘山顶峰时写下的《清平乐·六盘山》：

天高云淡，望断南飞雁，不到长城非好汉，屈指行程二万。六盘山上高峰，红旗漫卷西风，今日长缨在手，何时缚住苍龙？

毛泽东提问题的时候就是有答案的时候，当年毛泽东在湘江岸边，写下"问苍茫大地，谁主沉浮？"他找到了革命的力量，他知道要依靠占据中国多数的农民，十年后的毛泽东写下了"今日长缨在手，何时缚住苍龙？"意味着一切站在毛泽东对面的势力，被缚住的命运已经注定。

此时毛泽东手下只有 8000 兵，遇到敌人骑兵两个连，毛泽东亲自指挥三个大队把敌人解决了，缴获了一百多匹马。可见毛泽东对未知的事情多小心了，骑兵这一曾经横扫天下的兵种，在机枪发明之后就渐渐淡出了战场。

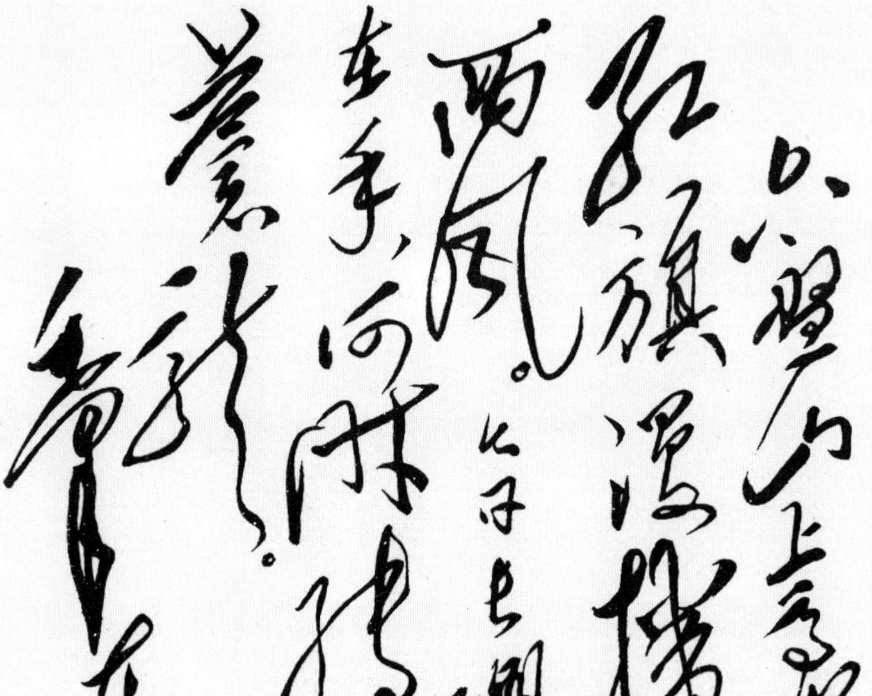
六盘山上高峰，
红旗漫卷西风。今日长缨在手，何时缚住苍龙。
毛泽东

清平乐

六盘山

天高云淡，望断南飞雁。不到长城非好汉，屈指行程二万。

这种示范很有效，这样他的部队对打骑兵也有信心了。这时，敌人的三个骑兵团又尾追而来，不用毛泽东再动手了，彭德怀领兵击溃了国民党骑兵2000多人，使他们在一段时间里不敢再来侵扰。

毛泽东兴奋地赠诗一首：

山高路远坑深，大军纵横驰奔，
谁敢横刀立马？唯我彭大将军！

据说彭大将军收到后说不敢当，改成“英勇红军”还给毛泽东。对此你也可以理解成不吃老毛这一套，关键在“我”这个字上看你怎么理解，此时的毛泽东尚不是后来的一句顶一万句的毛泽东，这一点不可不知。

毛泽东的部队进驻吴起镇，宣告了中央红军长征的结束。第五次“围剿”蒋介石算是赢了，他把红军打得到处乱跑，但遵义会议后毛泽东赢了，他跑出了蒋介石的包围圈。总算账，蒋介石输了，因为他把红军和毛泽东逼到了北方，使得共产党距离胜利更近了，查查中国历史就会发现，多数统一都是北方完成的，这是历史和地理因素决定的。

毛泽东的《七律·长征》写道：

红军不怕远征难，万水千山只等闲。
五岭逶迤腾细浪，乌蒙磅礴走泥丸。
金沙水拍云崖暖，大渡桥横铁索寒。
更喜岷山千里雪，三军过后尽开颜。

中央红军长征的传奇性胜利，引起了极大震动，在上海的鲁迅和茅盾向中共发来贺电：“在你们身上寄托着中国和人类的未来”。共产国际也高度评价中国工农红军的长征是“英雄斗争的模范”。

随后，毛泽东对长征作了总结，他说：“讲到长征，请问有什么意义呢？我们说，长征是历史记录上的第一次，长征是宣言书，长征是宣传队，长征是播种机。”“总而言之，长征是以我们胜利、敌人失败而告结束的……”

此时的蒋介石应该是打败中国无敌手了，日本人已经向内蒙、北平渗透了，但他依然没有和日本人干仗的意思，而是死死盯住了毛泽东，留学日本的蒋介石对日本没有仇恨，他把仇恨全放在自己内部的人身上了。

蒋介石下决心不给毛泽东喘息的机会，他似乎要弥补过去忽视毛泽东的错误，他把毛泽东当成了自己的主要对手。毛泽东抵达陕北，蒋介石立刻调集十万重兵“围剿”，有张学良、杨虎城、胡宗南等部，委派张学良代他指挥。

张学良是大军阀张作霖的儿子，被人称作少帅，和蒋介石是拜把子兄弟。在北方，蒋介石的力量并不强大，对付到达陕北的红军需要借助张学良的部队，张学良的东北军没有和红军打过仗，莫名其妙地不放一枪丢失东北，憋了一肚子的邪火，想发在朱毛“土匪”的头上。东北军居然很骄横，原因不知，按说败军之将不可言勇，蒋介石叫他们打红军，他们也想露一手，可惜已经没有机会了，林彪、聂荣臻的队伍已经会合到毛泽东的身边。

没有和北方军阀打过仗，毛泽东很重视初战，他和周恩来、彭德怀决定：集中兵力，先在直罗镇打一次歼灭战，消灭敌军一至两个师，再各个歼敌。

直罗镇三面环山，这又是一个比较标准的口袋。多么熟悉的场景，对蒋介石的部下来讲，他们应当不会再往里面钻，但这一回，老方法遇到新对手，这一招东北军没有尝过，照样有用。结果是张学良的东北军一个师被全歼。

陕甘革命根据地在后来的历史中以延安代称，成为中国革命史上与井冈山齐名的圣地。毛泽东上井冈山的时候，袁文才和王佐是接应者，而陕甘根据地创立者是刘志丹、谢子长两位，谢子长牺牲后，这里的红军由刘志丹统一指挥。

徐海东、程子华率领一部红军先于毛泽东一个多月到达陕北，与刘志丹会合，共有5000人马。这样徐海东、刘志丹成了接应者，真正的主人是刘志丹。当年毛泽东送枪结交袁王二位，到达陕北，毛泽东不需要送枪，很简单就获得了刘志丹的支持，因为毛泽东下令将被关禁闭的刘志丹放了出来。

原来，当地省委依然按王明的路子，捕杀自己人，刘志丹也被关了起来，毛泽东知道后立刻要求：停止逮捕、停止审查、停止杀人。

毛泽东为徐海东部下三百多“反革命嫌疑犯”全体平反，毛泽东要的是人，他有绝大的胸怀接纳所有的同志。他做了一个决定，所有的参加过长征的人全部入党。在最特殊的入党考验中他们全体合格无一例外，中国共产党为什么有力量？他们的骨干全是经历过长征的英雄好汉。

毛泽东很愿意为原根据地的纠纷做出裁定，处理的方式又极其高明，他制定的原则是要有利于团结，也就是说既要给被冤枉的人平反，又不打击制造冤案的上层。这显示了毛泽东极为高超的工作艺术。他显然不希望在得到一些同志的同时，失去另外一些。他无条件地释放刘志丹，号召全体干部、军民进一步加强团结，一致对敌。这才是问题的关键，自家人就不要闹了，敌人就在前头，并且会越来越强大，所以要一致对敌。毛主席的指示和刘志丹被释放的消息获得一片欢呼，直罗镇战役的胜利显示了力量和光明的未来，释放刘志丹显示了团结合作的善意，这些举措使得原来根据地的人心情愉快地接纳了中央红军。

日本人是我们最大的敌人

抗日是义不容辞的责任

成为中国一支独立力量之领袖的毛泽东，清清楚楚看到了他这时候最大的敌人不再是蒋介石，而是中华民族最凶恶的敌人日本人。日本人经过明治维新后几十年的努力，从兵蚁变成了饿狼，逐渐长出侵略的牙齿，从侵吞朝鲜开始，与大清帝国打了一场甲午战争后，进入中国东北，开始蚕食中国，这一过程居然没有受到过任何抵抗，割肉饲狼的恶果出来了，狼长大了，开始不满足蚕食了，要鲸吞了，目标变成了独占中国。日本侵略的步伐在不断扩大，此时矛头已指向华北，国内的其他问题都该放到一边了，日本人一来，全中国不论男女老幼，高低贵贱，都将是日本人的奴隶。

蒋介石没有力量统治全中国，似乎也不把北方看得太重。在东北，张学良由于得不到蒋介石的支持，一枪不放丢掉了东北，使得日本人有了可以吞噬中国的基地和本钱。有人天天讨论到底是蒋介石还是张学良丢掉了东北，我们不知道意义何在？你要是承认蒋介石是领袖，那就是蒋介石负责，反之要是不承认蒋介石是领袖，那就是张学良需要负责，最后不管是哪种情况，这两个人都需要对丢掉东北负责，并且为丢掉东北导致中华民族陷入八年血战的苦海负责，这是历史，他们俩都逃不掉，无非就是看他们俩怎样洗刷自己的罪责。

1935 年，蒋介石先后同日本签订了塘沽协定，达成“何梅协定”等，把河北、察哈尔两省拱手让给日本，何应钦替蒋介石背上了汉奸的罪名，而蒋介石也没有亏待他，何一直在蒋介石手下担任要职，这就说明了问题出在蒋介石身上。

但日本人是真正的狼，他们不甘于待在那日夜飘摇的小岛上，在他们看来，中国大陆就是一块肥得流油的肉。以割肉的方式试图换取豺狼的让步只会得到更大的伤害和屈辱，日本人的野心被蒋介石越养越大，更加得寸进尺。朝鲜之后有东北，东北之后看上华北，他们的目标是河北、山东、山西、察哈尔、绥远五省和北平、天津、青岛三个特别市，蒋介石你同意吗？老百姓都看到了，这样下去就完了，于是课也不上了，买卖也不做了，此起彼伏的上街游行请愿已经是常态了，不识字的人都知道中国确实有可能亡国了。

蒋介石不敢对日宣战，不积极抗日，使得北方的军阀们离心离德。结为兄弟的张学良和冯玉祥，本来就若即若离的阎锡山，都发现蒋介石靠不住，远在南方的李济深和李宗仁、白崇禧也无法接受，怎么打是一回事，打不打是另一回事。不管那些想为蒋介石翻案的人花多大的功夫，都让人无法接受蒋介石的攘外必先安内的政策。

毛泽东力量再小，被蒋介石逼迫得一路狂逃，高举起抗日的大旗，毫无疑问，在道义上他是站在最高点的。不错，你可以认为道义并没有绝对的意义，从来是胜者为王的，但是道义依然具有更深层次的意义，也就是说一旦他从小变大，道义也是能放大力量的。

毛泽东有资格指责蒋介石是卖国贼，他明确表态，他的政府愿意与国内任何武装队伍订立反蒋的作战协定，以求中国领土的解放和完整。

那种认为是日本人帮助了毛泽东胜利的观点，是被眼屎糊住了眼睛，蒋介石怎么可能打败毛泽东呢？从井冈山开始到陕北站稳脚跟，毛泽东自己从来没有犯过大错误。

那还是在南方，蒋介石势力巨大的地带，蒋介石都打不赢毛泽东，北方的军阀，蒋介石都无法征服，现在的毛泽东已经来到西北，蒋介石已经伤不到他了，毛泽东的眼睛盯住了民族的敌人——日本人。

毛泽东冷冷地打量着他周边的新对手：西北军杨虎城是将，东北军张学良是帅。杨虎城在打日本人和打共产党之间选项明确，他是中国人中的好汉子，过去同共产党关系就不错。张学良的东北军叫蒋介石指挥着来打红军，难度更大，一帮子东北大汉，作为军人，不放一枪一弹，丢了东北，跑到关内，算是背井离乡流亡的人，再起劲打内战，还是人吗？他们背负着耻辱活着，作为战略你可以讲撤退是为了更好地战斗，转脸去杀自己人，也算是“剿匪”，但这“剿匪”打不赢，外寇又逼上来了，怎么好意思再打自家人，抗日不抗日关系到做人的最后底线。

张学良他爹就是被日本人杀的，现如今又背负着“不抵抗将军”的恶名，这些罪名把张学良煎熬得日夜不宁。

这些都是可以联合抗日反蒋的有利因素，抗日不是毛泽东活下来的策略，而是毛泽东的责任，他没有拒绝这种责任，相反，他在另立政府的伊始，就亮出了自己的抗日主张。现在距离日本人如此之近，他要抗日，这样他的欲望、他要获得权力的努力，都是因为他是为了中国人在奋斗，他领导的长征因此变得崇高而伟大，迈出这一步，跨过这一道坎，他将超凡入圣，直到后来他与一切外国势力大打出手都是一脉相承，而此时毛泽东已经在党内拥有决策的地位，他的同志们不再试图控制他，而是转向敬佩和服从。

第一个着手点就在手头，先前东北军一个师的被俘官兵成了联合的重点，毛泽东和周恩来两个人一起抓这项工作，先从优待释放被俘官兵着手，并写信给他们的师长、军长以至张学良，逐步释放善意，表明合作意愿。

这个时期毛泽东的方向与共产国际完全没有矛盾了，这种变化来自俄国人遇到的新问题。斯大林顾不上和蒋介石较劲报复了，他的敌人也是明着的了，他正在受到德国和日本东西双向夹击的威胁，为了防止这种危险，他需要联合中国，这样他对中国共产党的指示变成了抗日，他需要中国抗日来减轻自己的东方压力。这时，中共驻共产国际代表团成员张浩（林育英）带着指示从俄国回来了，这回好了，不管动机如何，总归是目标一致，以前的恩怨先放到一边，目前共同的敌人就是日本人。

张浩是林彪的堂兄，他带回来的指示，对毛泽东地位的加强有帮助，林彪不是毛的直系，这一点许多人没有意识到，原因就是不知道有一个张浩，张浩的地位较高，所以林彪算是较为独立的一派。林彪兄弟三人参加革命，只是后来张浩早早病逝，名声不显。

在日益迫近的亡国威胁下，华北再大也已放不下一张书桌，北平的学生们离开校园，掀起爱国反日运动，中国共产党提出的“停止内战，一致抗日”的主张，开始进入社会各界的心里，并逐步被接受。

在这种情况下，共产党的领袖们聚在瓦窑堡开会。

毛泽东作了军事报告，红军矛头将指向日本人，此时在军事问题上已经没有人再与毛泽东相左了。

在讨论政治问题时，毛泽东遇到了阻力，毛泽东的意见是，在日本人侵略面前，中上层的阶级也有参加抗日的可能，我们应当联合他们抗日。博古反对，说这是背离马克思主义的。毛泽东在第二天再次发言，想苦口婆心说服大家，指出中国的这些人和外国的不一样。可能是说这些绕口的话说烦了，说得搓火了，毛泽东变成了愤激，话里带出了祖宗二字，毛泽东就差指着博古的鼻子问，你到底是为中国人干活还是为外国人工作，你还知道祖宗是谁么？面对毛泽东的怒火，博古也不敢再讨论什么马克思还是斯大林了，他们的话可救不了火，一看毛泽东真火了，博古知趣地闭上了嘴，往床上一躺不说了。毛泽东余怒未消，既然这帮人如此热衷于主义，毛泽东又给了反对者一个高帽子，把反对他的意见叫“关门主义”，要求他的同志们从中解放出来。张闻天等多数人选择继续支持毛泽东。有的人甚是可笑，马克思主义是真理，是因为在革命者的手里它能改变中国落后的面貌，但斯大林的话不是圣旨。毛泽东要考虑的是怎么样抗日，而不是听斯大林怎么说，对毛泽东来讲，斯大林是一个伤害过他和他的同志的令人不快的外人，拿斯大林的话来对付毛泽东只会叫他反感。

毛泽东的主张就是建立广泛的抗日民族统一战线。注意是广泛的，而不仅仅是底层人民的。在民族的敌人面前，毛泽东要的是全民族的大联合。这正是毛泽东思想的精华。最终领导层接受了他的主张。不过，这时候敌人还是两个：日本人和蒋介石。

瓦窑堡会议很重要，它意味着毛泽东的革命方程式被他的同志们基本接受，他把联合一切力量来对付敌人的法宝已经扩大到了除了蒋介石和日本人之外的所有人。

所有的共产党人，拿着这一法宝，都可以扩大自己的力量，都可以使得自己占据道德的高位，可以不断复制、放大。

不看今天是空谈，不看明天就是近视眼

瓦窑堡会后，毛泽东安排周恩来做东北军的上层统战工作，他把主要精力放在红军东征山西上。

要问毛泽东为什么东征，知道毛泽东是怎么度过第一个陕北的冬天的吗？毛泽东向徐海东借了5000块大洋才挨过来的。毛泽东并不会产金子、银子，他有的是获得胜利的方法，最终结成果实需要时间。

毛泽东率兵出发东征。这时，恰好下了一场大雪，毛泽东心情极好，作了一首词《沁园春·雪》：

> 北国风光，千里冰封，万里雪飘，望长城内外，惟余莽莽；大河上下，顿失滔滔，山舞银蛇，原驰蜡象，欲与天公试比高，须晴日，看红装素裹，分外妖娆。江山如此多娇，引无数英雄竞折腰。惜秦皇汉武，略输文采；唐宗宋祖，稍逊风骚，一代天骄，成吉思汗，只识弯弓射大雕。俱往矣，数风流人物，还看今朝。

这就是后来被柳亚子称作中国有词以来排名第一的那一首，是诗人毛泽东最好的一首诗词。“江山如此多娇，引无数英雄竞折腰。”一句话囊括中国历史上所有英雄，此时的毛泽东名义上尚不是中国共产党的最高领袖，但事实上已经是了，所以除了毛泽东再没有人能有这般气势。

毛泽东去世后，有人突发异想，说这首词不是毛泽东所做，而是毛泽东的某个秘书代笔之作。说这话的人真是睁着眼睛说瞎话的天才，他们就不知道诗词在中国社会的地位，当年李白同志那么喜欢当官，他的诗作少上一两首也不影响他的诗坛地位，为什么不献上一首给皇帝或是宰相们，换个一官半职呢？

其实只要回头看看毛泽东在1925年写的《沁园春·长沙》就能看出与此诗是一脉相承和进一步升华的。只有毛泽东能写出这样的绝唱，因为他找到了战无不胜的方法，因为他知道他将战胜所有的敌人。最关键是他知道在他必胜的方法里，在他胜利的过程中，世界上最多人口的民族将重新站起来，而他将成为这一人类历史上最强大的力量的代表，所以他将超越中国历史上所有的君王和英雄人物。谁敢说金钱不重要呢？只有大富翁；谁敢说成吉思汗只识弯弓射大雕呢？只有毛泽东。

雪后，毛泽东同彭德怀一同东征。红军强渡黄河，突破阎锡山的防线。

刘志丹率兵趁晋军回援山西的机会，恢复和巩固了陕北根据地的东部地区。

阎锡山慌忙调集兵力反击，毛泽东集中兵力予以重创。阎锡山在政治上还是有些本事的，但军事上的造诣看来不是很高。不过这也不丢人，没有人能打过毛泽东。

东渡后初战告捷，毛泽东就兵分三路进军，在李德看来，毛泽东的分兵是自己破坏自己的规矩，你不是常说要集中兵力吗？毛泽东又好气又好笑还是耐心解释了一回，兵势无常，分兵是发动群众，集中以歼灭敌人。最开始对付阎锡山的部队时，不是集中了吗？阎锡山的晋绥军垮了，自然就要分兵扩大战果。

在南方，他打败了蒋介石；初到陕北打败了张学良；在东征中，他打败

惜秦皇漢武略輸文
采唐宗宋祖稍遜風
騷一代天驕成吉思汗
只識彎弓射大雕
俱往矣數風流人物
還看今朝
毛泽东

沁園春

北國風光千里冰封萬里
雪飄望長城內外惟餘
莽莽大河上下頓失滔滔山
舞銀蛇原驅臘象
欲與天公試比高須
晴日看紅裝素裹分
外妖嬈江山如此多嬌
引無數英雄競折腰

了阎锡山。这样就可以证明，他的胜利方式是普遍适用的，胜利使得毛泽东更加自信。

自信的毛泽东把他的同志从为俄国人打工的状态下拽出来，为自己的民族干，这一主张也是对自己的长期探索的总结，毛泽东彻底地独立了，他要自主了，这一方法将是长期有效的，未来的力量就产生于这一点上。

阎锡山经营山西有方，山西几乎没有革命的概念和力量。阎锡山有能力和蒋介石抗衡，一直拒绝蒋军进入山西，但他怎么也想不到，来自南方的这些残兵败将如此麻利地打败他的军队。面对共产党这个强大的敌人，实在是吓得不轻，取舍之间，阎锡山还是转向接受蒋介石的援助，允许陈诚十个师的兵力开入山西。

鉴于这种状况，毛泽东收兵西渡，全部返回陕北休整，在东征作战中，唯一遗憾是刘志丹不幸牺牲，后来高岗当的那个中央人民政府副主席的位置本来是他的。

这次东征历时 75 天，收获不小，有俘虏、枪、炮，还有地盘，红军也扩大了 8000 多人，筹款 30 多万元。能看出来吧，北方不及南方多矣，记得毛泽东打福建筹了多少款吗，100 多万哪，山西可没有那么富，当年张作霖在阎锡山和蒋介石之间犹豫，就是因为阎锡山从能力和执政观念的角度要高于蒋介石，但最终张大土匪选择了钱多的一方，所以才有了蒋介石的地位。阎锡山落败是由于山西财团无法和江浙财团抗衡，这是中国地理变迁的必然，比钱北方人比不过南方人，但要比打仗，那是另外一回子事情，再往后就知道了。山西人在阎锡山的统治下，长时间不知道共产党，这不毛泽东来了，红军将老财家的东西分给穷人，结果好多乡民等红军走了，又给财主送了回去，因为在这些百姓的观念中别人的东西是不能乱拿的，山西民风淳朴如斯。但对于活不下去的人们来说，送上门来的粮食还是要吃的，共产党的影响开始了。阎锡山的治下虽然没有太大的动乱，但并没有根除饥饿，是有很多人挨饿的，对这些人来讲共产党比阎老爷要好，什么样的妖魔化都敌不过给穷人一口吃的。

红军东征，由于主动撤回，有国外的研究者居然认为是毛泽东的一次失败，可见老外的研究水平了。

红军回师陕北后，由毛泽东、朱德再次发出《停战议和一致抗日通电》，蒋介石当然不接受，哪有这等好事，你想打就打，你想停就停，门儿都没有。蒋介石立即着手成立以陈诚为总指挥的四省“剿共”总指挥部，蒋介石、阎锡山、宁夏马鸿逵、张学良和杨虎城四面包围了陕甘苏区，不过蒋介石没有料到的是张、杨已同中共私下里停战了。

从山西回来后，毛泽东开始筹划下一步的行动，最后确定经略甘肃，事情定下来后就交给彭大将军执行。

打山西是初战，毛泽东亲临指挥，打甘肃他就不再去了，因为他有更重要的事情要做，那就是他要创办一所红军大学。

他的眼睛已经盯住了未来涉及全国的大局面，他已经把握了胜利的方法，这样他就可以教给他的追随者，他自己知道他的事业根本就是人，知道未来没有大批能干的会工作的人也就是我们熟悉的干部是不行的，现在不开始着手，不解决这个问题，将来就没有可能掀起巨浪。

毛泽东的同志们欣喜地望着他们选择的领头人，毛泽东用军事行动证明他能带来胜利，用远见卓识折服了所有人，大家一致同意在瓦窑堡创办红军大学。一有机会，毛泽东就回到了他的基本胜利方法上，当教师接着培养学生。

彭德怀率军向陕、甘、宁进攻。彭大将军纵横数百里，斩获颇多，开辟了横宽二百多公里的新区陕甘宁根据地。人枪马都有了，红军有了自己的两个骑兵团。这样到达陕北的中央红军已成了一大块土地上的主人了。

为了配合彭老总的进军和真正得到当地人民支持，毛泽东根据当地是回民聚居的地区，承诺回民自治，人民共和国的内容就是这么一步步充实的。

彭德怀重点打击马鸿逵、马鸿宾部和地方民团。原则上避免同东北军作战，但依然有东北军接受蒋介石命令打横炮，搂草打兔子，那就不客气了。

东北军毕竟是下一步的统战目标，所以被俘的东北军官兵自然受到优待，在经过一番“停止内战，一致抗日”的教育后，全部释放，马匹和武器也一并归还，东北军这一下真的明白了，敢情红军真的要交朋友，红军在这样艰苦的条件下依然不占东北军的便宜，张学良心中记下了这个人情。

就在这时，美国记者埃德加·斯诺来到毛泽东身边，他在听说了中国有着红军这样神奇的力量存在后，冒着生命危险进入陕甘宁根据地，要求进行实地采访，共产党人和毛泽东同意了这一请求，造就了一个传奇。

斯诺请求采访共产党的领袖，毛泽东虽然不是总书记，但已被大家认可为全党领袖，所以斯诺见到了毛泽东。

斯诺真实地记下了他眼睛中的毛泽东，初次见面斯诺没有完全意识到他眼前的这个人到底有多么了不起。不过没有关系，斯诺得益于他是采访毛泽东的第一位外国记者，于是他就获得了更多的机会，与毛泽东的数次交往经历使得他最终成为世界名人。

毛泽东很重视斯诺的来访，他能感觉到这个美国人的善意，他很愿意通过这个美国人告诉外部的世界他要干什么，不要忘了，他一贯注重宣传，他可是当过宣传部长的。毛泽东曾经多次同斯诺进行了长时间的谈话，可以说是涉及方方面面。

毛泽东告诉世界：日本侵略者不光是中国人的敌人，也是全世界的公敌。共产党管理的中国也将会和外国人做买卖并欢迎外国投资，当然条件是中国获得真正独立的时候。

日本必败，中国必胜，东三省是必须收复的，这是中国的抗战前景，怎么获得胜利呢？中国军队必须迅速地前进、后退，集中、分散，搞大规模的运动战，而不是靠被动的阵地战。我们能看出来，毛泽东是有办法的，可惜中国当时的统治者是蒋介石。蒋介石有两个问题，一个是他不愿意打，二是他不会打，到后来他还就是打的阵地战。这是我们民族的悲哀，成了我们民族重生之前经历的苦海之炼。未来整个中国有可能变为日本奴隶，所以共产党的政策已经改变了，一切爱国的人都将成为合作者，不再没收土地，上层人物只要愿意为民族解放而战，将受到欢迎，甚至蒋介石，如果他一旦决定参加反日的抗战，我们也会欢迎他参加。

最后一个关键问题，被斯诺试探地提出。他问毛泽东在有的人眼里中国共产党只不过是莫斯科在中国的代理人，毛泽东怎么看？你能说这种指责一点道理都没有吗？看看我们共产党在毛泽东成为领袖之前的带头人，都是怎么做的？他们什么时候反对过俄国人的旨意？好了，这不是算账的时候，过去就叫它过去吧，现在是毛泽东管事的时候了，毛泽东大声说道：不。

毛泽东说：中国共产党是中国的一个政党，它必须是全民族的代言人，它只能为中国群众的利益说话。

毛泽东的声明通过斯诺传递到了外部的世界，它给毛泽东同时带来了利益和损害。利益是这个声明传到了中国的各个阶层甚至传到了美国人的耳朵里，只是后面这个利益实在是太久远了，居然是三十多年后。损害是也传到了俄国人的耳朵里，使得斯大林产生了疑虑。后来的历史告诉我们这就叫勇气，这就叫远见，旗帜鲜明固然会受到伤害，但也将获得真正的支持，代表中国人的共产党自然会受到中国人的热爱和拥戴，这才是毛泽东革命的力量源泉。靠俄国人，没戏；恨俄国人，没用；怕俄国人，自我束缚。毛泽东不想掩盖什么，他不是热血沸腾的愤青要过瘾，而是政治智慧，他必须摆脱这一形象，必须独立自主，才能获得关键的支持——全中国人的认可和支持。他实际上也在规定某种条例，规范那些过于热衷同俄国近乎的人们，让他的同志遵循他的道路。因为他知道，既不能靠俄国人，也不能恨俄国人，甚至要和俄国人合作，因为眼前有着更主要的敌人。但也不怕俄国人，毛泽东谁也不怕，可他却惧怕失败，所以他战战兢兢地维护着他的团队，为了他心中的国家、民族和人民，他不能有失败和闪失，因为我们其他的领袖实在是不合格，因为这一使命太过于艰难和繁重，除了毛泽东没有人能承担得起。

应斯诺的再三请求，毛泽东还向他详细谈了自己从童年到长征的经历，这在毛泽东一生中，是仅有的一次。这为我们留下了宝贵的资料和绝对真实的情况，因为你可能拒绝后来带有崇拜眼神的描述，但你可以看看斯诺的描述，那时候毛泽东还不是神。

斯诺为毛泽东照了一些照片，其中最著名的就是那张戴着八角帽的，当时的毛泽东略显消瘦，侧着的脸显得很清秀，略带忧郁的美，这张照片非常有宣传意义，中国人讲究相由心生，看到这张照片，你会认为他是土匪吗？特别是和蒋委员长的照片相比。如果你非要说毛泽东是土匪，那也是相当俊美的土匪，这就在相当程度上打破了蒋介石的宣传，其意义是相当积极的。

斯诺回到北平写了《红星照耀中国》一书，轰动一时，全世界第一次知道了毛泽东领导下的工农红军，中文版的名字叫《西行漫记》。出口转内销，更多的中国人终于知道在自己的土地上已经有了一股全新的力量在生长，他们品德高尚，他们是未来中国的希望。

斯诺以这样的机缘成为世界知名人士。

不过比起宣传自己，毛泽东更关注他那些长期合作的战友——张国焘带走的那部分红军。这时候，毛泽东已经拥有大功率电报，所以他们一直保持着联系，毛泽东在争取他们早日重新北上，朱德在与张国焘斗争中表现了对毛泽东的忠诚，他在遵义会议上表态将追随毛泽东，虽然有点迟，但朱德人品高尚，说过的话就不再变。刘伯承也坚定地站在毛泽东一边。朱老总没有兵权，人身安全都不能保障，待在张国焘身边就是不走，说我是中央派来的，不听你张国焘的，张国焘气急败坏也没有办法。张国焘一意孤行，宣称他才是中央，领袖们集体不干，毛泽东请张浩出面做张国焘的工作，因为张浩代表共产国际，张浩明确告诉张国焘：共产国际支持的是毛泽东，但为了给张国焘面子，他建议张国焘可成立西南局，这样名分就好说多了，最后，张国焘与毛泽东之间的争论，“可提交共产国际解决”。

这三招很厉害，第一当然是打击，第二是退路，第三是安抚，不把张国焘逼到死路上。

张国焘成了真正的孤家寡人。陈昌浩也不再支持他，手下的红军已由原来的八万人锐减为四万多人，其中还有一方面军的人马，没有名分，没有出路，又遇到任弼时和贺龙率领一万人马前来会合，他们可是奔着毛泽东而去的过客，在这样的上下挤压和外力推动下，张国焘不得不服软。

伤心总是难免的，徐向前等四方面军领导人肯定想起了毛泽东说过：南下是绝路。什么叫战略眼光，什么叫非凡气魄，这些后人看上去是奉承之词，被百战之余的将军们说出来容易吗？这一切来自无数次的正确论断。真的有人做到了，你会吝啬赞扬之词吗？面对价值连城的宝贝不赞美是无欲之人，面对人类思想的光华不拜服除了僵尸就是虚妄之人。要知道多数人的一生错误远大于正确，只有少数人能做到对多错少，几乎不犯大错，那只能以天才称之，因为正确意味着胜利，胜利意味着成功，成功意味着更大成功。

这真是天大的好消息，共产党的其他领袖们也将奔赴陕北，贺龙成为新成立的红二方面军总指挥，任弼时为政委，他们的队伍里加入了原来属于一方面军的那些人，二、四方面军决定共同北上。

毛泽东作了安排，夺占通道，红军三大主力终于会师。

全中国的主要的红色力量集聚在毛泽东的旗帜下，就意味着一切皆有可能。抗日的烽火即将在全国燃起的时刻，毛泽东的力量增大了好几倍，当然意义重大。

元帅中贺龙最没有命运的眷顾，他是湖南人，毛泽东的老乡，他也是最早有了兵的人，当年在南昌起义的时候他就是总指挥，但元帅中只排到第五，原因就是他没有遇到毛泽东，而是朱德带着残兵上了井冈山。不过贺龙的到来，也使得毛泽东力量大增，贺龙在军队的位置极高，在国民革命军序列里他的军阶是军长。为了弥补迟来一步的遗憾，他完全地站在毛泽东一边，对于反对者，贺龙就是不讲理的“土匪”，他对许多人都敢说毙了你。作为湖南人，贺龙早就听说过毛泽东的大名，他对毛泽东的拥护是十分真诚的。

蒋介石痛苦地发现毛泽东手底下的人马又多了，于是派胡宗南带领十几个师的兵力由南向北进攻。历史真有相似之处，这时候的陕北会师和井冈山朱彭二位上山后的情况十分相似，那就是陕北支撑不了这样多的军队，这样就需要做两件事，一个是抗击胡宗南，一个是进攻宁夏，进攻宁夏是希望能得到俄国人的援助。

很多人纳闷张国焘最后的命运为什么那么落魄，除了他前面做的，他还有更大的罪责，而且这是一段有名的公案，谁是谁非，责任到底在毛泽东还是张国焘？有人争论不休。

这一段公案叫西路军惨败。

三军会师后，张国焘、朱德带领人马直接向宁夏进军，这时候的张国焘依然军权在握，随意指挥，不服从中央军委指挥。毛泽东再三告诫要注意先阻止胡宗南的南敌，然后才能北上，否则将十分被动，张国焘不听，结果在渡过黄河时，被胡宗南抄了后路。河东和河西两岸的红军被国民党军队割断。

随后中央下令彭德怀领军，试图恢复与西路军联系的机会依然被张国焘断送，直接造成后来西路军的失败。

所以这里面有两个问题，一个西路军是听从中央的命令出发的，也就是毛泽东发布的进军宁夏的命令，这一点是确定的，问题出在要先阻止胡宗南抄后路，张国焘没有听，结果造成失误，为了弥补这一失误，毛泽东派出彭德怀接应，张国焘依然不做配合，丢失了接应西路军的机会，这样西路军失败的责任只能是算在张国焘头上，没有办法翻案。

张国焘既然如此不合作，毛泽东也就不再客气，因此，中央军委下令："一切作战行动绝对服从彭德怀之命令。"夺了张国焘的军权。

彭德怀指挥主力东移，待机歼敌。

由于张国焘的两次错误，导致红四方面军三个军 21800 人孤悬河西，改称西路军，西路军开始独立作战。

这是毛泽东掌握军权以后遭遇的较大失败之一，是什么原因导致毛泽东没有亲自披挂上阵呢？据说毛泽东在看了《三国演义》的"失、空、斩"后曾说过诸葛的最大错误在于这么关键的战役自己不亲自上阵。那么为什么毛泽东没有亲自指挥宁夏之战呢？有人根据毛泽东已经掌握军权，西路军是听从中央军委的指令采取行动的这一条，认为西路军失败是毛泽东的责任，这个结论是很难成立的。我们参照张国焘的回忆录就能知道，第一，张国焘主动承担了责任，他在晚年写的回忆录里也没有指责别人；第二，陈昌浩的责任很大，这也是陈昌浩没有历史地位的关键原因；第三，徐向前军事水平很高但过于服从政委的指示，这是资历和性格诸多方面造成的。

这一公案的结论是，宁夏之战虽然是毛泽东下令进行的，但具体执行过程中，需要调整时受到张国焘的干扰，军令无法下达，就是说毛泽东当时指挥不动张国焘的部下，周恩来也没有在前线，也是此理，当然他们还有别的更重要的事情。

河东部队的指挥权掌握在毛泽东手里，他的作战方针是：逐次转移，诱敌深入，求得在有利地区，集中优势兵力歼灭国民党军一至两个师，还是老办法。胡宗南似乎没有尝过太大的苦头，居然骄横不可一世，其中一部孤军深入，正好进入毛泽东给他们设置的有利地区——山谷。

这办法永远有效，其实你要是知道了就会觉得实在是没有什么新鲜的，可是它就是有效，彭德怀指挥、周恩来压阵，灭了胡宗南手下一个旅加两个整团，迫使胡宗南部全线后退。这一仗叫山城堡战斗。名气不大，但很实用。

西安事变：一切为了打日本，救中国

山城堡战斗结束后不到一个月，“西安事变”发生了，这是中国近代历史上声响巨大的事件。

“西安事变”的发生，看似偶然其实必然。“九一八”以后，明白人都知道日本人要侵略中国了，毛泽东带着共产党已经在调整自己的政策了，爆发点落在张学良身上也是正常的。

毛泽东一到陕北就和周恩来致力于和蒋介石以外的力量搞大联合。

我们在体会毛泽东的成功轨迹的时候，会觉察到毛泽东的目标在确立后几乎没有变过，这一目标就是改造中国与世界，中间的策略是随时变化着的，但总策略又是确定的，所以看上去眼花缭乱，其实又是有迹可循的，那就是建立广泛的统一战线，就是广交朋友，所以他在确立了党内领袖地位后，也就是掌握了制定政策的权力后，就制定了广交朋友的方针，这是毛泽东的重要法宝。

而这一政策又有最好的执行者，那就是周恩来。毛泽东愿意广交朋友，而周恩来善于广交朋友，这两个人珠联璧合，在毛泽东正确的政策指挥下，周恩来的天赋和才华得到了最大的发挥。

毛泽东确定抗日民族统一战线策略时，蒋介石依然加紧对红军“追剿”，所以毛泽东的敌人是两个，日本人和蒋介石。但毛泽东天才地知道，再强大的力量不能同时有两个敌人，为了对付日本人必须联合蒋介石。这一点在后来新中国夹在美苏两个大国之间的时候，毛泽东依然是拉一个打一个，这就是最高明的政治家，违反这一点的都是失败的政治家。指责这一点的则是理论家，不属于世俗领域，也当不了世俗领袖。

毛泽东抓住一切机会向全国呼吁，“兄弟阋于墙，外御其侮”的古训被常挂在嘴边，而且不再称蒋介石为“蒋贼”。常看报纸的人们就明白共产党的态度了。

周恩来见张学良，进行了很坦率的交流。张学良说他感觉蒋还是有抗日的可能和存心的，蒋的错处就在“攘外必先安内”，所以他想逼蒋抗日，周恩来表示基本同意。这就是西安事变的内因。

不光是北方军阀响应共产党的抗日呼吁，广东的陈济棠和广西的李宗仁、白崇禧也打出“北上抗日”的旗帜，出兵湖南，被称为“两广事变”。这表明，蒋介石不抗日，全中国不再有什么势力会将他视作领袖了。

毛泽东把口号改成请蒋抗日，与各路军头联络，只求合作抗日。毛泽东向蒋介石表态：只要抗日，一切合作皆有可能。为了鼓励蒋介石抗日，毛泽东可是没少写热情洋溢的赞美信。

要说蒋介石绝对不想抗日也不准确，蒋介石只是固执地认为他能很快灭了共产党，然后再抗日。因为蒋介石也知道，日本人严重威胁着他的统治地位，土地丢了，人民丢了，面子早就没有了，这些都不要，只要利益，可是利益也快没有了，蒋介石自己不去抗日，却指望靠着外国列强出面调停，这样的算盘只能以无言来表达，对日本狼来讲到嘴的肉不吃是罪过，朝鲜没了，那是清廷贵族的错，东北丢了，一多半责任在蒋介石，华北要是丢了，蒋介石就成了南宋小朝廷，蒋介石你还往哪里退？再退你就没有代表中国的资格了。

不得不承认，此时毕竟还是蒋介石的力量最大，“两广事变”被蒋介石三下五除二就收拾了，封官、给钱再加军事威胁，老一套依然有效，这也没有办法，一物降一物，蒋介石对付军阀有一套，毛泽东对付蒋介石有一套。蒋介石收拾了南方军阀，认为又可以腾出手来集中力量对付红军和共产党了，此时的毛泽东和红军在蒋介石看来只不过是漏网之鱼，枪少自然言轻。

蒋介石真的没有想过和毛泽东搞联合，君无戏言，抗日不抗日等以后再说，他要先灭了毛泽东。几年来他又搜刮了足够的钱，于是他又调集了30万军队准备“围剿”红军。12月4日，蒋介石带着他的一大帮子手下大员飞抵西安，蒋介石给张学良、杨虎城最后两个选项：A. 听命令打红军；B. 如不干，张带兵去福建，杨虎城去安徽，到那里歇着去。这一下把张、杨逼到绝境，A还是B，这不是个问题，这两个都不是答案，他们都没有办法接受，他们选择了 C。

原因很简单，张、杨痛哭流涕地向蒋介石“苦谏”，可蒋介石不相信眼泪。最后逼得张学良拔出枪的还是爱国的学生遭到机枪的威胁，学生们愿意以死请愿，蒋介石拒绝接见，他那担任警卫的侄子架起了机枪，下令再往前走，杀无赦。张学良夹在中间，两边都逼着张学良表明态度。

张学良是一个花花太岁，土匪大帅的长子，身上有诸多的毛病，甚至曾染上抽鸦片的恶习，纵然有千项缺点，他却保留着良知，他杀过人，却不愿意再看到学生们的血，他和蒋介石结拜为兄弟，可以坐享荣华富贵，他不会打仗，一枪不放丢了东北，但他却不愿意背负卖国的罪名而苟活。蒋介石你去做你的政治家吧，你去做你的富翁吧，你为了利益什么都不要，而张学良不如你能干，但比你有血性，他敢于什么都不要，只要做一个中国人，他下了最后的决心。人无欲则刚，无求则强，张学良在杨虎城的帮助下，对蒋介石采取非常手段，实行“兵谏”。

12 月 12 日凌晨，张学良、杨虎城在西安扣留了蒋介石和陈诚、卫立煌、蒋鼎文等十多名军政要员，通电全国，提出停止内战等八项主张，这就是震惊中外的“西安事变”。

这个日子比较好记，1936 年，双“十二”。这是一个被永远记载的日子。它凝聚这样的字句，“无条件一致对外”。

“西安事变”是中国黑暗时代的一道闪电，张杨二人以自己的生命化作短暂的光芒，昭示了做中国人的原则——外御其侮，也让人们看到了中国上层的衣冠禽兽们的丑恶嘴脸，看到这些当时的精英们面对中国的亡国灾难，依然热衷于内战的可耻行径，蒋介石又不是没有调集过 30 万大军“围剿”毛泽东，他过去就没有赢过，将来也不会赢，为什么会有人认为他这时候就能赢呢？全中国的红军都集中到了陕北，此时红军人数并不比江西三次“围剿”的时候少，而且全是百战之余的精英。可蒋介石一门心思，就是要灭了红军，他对和日本人开战不感兴趣。他认为敌人就是这些要给中国带来进步的同胞。这样的人物被有的人视作楷模，实在是不知其所以。

那些认为“西安事变”救了共产党的人们，是太过于短视了，在毛泽东领导下，红军是不可能消灭的。十年内战已经证明了这一点，“西安事变”的意义又绝对不是这么一点，要这样看实在是对不起张杨二位的牺牲了，它是中国全社会的力量的一个临界爆发点。全中国人必须一致地对外抗日御敌，否则蒋介石就没有资格再充当领袖，他的灭亡将会更快些。从这个意义上讲，“西安事变”也救了蒋介石代表的财团，虽然他在和共产党谈判中丢了一些主动权。

中国共产党事先并不知道“西安事变”将要发生，这么大的事情，由两个人干已经是玩火了，再商量着办，事不密则失其身，所以事情办完了，抓到蒋介石了，张学良立刻致电毛泽东、周恩来，邀中共派人来西安共商大计。

突发事件彰显毛泽东应急能力，他立即调动军队，出手相助，表明自己的立场，给张、杨明确的支持。同时派周恩来赶赴西安，协助张学良、杨虎城处理事变。

此时蒋介石拿钱买来的这一帮子狐朋狗友，个个做出义愤填膺之态，以党国不可接受如此大辱之决绝，摩拳擦掌要灭了张、杨，而不管蒋介石的死活，甚至暗地里希望蒋介石死了算。何应钦跳得最高，要知道何应钦可是背着大汉奸的名声在蒋介石手下干活，真正救蒋介石的也就是蒋介石的老婆、小舅子和连襟，人活到这份儿上，也是很可怜的，可见钱买来的朋友靠不住。“西安事变”也是蒋介石人生的转折点，在此之前他的人生是上升的。但在抗日问题上的不积极，导致他的拥护者慢慢地离心离德，所有的独立的、原来依附于他的派别无法再接受一个只热衷于打击自家兄弟，而对外寇一味退让的人来当自己的领袖。从这一天起，蒋介石除了自己培养的靠着蒋介石过上好日子的一部分黄埔学生外，没有任何其他的人群再忠诚于他了。所以说蒋介石早就失败了，他是败在不积极抗日上了。这是中国历史的铁律，对内平庸些关系不大，对外不能犯错，如果对外软弱了，只能是一时策略，随后要找回来，找不回来史笔如铁，就是一个蠢货。蒋介石再精明也不过是为他代表的家族赚了些血钱罢了，即使不算他对内的账，对外蒋介石又为我中华民族争得了什么实际利益了呢？

在一片喊杀张、杨声中，国民党中央军入潼关、逼渭南，张、杨只能防守反击，并请红军参战。红军南下延安一线接防，蒋鼎文由于和张学良关系最差，所以被选择释放回南京以表示张、杨诚意，持蒋介石信令停止内战，宋子文到西安，宋美龄致函蒋介石劝蒋抗日，孔祥熙积极调和，汪精卫趁机想回国占便宜。一时间乱象纷呈。

最让中国人感到深恶痛绝的则是日本外相声言，南京若与张、杨妥协，日本将不能坐视。翻译过来就是我是打你了，你要是想着还手，我接着扁死你。日本关东军发表声明，要求南京“反共防共”，这相当于进到你家的强盗说，把你家的犟小子捆好了，防着他和我较劲。蒋介石的南京政府活到这份儿上真是丢脸。

毛泽东发出最强音，只要“停止一切内战，一致抗日”，蒋介石的自由将得以恢复，“西安事变”将和平解决。

当时，苏联《真理报》两次发表评论，指责“西安事变”是日本人造成的，毛泽东不同意苏联的这种说法，指出：“日本说苏联造成，苏联说日本造成，双方对于事实的实质都有抹煞。”

这让那些跟着俄国人的指挥棒搞革命的人震惊不已。毛泽东的这话在今天看来是够客气的，但在当时的中国共产党的领袖中间，这绝对是离经叛道。

这就能看出来，俄国人和日本人一样，为了自己的利益从来没有考虑过中国人的死活，当年日俄在中国领土上大打出手，肆意屠戮中国人，今天为了防止自己的利益受到损失又共同指责张、杨，日本人指责很正常，因为张、杨本来就是要抗日的，俄国人也指责，只能说国际政治的丑陋，在强权看来，弱者就应当老实地把头伸出来被杀戮。

有一种说法是在斯大林的指示下，毛泽东做出了和平解决西安事变决议。我们更倾向于毛泽东自主决策，因为从一到陕北的政策上的变化就能看出来，这也符合毛泽东的一贯主张，巧在这一立场相近，掩饰了毛泽东独立于共产国际。在共同的敌人面前取得一致奇怪吗？

这是罕见的，这一次斯大林的意见与毛泽东相同，斯大林为了俄国的利益，毛泽东为了中国的利益极其巧合形成一致意见，再次证明一切为了利益方是真理，这样我们就能区分毛泽东与食古不化的从苏联回来的人有什么不一样的地方，你会发现，毛泽东不是随时随地和俄国人掐架的，有时候他与俄国人合作，有时候他和俄国人斗争，合作的时候是因为有共同的敌人，没有了共同的敌人，就要斗争，甚至决裂，原因无他，因为毛泽东代表了中国的利益。

被捉住的蒋介石落到了国人皆曰可杀的地步，只有政治家知道蒋介石杀不得：因为最想蒋介石死的是日本人，积极置蒋介石于死地的是他的部下和合作者，不希望他死的是张、杨，俄国人和共产党以及蒋介石的亲戚，好在主动权在不希望他死的这一边，所以张学良最紧张，最怕蒋介石死了，蒋介石死了，他就是中国大乱的罪魁祸首，他也活不成了，只有自杀谢罪了。

毛泽东不是在共产国际的指使下和蒋介石谈判的，他是一个高明的政治家，不会犯这种低级错误，即使喊杀也是谈判的筹码，现在需要的是蒋介石低头。各派力量开始较量，谈判呗。该出手的都出手了，该谈判的上场了。

主要的谈判代表是蒋介石的一家子人宋美龄和宋子文，蒋介石死要面子，嚷嚷着不怕死，但我们从来不把蒋介石视作勇士，他只是一个赌徒耳，放蒋介石是有条件的，这一点是确定无疑的，宋美龄和宋子文对谈判的一些问题都作了明确的承诺。蒋介石没有签字画押，但肯定作了表示的。

“西安事变”的最后结局十分具有戏剧性，张学良没有通知周恩来，直接放了蒋介石，为了谢罪他自己陪着蒋介石两口子飞离西安。从此他失去了自由，蒋介石父子关了他半个世纪，可见蒋介石有多恨他了。

捉放蒋这一幕成了中国近代史上最富有戏剧性的画面，议论和争论将长久持续，主要观点有三，一个是蒋介石的拥窟这个气呀，他们的观点是蒋介石已经能彻底杀死共产党了，被张学良这么一搅和彻底黄了。这一派属于立场偏了后不顾事实了，不过理由很充分，因为蒋介石就是这样认为的，他可以将失败推到张学良的身上，所以终身不释，并且把仇恨传至下一代。一个是张学良这个冤呐，一个是共产党这个赚哪。说共产党赚大了，无非是两个原因，或是立场，或是不明白毛泽东必胜。我们重点说说张学良冤不冤，张学良不是冤，而是张学良没有办法。

可以想象是几方面因素导致这一结果。

第一是压力。张学良捉住蒋介石，逼迫蒋介石口头答应抗日，在张学良看来这就够了，这就能给自己的心灵解套了，对良心有了交代，捉住后的蒋介石成了烫手的山药蛋，张学良生怕闪失，压力之大不是少帅能够扛住的，外有大军压境，内有无数人想着浑水摸鱼，他没有多少退路，所以压力之大是张学良行为失常的关键因素。

后人常常认为张学良不该这么简单放了蒋介石，这样做是没有政治眼光的幼稚，是看重义气而经验不足。张学良觉得闯下大祸需要自己弥补，亲自陪送蒋介石回南京，看上去没有政治智慧，其实是无路可走，彻底得罪蒋介石，逼迫蒋介石痛痛快快抗日，他会死得很惨的，杨虎城就是证明。

多数的误区在于人们没有意识到财力在这个过程起的作用。看上去张学良可以不去送蒋介石，而留在西安继续当他的少帅，事实上不可能。张学良在下决心去捉蒋介石时，军权已经丧失了，因为他的手下吃的是蒋介石的军饷，他听从蒋介石的命令，他的部队就有粮饷，他一不听蒋介石的，他的部队就没有粮饷。少帅手下的兵可不是共产党的兵，他们都是为了粮饷而卖命的，而张学良失去了东北地盘，就意味着他已经是蒋介石的一个兵了，真正要想成为军阀，不单单是手里有兵，而且还得有地盘上的财力支撑。从丢掉东北的那一天起，少帅早就不是东北军的少帅了，而是一个叫张学良的高级打工仔了。

许多人对这一段历史很有兴趣，各种传说版本很多。张学良以一个独特的行动在中国历史上留下来自己的名字，影响力之大超过了他的父亲。

“西安事变”有着巨大的意义，毛泽东评价说，“西安事变”结束了内战，也就是抗战的开始。

“西安事变”帮了毛泽东，这也不用掩饰，任何成功的人都会有外部助力因素，无非就是比例多少的问题。毛泽东提出停止内战一致抗日，最大阻力来自蒋介石，张学良逼蒋抗日变成现实，中国进了一大步。在毛泽东看来，一切有利于他达成目标的人和事，都是值得赞许的，他不惧任何困难，也有能力着手解决困难，他总是能抓住机会做出反应，调整方向，给他的同志指出更为光明的出路。

他清醒地看到，“西安事变”并不是什么问题都已解决了，今后的任务还很艰巨，但他对前途是乐观的，这时的毛泽东已经在不断地预言未来的走向，向他的同志们表明他把握着未来。

此时的毛泽东 43 岁，他比别人晚上学，但他一走向社会，就表现出早慧和早成，在一般人能有所感悟的年龄，他已经变得成熟。

“西安事变”的一个直接的结果就是张学良把延安交由红军接管，毛泽东随即迁往延安。从这时起，毛泽东在延安工作和生活了十来年。十年内战，毛泽东磨炼出了克敌制胜的法宝，使他成为中国共产党的领袖，在延安十年，毛泽东则超凡入圣，因为他为中华民族建立了新的信仰和新生活。

中共向国民党表态，提出了著名的五项要求和四项保证，五项要求主要内容是：停止内战，一致对外；释放政治犯；共同救国；改善人民生活等。如果国民党满足五项要求，中国共产党愿意做出如下四项保证：不再武装暴动，苏维埃政府改名，红军改名，停止土改。

表面上看，这意味着共产党放弃以前的所有主张，变成蒋介石领导下的一部分。自诩的“共产主义者”可以认为他是一种背叛、一种投降，阻力应该来自最正统的俄国吧。其实恰恰相反，最诡异的是这样的主张不会遭到斯大林的反对，斯大林考虑的是俄国怎么能少受日本人的逼迫和伤害。正因如此，才会有许多版本倾向“西安事变”的和平解决是斯大林的意志。

我们不同意这一观点，“西安事变”的解决显然不是秉承斯大林的旨意的结果，而是毛泽东一贯的策略和主张，他深知民族主义要远比共产主义能叫更多的中国人参与到中国社会大变革中来。

在对付日本人的问题上，斯大林、罗斯福、蒋介石和毛泽东走到了一起，这只能说明他们有着共同的利益，蒋介石是应当担负起抗日的责任的，原因是他是中国的首脑，但蒋介石显然认为，日本人欺凌的是中国人，尤其是下层民众，对于中国的上层人物日本是拉拢的，会继续保证他们吃香的喝辣的。而中国共产党却是要刨掉他们这些财团的根，做亡国奴依然能活着，还活得不错，共产党赢了连立足之地都没有了。你能说他错了吗，但这和慈禧又有什么差异？这样的人当领袖，中国人能不倒霉吗？

毛泽东的力量在当时左右中国政治走势的诸多势力中可以算是最小的，以至于他高声喊出抗日口号，积极主张共同抗日，没有更多的人相信和理睬，但他站出来了，给了所有的绝望的中国人以希望，延安虽穷，但它却是黑暗中的一座灯塔，这样的赞誉一点都不为过吧。

共产党放弃复仇，停止暴动，改变旗帜，换掉军装，不再土改，受到全国中上阶层欢呼，促使国民党内部抗日派占了上风，宋庆龄、何香凝、冯玉祥等十多人提出了恢复孙中山“联俄、联共、扶助农工”三大政策的提案，诸多合力的结果使得蒋介石逐渐接受毛泽东倡导的国共两党合作抗日的政策。

周恩来担当起最重要的工作，就是与国民党谈判。过去有人认为，毛泽东为了削弱周恩来的势力，把周恩来派到外面，这显然是自以为聪明，抗日时期除了毛泽东的政策和方针之外，最重要的就是和蒋介石的合作，除了武装斗争，这就是重中之重，毛泽东主抓这两件工作，而周恩来就是做统一战线的最佳人选。阎锡山见了周恩来后说，我们这边没有这样的人才。国民党内的许多人和周恩来接触后，都不好意思再谈反对共产党。有人说面对周恩来的眼睛，你会觉得他说得不对吗？

毛泽东定下大框框，大的路线方针正确，周恩来长袖善舞，拾遗补缺，成就了完美的杰作。

毛泽东设立了最重要的原则，红军和苏区要保证共产党的绝对领导，保证我党独立性，这些方面绝不让步。无条件合作曾使毛泽东很受伤，这还是一同革命的战友，面对蒋介石这样的死敌，合作是为了抗日，而抗日本就是蒋介石的责任，不需要做出无条件的让步，无条件让步只能带来伤害而无任何好处，毛泽东不会再犯这样的错误。

为了推动“联蒋抗日”方针的实现，毛泽东给所有能想到的中国社会的大人物写信或致电，力陈抗日救国大义，态度明确，言语简洁：国共合作，打日本，救中国。

“西安事变”和平解决后，国民党五届三中全会上接受了国共两党合作抗日的政策。

毛泽东需要给全党做出解释，一切让步，就是为着抗日，为了抗日要停止土改，过去十年的土改是对的，现在改变也是对的。

毛泽东总是对的，这句话有点调侃的味道，但事实上这的确是真的。敌人是蒋介石，就需要土改来发动农民，敌人是日本人就需要停止土改来联合全体中国人民。

对付蒋介石是赢了，可西路军却输惨了，大河与胡宗南挡住了毛泽东与西路军的联系，毛泽东不是没有做出努力，但无效，西路军的勇士们在弹尽粮绝的极端困难条件下孤军奋战四个月，在敌众我寡的情况下惨败，徐向前几乎是孤身回到延安，毛泽东安慰他，留得青山在，不怕没柴烧。全能军事泰斗毛泽东和共军最会打仗的元帅徐向前不得不咽下惨败的苦果，这账没法子不算。

在漫长的党内斗争中，毛泽东从来没有过像对待张国焘这样的毫不留情：张国焘路线毫无疑义是全部错误的，张国焘的哲学，一言以蔽之是混乱，在军事上，张国焘缺乏战略头脑，会合后，中央要迅速北上，他按兵不动，他要用枪杆子审查中央的路线，干涉中央的成分和路线，这是完全不对的，根本失去了组织原则，张国焘在分裂红军问题上的做法是他最大的污点和罪恶。

毛泽东痛快淋漓地指责张国焘，不过他在全盘否定张国焘后，依然做出姿态说：张国焘还是做了一些工作的，我们应该用诚恳的态度要求张国焘转变，抛弃他的错误，今后从头干起。

张国焘的错误导致几万红军的牺牲，是不可饶恕的。因为他不同于博古他们，博古他们至少在组织上是最高领袖，他们是不懂、不会指挥打了败仗，离开指挥位置即可。张国焘则不同，他不是最高领袖，他拒绝听从上级的指示，违反了最基本的组织原则。对照毛泽东我们就可以看出，他倡导下级服从上级，即使他反对上级的意见，他也是遵守规矩的，而北大出身的张国焘似乎更相信拳头说话，甚至恶毒到以军力威胁毛泽东等人的生命，除了 1927 年被民团抓住，毛泽东从来没有遇到过这样的危险。以至于毛泽东后来说起这一段，认为是他一生中最黑暗的时刻，叶剑英也因此拥有救驾之功。

张国焘不但得罪毛泽东到了深处，他几乎得罪了所有的共产党上层，数万红军的血杀死了张国焘的政治生命，毛泽东要清算张国焘，没有人替他说话，就这样张国焘被扔出了共产党的上层。

| 第六章 |

抗日战争：独立与合作的博弈

智慧在方方面面表现为顺序而非取舍。举例来说，人类为了飞天梦想实践了几千年，多数人不知道其关键不是飞起来，像万户那样，而是要先保证安全地降落下来，这真叫人目瞪口呆，不好理解吧？你看看天空的风筝，就知道大自然之力是能够将人类送上天空的，问题恰恰在于安全地降落，莱特兄弟的天才就在于此。

统一思想才能超越平凡

少拿大部头吓唬人

国共停止打仗了，毛泽东开始汇集他散落在全国的力量，白区的地下党组织，敌后的游击队，都向延安集中。

注意，这时候政治报告已由毛泽东来做了，张闻天正式让出来了。张闻天自觉地为毛泽东当总书记，但把权力移交给了毛泽东，所以毛泽东很愉快地说洛浦同志是不争权的。

毛泽东讲了三个问题：抗日，党的任务和方针，领导权。最后，他号召全党为争取千百万群众进入抗日民族统一战线而斗争。

中央红军到达陕北后不久，毛泽东安定了下来，在抓住主要问题的同时，他有了思考的时间，他试图对党的历史经验进行理论思考和理论概括。他试图进入哲学领域。

毛泽东获得了罕有的安定的生活，这时候毛泽东做了什么呢？从读书的时候起，毛泽东就有志向做一个圣人，湘人传统中的内圣外王深入他的骨髓，在以后的奋斗中，他曾经极端热衷于宣传工作，宣传工作给他带来巨大的荣誉，后来的他发现了更重要的力量在于枪杆子，但好胜心和文字上的天才又使得他时不时技痒，要在理论上有所建树。

当然这样做也有实际上的考虑，就是统一党的思想，因为政治上的一致、军事上的一致，都需要思想上的一致。

毛泽东到陕北后，就努力阅读他所能收集到的各种哲学书籍，花了大量的时间写了数篇大部头。一般来讲，我们能看懂的短文章，要么是绝顶妙文，要么是认个字的就敢评判两句，但要是林林总总写上几十万字，谁又敢随意批评呢？这就是大部头的妙处，一般来讲能写几十万字的还真需要肚子里有点货的。我们要看懂这类文章很困难，很多新名词直接冒出来。这种东西就像是炼好的猪油或味精，拿来炒菜香喷喷，直接放到嘴里就会齁得慌。下面这一段，没有耐心的人们可以跳过去不看，说实话写这一部分最叫人头痛，只有经历了巨多的失败和痛苦的折磨才有可能稍稍明白。

举个例子：理论的基础是实践，又转过来为实践服务。这句话对于没有经历过成功和失败的双重折磨的人来讲是很难理解的。

中国有一句老话说：难者不会，会者不难。战争这一最难的事情，到了毛泽东手里变得容易了，复杂的事情到了他手里变得简单了，你仔细看他整个过程中经常重复着某种方法，但也可能感觉他似乎没有什么规矩，不就是跑吗，不就是人多打人少吗，看上去很平常的事情，到了毛泽东的手里就变成了战无不胜的法宝。《孙子兵法》高就高在它无所不包，永远看不完，毛泽东高就高在他的办法谁都能学会，因为他抓住了最基础的，最根本的，他是真正的人情世故大师，他掌握了人性。

写出大部头的直接好处，就是毛泽东给他的同志证明他的理论水平不是绝顶也是很高的，这样综合评分，就如同在一师他各方面都有得分，现在的毛泽东不光是总分第一，而且理论水平也是一流的。

清算了张国焘以后，党的最高层中只有毛泽东是从头参与了党的建立以及各种路线道路之争的，虽然说毛泽东每一次都是对的，后来的路子也是他蹚出来的，但毛泽东需要梳理一下，关键是他想为他的同志指明未来之路，而未来一定是掩藏在过去的成功和失败之中。

我们后来人常常惊讶的是，所谓从成功和失败中找到路子，一般地是指自己的成败，而毛泽东在党成立之前就已经开始了尝试，并且在别人没有意识的时候，他已经经历了许多失败。党成立后，一开始不是他在掌舵，这样路线上的错误须由陈独秀承担。毛泽东的路子是在别人的路子都走不通的情况下，摸索出来的，他在党内表明观点的时候，几乎已经接近真理，这样对于多数共产党人来讲就成了一个神迹，就是他没有错过，他所说的路线错误还真的都是别人的，而他在关键问题上是有自己独特的见地的。这样一来，跟他意见不一致的，和他摸索的道路不一致的都走不通。事实上毛泽东的路线也是在极小的空间里面走出来的，需要的条件过多，稍有错误就会断送，别人是走不通的，所以只有毛泽东有资格来为他的同志从建党伊始的历史轨迹中指画出未来之路。

中国共产党的历史充满神奇，富有传奇性，历经艰险而道路曲折，它是一个全国性的组织，它的人员来自中国各个地区和各个阶层。

这就需要统一党内的思想，这也是所有的领袖都想做的事情，不过这也是最难的事。反面的例子是蒋介石，他拿钱买来的拥护在“西安事变”时就露了大馅了。党内意志不统一，平时没有事情，不显山不露水，一旦遭遇大的变故，就会成为灾难。

要想统一思想，就要超越平凡，为此，毛泽东先后写下《论反对日本帝国主义的策略》《中国革命战争的战略问题》，还有理论性很强的《实践论》《矛盾论》等重要著作。

再说一遍，这一部分会读着很累，可以跳过去。

我们知道一个人要想在思想上接近人世间的圣贤伟人，需要做出的努力是巨大的，他需要天才和极其严苛的磨砺，常是历尽艰辛之后，才可能略有所得。注意不是肯定有所得，多数人的苦最终白吃了。此时的毛泽东已经探索实践近二十年了，显然他具有极高的悟性和天分，他居然找到了通向胜利的一般方法，所以他需要总结一下、梳理一下了。他最想解决的一个问题，就是他的反对者常用来对付他的那个问题，就是如何看待马克思主义这一理论和他在实践中找到的道路之间的关系。湖南学风强调的行在知先，更多的人接受知行合一，到了人们喜欢用西方人的观点来讨论的时候，就变成了认识和实践的关系问题。这些需要解答，谁有答案呢？答案在毛泽东心中。

我们中国人在这个问题上纠缠了上千年，没有搞清楚，比如我们如何得到真理呢？宋朝有一个叫朱熹的大名人，他的方法叫作格物穷理，具体怎么做，朱圣人也没有讲得太清楚，字面上看就是盯住某个物体使劲儿想。可实际上你要是盯着一件东西使劲想，可能到老也想不出一个所以然。真正影响大的不是他的方法而是观点，他的一个最著名的观点叫作：饿死事小，失节事大。上千年来被男人们应用在对付女子失贞上，这一观点被后人批判为封建流毒，是泯灭人性，是禁锢思想的罪魁祸首，再加上他本人并不是找不到劣迹，这样更成了批评者口里的把柄。其实这是朱熹思想的通俗版本，真正的思想是："存天理灭人欲"。这是中国的知识分子在遇到不可跨越的地理限制时，想出来的被动的保守的解决方案，好处是如同孔夫子的学说一样，保持中国长期的稳定和连续，可能有一定的正面意义，但对于变革社会这些理论会起阻力作用。世界已经不只是我们中国人理解的世界了，中国在近代落伍了，如果不思变革，还守着老祖宗的保守的思想只会远离世界潮流，显然我们中国人需要更为积极的理论来指导。

我们必然要涉及这些较为复杂的问题，因为要学习毛泽东不可能全是大白话，理论问题也是我们绕不开的问题。我们曾在前面说过，毛泽东在读书期间就试图抓住世间的大本原，我们说这个大本原接近于人们常说的道，那么道到底有没有？怎么悟？这些都没有标准答案。传说佛陀在觉悟之前，曾长期苦修，最终发现单一的吃苦并不能一定悟道，等到他觉悟时放弃了许多折磨自己的苦修方式。不过佛教徒为了贯彻众生平等的信念，保持不吃肉的戒律，他们以较为被动的相对静止的方式来感悟人生的意义。基督教中也一直有一部分人用伤害自己肉体的痛苦方式修行，希望能和上帝沟通。千百年来人们都在追求一种终极真理，在一些人的概念里，它就像是万能的钥匙，能打开世间所有未知的大门，它是万能的工具，能解决世间所有的困难。

几千年来，有很多人苦苦追求这种真理，很多人号称是悟道了，可惜别人感觉不到，至少在目前我们可以肯定和尚在木鱼中悟出来的道和书生在书房中感觉到的理，都是无法推广的。那种理想中的同时可修身，可齐家，可治国，可平天下的道理可能是不存在的，因为我们现在知道不同的对象适用的道理是不同的，而这就是来自毛泽东的感悟。

检索百科“实践论”条目，你就会赫然发现上面写着这样的文字:《实践论》是毛泽东关于马克思主义认识论的代表著作，写成于 1937 年 7 月。光这一句就已经叫人无法明白了，我们明白，“代表著作”说明这一篇文章是有名气的。但什么是马克思主义？什么是认识论？

中国传统中有些东西看上去一套套的，但不好理解也不好应用，例如中国过去将世界的构成元素分为金木水火土，相生相克，在一定范围里解释和应用似乎有效，但把火当作一种元素而不是一个过程和一种现象显然是有害的。西方人也不是一开始就明白的，他们理解的是有一种叫作燃素的物质在起作用，后来抛弃了这一观点后才产生了化学革命。化学把物质分成一百来个元素，显然更正确。科学没有产生在东方中国，多少有民族的宿命成分，这使得我们全面落伍，差一点亡国亡种，这才是关键因素。老祖宗智慧是有的，但不可过于夸大，科学诞生于西方，但不是意味着西方人的人生智慧一定高于东方，我们应当学习的是全人类的各方面的最高智慧，这是我们学习历史的基本守则之一。

人的悟道有顿悟和渐悟两种，顿悟往往是经过很长时间的探索未得，在某个关键问题上被阻，突然间明了的瞬间，例如佛陀以轮回解释人世间之苦难，是在菩提树下顿悟的。明朝的哲学家王阳明认识到天理即是人欲、两者统一而不是对立是在荒野中完成的，诸多顿悟都是在长时间的苦苦思索中突破了困扰自己的瓶颈，而穆罕默德是在山洞里长时间的思考后再次进入世俗世界，然后在传道的过程中将自己的感悟口述出来，成了《古兰经》，是伊斯兰世界的至高经典。

毛泽东则是经历了近二十年的实践，找到了成功的一整套路线方针政策后，写下了“两论”，揭示了那个长期追寻的本原是包括在这一整套方法中的。看不明白《实践论》不要紧，因为毛泽东在后来还写过一段话明白无误地表述了他的思想：人的正确思想是从哪里来的？是从天上掉下来的吗？不是。是自己头脑里固有的吗？不是。人的正确思想，只能从社会实践中来，只能从生产斗争、阶级斗争和科学实验这三项实践中来。

毛泽东给出了困扰中国历史千百年的知行关系的标准答案：实践是认识的来源和推动认识发展的动力；实践还是认识的目的。

毛泽东写下了他的观点，那就是人类认识发展的全过程：实践、认识、再实践、再认识。问题是人世间有几个人能够在一生短短的时间里完成这样的过程呢？这要求的条件太高，悟性要高，理论水平要高，还要是个积极的行动者，这些条件都要满足，那我们不得不说，这只能是天才。达到这一境界的只有穆罕默德和毛泽东。

《实践论》和《矛盾论》按照苏联人的说法，其理论水平一般般，我们现在看到的是秘书润色后的版本，不知所云也很正常，不必自卑，因为我们不是这一专业的，即使是搞这一专业的，他们是真的明白吗？哲学这一玩意儿，不是天才还是别去搭理的好，世界观那是所有天才们努力的总和，结论知道了就已经很了不起了，至于说“两论”理论水平不高，这一观点也不是没有道理，辩证法和逻辑学中国人比起西方哲人们来讲是要差点，因为中国人的思维习惯与西方还是有差别的，东西方的差别表现在方方面面，例如数学、音乐、绘画和建筑等领域西方人明显要高明些，这些优点被科学技术的进步放大了，但中国人没有必要自卑，我们民族在其他问题上也有自己的高明之处，更何况西方大部分知识是可以学到的，关键需要资格、时间和积累，需要和我们民族的优势结合起来。

“两论”又绝对不是俄国人所说的什么都没有说，这是一种误解，因为俄国人不懂中国人上千年来的知行问题之争。到底是先知后行，还是先行后知？这对中国理论界很重要，知行合一的问题在毛泽东这里得到了解决。当然要说他在理论上有多大突破也不是那么回事，毛泽东想说的其实已经说明白了，不存在绝对真理，就如同科学需要划分成物理、化学、生物等不同的学科一样，人类社会问题也没有“一以贯之”的通用道理，所以中国人一直在追求的那个单一的终极真理可以说是不存在的，任何真理都是一套体系。这个懒是偷不得的，人类永远在选择和否定中探索，人生智慧甚至不能父子相传，只能靠每个人自己的感悟去面对人生。

人生智慧父子不能相传。说实话，写完这句话真有想哭的感觉，转而又有大喜的欢畅，若智慧能够血亲相传，平民出身的人机会岂不是少了很多？好在人类社会的智慧显然又是可以传承的，多数思想不就是被后人接受并不断诠释的吗？中国社会就有特殊的家族靠家训屹立两千年而不倒，犹太民族在失去土地之后靠着经商而自强。总有些思想是超越时空的，如牛顿、爱因斯坦的科学定理，如佛陀、耶稣的平等呼唤，如穆罕默德对人性的洞彻，如毛泽东的人民史观。很多人接受了事物都是一分为二的观点，却鲜有人明了事物相反的那一面往往是看不见的，是接近于力学中的作用力与反作用力的关系和概念的。

“两论”表述的方法论要比孔夫子倡导的中庸之道积极得多。一个年轻人看到螺旋式上升就会有晕的感觉，但对已经实践很久的人来讲，转一圈回到原位是很正常的。例如毛泽东在最初的时候不可能不知道武力是统治阶级手中最主要的力量，但他想着超越武力，他的愿望是成为大圣贤，他的路子是搞宣传，虽然获得了一定名声和地位，却被残酷地打落下来，没有办法了又回到枪杆子上来，看上去转了一圈又回来了，但这时候的枪杆子和最初的枪杆子有什么不同呢？对外人来讲没有什么不同，但对毛泽东来讲回到枪杆子意味着彻底的觉悟，他拿起枪杆子和其他早就拿着枪杆子的军人们都不一样，在他眼里枪杆子绝不仅仅是打仗的武器而是全能的利器。阿基米德说过给我一个支点我将撬动地球，这句话很著名吧，但是很少有人注意，除了支点还需要杠杆。支点杠杆缺一不可。枪杆子就是毛泽东撬动中国的杠杆，支点在山上、在农村。枪杆子在毛泽东这里如此重要，是因为他曾经远离这一真理，跑到半空中忽悠了近十年之久，付出了巨大的努力，得来的是血泪、失败和死亡，没有经历过彻底的绝望的人是无法回归到人类社会的根本的，没有经历彻底失败也没有能力来把握这一真理。

说起失败和成功之间的关系，许多人都知道“失败是成功之母”这句话，只有经历了失败和成功之后的人会告诉你，失败不会直接生产成功。单从字面上来讲就知道，失败只是成功之母啊，成功之父是谁？没有成功他爹，光是成功他妈也生不出来的。答案是成功之父也姓成，小成是大就之父，没有经历过失败的成功只是运气，只有失败也不会自动产生成功，只有在不断的失败和成功中最终才能产生真正的成功。这样的表述会叫人累着，你要是还是不明白那就是失败的次数还太少，接着努力，尝试失败。

否定之否定更拗口，可是只有否定才是唯一的能够确定成功的方法。所以在明白人眼中人世间的道理很简单，不会叫人不明白。比如说毛泽东奋斗十年后得出结论：革命就是把握枪杆子。这一道理土匪也知道，但毛泽东说出来，是对前头十年的奋斗的否定，和土匪军阀一样吗？一个在商海里奋斗几十年的人会说，其实经商就是做买卖，年轻人会觉得这是真理吗？他们会说这是废话，就是这个道理。要么你自己把东南西北的三条道都试过了都不成，只剩下最后一条道，成功就在不远处等着你，但在获得了某种成功之后，就会发现又需要选择，所以单单凭靠运气是走不了多远的。大部分人一辈子也试不完，所以最终失败是难免的，为了防止失败，简单的方法是跟着领袖走，胜利了享受荣光。

最后的结论出来了，“两论”读不懂不怕，当时参加革命的人只要知道跟着毛泽东，就已经及格了。

《论反对日本帝国主义的策略》是毛泽东给党内的报告，他在抗日战争伊始就制定出了人民战争和长期抗战两大政策，八年后，日本人、蒋介石以及共产党内的同志都服了，他是对的，他远比其他人更早地指出来。与人民战争和长期抗战相反的是两种错误倾向：关门主义和冒险主义。

在为关门主义戴上了反马克思主义的帽子后，毛泽东依然不过瘾，加上了“为渊驱鱼，为丛驱雀”这条中国成语。记得什么时候孙大圣头上的紧箍消失的吗？那就是大圣成佛的时刻，此刻，马克思主义不再是套在毛泽东头上的紧箍了。

比《孙子兵法》更伟大的军事教材

大的方向和方针制定出来后，毛泽东又制定了具体的路线图，那就是他的《中国革命战争的战略问题》的报告。

毛泽东对这件工作做了十分认真的准备，他读了许多军事方面的书籍，看得最认真的是德国克劳塞维茨的《战争论》和中国古代的《孙子兵法》。他还组织军人们座谈，倾听大家的意见。

看过《孙子兵法》的人都知道，那是一本好书，好到你都无法挑毛病的程度，文笔条例都是绝妙，关键是面面俱到，这就是为什么千百年来它在中国被视作兵法之最，很少有人会说《孙子兵法》个不字。

只有一个问题是《孙子兵法》的拥趸们无法回避的难点，就是打仗的时候，交战两方都拿着《孙子兵法》，但总是有胜有败，问题就在于胜利者说我的《孙子兵法》是真的，失败的是假的，但下一回他又败了怎么解释呢？《孙子兵法》摆在那里人人都能学得到，可战争依然是有胜有败。

所以拿《孙子兵法》对照着看毛泽东的军事著作，显然毛泽东心里有着超越《孙子兵法》的东西。但《孙子兵法》和老外的《战争论》有好处，第一是名气大，第二是间架结构完整，这样毛泽东的文章就好做了，最后写出来的就是站在这两篇巨著之上的宏文，这就是《中国革命战争的战略问题》。

毛泽东在这篇著作中一开始就指出：战争是有规律的，战略问题是研究战争全局规律的东西，战争的胜负不仅取决于作战双方的军事、政治、经济、自然诸条件，而且还取决于双方的主观指导能力，因此，任何指导战争的人不能不研究和不能不解决这个问题。

明白人会觉得字字珠玑，不明白的依然不知所云，像这样的文字，要是按字数付酬，就有骗钱的嫌疑，但就是有人喜欢长篇大论，喜欢这调调，可是实际上你看看里面什么也没有说。

真正的内容是：

战略问题“一着不慎，满盘皆输”，我们远离了战争，和平时期人们主要的战争经历来自商战，既然商场如战场，那就要学习毛泽东的战争经验，战争就是立马分出胜败，利益最大，危险也最大，不可不慎。

毛泽东一个特殊的天才在于他提出战争的第一要义是保存自己，消灭敌人。不要小看这一顺序，这恰恰是顶级智慧。

智慧在方方面面表现为顺序而非取舍。如果我们的人生永远在取舍之间打转转，就说明我们从来没有达到过智慧的高级层面。学习毛泽东，你就会发现人是可以在很多领域里同时达到至高的。这显然不是取舍能实现的，这说明最重要的是顺序。举例来说，人类为了飞天梦想实践了几千年，多数人不知道其关键不是飞起来，像万户那样，而是要先保证安全地降落下来，这真叫人目瞪口呆，不好理解吧？你看看天空的风筝，就知道大自然之力是能够将人类送上天空的，问题恰恰在于安全地降落，莱特兄弟的天才就在于此。

人类社会是存在天梯的，正确的方法能把人送上至高的地方，但首先要在激烈的竞争中保护自己的安全，所谓安全第一，诚不我欺。

智慧是真实存在的，而且和我们有关联，我们的人生会因为获得智慧而超越平凡，因为我们学习毛泽东。

毛泽东回顾了十年内战的历史经验，并且就九个问题作了说明：积极防御和消极防御；反“围剿”的准备；战略退却；战略反攻；反攻开始问题；集中兵力问题；运动战；速决战；歼灭战。这些文字中我们能看出毛泽东借助了别人的大框架，但确实有自己的东西。

在“积极防御和消极防御”中，他写道：“消极防御实际上是假防御，只有积极防御才是真防御。”第五次反“围剿”堡垒对堡垒就是假防御，蒋介石的上海保卫战和后来的长江防线，以及外国所谓的马奇诺防线，这种等着别人来打的防御都是假防御。

在“战略退却”中，他写道：“谁人不知，两个拳师放对，聪明的拳师往往退让一步，而蠢人则其势汹汹，辟头就使出全副本领，结果却往往被退让者打倒。《水浒传》上的洪教头，在柴进家中要打林冲，连唤几个来来来，结果是退让的林冲看出洪教头的破绽，一脚踢翻了洪教头。”谁又能知道，马克思著作和中国传统文化哪个对毛泽东思想的形成贡献更多呢？说到这里应该明白了吧，毛泽东是我们中国传统文化孕育出的精灵，没有必要言必称马列，把马列加到毛泽东之前是夸毛泽东吗？热衷于马列名词的人无非就是欺负别人没有看过原著罢了。

在“集中兵力问题”中，他写道：“集中兵力看来容易，实行颇难。”难就难在需要舍得。舍得是高境界，很少有人能做到。

在“运动战”中，他写道：“‘打得赢就打，打不赢就走。’这就是今天我们的运动战的通俗的解释。”

在“歼灭战”中，他写道：“伤其十指，不如断其一指。”

《中国革命战争的战略问题》是毛泽东战胜敌人的法宝汇集，我们多数人都看过《封神演义》，里面各路人马都有法宝，最终各种法宝都用过后，打出了结果，姜子牙胜利了，他把那些战斗过的勇士们的法宝都收集起来，把他们封成神。多数人是在看热闹，看完就完了，没有意识到后代人看前代人的法宝不会觉得神奇，其实原因就是原理和定理已被后人接受或者掌握了，就如同牛顿定理现在已经是中学生的水平了，而爱因斯坦的相对论也是能被一些大学生掌握。但你看看历史，依然会惊叹牛顿和爱因斯坦的天才。毛泽东的法宝已经成了中国人立身根本，但在当时那可是石破天惊的事情。他的这一套完整的套路在第三次反“围剿”的斗争中就已完成了，现在毛泽东把它完整地写了出来，成了毛泽东给他的部下提供的教科书，拿着这本教材，那些经历过千百次战斗的将帅们个个心悦诚服，最会打仗的林彪和徐向前成为抗大校长就一点不奇怪了。后世有人认为徐向前被毛泽东有意夺了兵权，这是一种误解，这时候还有什么比抗大校长更重要的职位呢？会打仗有可能成为将军，但能成批培养将军吗？有最好的教材，有最好的名师，学员中悟性好的一些人也会打仗了，这一过程是个重复的放大的过程。

抗日战争没有大规模的战役，这是毛泽东订立的行动规则，这样一来，就缺少亮点了，那么毛泽东在抗日战争时期做的最主要的工作是什么呢？我们说在 1927 年到 1935 年这八年，毛泽东找到了战无不胜的法宝，抗日这八年，毛泽东建立了中国人的信仰。这是中国近代史上最伟大的奇迹，因为我们中国人活了几千年，从来没有进入到集体信仰，也没有过真正意义上的全国宗教。

宗教是什么呢？人类由于进化过程中特殊的机缘和智慧，懂得了借助自然之力，使得自身脱离了食色本性的束缚，成为独一无二的可以休闲的生命，这样才产生了人类独有的文化，使得人类有机会面对苍天与大地，问出生命的意义何在？问出我从何处来、我到何处去？

“前不见古人，后不见来者，念天地之悠悠，独怆然而涕下。”人们最希望知道活着的意义，希望有一种寄托来减轻生活中的诸般苦楚。当然信教徒最终得到的直接帮助并不是写在纸上的教义而是世俗中的教会组织。而中国人除了皇权没有另外的宗教势力，这样在皇权被削弱和被滥用时，社会没有抵抗力，导致中国人无组织状态，这时候中国人很受伤，这种重复了几千年的悲哀深深烙进了中国人的灵魂之中，是该改变了。毛泽东承担起这一历史使命，中国人本来可能会拒绝这种强制性的改变，但日本人来了，日本人用刺刀扎醒了中国。中国你到底是男人还是女人？如果是男人你的血性在哪里？不从灵魂上再生，你就永远是不男不女的太监。

抗日战争需要做的是：第一全国抗战，这一点在张学良的帮助下实现了；第二全民抗战，这是毛泽东提倡的路线；然后就要打持久战，这是毛泽东制定的战略方针。如果让毛泽东统领全国军队那就要打运动战，但蒋介石不干，毛泽东只能待在延安，为他的党和军队筹划。延安很偏僻，没有敌寇直接逼到家门口的急迫，没有直接决定胜败的大型战役需要毛泽东去指挥，方法已经告诉全党，行动上同志们正在努力，除了具体的工作毛泽东在思想上开始传导崇高和神圣。

最高领袖的责任就是应对危机

不是事变的“事变”

1937 年 7 月 7 日深夜，“卢沟桥事变”发生。“卢沟桥事变”对蒋介石来说是事变，对多数中国人来讲早已不是什么事变了。知道卢沟桥在哪儿？就在北京，日本人都打到北京了，再往前走一步，有什么新鲜的，可怜的蒋介石，底线居然在北京南。对毛泽东来讲，中国的底线在朝鲜的三八线，在越南的十七度线，当美国人出兵朝鲜后，毛泽东就告诉世界第一霸主，不可越过三八线，否则中国绝不坐视。美国的大将军麦克阿瑟就像是听到世界上最可笑的笑话，对毛泽东的话不当回事儿，那就只好打了。中国当时有对抗美国人的能力吗，能保证打赢美国吗？没有人敢打保票，连斯大林都不敢做的事情，毛泽东就是打了，原因很简单，那是中国的底线，打了并且赢了，所以中国的底线就变成了越南的十七度线，告诉美国人不可越线，最终美国人就是没敢过来。有的人说蒋介石也是民族英雄，那得看跟谁比，和汪精卫比他也算是，跟毛泽东比，他充其量只能算是个小英雄，因为他的底线居然在北京的卢沟桥。

7 月 8 日，消息传到延安。

面对日本人的入侵，中国社会上层的一帮贵人们试图继续自我欺骗，幻想着这一回依然是偶然事件。中国没有人了吗？不，中国还有毛泽东领导的共产党，这时候，毛泽东喊出："平津危急！华北危急！中华民族危急！只有全民族实行抗战，才是我们的出路。"

在巨大的民族灾难面前，中国社会各界首先听到的就是毛泽东的声音。

蒋介石没有完全放弃对日媾和的幻想，仍希望把"卢沟桥事变"限制在"地方事件"的范围内，日本人的铁蹄无情踏碎了他的幻想，无组织的人民顷刻间遭受巨大的灾难，人民对蒋介石无法不失望透顶。他刚刚建立政权不长时间就已经失去了人民的信任，因为他拒绝担负起抗日的使命。

毛泽东深知，要促成蒋介石下定全国抗战的最后决心，单靠共产党的力量是不够的，必须推动社会各方面的力量共同努力，在全国造成一种声势，毛泽东告诉全国人民，红军已经准备好了，随时出动到抗日前线。空前的民族危机和共产党的积极主张，中国社会各界都表述抗日的决心，蒋介石是除了汉奸以外的最后的表态者。

7 月 17 日，"卢沟桥事变"后的第十天，蒋介石终于在庐山发表谈话，宣布："如果战端一开，就是地无分南北，年无分老幼，无论何人，皆有守土抗战之责任。"天哪，这是什么时候了，蒋委员长的话里还有"如果"两个字，叫拥护蒋介石的人恨不能撞墙。

蒋介石谈话发表后，毛泽东立刻就表示欢迎，同时，他也清醒地看到蒋介石在对内政策上没有提出任何改进措施。蒋介石一方面说人人有责，但对内政策没有任何改变，他把人民依然捆绑在那里不得动弹，他又没有能力来保卫人民。

蒋介石不是傻瓜，他只是过于自私了，如果自私不是缺点，那么他的缺点也不多，没有人会指责追逐利益的商人，但国家领袖涉及人民生死，要求自然不是与商人相比，关键他的参照系是毛泽东和周恩来，而毛、周就是只追求崇高荣誉的人，这就彰显出蒋介石的卑微来，蒋介石和支持他的力量，早早就处于中国的上层，就是获利集团，他很满足于占据上层，他的所有反应都是建立在不要触动他的集团利益上的，而不去关心全国的利益，他既没有力量，也没有太多欲望成为伟人，关键是他认为他没有责任去管。比如丢失东北，对于中国人来讲那就是日本人侵略了，但对于江浙财团和买办来讲，似乎腰包里的钞票并没有减少，没有痛心的感觉，他本能地害怕毛泽东提出的全国人民大动员，他一方面不相信这种力量，一方面他又害怕这种力量，显然他知道这种力量不是他能控制的。

但蒋介石已经无法再回避了，你还想不想当领袖？最高领袖的责任就是应对危机。中国人维护皇帝的权威，不是中国人喜欢跪着，而是中国需要集权来对付自然的和非自然的大灾难。对内就是黄河、长江、旱涝、地震等自然灾难，对外就是抵抗异族入侵。日本人的屠刀都已捅到华北了，我们的蒋委员长还待在南京盼着刀子不要扎下来。一失足成千古恨，蒋介石没有想到不积极抗日其实已经开启了他的失败之窗，因为毛泽东站在了他的前面，成为民族利益的捍卫者，而且毛泽东不是只喊口号，他有一整套抗日的方针、政策。

蒋介石庐山讲话后不到一个星期，毛泽东发表《反对日本进攻的方针、办法和前途》一文，旗帜鲜明地提出对付日本的进攻存在着两种不同的方针、两套不同的办法和两个不同的前途，一种是坚决抗战的方针，一种是妥协退让的方针。在坚决抗战的方针下，毛泽东提出一整套的办法，期望蒋介石进行全国性抗战。

万幸的是最终蒋介石选择抗日，红军成为我们熟悉的国军序列中的八路军。

就是从这时候起，朱德成为一种象征，他成了中国红色军队的标志，彭老总也具有了这种代表性的资格，这显然来自他们最早上了井冈山的缘故。

红军在抗日前线应该怎样作战？这一点毛泽东胸有成竹，毛泽东就是从敌人堆里头长大的，他提出明确的指导意见，其中最重要的是把发展游击战争提到突出的地位，对毛泽东来讲，这是又一次“井冈山斗争”，只不过这一回对手换成了日本人。

蒋介石准备将红军分割使用、同日军硬拼消耗、逐步给予削弱以至消灭，毛泽东怎么可能答应？

日本人随即占领北平、天津，开始向华北进攻，朱德、周恩来、叶剑英前往南京和蒋介石讨论军事问题。毛泽东向蒋介石建议是攻势防御，不能是单纯防御，可惜蒋介石听不懂，听不进去，也做不到。

蒋介石、毛泽东互相防着，谁都不傻，毛泽东给蒋介石出招，希望蒋介石全面抗日，尤其是全民族抗日，指出这样可以取得胜利，并且流芳百世，因为毛泽东知道，民众的崛起，将带给中国彻底的进步和变革，这完全符合他的目标。但蒋介石也知道，民众的力量有可能是他根本不能控制的力量，完全有可能伤害他的利益，所谓流芳百世云云，不要也罢，从这一点上看，蒋介石和毛泽东绝对不是一个层面上的。蒋介石对当下利益的追求远甚于对名声的追求。他对荣誉过于看低了，这是我们民族的悲哀。

直到 8 月 13 日淞沪抗战爆发，日本军队大举进攻上海，伤害到蒋介石的根本利益，蒋介石才发表了八路军的番号，红军主力充任战略游击队，执行作战任务。这里要注意，八路军的任务就是战略游击队，那些指责八路军抗日不积极的要注意这一点，蒋介石后来也只能指责说八路军游而不击。可是八路军的枪是哪里来的？

为了胜利，毛泽东说服他的同志举起国民党的旗帜，这种灵活性使得一些信仰共产主义的人很不愉快，但从更高意义上讲，毛泽东这样做确实是站在民族大义上了。民族利益高于政治主张，当共产主义主张给人误解的时候，周恩来大声地说出，我们中国共产党人首先是中国人。这显然是毛泽东的主张，周恩来完全接受了，从此毛泽东、周恩来就成了中华民族利益的最忠实的捍卫者，而不管外敌打的是什么旗号。

毛泽东欣喜地看到蒋介石开始抗日了，人民也有了少许的盼头，但这并不表明中国就能胜利，因为关键的问题没有解决：人民还没有大规模地参加，不解决这个问题，抗日战争很难胜利，共产党的任务就是使抗日战争成为全面的全民族的抗战。

他着重制定了红军的战略方针，那就是："独立自主的山地游击战争。"游击战争的作战原则是："分散以发动群众，集中以消灭敌人，打得赢就打，打不赢就走。"

这对于那些从井冈山开始就跟着他的人来讲，是多么熟悉，对于二、四方面军来讲也不是绝对陌生，当年任弼时、周恩来主持中央工作时就在各地推广毛泽东的方法，对于新参加进来的人们这只是再一次证明毛泽东远见卓识的过程，听指挥就是了。

有资料表明，共产党的军头们并不是无条件地信任毛泽东的天才的，红军打了一圈，又回到原来的游击战中去，将军们并没有完全接受这一思路，他们更倾向于运动战。

这时候中央革命军事委员会书记是毛泽东，副书记是朱德、周恩来。这样中国共产党的最高领袖的排列就接近他们的贡献了，领袖们多数出身于军队，军队的地位大大提高了，共产党的天下本来就是武装斗争打出来的。

毛泽东搞了一个《抗日救国十大纲领》，具有极为重要的意义，蒋介石依然在搞单纯政府的抗战政策，所谓的八路军也是政府军的一部分，而毛泽东要搞的是全面的全民族的抗战政策，毛泽东要在一开始就把国共两党区别清楚，这又是事先讲清楚，以后来验证，不过这一回他准备叫全中国人来检验他的政策。

为了确保中国共产党对八路军的绝对领导，在组织上做了相应安排。朱德任总指挥，彭德怀任副总指挥，任弼时为政治部主任，邓小平为副主任，叶剑英为参谋长，左权为副参谋长，下辖三个师。林彪、贺龙、刘伯承为师长。

红军主力师陆续从山西开赴华北前线。

毛泽东的招数对付蒋介石已经是绰绰有余了，但对日本人尚需检验，因此，在最初的两个多月里，毛泽东几乎以全部精力指导八路军在华北的作战。

这是毛泽东临敌的态度。我们从上面可以看到，每一回遇到新对手的时候，毛泽东都是亲自指挥。

取道山西开赴抗日前线，是毛泽东的高招，为什么先开入山西？毛泽东有几方面的考虑：第一，山西到处是山，不利于日军机械化部队的前进，而有利于八路军开展山地游击战；第二，阎锡山乐意合作，日本人已经伤害了阎的利益，蒋介石却靠不住，早在1936年年底，阎锡山就通过薄一波与共产党建立了联系，阎锡山同意八路军经山西开赴前线；第三，蒋介石企图将八路军“分割”使用，而毛泽东直插山西，距离敌人更近，蒋介石也没有话可说，毛泽东把八路军三个师都放在山西，以便于统一领导，相互策应，避免因力量分散而遭遇不测。

八路军开赴前线后，毛泽东最关心的是部队在实战中能不能坚定不移地执行他确定的“独立自主的山地游击战”方针。

毛泽东站在一个政治家的高度对他的同志再三告诫要打游击战，但为什么并不是很容易贯彻呢？一个原因是因为红军在十年内战后期已习惯集中兵力在运动战中歼灭敌人，获利甚多，一时不容易改变过来。还因为抗日战争爆发后，不少人十分兴奋，对战争的长期性和艰巨性认识不足，急于想打一些大仗。日本人不是蒋介石，日本兵不是蒋介石的壮丁，这一点毛泽东又比他的同志们认识得早，也更清楚。

对关键性问题，毛泽东历来是紧抓不放的，在9月中下旬，他接连五次致电前方，提醒他们要以最大决心实现这个战略转变，他强调：“目前情况与过去国内战争根本不同，不能回想过去的味道。”

为了坚持敌后的游击战争，毛泽东又祭出他的另外一个法宝：必须建抗日根据地。毛泽东几乎是手把手地教部下工作，不需要你有会打仗的天才，需要你老实地理解这一智慧。遵循毛泽东的方针就使得战争超越了纯粹军事斗争，一批在军事上造诣并不突出，但在政治上过关的人走进胜利的通道，如罗荣桓、聂荣臻这样的政工人员在毛泽东的指引下，取得了辉煌胜利。

林彪最先证明他的军事天才和红军的勇敢，1937年9月25日，林彪率八路军一一五师利用有利的时间和地形条件，集中兵力发动平型关战斗，取得了中国军队自抗战以来的首次大捷。战斗胜利的喜讯传到延安后，毛泽东十分高兴，立即致电前方，庆贺这一胜利。

平型关大捷有几个问题要注意。首先要肯定的是它有极大的积极意义，它给中国人民打了强心针，打破了日军不可战胜的神话，对中国军民抗日信心有着极大的鼓舞作用，这一点怎么说都不为过。林彪一战成名，八路军靠手里的烧火棍打败了日军的精锐，英名传天下。

但也暴露几个问题。一个是国军不配合，国军已经失去了与日本人交战的勇气，战果无法扩大。第二，林彪率领几乎全师人马，消灭了约1000日本人，八路军伤亡达600余人。当时的八路军是长征后的百战精英，活到胜利后的人不是将军也是校官。一个将校换一个日本兵，不是好办法，而要是作为种子则能起更大作用。

但不管怎么说，平型关的意义都是巨大的，普普通通的红军战士，手里拿着简陋的武器，能够一对一地杀死日本人，就意味着中国必胜。蒋介石领导的国民党之所以不能够给人民以信心，自己也没有底气，就是因为国军十不敌一，所以林彪打的这一仗有着两大意义：中国必胜，中国的真正领导者应当是共产党。

事先毛泽东说过，对付日本人要以游击战为主。胜利后的林彪，在清点战场的时候，一定明白了毛泽东是对的。他也意识到了，只有动员了全中国的人民才能最终战胜日本，这是毛泽东一开始就指明了的。将军们只是面对血的教训才认识到毛泽东的又一次高明。随后，林彪受到误伤，暂时离开了战场。

为了协助友军作战，毛泽东对局势做出判断，将建议转告阎锡山，显示出审时度势的英明，同时指挥八路军出击。第一二〇师一度收复雁门关，伏击日军辎重部队，第一一五师主力夺回平型关，切断了日军的交通线，第一二九师陈锡联团突然袭击阳明堡日军机场，焚毁日机二十余架。不要小看这些胜利，近百年来中国人对付外国侵略者就没有真正赢过，所以我们将外国人称作鬼子，这一称呼中隐藏着多少中国人的血泪，代表着中国人在精神层面的恐惧和绝望，区区两万八国联军人马就可以踏进四万万人心中的禁区紫禁城，洋人的耀武扬威，踢着正步，被中国人看成是腿脚不会打弯，没有冲到敌人面前就被杀死，叫活下来的人视作见了鬼了，于是洋人们就被蔑称作鬼子，把外寇称作鬼子的背后隐藏着我们民族的悲哀和不幸，知道在明朝的时候同样的日本侵略者我们怎么称呼他吗？倭寇，所以把日本侵略者称作鬼子的时候，依然是我们无奈和愤怒的时刻，直到有一天中国人在鬼子前头加上了“小”字，当我们的勇士发现能杀死日本人的时候，我们开始轻蔑地称之为小鬼子，就是这一声小鬼子，预示着中国人血性的复苏。这一切来自胜利，来自能杀死日本人。

国军百万大军真正的胜利很少，所以在前线打仗的国军将领们是很佩服八路的。

共产党军队敢于出击并能取得胜利，让国民党军大开眼界，在忻口战役期间，晋军有十个团拨归朱德、彭德怀统一指挥，毛泽东并没有像蒋介石那样借外敌之手消灭异己，而是叮嘱朱德应采取爱护协助态度，不使他们担任最危险的任务，不使他们给养物资缺乏，这就叫胸怀，这也是伤敌于无形之妙招，许多国民党人就是在抗日的时候感受到共产党的无私而改变了立场的。二战区副司令卫立煌心中的天平就是在这样的感召下偏向了共产党一边。

但中国实在是积弱已久，没有工业基础，国军没有斗志，使得我们即使在全国抗日的条件下依然抵挡不住日军的侵入，阎锡山只得下令放弃忻口，随之太原失守，山西成了日本鬼子的天下。

面对日军，国民党试着打了，结果也出来了，他们手里的家伙也就是镇压自己的百姓有用，对外寇起不了什么作用，所以他们开始保存实力，开始收缩。这在战略上讲也没有什么错，问题是有人能走出比这高明的棋来，国民党没有力量打了，也不愿意打了，这时候该毛泽东了。

这时，山西的国民党军队正在全线溃退，许多地方的旧政权陷于瘫痪或自行消失，为什么我们的国家如此软弱呢？有人分析说中国几千年历史中，一直到解放前，整个中国统治者的力量从来没有到达过乡村，全部农村是由家族宗派势力控制着，蒙古人、满洲人都是这个原因才统治中国的，日本人只需要击败国军，就意味着占领中国。本来这算盘没有错，但其前提是没有共产党。如果没有外寇，底层人民选择共产党，中上层民众会倾向于国民党，但在日本人闯进来的时候，多数人一定选择做中国人，这时候国民党跑了，共产党站出来，不愿意做奴隶的中国人自然跟着共产党。

毛泽东告诉自己的部下，不要想着依赖国民党军队，要独立自主地放手发动群众，壮大自己的力量，在敌后广大乡村普遍建立抗日游击根据地。

解放后许多人都不明白一个现象，就是山西人在全国都挺吃得开的，自古以来山西人的形象就是能抠财，但解放后很少再有人开山西人的玩笑了，山西人受尊敬程度远高于山西的经济地位，其实原因就是湖南湖北四川将军多，因为他们是红军主力，而八路军的主力就是山西人。老八路在中国解放后的地位可想而知了。

在日本人的后方搞游击战和建根据地的招数高明之极，但也艰巨之极，日本侵略军绝不会允许八路军在其后方搞得它日夜不得安宁，它肯定要报复，这种进攻将是极端残酷的，毛泽东有着充分的估计，因此必须抢在日军行动前做好充分准备，记得反“围剿”的时候吗？毛泽东总是在敌人动手之前就做好准备。

他指挥八路军加紧根据地的建设，以五台山、吕梁山、太行山、太岳山脉为依托开辟抗日根据地。先活下来，再去杀敌，这就是智慧和勇气的合体。

此时的毛泽东对前方作战的指导，主要是提出大的方针，对具体作战部署不直接干预，此时的指挥权在朱德和彭德怀手里，这不是毛泽东的风格，是他没有工具，电台不够，他无法了解前方的具体形势，而且他已经制定出不打大规模战役的总原则，所以这一阶段的战争由朱彭两位老总负责。

在攻入太原前，日本人已经感觉到了共产党的军队一会儿给他一刀子，一会儿割他一块肉，这绝对叫日本人痛，但为了攻占太原他只能忍着，占领太原后，为了下一步继续南进，日军先抽出大量兵力来对后方进行“清剿”。首当其冲的是聂荣臻地盘，这是检验八路军能不能在敌后站住脚跟的第一战，因此，毛泽东给予极大的重视。

由于毛泽东提出的一整套方针和办法得到贯彻执行，晋察冀的反围攻斗争取得胜利，不到一个月的时间，聂荣臻接连打了几个胜仗，打死打伤日伪军共 1000 多人，敌人不得不全线撤退。

这就能看出来毛泽东的高明了。聂荣臻的军事造诣并不能与林彪比肩，但靠着游击战依然能取得同样辉煌的战果，而且自我损失还小。

在晋西北地区，毛泽东根据日军五路围攻八路军，敌人的力量都不强的特点，要八路军同晋军协力，实行“各个击破”。

在晋东南地区则要求八路军以次要兵力钳制日军数路，集中主要兵力对付日军一路，由于采取这些正确的方针，八路军第一二〇师和第一二九师也先后取得反围攻的胜利。

这样，毛泽东就证明了他的方法对付日本人依然有效。毛泽东的招数就是在敌强我弱的情况下完善的，对付蒋介石有效，对付日本人有效，将来对付美国人依然有效，不同的是最开始的时候毛泽东自己带着队伍，到了抗日的时候，他可以待在延安指挥了，将军们已经接受了他的思路。这样的抗日策略奠定了毛泽东最后胜利的基础，也就是说，日本人仗着他的优势武器气势汹汹想征服中国，占据了大城市和交通线，但毛泽东的军队占据了广大的乡村和山区，这样就在劣势的情况下形成了相持，劣势下能形成相持就意味着胜利是肯定的，因为这是我们自己的土地。我们看看《游击队之歌》吧：

> 我们都是神枪手，每一颗子弹消灭一个敌人。我们都是飞行军，哪怕那山高水又深。在密密的树林里，到处都安排同志们的宿营地，在高高的山岗上，有我们无数的好兄弟。没有吃没有穿，自有那敌人送上前，没有枪没有炮，敌人给我们造。我们生长在这里，每一寸土地都是我们自己的，无论谁要抢占去，我们就和他拼到底。

这就是神话般传奇的真实写照。

这时候蒋介石在上海、南京地区指挥军队进行了顽强的抵抗，前线国军的官兵表现出可歌可泣的英勇精神，在敌军的猛烈炮火下做出了巨大牺牲，日军梦想在三个月内灭亡中国，没有料到在上海就打了三个月。但是，蒋介石这样消极防御，把自己的后劲也给打没了。蒋介石舍不得上海，他将大部队调集上海和日本人硬拼，毛泽东告诉蒋介石要打运动战，蒋介石压根就没有听进去。蒋介石要么不敢打，要么蛮打，在日本海军的炮火下打阵地战，暴露了蒋介石实在不是一个合格的军事家。领袖不会指挥，手下的将军没有血战的勇气，下层士兵大量伤亡，人民倒了血霉。

日军攻陷上海后又占领南京，制造了惨绝人寰的南京大屠杀。日本人想着以恐怖来征服中国人，想在精神上彻底击垮中国人的抵抗。他们想重复蒙古和清军的故事。这是中国人不堪回首的悲痛，这是中国人永远无法弥合的伤疤，中国人这怒火会永远埋在心里，日本人死不认错，就成了中国人恒久的磨刀石。放弃东北是蒋介石无德，丢掉平津是无良，南京之惨暴露了蒋介石无能，埋下了蒋介石最终被人民彻底抛弃的根芽。

日本人占了上海后，一定想着进攻徐州，打通南北交通线，同华北方面南下的日军会合，会合后或者进攻西北，或者南下武汉夺取华中，南下的可能性最大。

这就是毛泽东的判断，他判定日军先打徐州后将南下，他向蒋介石提出一个全国战略部署的完整方案。

在向蒋介石提的建议中，毛泽东总结正面战场上军事失利的教训，主张应采取“攻势防御”的方针，把内线防御和外线进攻结合起来，他指出：“如果近百万军队均退至黄河以南、平汉以西之内线，则将形成极大困难。”可能蒋介石从来不会这样打仗，他的军队也没有勇气做到，蒋介石同以往多次的情况一样，没有理睬毛泽东提出的这些建议。

领袖不是毛泽东这样的伟人，其代价就是中国大地上外寇横行，人民伤亡惨重。

到敌人后方去

毛泽东既然能预见到未来日军的行动，自己手中有兵，自然会先做筹划，他已经预见到，武汉、广州等大城市可能失守，日军的战略企图如果实现，“将造成中国割断为许多块”，根据苏区的经验，他树立聂荣臻为模范，要求八路军迅速展开兵力，建立能独立作战的根据地。

这时候的毛泽东将井冈山的游击战争作为主要手段，他没有简单重复苏区的做法，日军不是国军，许多招无法用，但毛泽东找到更狠的招数，就是将他的军队变得更小。日本人在后来总结对付共产党八路军的时候，无可奈何地宣称，共产党像耗子，日本军像狮子，狮子不可能抓住耗子。不管日本人这样的形容对不对，至少说明日本人无法对付共产党。于是日本人异想天开想培养汉奸来对付共产党，号称是养了猫来对付八路军这样的耗子，结果更可笑，谁是猫谁是老鼠呢？八路军对付日本人困难很大，因为日本人抱团，中日之间是民族之战，日本人有自己明确的信仰，武器训练都要好得多，战斗力很强，不好消灭，但八路军对付汉奸却是绝对有把握的。日本人武装汉奸，相当于运输队，使得八路军发展得更快，很多人总是抓住日本人死得不多来做文章，认为八路军不积极作战，这是无耻、无德、无良，日本人要是那么好杀死，能侵入中国？能战死那么多的国军将士？共产党从敌人手里夺取了百万支枪，难道不是冒着生命危险得到的吗？没有大规模的作战，只能说明参与者更众，说明了在共产党领导下的抗日已成为全民族的运动，这是多么了不起的胜利，它是中国人脱胎换骨的开始。面对武装到牙齿的侵略者，中国人不再像鸭子一样自顾自地跑掉了，拿枪杀死一个敌人所需要的勇气和拿绳子和刀子杀死敌人的勇气能一样吗？那个日本人眼里的东亚病夫，就是在这贴身肉搏之中，长出了熊心豹子胆，他们敢于赤手空拳地杀死任何敌人，日本人不害怕拿着武器的国军，却害怕手无寸铁的老百姓，他们看上去像是大大的“良民”，但转眼间就有可能出手来杀死日本人，后来常用的词语叫作陷入人民战争的汪洋大海中，仔细体会一下吧，日本人进入中国意味着死亡，极端的恐惧就是来自这随时降临的死亡之中。美国人后来在越南丛林中也体会过这种滋味，最后他们灰溜溜撤走了。再先进的武器也战胜不了恐惧，人民战争就是最强大的超级武器。

毛泽东告诉全党，要有长期作战的观念，具体工作是在各区域建立新的游击兵团，游击兵团以八路军有战斗经验的主力一两个连作基础，加入地方游击队及新兵形成1000人左右的支队，这种做法，使八路军的队伍能迅速壮大，而又能保持相当的战斗力，收到了很好的效果。中国有的是人，缺的是英明的领袖，中国有的是兵，缺少的是有效的组织，当中国有了自己的真正领袖和组织者，日本人凭什么能赢？

1938年春，日军果然采取南北对进的方针夹击徐州，为了这一计划，华北日军主力被抽调南下，河北、山东敌人兵力空虚，机会来了。

毛泽东抓住这一机遇，他立刻做出从华北山地进入到平原地区开展游击战争的重大决策。历史就是这样奇妙地重复着，从井冈山到江西这一条路似乎再现，这一回是从山区到平原。

后来当过代总统的李宗仁展示了他的军事才华，徐州正面战场的国军在李宗仁指挥下进行的英勇抗击，对八路军在华北敌后战场的发展起了重要的支持作用。

红军从来没有在平原上搞过军事行动，平原能不能游击？上上下下都没有谱儿，在毛泽东看来从山区到平原，就如同从井冈山到江西一样。

到敌人后方去，是毛泽东在抗日战争一开始的天才发明。毛泽东意识到了到平原地区发展的机会和可能，日本人占据了点和线，他们没有可能占据面，对中国人来讲所有人都受到了日本侵略军的屠杀和蹂躏，人民盼着自己的军队的到来，原来的政府已经消失了，八路军只要能站出来，人民就会接受八路军为领导者。再者他看到山区利在扎根，不利在发展，平原地形条件打仗不如山区，但也有比山区优越的条件，其地域广阔、人口稠密、资源丰富、交通发达，关键在于扬长避短，你要是拿着八路军的三个师跑到平原和日本人面对面打，肯定不占便宜，但换个打法呢？

一切为了胜利，只要能够杀死日本人，什么办法都是好的，对于毛泽东这样没有上过军事学校的人来讲，人少的时候打游击战，人多的时候打运动战，敌人过于强大的时候打什么？打更小的游击战——麻雀战，自己强、敌人弱的时候打什么战，后面你就知道了。毛泽东指出方向，手下的将军们就去试验，河北、山东等地区陆续上交可行性报告。

吕正操开辟了平原地区的第一块敌后抗日根据地——冀中根据地，杨成武则在冀东平原发展出新地盘。

这样有了模范，毛泽东就大量复制，把八路军的主力撒向河北、山东平原地区，作战方式——游击战。山东战略力量就是由毛泽东麾下罗荣桓元帅创立的。有了罗荣桓，山东变成了共产党的基地。

《平原游击队》就是这样的故事。毛泽东手下的八路军只需要几个人、几十个人就能成为活的核心，散落到大地上就会自动长大，胜利进入自行的通道中。

毛泽东安排好了八路军的战略战术，开始部署新四军的工作。

新四军是由红军长征后留在南方分散的红军游击队改编而成的，由叶挺任军长，项英任副军长，项英、陈毅经历千难万苦，在最艰苦的环境中居然活了下来，着实不易，新四军军部驻皖南。

这时候发生了“何鸣事件”，这是共军历史上唯一的缴枪事件。中共闽粤边特委负责人之一何鸣，与国民党达成合作抗日协议，将红军 1000 余人集中接受改编，被埋伏的国军包围缴械，何鸣后来受到军法最严厉的制裁，打不赢的仗可以不打，可以跑，但共产党拒绝投降，这种决绝是非常伟大的，它使得任何敌人都得掂量与中国人为敌的代价，最终成了我们民族的保护伞。

毛泽东提醒项英要绝对打起精神，避免此类错误再发生。

1938 年 2 月 15 日，毛泽东向项英、陈毅推广八路军的游击战法，根据毛泽东部署，粟裕率领的新四军先遣支队向苏南敌后挺进，站住脚后，陈毅、张鼎丞随即率领新四军主力进入苏南，粟裕打赢了新四军抗日的第一仗，将军的荣誉来自胜利。陈毅搞政治则是高手，跟毛泽东那么多年，早已烂熟于心，建立根据地得心应手，新四军威名远扬，在大江南北燃起了敌后游击战争的熊熊烈火。新四军被人民称作赵子龙，被伪军称作四老爷，说他们的枪是为四老爷保存着的。京剧《沙家浜》就是描述这样的故事。

1938 年 5 月 19 日，徐州失守，毛泽东又一次正确判断日军将继续南下，进攻的目标是武汉、广州，他由此得出结论：“华北游击战争还是广泛开展的有利时机。”

什么是高明？这就是高明，赌博无非就是押大押小，股票无非是买入或者卖出，战争无非就是进攻还是防御，知道什么时候进攻，什么时候防御，这仗就好打了，日本人牛得不行，看不上毛泽东占领的农村，毛泽东则抓住机会，展开再展开。

当日军向武汉大举进攻时，骄横不可一世，后方却空虚又疏于戒备。毛泽东指挥的八路军主力向河北、山东的平原地区大规模进军，到这年年底，八路军、新四军在同日军1600多次交战中共歼敌54000多人，知道每一次消灭敌人多少吗？平均下来每次战斗仅仅消灭敌人33个，也就是每一次只消灭敌人一个排。同样的战争到了抗美援朝，再次发生了，美国人拥有世界上最强大的军队，我们的志愿军，从来没有力量整建制地消灭过美军一个师，原因是美国人有着强大的空军和机械化部队，仅仅围住还消灭不了，只要一个晚上打不死他们，第二天他们就能叫空军配合，炸开血路，当后来发现一个美军团都很难消灭的时候，毛泽东制定出一次只消灭敌人一个营的决策，这就是英明，这就是正确，每一次只消灭敌人一个营，打完了就撤，这样自己的牺牲就小多了，当死伤比近乎一比一的时候，美国人就知道这仗他们是打不赢了。日本人比我们的枪炮厉害，我们一次消灭他一个排，我们的伤亡就会很低，信心就会更足，我们的人民就会产生信心和勇气，这一切就会朝着胜利的方向前进，游击战争这一法宝产生了巨大的威力。积土成山，风雨兴焉；积水成渊，蛟龙生焉，就是量变引发质变的最好的证明。八路军发展到156000多人，新四军发展到25000人，一大批敌后抗日根据地创建起来了。人和地盘都在增长中，毛泽东的部下不是蒋介石手下那样花钱买来的乌合之众，每一个人都是有政治觉悟的战士，他们就像种子，都可以撒出去生根发芽长大，共产党的力量就这样在日本人的占领区一点点扩大着。林彪以600人的代价杀死日军1000人，毛泽东则指导八路军和新四军以很小的代价杀死成千上万的日军，自己的队伍变得更大，这就是政治家与将军的差别。

到徐州失守时，抗日战争已进行了整整十个月，北平、天津、上海、南京等大城市相继沦陷，这时候“亡国论”盛行，身任国民党副总裁的汪精卫就是这一派的代表，他们找理由准备当汉奸了。

另外一派更是莫名其妙，国民党中有一部分人幻想依靠外援来迅速取胜，想着美国人或是英国人会蹦到中国来帮着打日本人，要搞决战，要速胜，压根儿没有看到抗日战争将是长期的，巨为艰难的。共产党内也有人倾向于打大仗，没有做长期打算。

如果这些问题不能得到解决，对坚持长期抗战是十分不利的，毛泽东“一贯估计中日战争是持久战”。毛泽东再一次站到了高山之巅，画出了长期抗战的大蓝图。

1938 年 5 月，毛泽东发表了《抗日游击战争的战略问题》，随后他又作了《论持久战》的长篇讲演，这是抗日战争期间毛泽东最重要的军事论著。

在《论持久战》中，毛泽东分析了中国和日本之战的各种因素，他得出主要结论是最后胜利是中国的。抗日战争是持久战。毛泽东指出：这场持久战将经过三个阶段：防御、相持、反攻。毛泽东着重指出，第二阶段将是中国很痛苦的时期。具体怎么干，毛泽东每一步都写得很详细。

《论持久战》绝对可称之为光辉著作，说它真的是闪着光的也不为过，它着眼当下，明示未来。

对八路军和新四军来讲，在抗日战争中就有了教科书，一步步走下去就是胜利，对国民党将领也产生不小的影响。

毛泽东《论持久战》刚发表，周恩来就把它的基本精神向白崇禧作了介绍，有着小诸葛之称的白崇禧深为赞赏，认为这是克敌制胜的最高战略方针，白崇禧把它向蒋介石转述，蒋也十分赞成，在蒋介石的支持下，白崇禧把《论持久战》的精神归纳成两句话：“积小胜为大胜，以空间换时间。”由军事委员会通令全国，作为抗日战争中的战略指导思想。这样日本人就没有了胜利的可能性。蒋介石接受了毛泽东的思想，他举办学习班来推广游击战术，毛泽东十分慷慨，派叶剑英前去当教官。

战后日本人也研究了《论持久战》，最终他们承认，第一，日本没有这样的战略家；第二，日本人不可能取得胜利。

看过电影《地道战》吗？《地道战》就是《论持久战》的通俗读本。

既要合作更要独立

让人脸红的“钦差大臣”

对于毛泽东来讲，与所有人合作来对付共同的敌人是贯穿一生的主张。第一次国共合作，共同的敌人是北洋军阀，虽然不是他倡导的，但符合他的理念，所以他积极参加。第二次国共合作是他积极倡导的，是克服了相当大的阻力的，与屠杀自己的敌人合作，对党内许多同志来讲是困难的，与自己的死对头合作，是因为有了共同的敌人——日本侵略者。为了对付这个强大的敌人，他需要与蒋介石合作，甚至低下头来求蒋介石合作，他可以换掉旗帜和帽徽，成为国军的一部分，但如果就此认为他将服从蒋介石，那就是大错特错了。问题是他的同志有些看不清楚，这确实是过于微妙了，向右拐却又要防止右倾，加入国军序列抗日，却又要保持独立性，打着“三民主义”的旗帜却又要坚持共产党的领导，会让一些同志搞不明白，有的人就会被国民党的力量吸引过去，在毛泽东看来这就是右倾。

他们只看到国共两党一致的地方，而看不到两党在争夺领导权，抗战的过程也不一样，过程将决定结果，目标虽然都是抗日的最后胜利，但胜利的结果在谁的手里，依然有巨大差别。毛泽东要的是“全面抗战”，蒋介石要的是“片面抗战”。按照毛泽东的方式，获得抗战胜利，意味着人民的力量将大大加强，而毛泽东认为他是代表着人民的。按照蒋介石的方法，抗日胜利就是蒋介石领导有方，就可以更稳固占据统治者的宝座，这就是政治。

毛蒋这两位领袖，在一开始合作时就已经算计胜利后的果实，差异是蒋介石出自本能，而毛泽东则是精确预计到胜利，于是提前设置过程，让最后的结果距离自己更近一些，所以毛泽东要防止他的同志们放弃自己的责任，一味服从于蒋介石的抗战，毛泽东指出这是危险的。

蒋介石想给共产党一些官位，这叫人想起了从前。当年，年轻的毛泽东以个人身份参加国民党，曾获得过高位，但也受到重大伤害，现在蒋介石又想给共产党的上层以高官厚禄来动摇共产党的立场意志，被毛泽东断然拒绝。

他再一次站在了高处，提前指出未来不在蒋介石领导下，而是在他的领导下才能走得通。他告诉他的同志们，在卢沟桥事变以前，反对关门主义，这主要是因为国民党还没有抗日的缘故，蒋介石抗日后就要反对投降。

可以说除了毛泽东谁都无法把握这个方向盘。毛泽东引领的共产党就像一艘轮船，航行在布满冰山暗礁的大海里，稍有不慎，就会船翻人亡，毛泽东忽左忽右变换方向，叫人无法适应，但最终他将带着他的同志们走向胜利的彼岸。对毛泽东来讲，最终目标是成功，而不是体现在方向上。但对他的跟随者来讲，离毛泽东的路线太远就意味着错误，毛泽东把他们以“左”倾或者右倾来表述。标准是中心人物毛泽东，所以我们后来很多人熟悉的左右倾错误只是一个相对的概念，站在毛泽东左边或者右边的人是很容易犯错误的，会被他修正航向时甩出去，只有跟在毛泽东后面的人不会犯错误。这叫那些试图独立于毛泽东的人十分伤心，没有办法，这一段历史是毛泽东书写的。

对于领导权，毛泽东是绝对不会让的，毛泽东已经放弃了旗帜和帽徽，在左派看来让步已经够多了。

就在这时候，王明从苏联回国了。

王明，一般人不熟悉，他是教条主义的首领，博古、张闻天、王稼祥原先就是他的阵营里的，博古是他的国内代表。王明，一个年轻人，没有任何革命实践中的贡献，只是在莫斯科读书，书念得好，俄国老师很欣赏他。王明为什么会得到斯大林的大力扶持呢？大概是王明的老师在斯大林与托洛茨基争夺权力的过程中站到斯大林一边，而王明跟对了老师，于是就成了他们的领袖。

王明一直待在苏联，但遥控着博古，这种情况被第五次反“围剿”的失败终止。王明的路线已经证明是失败的了，他的指挥给红军带来巨大的伤亡，共产党已经不欠俄国人的债了，共产党在死亡的边缘上，靠着毛泽东的引领和自己的决绝奋斗和牺牲，九死一生才逃离灭顶之灾。王明是应当为红军的巨大牺牲负责的，陈独秀被抛弃了，张国焘溜边了，但王明似乎没有任何觉悟，他回来了，居然还是以共产国际的钦差大臣的身份大摇大摆地回来的。

毛泽东掌权后并没有立即和共产国际翻脸，相反，他在相当长的时间里执意让张闻天担任总负责，给外界的感觉是中国共产党领导层变动不大。张闻天知道自己不是总负责的料，多次要退下来，毛泽东不让他退，这也是毛泽东的一个策略，这一策略在反对张国焘的时候发挥了良好作用，同时起到了团结曾经受过王明影响的人的作用，这样依然保持着和共产国际的联系，甚至到达延安后不是依然想打通和俄国人的通道吗？只是没有成功而已。毛泽东和蒋介石在抗日问题上的合作居然十分符合斯大林的意图，这一定让当年极左的人们大为震惊。在斯大林看来，当年让共产党歇斯底里地搅和蒋介石是俄国利益所在，赢不赢不是他所关心的，现在，他需要蒋介石的力量来帮助他减轻日本人的压力，所以共产党就应当转向，于是毛泽东推行第二次国共合作，就十分顺利，不但没有受到共产国际的任何指责，而且共产国际还生怕毛泽东过于固执，把王明派回来监督毛泽东执行，但共产国际显然没有意识到，中国共产党已经不再欠他们什么了，红军已经用血还清了债务，王明居然敢回国，居然带回来了让他的小团体都觉得脸红的指令。

王明带回来一些有用的东西，例如大功率的电台，这样毛泽东就能直接指挥他的师一级的军队，但王明也带回来莫名其妙的指示。

斯大林的俄国正面临着西面纳粹德国的严重威胁，十分担心日本从东方向它进攻，使它陷于两面作战的困难境地，所以希望中国的抗日战争尽可能多地拖住日本的军事力量，减轻它在东方的危机。

当然，只相信实力的斯大林将满腔希望寄托在执政的国民党身上，生怕中国共产党同国民党的关系紧张起来，会使国民党退出抗日战争。

此时，俄国的指令从原来的不管不顾地玩命搅和国民党，一百八十度大转弯变成了要求中国共产党无条件听蒋介石的指挥。

共产国际选中了王明来监督毛泽东贯彻他们的这一政策。王明回国前，斯大林会见他，下达指令。

在斯大林的词典里，没有不好意思字样，他大概是觉得出了钱，中国的这些人就应当卖命，他好像不知道本钱已经丢没了，他似乎没有考虑过他们的死活，他只是考虑俄国人的利益，这本来也没有什么错，但实在算不上高明。

当年推行极左路线，要求同志们拼命而不管死活，现在又要求彻底投降，这一切在利益面前就不说了，但也不能还是叫王明来执行啊，难道莫斯科就找不到别的人了？

王明怎么能好意思张嘴呢？这一点叫局外人没法明白。

王明和康生到达延安，这是毛泽东和王明的第一次会面。

康生是什么时候投向毛泽东的呢？没有人知道这一点。由于康生后来的名声很负面，所以很少有人愿意讨论他，但论起关系来，康生可不是外人，他和毛泽东的渊源很深，毛泽东是康生的太老师，因为康生是任弼时的学生，而任弼时和毛泽东是师生关系，任弼时、康生这样出身大富人家，家学渊源，个人才华横溢的才俊，成为毛泽东力量的组成，是很有力度的，即便不是这层关系，在延安的气氛下，康生不会傻到和王明站到一条战线里。康生是王明的副手，老牌的政治局委员，他的地位很高，康生又是一个除了老师任弼时和太老师毛泽东以外谁都不吝的人物，常常以冷酷的打击者的面目横在多数人之上，所以他的地位和作为就很有意思。

对王明的到来，毛泽东发表了热情洋溢的欢迎词，在这一点上毛泽东是不吝啬的，毕竟王明还是带来了一些有用的东西。

十来天后，王明以钦差大臣的身份做了一个报告，几乎从所有的方面指责毛泽东。

共产国际的指示在许多人心目中依然是圣旨，而且当时中央在组织上没有进行调整，使得参加会议的人多数是曾经听命于王明的人，所以面对握有圣旨的王明和不理会圣旨的毛泽东站在一起的时候，他们出现了摇摆。

毛泽东的力量仍然在军队和基层，不在政治局，所以开这样的政治局会议，获得的支持不多，他只能表示同意王明的意见。毛泽东小心谨慎地不与王明发生正面冲突，随后毛泽东找了一个王明没有发言权的部分开展反击，就是战略问题，然后让大家做出判断“洛川会议战略方针是对的”。政治局所有人在这个问题上没有异议，所以毛泽东依然把握着战略方针。

王明试图搞一个新的方针，但怎么往下贯彻呢？问题在于毛泽东往那里一站，谁会执行王明的方针呢？要修改毛泽东的路线，就要证明比毛泽东高明，这是党内谁也做不到的事情。遵义会议以后，毛泽东就没有犯过大错，唯一的较大的失败还是张国焘不听指挥造成的，王明怎么可能改变呢？

他只是让毛泽东感到不愉快罢了，毛泽东是十分能忍耐的，为了胜利，他能与蒋介石握手，多一个王明又有什么关系呢。

此时的毛泽东在政治局里是较孤立的。他的办法是，你王明说我是错的，我都承认，只有持久战、游击战、统战原则下的独立自主等原则问题，我是坚持到底的。

由于毛泽东主抓军队和统一战线的工作，使得王明的影响力极小，在实际工作中并没有人去贯彻王明那一套。

我们知道即使王明口含天宪，握有圣旨，那也得有人听话，说臣遵旨才行，所以张闻天的态度成了关键，在王明和毛泽东同时出现的时候，张闻天到底是什么态度呢？张闻天可能犯了含糊，这使得张闻天在遵义会议上起的好作用打了折扣。

随后，毛泽东也多次强调："扩大和巩固统一战线，始终是我们的中心与方针。"但毛泽东说的统一战线和王明说的不是一回事，关键在谁领导上，毛泽东发现需要防右了。

王明起身前往武汉，是蒋介石特地邀请他去的，大概王明离开莫斯科时就已把国民党看得比共产党更重要，把武汉看得比延安更重要，因此，到武汉后就留了下来。

他继续以共产国际派来的"钦差大臣"自居，王明之蠢不可思议，他未经中共中央同意就发表《中共中央对时局的宣言》，更可笑的是居然未经过毛泽东本人同意就用毛泽东的名义发表公开谈话。

面对王明的莫名其妙和奋不顾身地要往蒋介石身上靠，毛泽东无可奈何，现在不是斗争的时候，于是关于国共关系问题，毛泽东做了让步，关于召开"七大"，毛泽东则推延，认为"须看战争的形势来决定"。

王明走得太远了，他都忘了自己是共产党，他一直待在武汉，一直到武汉陷落前才回延安。毛泽东后来说过："王明问题的关键、症结之所在，就是他对自己的事考虑得太少了，对别人的事却操心得太多了。"

这话说得相当隐晦，但党内人都知道别人是指的谁。

王明考虑的就是他的俄国主子的利益，他想命令共产党不要得罪国民党，求得他们不脱离抗日阵营，以免苏联遭受两面作战的危险，而不考虑中国人的利益和中国共产党他的同志们的生命和未来，这一切不是或很少在他考虑的范围之内。

这时，发生了张国焘叛逃事件，据张国焘回忆录里说他的叛逃是毛泽东逼迫的，说毛泽东私下里曾当面羞辱张国焘，说他是猪八戒。不管什么原因，张国焘跑了，跑到武汉，毛泽东等致电张国焘："希早日归来，不胜祈盼。"张国焘以书面形式声明脱离共产党，公开投靠国民党，成了国民党的一个小特务，于是中共决定开除张国焘党籍，毛泽东要求全党把这件事作为教训："每个共产党员应该不像他那样，半途放下旗子，要坚定政治方向，牺牲一切而奋斗到底，反对开小差。"毛泽东借张国焘事件给那些过于倾向于国民党的同志敲了警钟。

毛泽东没有暗杀人的兴趣，张国焘活了很久。并且毛泽东还派去了张国焘的妻子和孩子，公开的说法是劝说张国焘回来，最后的结果是放了张国焘的家人。

张国焘的叛逃，并没有引发什么震动，张国焘是孤身一个人跑路的，连个警卫员都没有跟着，毛泽东则是借此机会开个批判会，毛泽东并不排斥四方面军的干部战士，只是希望大家在思想上统一到他的旗帜下，其中说服许世友就很有代表性。

原先在四方面军中当军长的许世友在受到抗大校长林彪批判后，想带人离开延安去上山打游击，被发现后受到处分。毛泽东去看望他的时候，许世友很冲地说：要不是中央把我们甩了，我们的损失也不会那么惨。康生表示，干脆毙了许世友。毛泽东则请朱德和徐向前出面解释，在这正反两方面的合力之下，许世友接受了毛泽东的召唤，"活着是您的兵，死了是您的鬼。"许世友最恨的是谁？是康生，但康生是政治局委员，他会害怕许世友吗？

四方面军的川籍战士组成了后来刘邓大军的班底。而刘邓正是四川人，这就是毛泽东用人之策。

这时，任弼时受命前往苏联，当最初的留苏学生多数尚在苦修俄语的时候，任弼时的俄语已流利得让俄国人都佩服，他拿着毛泽东的妙文直接用俄语朗诵，他以天才表明毛泽东是更高的天才。他让共产国际知道了毛泽东的真正地位，共产国际终于反应过来了，新指示由原在苏联治病的王稼祥带回延安，王稼祥传达道：中共中央“在领导机关中要在毛泽东为首的领导下解决”，这就剥夺了王明的“钦差大臣”的资本。

这在现在看来很可笑，毛泽东当年已经大权在握，共产国际算个什么，但在当时这一套还是有用的，主要用途就是团结同志，这样党内就没有造成分裂，维护了团结，从此毛泽东的领导地位就没有再受到任何方面的挑战。

解决了党内问题，毛泽东把眼光放在了外部的形势上，他告诉全党现在进入了抗战的第二阶段，相持阶段。它的基本特点是一方面更加困难，另一方面更加进步，毛泽东总是能指出困难，但同时他又能指向光明。而且毛泽东具体指出了过渡阶段的困难和克服困难的办法。

党的任务是坚持再坚持，按照已经制定的战略战术坚持，以团结全国力量，准备反攻。

在中国共产党历史上具有重大意义的六届六中全会，在延安召开，说它意义大就是因为在没有任何分裂的情况下，毛泽东取得了无可争辩的领导权。

会议进行中，广州、武汉相继沦陷，虽然是灾难，但对毛泽东来讲，不完全是坏事，因为他早已预测了灾难。

这一回毛泽东对王明不再客气，他批评“一切经过统一战线”的口号是自己把自己的手脚束缚起来。毛泽东批评王明的观点，但对王明本人，毛泽东的态度叫人纳闷，他强调团结，希望王明能改正错误，这是毛泽东给王明的机会，因为他需要证明马克思主义与他一致，而王明正好是握有马列权威的合适人选，不过看来王明没有这个概念和愿望，王明拒绝了。

毛泽东后来表示，六中全会不是要算账，而是统一认识，算账的时机尚未成熟，毛泽东先是为被王明路线打击的同志平反；四方面军犯过错误的同志应与张国焘有区别；博古等人只要承认错误“则无问题”，王明失去了影响力。

终于，毛泽东得到绝大多数人的理解和拥护，大家认可了毛泽东，在长期斗争中毛泽东一直坚持的几乎都是正确的。毛泽东后来在党的“七大”上说，“六中全会是决定中国之命运的”，就是因为几乎全体的共产党人选择了毛泽东为领袖，这样他们就选择了胜利。

遵义会议共产党人推举毛泽东带领他们走出绝境，毛泽东做到了，一直到六届六中全会，他们才确定由毛泽东带领他们走向胜利，他们中的绝大多数选择了站在毛泽东的旗帜下前进。

理想在延安

什么人会参加毛泽东的队伍呢？在最开始他的队伍里有流民，走投无路的人和土改后的农民，当然主干是有政治理想的人们。抗日战争开始后，毛泽东改变了政策，也就是不再土改，更多的人加入到他的队伍中来，日本人的刺刀为他送来大批的精英，那就是全国的不愿意做亡国奴的年轻人。

这些年轻人的抗日热情受到蒋介石的冷落和排斥，他们把目光投向了延安，毛泽东热烈欢迎他们。

毛泽东似乎早就知道这一点，抗战爆发前夕，他曾向全党呼吁："要自觉地造就成万数的干部，有政治远见，有工作能力，富于牺牲精神，能独立解决问题，在困难中不动摇，忠心耿耿地为民族、为阶级、为党而工作。"我们看看如果这些人真的符合毛泽东所说的这些条件对中国意味着什么？那他们就是中华民族复兴中的中坚力量。

抗战爆发后，毛泽东亲自来抓教育工作，在延安开办各种类型的学校，来培养各方面的干部。在延安，物质虽然贫乏，精神却焕然一新，年轻人看到了自己的理想——平等，蒋介石等上层人物不让这些青年人进入他们的领域，他们愤怒地转向另一面，年轻人最渴望平等，当他们看到毛泽东主席、朱德总司令等人身穿粗布制服和战士、老乡成为一体的时候，知道延安就是理想所在。

我们前面说过，毛泽东在年轻的时候一直是长打扮，不是短打扮，因为短打扮意味着代表社会底层，从上山那天起，毛泽东的衣着就变成了和士兵一样，不要小看这衣着打扮，它代表的意义是非常大的，领袖穿什么样的服装不光是影响着社会风气那么简单，也代表着诸如价值观一类深层次的内容。仔细想想就会明白的。过去皇帝们也装模作样农耕，有人相信么？你要是穿着西服下煤矿，工人会说你还不如不来呢。

我们查一下延安精神，就会发现标准表述是：延安精神，就是艰苦奋斗的精神。延安精神，就是全心全意为人民服务的精神，延安精神就是……

我们要说的是，延安不但诞生了共产党人所说的延安精神，它还产生了我们中国人全新的理想和信念，那就是人类的终极理想——平等。

平等有多重要呢？我们要问问自己。平等容易实现吗？我们说它是人类最高理想，也是人类最难实现的境界。

人一生下来就有各种不同，但人却希望在精神上互相理解，互相尊重。没有人是天生的奴隶，生来就低他人一等，没有人任由他人指使却生来没有自己的思想。现在，我们欣喜地看到，这一思想已被中国普遍承认。但你知道它是怎么灌输到中国人的心里的吗？要知道中国的传统文化是孔夫子倡导的秩序和服从。几千年沉淀的阻力巨大。

人类存在着各式各样的差别，大到种族、阶层、性别等差别，小到个人天赋，不平等是事实上的常态，但平等一直是人类的最高理想。耶稣基督的博爱和孔夫子的仁爱缺少可操作性，但在上帝面前人人平等和佛陀提出的众生平等却成为信徒心中最坚实的信念。这就是为什么我们的文化名人孔夫子在思想领域中地位不高，那些起劲推广孔夫子的人有着不可跨越的硬伤，是没有未来的，就是因为他强调的是秩序和服从而不是提倡平等，他只是对统治者的稳固有效用，这样孔夫子只是一个哲学家而不是思想家，他只是对中国的文化影响很大，会在文化名人中有一席之地，但不会更高了，基督教徒不会欣赏他，佛教徒也不会理会他，经历过共产主义运动的地区更不会再去尊崇他，要知道对于平等的诉求才是人类最高的境界。

人们拿着放大镜来挑剔马克思主义者提倡的共产主义运动的艰难曲折时，却忽视马克思学说中平等的光辉。这就是为什么毛泽东从来没有放弃过马克思主义，而是努力证明自己是马克思主义，因为他看到了马克思旗帜上最主要的一点就是平等。

提倡平等的哲人们在思想上就达到了巅峰，而推行平等则是世间最艰难的工作，小亚细亚的奴隶起义，中国的农民起义，18世纪法国大革命都喊出“平等”的口号，可是真正实践起来难啊难。

起草美国《独立宣言》的杰弗逊曾写道："我们认为这些真理是神圣和不可否认：所有的人都是生而平等……"令人感动吧，可是你知道吗，这里所有的人最开始是不包括黑人和其他的有色人种的，更别说印第安人，基督徒的上帝面前人人平等不包括异教徒。佛教徒敲着木鱼平静地看着人世间的血腥屠杀，漠然看着罪恶横行，无奈中把希望寄予来世的解脱，少数地区佛教占据统治地位后依然放任奴隶主的残忍。资产阶级高喊着平等是为了反抗封建贵族而不是为了贫困者。所以平等不是别人赐予的，而是自己争取的。中国社会的不平等更是源远流长，中国社会的主流思想居然就是不平等，可想而知，在中国推行平等有多么艰难了。

中国人最熟悉的平等观念，不是来自圣贤，而是来自农民起义，人们只有活不下去了才会喊出藏在心底的要平等的口号，《水浒传》里的打打杀杀不会叫人赏心悦目，宋江的投降更是叫人伤心郁闷，但水浒英雄依然闪烁着思想的光芒，记得 108 位好汉齐聚梁山后的一段最优美的文字吗：

八方共域，异姓一家。
朝夕相见，死生可同。
不分贵贱，无问亲疏。

这不同的文字表述的是同一个内容——平等。

可以说，平等的思想贯穿了毛泽东的一生，对于一位思想家这不奇怪，但对于世俗领袖他是独一无二的。少年时代看《水浒传》，平等的思想进入他的心里，上井冈山提倡官兵一致正式进入推行平等的通道，到延安开始全面的实践，一直到晚年组织过关于资产阶级法权的批判（其实就是对追求平等过程中关于天赋差异的辩论，自古至今仍争议不休），这就是毛泽东对平等追求的一生。曾有人说他做得太过了，看看中国社会依然存在的许多叫人不能接受的现象，你还会觉得他做得过了吗？

毛泽东在延安以共产主义的旗帜开始推行平等，这是延安精神的真髓。毛泽东的革命历程给中国人带来无上的荣光，有了延安精神，使得我们在见到基督一词时不再卑微，因为带着基督上天的彩云中闪着平等的光芒，我们遇到马克思主义字样时不再眩晕，因为它的旗帜上镌刻着平等的字样。毛泽东对中国来讲不光是他建立了一个党，建了一个国，建立了一支军队。他做了两件大事：一个是他带领全体人民艰苦奋斗把农业中国变成了工业化国家，一个是他推行平等，使得中国从落伍的畸形社会变成世界上最平等的国度。啊，平等，这两个字是一把钥匙，打开了我们心头的一扇天窗：我们终于知道我们的领袖为什么受到全世界人的尊重了，是耶稣、佛陀、马克思提倡的，是玉皇大帝和高高在上的帝王们极力阻挠的，是全世界人盼望的极终理想——平等，在世界人口最多的中国大地上得以实践、推广并大范围实现，这是人类历史上从来没有过的伟业。请历史为我们的感悟做证。

毛泽东渴望与人合作，一师时就贴过求友布告，在成长的过程中，他委曲求全，希望与所有的人合作。涌向延安的这些年轻人，完全是奔着他来的，毛泽东伸出双手，欢迎他们。毛泽东非常珍视这批来自全国各地的青年人，他的成功模式需要极多的人，任何愿意加入的人都有可能化作巨大的能量。学会了毛泽东方法，然后派到敌人后方去，发动群众，组织武装，就有可能发展壮大，就像一颗种子，长出满世界的藤萝，又像一星火种，慢慢燃烧最后变成冲天大火，电影《铁道游击队》就是这样的一个故事。

抗日战争期间，毛泽东在延安亲自领导开办了好多的学校。

这些大学中，中国人民抗日军政大学，简称抗大，当然是最重要的大学，专门培养抗日军政干部，是延安最有影响的学校，抗大的学员，一部分是从部队中抽调的红军军政干部，一部分是从全国各地来到延安的知识青年。毛泽东委派最具军事才华的刘伯承、林彪、徐向前担任主要的教官，还有后来成为总书记的胡耀邦等参与教学，关键是毛泽东亲自担任抗大教育委员会主席，他认为“这是共产党的大事”，一定要抓紧抓好。

毛泽东为抗大制定了教育方针和校训，他的一些重要著作如《中国革命战争的战略问题》《矛盾论》《实践论》《论持久战》等，都被列为抗大的必读教材。

毛泽东经常为抗大讲课，“三天一小讲，五天一大讲”。他讲课的内容十分广泛，包括政治、军事、哲学、历史等，毛泽东博览群书，他的文采、他的睿智成为吸引人的重要因素，听他讲课如饮智慧之泉。

毛泽东常常告诫他的学生们，革命的道路如河流一样曲折蜿蜒，要准备走“之”字路，走“之”字路，这是世界上任何事情发展的原则，这是天才的感悟，他毫无保留地传授给愿意革命的年轻人，自然而然形成了追随的趋势和崇拜的潮流。

毛泽东热忱地欢迎知识青年加入自己的队伍，毛泽东敞开大门欢迎这些年轻人。

但对已经加入队伍的党员干部，毛泽东则十分严格，谁也不能越界。1937 年 9 月，参加过井冈山斗争和长征的旅级干部黄克功因逼婚未遂而枪杀了陕北公学女学生刘茜，案发后，毛泽东指示罗瑞卿，应该对黄克功处以极刑。旅级干部是共产党的高级干部，后来的元帅们在当时才是师级，为了一个女子杀死军功颇大的下级，而且拒绝了他上前线戴罪立功的请求，这就是毛泽东，错误可以犯，但有界限的，这一界限就是生命，前人的牺牲正是为了后人不再牺牲。对照蒋介石的做派，人们不难选择。

这样毛泽东就成为年轻人革命的导师。不过新中国圣人的称号他给了鲁迅。

毛泽东办了很多大学，其中一所叫鲁迅艺术学院。为什么会有以鲁迅名字命名的学院呢？原因是毛泽东非常钦佩鲁迅，说自己“与鲁迅的心是相通的”，毛泽东视鲁迅为旗帜，他总结道：鲁迅具有政治远见、斗争精神和牺牲精神，这三个特点形成了伟大的“鲁迅精神”。

生活在 21 世纪的中国人很少有人再去读鲁迅的著作了，你要是看了鲁迅的著作会有阴冷黑暗甚至恶心的感觉，会睡不着的，与读毛泽东的著作感受不同，毛泽东的著作是在黑暗中叫你仰望星空，看到未来的光明，让信仰燃烧自己，忘却身处的叫人窒息的环境，克服眼前的困难，战胜敌人，是脱胎换骨彻底的扬弃。鲁迅却是中国旧社会的解剖医生，无情地展示中国社会病入膏肓的惨状，就如同一个高明的医生向病人展示脓血霉疮一样，可能会叫人不愉快。

你可以不读鲁迅的书，但不可以不知道鲁迅，更不可以贬低鲁迅，不知道鲁迅，最多是无知，贬低鲁迅则是屁股歪了。和毛泽东小时候家境上升相反，鲁迅成长在家境衰落的环境里，这种先暖后冷、先富后穷的不愉快的生活，使得他成为一个很敏感的人，这种敏感伤害了他自己的生活和身体，但中国社会却多了一个思想家。他比毛泽东大一轮，他在20岁的时候到日本留学，一开始是学医的。他之所以学医，往小了说，是想救治像他父亲那样被庸医所害的病人，往大了说是想改善被讥为“东亚病夫”的中国人的健康状况。鲁迅觉悟的标志点是留学日本期间发生的一件事，有一次，在上课前放映的幻灯画片中，鲁迅看到在中国的土地上，一个中国人被日本军队捉住杀头，一群中国人却若无其事地站在旁边看热闹。鲁迅受到极大的刺激。这使他认识到，精神上的麻木比身体上的虚弱更加可怕。要改变中华民族在强国林立的现代世界上的悲剧命运，首要的是改变中国人的精神。于是鲁迅弃医从文，走上了文学家和思想家之路。

鲁迅把几千年的中国历史痛斥为“吃人”的历史，呼唤重建中国现代新文化。他把眼光投向社会的最底层的人们，他们最需要同情和怜悯、关心和爱护，但在当时的中国受到的却是侮辱和歧视，冷漠和冷酷。这样的社会显然是一个不正常的社会，其他的文人，特别是鸳鸯蝴蝶派，要么是无知混沌要么没有社会良知，他们的作品如同精神鸦片，即使是美轮美奂，对中国社会来讲是有害的，至少是无益的，而鲁迅之所以受到尊崇，不是他的文笔最佳，而是他最有思想，是他的慈悲心。鲁迅描述的一切，让人感到一股透骨的寒意。1840年后的中国是一个冷酷无情的世界！1840年后的中国人过的是一种扭曲的人生！鲁迅对他们的态度是“哀其不幸，怒其不争”。鲁迅爱他们，但希望他们觉悟，希望他们能够自立、自主、自强，挺起腰杆来做人，争取自己幸福的未来。

鲁迅最初把中国的希望寄托在有良知的知识分子身上。后来他明确指出希望在共产党。

鲁迅对两类人深恶痛绝，那就是权势者和伪君子。这样我们就知道什么人不喜欢鲁迅了。

“鲁迅的骨头是最硬的，他没有丝毫的奴颜和媚骨，这是殖民地半殖民地人民最可宝贵的性格。”这是毛泽东对鲁迅的评价。

鲁迅只活到55岁就去世了，成千上万的普通人自动地来为他送行，在他的灵柩上覆盖着一面旗帜，上面写着“民族魂”三个字。他被中国有良知的人们尊崇着。

这样我们就能知道所谓的鲁迅的政治远见就是他预示了中国社会必须有一个彻底的革命，这个革命正为毛泽东为首的共产党人实践着，最终完成了，这就叫作高瞻远瞩，最终毛泽东革命的彻底性震撼了世界，大概只有鲁迅先生可以在思想上和毛泽东保持一致。其次，为了实现彻底的革命需要有彻底的斗争精神和彻底的牺牲精神，这就是毛泽东推崇的“鲁迅精神”。这到底是毛泽东的精神还是鲁迅的精神，我们已经很难分清楚了，所以毛泽东说他的心和鲁迅是相通的。

网上流传着一个说法，传说是毛泽东解放后说，鲁迅要么闭嘴，要么进监狱。很多人不知道这是毛泽东对党内官僚主义的愤怒之讽刺挖苦，要知道毛泽东嬉笑怒骂皆文章啊。这都想不明白还好意思应用历史？拿毛泽东的话来反毛泽东是一种最愚蠢的行为。

抗战八年中，抗大培养出20多万干部，20万干部是个什么概念？毛泽东把延安变成了中国革命的大学校，蒋介石在黄埔军校才培养了多少人，而且许多人都参加了共产党。

为了培养非党人士毛泽东还创办了陕北公学，培训出一万多名干部，成绩也不小。

具有文艺才能的年轻人则可以在鲁迅艺术学院受到培训。在漫长的八年抗战中，鲁艺培养出一大批文艺干部，他们将自己的艺术天赋服务于抗战，为革命呐喊造势。

毛泽东还经常到中央党校、马列学院以及由他提议创办的中国女子大学等学校讲课。

到抗战胜利时，这些院校已培养了几十万干部，这是我们在此关心毛泽东办大学的关键，想清楚了这一点就知道毛泽东在这八年里力量增大了多少。其中受训的共产党员就达到25万人，在六中全会上，毛泽东把培养干部的问题提到更高的地位来看，他说："政治路线确定之后，干部就是决定的因素，因此，有计划地培养大批的新干部，就是我们的战斗任务。"

是的，毛泽东没有亲临抗日前线，他留在了延安，这就是他的战斗，他的岗位在延安。

毛泽东高举抗日的旗帜，使得全中国的热血青年把目光投向延安，大批知识青年来到延安，给这里带来了蓬勃朝气。每天傍晚，在宝塔山下，延水河畔，都会有年轻人的欢笑声和歌声：

> 黄河之滨，集合着一群中华民族优秀的子孙。人类解放，救国的责任，全靠我们自己来担承。同学们，努力学习，团结、紧张、严肃、活泼，我们的作风；同学们，积极工作，艰苦奋斗，英勇牺牲，我们的传统。像黄河之水，汹涌澎湃，把日寇驱逐于国土之东。向着新社会前进，前进，我们是抗日者的先锋！

这就是抗大校歌，今天唱来依然能激荡青年人的心弦，毛泽东常常出现在他们中间，无拘无束，谈笑风生。抗大校歌的歌词作者就是在遵义会议上站出来反对毛泽东的凯丰，他已经变成了毛泽东的积极的拥护者。抗大校歌依然在中国流传，如果你在今后的日子里再听到这样的歌声也无须吃惊，因为它现已成了中国国防大学校歌了。

这时候，毛泽东的个人生活也发生了变化，1938年秋，贺子珍离开延安一年后，毛泽东同从上海到延安抗大学习的电影演员江青结婚。由于江青结过婚，可以想象江青是较为主动的，这场婚姻是不同寻常的，曾引起许多议论。人们实在无法理解毛泽东为什么会娶江青，因为当时奔向延安的女青年中大姑娘很多的，这次婚姻后来常被称作是个错误选择。

由于江青后来有一段时间在中国极不受欢迎，所以这场婚姻被称为毛泽东的错误。可是事实上，婚姻像个鞋子，舒服不舒服，怎么回事，只有当事人清楚。

华盛顿、穆罕默德、毛泽东三个人，一位是美国第一人，一位是世界第一人，一位是中国第一人，他们的共同点是什么？谁能回答呢？

关于毛泽东的婚变，许多人颇有微词，一些小知识分子就表示失望，周恩来对这种莫名其妙的反对意见提出了尖锐批评说：我们选择毛泽东是因为他能带领我们共产党人走向胜利，减少牺牲，而有的人却盯着他和哪个女人结婚。是的，我们不成熟的标志之一就是面对世间的不平等熟视无睹，对人间屠夫杀人如麻无动于衷，对帝王们的骄奢淫逸觉得正常，却拿着显微镜观察给我们带来进步的人。毛泽东没有犯规，贺子珍离家出走是他们婚变的主因。据说美国伟大的林肯总统可以从容地抹去他的妻子泼来的满脸咖啡而神情自若，不过我们应当知道，林肯成为总统其妻子家族的财力支持是很重要的因素。毛泽东的传说则是贺子珍当着外国女记者给了毛泽东脸上一下子，毛泽东转脸说出一切反动派都是纸老虎的名言。当然这只是故事。

另外一个故事则是现代版，在那对毛泽东颇多指责的时段，一个“文革”中受到某种伤害的中年人和一个大学生在火车上相遇了，聊起毛泽东，颇有共同语言，年轻人以为找到了知己，却没有想到中年人并不认可，当大学生谈到毛泽东的生活作风问题时，中年人说了一句话：即使毛泽东在某些方面做得让人不愉快，作为男人他却是无可指责的。年轻人不懂得女人，愿意嫁给毛泽东的女人能从北京排到广州。是的，男人可以从历史、哲学、战争、政治、人性等等方面臧否历史人物，但别在毛泽东身上讨论女人。因为这个话题只能彰显自己诸多方面的“小”来。

抗日的旗帜在延安，延安吸引了社会各界的注意力，许多人来到延安访问，一向注重宣传的毛泽东热情招待所有的来访者，这其中最有意思的是接见梁漱溟和卫立煌。

梁先生来延安之前，大概都没有搞清楚他和毛泽东是老熟人，见了面后，毛泽东提醒他说，当年梁先生到北大同事杨昌济家串门的时候，常常是毛泽东开的门，毛泽东告诉梁先生他是杨师的女婿，梁漱溟才意识到他请见的这个中共领袖原来是北大时的故人。很有趣吧，北大似乎总在培养极端，要么眼高于顶，视天下如无物；要么螺蛳壳里做道场，精雕细刻一辈子与社会无关联。

有人会望气，知道毛泽东是天生领袖，如柳亚子；有人不会望气但认为毛泽东是个人才，如郭沫若；有人听说了毛润之三个字就想起来曾经见过，如李苦禅；但像梁漱溟先生这样的十分少见了，他也不知道在忙什么，他积极地跑到延安，却不知道要见的人是故人，自然毛泽东还是热情接见了他。

梁漱溟先生的巨大名声来自他与毛泽东的一段公案。作为北大出产的名流，梁先生一直忙着搞一种社会试验，接近于桃花源式的小范围的新村，难度可想而之，但一直坚持的结果使得他获得了较大的名声，梁漱溟上了毛选是因为他和毛泽东发生了较大的冲突，他认为靠着农民成功的毛泽东在解放后没有考虑农民的利益，他要站出来代表农民，被毛泽东大声喝止。要想见识毛泽东嬉笑怒骂的本事，可以看看毛泽东是怎么样对付梁漱溟的，在毛选第五卷中就有。这一公案实际隐藏着中国近代史上最大的内幕：工业化怎么实现？梁漱溟先生似是而非，后来指责毛泽东不顾民众利益的人都站不住脚，那是一种不可指责的牺牲，是一种值得崇敬的牺牲，也是一种空前绝后的牺牲，是凡夫俗子不可思议只能崇拜的神圣和崇高，事实表明没有人比毛泽东更注重中华民族的长远利益了。所有的人不可以也没有资格以人民的名义指责毛泽东，我们承认一些人有着强烈的逆反心理，不喜欢伟人的强权，而一味喜欢挑战强权的另类，很多人树彭大将军和梁先生为旗帜，就是此意。我们只能说佩服这类不服软的人，不过站在毛泽东对立面的人没有这么好的运数，因为毛泽东的力量指向底层，在他面前，没有人更有资格代表人民，敢于站在强势后的毛泽东对面的人也可算是勇士，不过都是小勇士。因为他们不知道自己代表谁。

接见卫立煌则有更为积极的意义。卫立煌和八路军并肩作战感触颇深，身为职业军人的他，从来没有想象过，一支不发军饷的军队会是如此勇敢顽强善战。在太原见到周恩来，随后和朱德打过交道，所以对共产党大有好感，毛泽东倾城欢迎路过延安的卫立煌，使卫立煌深受感动，毛泽东的热忱影响了卫立煌的政治倾向，他甚至考虑加入共产党，离开延安后，卫立煌先是为八路军筹措了大量枪支弹药，后来则起到了任何人料想不到的作用。

一些外国朋友也来到延安，毛泽东非常重视同他们的交往。

最著名的是加拿大共产党员诺尔曼·白求恩，他是位高明的外科医生。1938 年 3 月底，为了支援中国的抗日战争，白求恩率领加美医疗队到达延安，毛泽东在会见时热烈支持他建立战地医疗队的提议。后来，白求恩赴聂荣臻防区工作，在一次为伤员手术时受感染而逝世。

白求恩是最早意识到毛泽东是历史巨人的外国人，听到白求恩牺牲的消息，毛泽东十分悲痛，写下著名的《纪念白求恩》，它是毛泽东的“老三篇”之一，这篇文章，经历过那个时代的人都熟悉，很多人都能背诵，就是在这篇文章中，毛泽东为他的追随者们指画出神圣的境界。

朋友，你读过《纪念白求恩》吗？你听说过“毫不利己，专门利人”这八个字吗？你在红尘之中摸爬滚打还相信高尚和纯粹吗？你的心灵蒙尘后，不至于变作恶毒，全盘否定这些吧？今天的你再看到这八个字，你会觉得不可思议吗？在信仰上帝的信徒眼里，人世间是有天堂和地狱两条路的，中国人则是在仁义道德和男盗女娼之间游移，人活着不得不在红尘中打筋斗，但多数人依然在追求向上的精神生活，这就是人性中的光明。

让我们重温一下我们节选的毛泽东的名篇吧：

白求恩同志是加拿大共产党员，五十多岁了，为了帮助中国的抗日战争，受加拿大共产党和美国共产党的派遣，不远万里，来到中国。去年春上到延安，后来到五台山工作，不幸以身殉职。

一个外国人，毫无利己的动机，把中国人民的解放事业当作他自己的事业，这是什么精神？这是国际主义的精神，这是共产主义的精神，每一个中国共产党员都要学习这种精神。

白求恩同志毫不利己专门利人的精神，表现在他对工作的极端的负责任，对同志对人民的极端的热忱。每个共产党员都要学习他。不少的人对工作不负责任，拈轻怕重，把重担子推给人家，自己挑轻的。一事当前，先替自己打算，然后再替别人打算。出了一点力就觉得了不起，喜欢自吹，生怕人家不知道。对同志对人民不是满腔热忱，而是冷冷清清，漠不关心，麻木不仁。这种人其实不是共产党员，至少不能算一个纯粹的共产党员。

我们大家要学习他毫无自私自利之心的精神。从这点出发，就可以变为大有利于人民的人。一个人能力有大小，但只要有这点精神，就是一个高尚的人，一个纯粹的人，一个有道德的人，一个脱离了低级趣味的人，一个有益于人民的人。

这是人类历史上恒久的名篇，因为它指向高尚。明朝的大思想家王阳明指出，人只要心存良知，就可成为圣贤。毛泽东告诉我们人只要无私，就可以变得高尚。想想我们的一些自私作为，不觉得脸红吗？我们的身体在世俗的尘埃中翻滚，灵魂向地狱中进发，就是因为我们嘲弄高尚，自私并不可怕，可怕的是诋毁无私，地狱十八层正为此等人所设。人可以朝着追逐世俗利益方向努力，这本身无可厚非，但不可以认为自己高尚，因为还有人更高尚，不理解高尚就老实点儿。美国人在20世纪最愚蠢的谎言就是富人在占据了舆论阵地后，宣扬富人才是上帝的选民，这只能给他们的信仰带来伤害，这只能使上帝不再保佑美国。有一个阶段，我们曾愚蠢地认为美国社会道德水平更高，其实他们从头到脚都是为了私利而活着的团伙，怎么能和我们的先辈相比，每想到此就不由得惭愧地低下头，请求我们先辈原谅我们的无知与背叛。

毛泽东的这篇文章是我们推崇的范文，读懂了这篇文章，我们就有可能解释一些困扰当今年轻人的问题。

在美国人看来，共产主义是不可接受的，他们多数人拥有土地，认为是上帝赐予他们的，他们既不愿意共产，更愤怒共产主义国家不和他们玩市场经济，俄国共产党的灭亡，使他们兴高采烈，以为是他们信仰上的胜利，这种波动使得一些中国共产党人也产生了动摇。其实美国人对共产主义运动有着无法克服的误解，因为他们光盯住共产两个字，而对于俄国人和中国人，共产主义代表良知和希望，因为他们看到共产是实现平等的途径，这样在信念上讲，中国人、俄国人、美国人到了三足鼎立的时候是没有太多的高低上下之别的。如果考虑到百年前的差距之大，就会发现，这个过程中，中国人的进步最大，俄国人的进步也比美国人大，美国人虽是老大，但先天占据更大的优势，从牺牲精神和奋斗精神上，依然是中国第一，俄国第二，美国最后。美国人也视平等为最终极理想，他们的祖先在上帝的指引下到达了美洲获得了广大的生存空间，多数人拥有足够的财产，不需要再以共产的方式得到平等，他们物产丰富需要以海外市场立国，而俄国人和中国人没有这样的运气，但他们也不愿意放弃对平等的追求，在落后的状态下选择封闭式疗伤显然是正确之举。这就是共产主义运动在美国受到抵制而在中俄受到欢迎的关键原因。我们不能因为美国人不喜欢社会主义就否定自己走过的正确道路。

中国人今天只盯着美国，这是中国人取得重大进步的标志，说明我们与美国有了可比性，而这种进步恰恰是毛泽东给我们带来的。在他掌权之前，中国人没有信仰，不要忘了蒋介石为了婚姻为了利益成了基督徒，一个国家的领袖可以随意改变信仰除了可笑之外，就是说明中国人不把信仰当回事，而基督再伟大也和中国人的关系不大。毛泽东谦虚地把自己提倡的推行的信仰冠以马克思和共产主义的名号，但在未来，越来越多的中国人会明白中国人信仰的建立者是毛泽东，我们知道在延安之前毛泽东已经完成了他的全套的战略战术，抗日战争只是再次验证的过程，毛泽东在延安主要工作就是为中国人指出全新的生活方式，实践和推行理想和信仰的过程。

争取中间势力，一切皆有可能

给有产者吃一颗定心丸

1938 年 10 月，日本人相继攻占广州、武汉，乍一看日本胜利在望，其实却是日本人没有力量再进攻了，抗日战争进入了毛泽东预先指明的第二阶段，战略相持阶段，日本、国民党和共产党三方面的力量此消彼长。

日本人侵略中国，投入兵力是逐次增加的，具体什么原因导致这样做的，目前没有定论，这从一个侧面显示，日本人的入侵是我们中国示弱而引发的渐进的反映，可能意味着日本人的侵略野心是逐渐膨胀的，也就是说是清政府、北洋和蒋介石慢慢养大的，如果是这样，蒋介石罪不可逭，如果不是这样那就是日本人根本就没有军事家。对日本狼来讲，偌大中国无非就是流着油的肥猪羊，无法不咬上一口。落后就要挨打，这是鲜血凝结而成的警句。

日本人在武汉和广州战役中几乎倾注了全力，这就说明他们力图“速战速决”，他们也意识到长期作战意味着失败，他们已经走进死胡同，进入了毛泽东指明的相持状态，日本人经济上不能支承，只得搞“以战养战”，兵力上不能支承，于是诱降国民党。

这时蒋介石已迁到重庆，在日本人打不着的地方坚持着，国民党历史上最丢脸的事件发生了，副总裁汪精卫公开投敌当了汉奸，全国大哗，一时间群情激愤，国民党丢不起这人，把汪精卫永远开除出党。

作为国民党总裁的蒋介石没有傻到投降的份儿上，他的收缩战术和日本人的逐次添油战法使得他有了力量和日本人相持，这样不管他名声多糟，依然是一些人心目中的民族英雄。

1938年年底，稳住阵脚的蒋介石，发现毛泽东的力量在急剧膨胀。共产党可没有占蒋介石的地盘，全都是到敌后发展，蒋介石见不得共产党发展，但又不好意思公开干，于是做法就很隐晦，方式就是杀人、捕人、封报、攻击边区甚至制造小的武装冲突。当时的说法叫搞摩擦。

毛泽东把蒋介石和汪精卫分得很清楚，提出“拥蒋反汪”的口号。但此时共产党已经不用再求着蒋介石抗日了，这时候需要的是和蒋介石做一个切割，毛泽东把切割点选在抗战最终的目标上。蒋介石虽然谈到要抗战到底，不能半途而废，但他把抗战到底解释为只恢复到“七七事变”以前的状态。毛泽东说“我们要打到什么程度呢？要打到鸭绿江边！要收复一切失地！不达目的，决不停止”。

蒋介石秘密颁布《防制异党活动办法》的训令，把矛头指向中国共产党。毛泽东下达指令“人不犯我，我不犯人，人若犯我，我必犯人”。这一方针看上去有点被动，但实际上不是消极的，而是积极的，原因是毛泽东求得安宁是为了培养更多的学生，掀起巨浪。

毛泽东一贯喜欢后发制人，他在做好防范准备的同时等着蒋介石先动手。蒋介石没有力量对付日本人，但对付共产党还是不含糊的。当时，蒋介石派了约 40 万人包围与封锁陕甘宁边区，毛泽东花费了很大的精力来对付这一部分国军，他事无巨细，亲自过问。又要斗争又要妥协，这火候别人很难把握。

恶性事件发生在河北，听命于国民党的河北民军总指挥张荫梧居然在八路军和日本人作战的时候背后捅刀子，杀害八路军官兵400多人。毛泽东大怒，下令灭了张荫梧。

在缴获张荫梧勾结日军的证据后，刘伯承一举歼灭顽敌 4500 人，张荫梧只身逃跑，在舆论压力下，蒋介石不得不将张荫梧撤职查办。

这时第二次世界大战全面爆发，纳粹德国与英、法打作了一团，世界上真正的两个大块头，美国和俄国在向战争边沿迈进。

在国际形势的这种巨变中，中国国内国、共两党和日本人三方处于僵持之中，在僵持中，威胁反而来自蒋介石，因为蒋介石试图以武力打击共产党。

但这一次没有人支持蒋介石了，全中国人都无法想象不去打日本人，却去打共产党是个什么意思。反对内战，这一立场之广泛甚至包括了一些国民党元老，在华北作战的国民党将领也发出“再打内战就完了”的呼声。蒋介石的道理都是建立在自己小集团利益上的，没有外寇，这本来没有错，但问题是日本人已经杀进家里了，其他集团和阶层谁也无法接受蒋介石的这一策略。

共产党在敌后发展得太快，引发蒋介石疑虑，最先跳出来的是阎锡山，阎锡山想消灭新军。

山西新军的正式名称是山西青年抗敌决死队，它是由薄一波以牺盟会负责人的名义向阎锡山建议，取得阎的同意后成立的。开始时先建立一个团，由薄一波任政治委员，实际上是共产党的军队，阎锡山也是支持的。在阎锡山看来，山西两大才子，“文有薄一波，武有徐向前”。可惜全是共产党的人；阎锡山知道共产党很有发动民众的能耐，也想借力，薄一波就是阎锡山请出来的，所以看到薄一波确实有本事，一开始还很高兴，没有想到的是，新军成立后，很快发展到五十个团。薄一波在八路军的发展上很有功劳的，现在你就知道百团大战的百团是怎么来的吧，这使阎锡山感到不可思议的同时十分恐慌，决定用他原来的旧军来消灭这支新军。

毛泽东与阎锡山斗争中手段极其高明，阎锡山并没有公开反共，毛泽东紧紧抓住反对叛军的口号，但不提反对阎锡山，阎锡山打算自己解决这一难题，蒋介石则表示愿意帮忙，其实是准备乘隙而入，薄一波手下新军轻松击溃阎锡山的部队。几乎每个方向上阎锡山都没有占到便宜，吃了哑巴亏，何去何从，需要阎锡山做出选择。

摩擦起火了，党内外一些人不免担心，生怕统一战线破裂。对此，毛泽东对党内明确指示不用担心，当年迫蒋抗日到请蒋抗日都是为了民族进步，不是为了在蒋介石手下讨生活。它是一个动态的过程，毛泽东从来没有停止过脚步。

毛泽东没有等着国民党上门掐架，而是告诉全国人民，现如今应当是集中力量讨伐汪精卫，这显然占理。

1940 年 3 月，汪精卫在南京当上了日本人的傀儡。这一事件的坏处是，中国社会一批人投敌做了汉奸，好处是蒋介石就基本上没有了再去投降的机会和可能，他还不至于到日本人那里讨剩饭。

蒋介石也没有办法解释，不打击汪精卫而只跟共产党掐架是个什么意思，所以第一回合结束。

在山西，阎锡山已经认命，知道自己打不过新军了，靠着中央军，打下了地盘也不是自己的，阎锡山在蒋介石这个外人和薄一波这个山西人之间选择了山西人而不是党派，同样对待日本人阎锡山也没有太犯含糊。毛泽东派人做阎锡山的工作，阎锡山很高兴，公开说，他是国共两党之间的中间力量，他之存在是于团结有利的，在后来的抗日战争中，阎基本上采取中立态度，同中共保持了合作的局面。

阎锡山可算是一个民族英雄，他在面对日本人侵略时，较为主动地选择和共产党合作，可能一开始他是想借助共产党的力量，但这一力量很快超过了他，他也认了，在共同对外的这一点上，他是无愧的，八路军力量的扩大，他是有功的。在对付外寇上，他比蒋介石做得要好许多。蒋介石只比慈禧要脸那么一点点，只是最后的胜利才给了蒋少许的荣光。

在毛泽东正确领导下，八路军力量不断壮大，其标志是朱、彭两位老总同卫立煌达成协议，划分防区。

八路军在敌后能发展、能胜利，是民族大幸，给全中国人打了一支强心剂，划分势力范围就是明显标志，这样共产党和国民党分庭抗礼了。

想象一下，毛泽东这时候该干什么。按照毛泽东的革命方程式，他开始争取中间势力。中间势力，就是中等资产阶级、开明绅士、地方实力派，要把他们争取到共产党这一边，这可能吗？毛泽东的回答是随着共产党力量的增大，一切皆有可能，关键是要朝着这个方向去做。

我们应该能看出，毛泽东已经在接近天平的中间了，他的阵营在欢迎中间势力加入，当然他知道这些人是摇摆派，需要外力的推动。

新民主主义的理论就是在这时候提出来的。

为了能把中间势力加入他的框架，就需要对共产党的主张做一些说明和更改，共产党这个词早被蒋介石妖魔化了，他们宣传上就讲共产共妻，杀人不眨眼，某些宣传在实践中打破了，例如杀俘。但以前在俄国人指挥下乱烧乱杀等做法，例如不给地主活路，将“胡汉三”推到蒋介石那一边，依然给有产者带来恐惧。中间阶级对共产党是相当的疑虑，一听到共产两个字就觉得害怕，所以想争取中间阶级就需要将共产党的主张讲清楚。

毛泽东接连发表了许多文章，告诉全中国人民在未来的新中国里，所有的阶级都有空间。毛泽东要告诉全国各阶层他要大联合。

蒋介石指示手下的理论家鼓噪这样的观点：朱德、毛泽东、周恩来先生等既努力于对外民族战争，不如将马克思主义暂搁一边，三民主义可以满足中国现在和将来的一切要求，中国不需要社会主义。

蒋介石则是紧紧抓住共产两个字做文章，告诉国人，毛泽东将来是要共产的，这样吓唬中间阶层还是站在自己这一边为好，国民党再不地道，也不会没收财主们的财产。

如果将中间阶级逼到反对共产党的那一边，革命无法取得胜利，这一点是毛泽东以前的中共领导人都没有搞清楚的。

只有毛泽东掌握了革命的航向，才有可能胜利，因为他一开始就是要大联合的，不是单单地靠工人，工人在中国是很少的数量，不是靠着贫雇农，赤贫也不是绝大多数，为了实现彻底的革命，就要调动全中国的大多数人的力量，这是毛泽东最伟大的地方，也是毛泽东能够胜利的关键思想，这样毛泽东提出了中国革命是包括中国的绝大多数阶层共同参与建设的这样的观点。

这些内容显然超出他的党内同志接受的共产主义和社会主义概念，为了胜利，必须对共产党的理论做出修正。

毛泽东要改革旧的中国，但人们普遍害怕俄式社会主义，所以他需要提出一个新的东西，于是他提出新民主主义这个概念。

为什么中国现阶段的民主革命只能是新民主主义的革命？毛泽东不愿意将主要精力花在这个问题上，当然“这是由中国的实际国情所决定的”。重要的是告诉有产者，未来可以共同发展。

毛泽东指出：共产党领导下的革命将扫清资本主义发展道路上的障碍物，资本主义会有一个相当程度的发展。另一方面又有社会主义因素的发展。他把这场革命命名为新民主主义的革命。

这样一来就没有任何问题了，不喜欢社会主义的人可以得到发展，热衷于社会主义的人也充满信心，估计是苏联人看了一定无法接受，但没有关系，这是为中国人写的，是叫中国人看的。

这真是让人大开眼界，所有的中国人都会找到自己的位置和空间，如果有人说这一套不对，它不是马克思主义，那么前面说了中国的实际国情摆在那里。这就是毛泽东对中国未来的安排，中国的路子必然是在社会主义因素和资本主义因素的不同比例之间选择，在某一个阶段，社会主义因素的比例高一些有利于大众的基本保障，在另一个阶段资本主义因素多一些是为了保证社会的竞争力，这样才能进步得快一些。三十年河东，四十年河西，看上去政策变化很大，其实都是为了不断向前进的。

说它是伟大的理论也行，说它压根不是理论也成，最重要的它是毛泽东的政治宣言，它将接纳所有的合作者。

我们在这里应当学会对理论的认识，所谓的思想，一般是指极端的思维方式，例如基督佛陀的博爱，就是最高，没有更高，要不就是上帝死了这样的呼喊，其他人都不能再去跨越，但在人类社会的真实的生活中，是无法做到打你的左脸，就给他右脸的。所以，毛泽东作为一位世俗领域的成功者，他的理论一定是折中的，社会生活中很少有科学定理似的真理，所以在这个领域只有方法可学，而没有一定之规。

毛泽东的理论就是尽可能多的人来参与中国社会的变革，他清清楚楚知道中国社会的进步要靠中国人自己的大力参与。关键是有产者不必紧张恐惧，除了土地，他们的财产将受到保护。土地公有是为了保障所有人的基本生存之必需。

学习《新民主主义论》就会发现，说后来的邓小平继承了毛泽东的思想就不是令人难以接受的了。整天抱着马克思和共产主义口号不放的人其实也不知道什么是马克思主义，俄国人走的路子实际上叫作斯大林主义，中国走的路子叫毛泽东思想。

文章真正的作用不是证明毛泽东有理论水平，而是使中国社会更多的人愿意接受共产党的领导。

毛泽东在延安的作为给我们一种强烈的感觉，就是他已经成熟了，按照陈毅的说法叫作毛泽东的进步太大了，我是望尘莫及。当年曾和毛泽东并肩的陈毅有这种感觉应当不是谀辞，按照佛家的说法就是毛泽东觉悟了，成佛了。这个标志是毛泽东亮出了他的三大法宝，“统一战线，武装斗争，党的建设，是中国共产党在中国革命中战胜敌人的三个法宝，三个主要的法宝”。

毛泽东一向认为，指明革命的方向和前途是十分重要的，但单有这些还不够，还需要确定实现这些目标的政策和策略。他说，只有“把理论与实际政策说清楚”，问题的解决才算完整，他的导师杨昌济的教导，完全印在他的脑海中了。

从最坏处着想，从最底层着手

1940年年底，毛泽东为全党制定了一个总原则：“在整个抗日战争时期，无论在何种情况下，我党的抗日民族统一战线的政策是绝不会变更的”。叫全党同志放手去做，只要是中国人愿意抗日的就是中国共产党的朋友，就可以合作，不用犯含糊，全力对付日本人。毛泽东就方方面面制定了具体的政策，最后要求：“全党必须坚决地实行。”有了这样的领袖，有了这样的线路图，有了全套的做法，共产党人各显其能，活下来，发展壮大，目标只有一个——消灭日本侵略者。

一如毛泽东一再证明的他具有预测危险的本事，这盘大棋是他下的，走到哪一步对手会有什么样的反应，毛泽东还真是知道，向敌后发展在开始的时候与蒋介石没有冲突，蒋介石也是欢迎和赞赏的，但发展到一定程度，就会和蒋介石产生交集，这时候问题就来了。

1940年下半年，交集产生冲突，这就是黄桥之战和随后发生的“皖南事变”。冲突的背后是国共两党的华中之争。

位于黄河和长江之间的华中地区，战略地位十分重要，在共产党看来是连接八路军和新四军的枢纽，在蒋介石看来那是他的老地盘，现在被日本人给占了，毛泽东在华北敌后抗战有了眉目后，就开始向华中发展。主力是新四军，为了加强新四军的领导，毛泽东派刘少奇到华中敌后负责。

蒋介石先是丢了华中。一开始，在日本人的进攻面前，国民党惊慌失措，跑了个光，国民党最初没人敢到敌后去，于是指令新四军到敌后去抗战，他们自己站在后方，等看到共产党在华北敌后的大发展，觉得敌后还是可以经营的，在叶剑英的培训下学习了八路军的游击战术，国民党也开始向敌后伸展，一面恢复他们在敌后的统治，一面严格限制与排挤新四军，这样就产生了矛盾。

当时主持新四军工作的是项英，他在苏区的时候就和毛泽东并肩，但项英是被斯大林直接提拔到了高位，他积极排斥叶挺自己却没有什么主张，叶挺当时脱党，只是名义上的总指挥，项英大权在握，不过项英手下直接指挥的人马倒不是最多，大约少于四分之一的样子，主力在陈毅手里。

当时最主要的问题是确定新四军的发展方向，刘少奇的建议是新四军北上，在八路军接应下，大力发展苏北，项英不同意，说是南边也能发展。毛泽东支持刘少奇的意见，陈毅执行了毛泽东的战略方针，取得进展。

蒋介石把华中视作自己的地盘，宁可日本人占着，也不许共产党插手，他要求八路军、新四军统统纳入黄河以北，毛泽东不干，认为不入华中不能生存。谈不到一起只能打了。

蒋介石指示部下预作方案，蒋介石的总参谋部认为："叶、项在皖南，如瓮中之鳖，手到擒来；陈、粟在苏南，如海滨之鱼，稍纵即逝。"他们不光是想着捉鳖，还想着逮大鱼，所以又要陈毅、粟裕全部南调，这主意也太损了。

蒋介石不单单是叫项英部北上，赶走了算，而是叫陈毅部南下，这企图显然太明显了，常理应当是强烈要求新四军离开南方才是正理，这真的是精明得过了头，即使项英在国民党后方发展是错的，你将他赶走也就是了，这样的要求毛泽东也不能不听啊。国难当头，为什么要先杀自己人呢？

对蒋介石的这种企图，毛泽东已有察觉，他最担心的是项英的情况，因为待在皖南的新四军军部，北面是长江，其他三面都有国民党的重兵，随时有被包了饺子的可能，如何走出险境，项英还真听蒋介石的话，主张从江北调人马以应变，陈毅、粟裕则建议项英向苏南靠拢，毛泽东支持陈、粟的意见。

但项英拒绝了毛泽东的指示，没有东出苏南同陈毅部会合，丧失了转移的时机，陈毅没有办法再等下去，率部北渡长江，鱼真的跑了。项英没有意识到蒋介石真的要动手了。悲剧就这样产生了。

项英违反了一条大的原则就是抗日期间共产党不能在国民党后方行动，这是国共合作的基本原则，共产党应该是到日本人的后方去发展，而在敌后发生冲突，那就看谁的本事大了。

这时，国际形势又发生新的重大变化，在德国军队闪电式的进攻下，法国向德国投降，英军从欧洲大陆退守本土，在我们看来，他们本来就是姑表兄弟，谁赢谁输差异不大，日本可不，日本人傍着最有力量的一边，于是加紧进攻中国和侵略南洋，日本人气焰高涨，日本人是全世界最牛的，他敢同时和世界三大国美苏中为敌。

毛泽东意识到了形势的变化有好有坏。对中国说来，被英、美、法方面出卖的危险大大地减少了，日本人成了大国的公敌，但危险的是日本人有可能诱迫蒋介石投降，毛泽东主张作最坏准备。

蒋介石似乎对世界趋势不感兴趣，他不怎么关心中国在世界形势发生变化的情况下怎么获得利益，他只是看到自己的利益受到伤害，只是把国际几大势力对峙的局面看作他“解决共产党问题”的大好机会。

蒋介石先是提出共产党根本不能接受的条件：缩小边区政府，给八路军、新四军划定黄河以北活动区域。这就没法子谈了，周恩来返回延安以表示共产党的决心。

毛泽东对周恩来的工作大加赞赏，在商量了多日之后，他们意识到现在不是和蒋介石翻脸的时候，所以周恩来又回到重庆，继续他的统战工作。这是没有办法的办法，此时的主动权不在共产党手里，只能看蒋介石怎么做。

从 1940 年 8 月 20 日起，八路军在华北向日军发起大规模的交通破袭战，八路军共出动 105 个团，20 多万人，史称“百团大战”，把华北日军占领的地区搅了个底朝天。

关于百团大战有相当奇特的说法，有人说它是未经过毛泽东同意的状态下发动的，这成了毛泽东与彭德怀之间的官司之一，但最有可能的是彭德怀没有接到毛泽东的回电就发动的，而且彭老总热切地追求规模和时效，在效果上并没有达到最佳。毛泽东从来不指责胜利，哪怕这种胜利不是完全符合他的指令。他一般会在今后的工作中做出调整。作为最高统帅，他显然有这样的权力。

百团大战有着相当积极的意义，在战略相持阶段，在最艰难的时刻，表示出我们战斗到底的勇气和力量，对坚持抗战的全国人民来讲有着极大的鼓舞作用。副作用是本来三方相持，变成了日本人倾全力对付八路军，而蒋介石不可思议地不去打击日本人，而是趁机对付共产党。

八路军的胜利似乎更叫蒋介石下了解决新四军的决心，“先从苏北下手，后打皖南”，苏北是日本人占领区，国共打起来了，出面的国军叫韩德勤，他率兵步步紧逼，把陈粟往北赶，陈毅发出最后警告，退至黄桥，绝不再退，毛泽东调八路军黄克诚部南下增援，韩德勤以多于新四军守军一倍的兵力向陈毅、粟裕进攻，结果被干掉一万多人。

这一仗叫黄桥之战，打法是黄鼠狼吃蛇，韩德勤以一字长蛇阵拉成几公里来打粟裕，被粟裕分割成数段，分别吃掉。

这样，八路军同新四军会师，打通了华北和华中的通道，完成了毛泽东预定的战略任务，刘少奇和陈毅统一指挥苏北部队。

吃了亏的蒋介石大怒，由何应钦、白崇禧以正副参谋总长名义发出致朱德、彭德怀、叶挺的电报，要求八路军、新四军在收到电报的一个月内全部开到黄河以北，并从已有的50万人缩编为10万人，不听指挥就要打。这真是笑话，毛泽东是不怕打的。蒋介石生气是有理由的，共产党在敌后那么艰苦的条件下居然发展到了50万人，势力膨胀了十来倍。要按这速度发展，未来该如何是好，这叫蒋介石寝食不安。

蒋介石为什么要选择这个时候和共产党干仗呢？原来世界分成两大集团，德、意、日成为联盟，英、美也签订协定，这两拨都想拉蒋介石加入他们的联盟，苏联也正在继续援助国民党政府，这种局面使蒋介石得意忘形，毛泽东认为："蒋介石现在是待价而沽，一方面准备加入英美同盟，一方面也准备加入德意日同盟。"

毛泽东无法判断蒋介石会倒向哪一边，但蒋介石在苏北挨了新四军的打，肯定要报复，其他地方共产党进退自如，最难防的就是皖南的新四军军部。

当时，毛泽东非常忧郁，防着蒋介石投降日本，深虑到自己是否会重蹈陈独秀的覆辙的程度，这一点尤其能看出来毛泽东对待危险的态度。

毛泽东在致各大区负责人的电报中强调："我们应估计到最困难、最危险、最黑暗的可能性，并把这种情况当作一切布置的出发。"在这里毛泽东连用了三个最字。

反常即妖，毛泽东看到参谋总长们的指令，心里开始琢磨蒋介石到底是什么意图？他怎么会犯这样的低级错误，最坏的可能性是什么？造成毛泽东如此紧张的原因跟收到的指令有关，谈判嘛，如果上来就是对方根本不可能答应的条件还谈个什么劲儿？实在是不知道蒋介石葫芦里面卖的什么药，是气急败坏还是有恃无恐？对何应钦、白崇禧的电告，毛泽东没有匆忙地做出答复，而是反复磋商，权衡各方面的利弊得失，毛泽东对处理这个问题的态度特别慎重，他真的想知道蒋介石的底牌是不是投降日本人，这才是毛泽东考虑问题的关键点。

所以面对这个不可理喻的最后通牒，毛泽东决定用朱德、彭德怀、叶挺、项英名义答复，采取哀兵态度，对皖南方面，决定让步，答应北移。

毛泽东起草的以朱、彭、叶、项名义复何、白的电报，姿态之低，语言之婉转都是罕见的。与此同时，毛泽东要求皖南的新四军“认真准备北移”，确定转移时间，他还致电周恩来“利用时机向国民党各方奔走呼号，痛切陈词，以图挽救”。

这时，汪精卫同日本的卖国密约《日支新关系调整纲要》的签订，让毛泽东大大松了一口气，谜底终于揭晓，因为蒋介石全面投降日本的可能性几乎没有了。毛泽东预计到的最危险、最黑暗的情况没有发生。我们民族的前途掌握在蒋介石这样的商贩手里实在是太可悲了，连毛泽东这样的巨人都如此战战兢兢，生怕蒋介石堕入万劫不复的深渊。这是毛泽东对付蒋介石的过程中罕见的疑虑重重，在毛泽东一生中，大概只有抗美援朝的决策使得他紧张，是几天几夜没有睡眠后才下的决心，这一类比不是蒋介石的光荣。

事后我们可以说，蒋介石的根本是江浙财团，而江浙财团与英美财团相联系，所以蒋介石投奔英美是最正常的。事实上不是这么简单，德国纳粹势力也是在英美财团的赞助下长大的，资本贪婪的程度是没有人性的，而且英美势力毕竟是远水解不了近渴，谁也无法保证蒋介石不会在压力下投降日本人，当然这种可能性较小，而毛泽东正是从可能性最小的最坏处打算的，这一点是毛泽东成功因素中很特殊的一点，我们说这也是他能在几乎不可能胜利的情况下不断胜利的原因之一。考虑问题必须从最坏处着想、从最底层着手，才是最正确的工作方法和态度。

蒋介石趁着日本人围剿八路军的机会，去和华中新四军争斗也不是一点理都不占，因为当时华中被日本人占领，他可以用抗日的名义来打共产党，这一点毛泽东不怕，毛泽东指示华中的军事指挥统一于陈毅、刘少奇指挥下，给叶挺留下位置。

蒋介石咽不下去这口气，他要报复。在他看来，共产党既然能打韩德勤，他就能杀叶、项，他无视这两者之间有什么不同，一处是日本人的后方，一处是国民党的后方，他不管不顾下达“一网打尽，生擒叶项”的命令。

1941 年 1 月 4 日，新四军军部 9000 余人被国军 8 万人包围。激战结果，新四军 2000 人突围，7000 多人被杀，军长叶挺被扣，项英等遇难。

周恩来愤怒地写下了“千古奇冤，江南一叶，同室操戈，相煎何急”的题词，亲自上街卖报声讨蒋介石这一令亲者痛仇者快的恶举。

新四军损失近万，毛泽东焦虑万分，甚至考虑以牙还牙和蒋介石大打一番。但最终毛泽东没有犯这样的错误，危机爆发，毛泽东反而冷静下来，他接受了刘少奇的建议，提出“在政治上取猛烈攻势，而在军事上暂时还只能取守势”。

因为他看到了，蒋介石在军事上赢了一次，却犯下了严重的政治错误，而且是愚不可及的错误，那就是在自己的后方，在自己的地盘上大规模地杀死了自己的同胞。

蒋介石没有意识到自己错了，他觉得自己有理，他还要公然宣示，他发布取消新四军的命令，把叶挺交付军事法庭审判。

判断出蒋介石不会投降日本人，他只是杀自家人泄愤，毛泽东奋起反击，他立刻发布了重建新四军军部的命令，任命陈毅代理军长，刘少奇为政委，辖 9 万多人，这一回新四军和蒋介石没有任何关系了，他们将在共产党领导下彻底独立，在大江南北坚持敌后抗战。

毛泽东提出了解决皖南事变的十二条办法：停止挑衅；取消命令；惩办祸首；恢复叶挺自由；交还人枪；抚恤伤亡；撤退华中的“剿共”军；平毁西北的封锁线；释放政治犯；实行民主；实行三民主义；逮捕亲日派。

在抗日战场上发生摩擦可以说是误会，在自己的后方杀自己同胞无法解释，国民党左派不干了，民族资本家们不干了；冯玉祥、于右任、孙科等大腕儿也对蒋介石表示不满，冯玉祥说:“只有共产党的十二条，国事才能解决。”

斯特朗、斯诺等向世界披露皖南事变的真相，英、美、苏等国都不支持蒋介石的做法。

蒋介石可以当皇帝了，因为他成了孤家寡人，这是他根本没有料想到的。日本人也没有因为他积极反共，就停止进攻国民党。毛泽东评论说：这对蒋介石“是一瓢极大的冷水，把他的全部的幻想打破了”。

毛泽东的判断准确，蒋介石几次派张冲、张治中找周恩来商量妥协办法，并且批准叶剑英回延安，毛泽东对周恩来、叶剑英的工作十分满意。他静静看着蒋介石急得抓耳挠腮。

蒋介石为什么要这么着急呢？原来蒋介石要演戏给美国人看，美国人支持蒋介石的内容中有一个特殊的条件和要求，就是他们要支持的人应当是民主的，真的假的且不论，为了选民的投票，表面上的戏还是要唱的，蒋介石为了美援，成了演员，毛泽东却不配合他唱戏，共产党不做他的配角了，戏台子是国民参政会，蒋介石唱了个独角戏。

蒋不肯答应十二条，又拒绝毛泽东“新十二条”后，什么条件回答都是不，共产党也说出了不，不参加你的会。

最后，在共产党缺席的情况下，蒋介石在参政会上骂了一通共产党后不得不宣称：“以后亦决无‘剿共’的军事，这是本人可负责声明而向贵会保证的。”中国的自家人终于没有打起来。

敢于斗争、善于斗争这就是毛泽东处理皖南事变的手段和过程，人们注意的是新四军的牺牲和参政会的闹剧，没有注意毛泽东为什么这样做，拒绝蒋介石的关键是毛泽东靠近了天平中央。

这一事件历时半年，是毛泽东在抗日战争中最紧张的一段时间，他所起草的关于这个问题的文电有三百多件。

毛泽东的表现证明他是最合格的舵手，他能战胜一切困难，他制定了有理有力有节的策略，自己应用得得心应手，党内同志没有人再想着去挑战他的地位，毛泽东的威信大大提高了。

随着苏德战争、太平洋战争爆发，中国不再孤单，全世界分成了两大阵营，许多国家都陷入战争。

苏德战争在 1941 年 6 月 22 日爆发，这场战争的突然爆发是出乎世人意料的，但毛泽东似乎提前就知道。毛泽东事先知道德国人要入侵俄国，并告诉了斯大林，斯大林怎么做的我们不关心了，肯定提前做了预防，这样苏联的前线部队就不至于在毫无准备的情况下被纳粹德国一锅烩了。

苏德战争对中国是有利的，因为敌人的敌人即是朋友，“凡反法西斯者就是好的，凡助法西斯者就是坏的”，此时毛泽东将原先最痛恨的英国也视作盟友了，这就是毛泽东的统一战线理论，英国作为对中华民族伤害最重的仇人，因为有了更直接的敌人，现如今也成了朋友了。君子报仇十年不晚，国家民族之恨，百年依然不变，只要这个民族不被灭亡，仇总是要报的，只是时候不到罢了，这个过程中甚至会和仇敌有合作，这些都是对政治家的考核。做对了流芳百世，做错了遗臭万年。

同年 12 月 8 日，日本突然偷袭美国珍珠港，太平洋战争爆发。有资料和迹象表明，美国的罗斯福总统早已准备和等待着这一天，英、美立即对日宣战，美国同德、意之间也相互宣战，国民党政府在中日战争已进行了四年多以后，这时才正式对日本宣战，那些为蒋介石辩护的人们请解释这是为什么？这样，世界分成两拨开战，国共关系也缓和了。

封锁延安——不可能完成的任务

把多数人的利益放在首位

世界大战由于美国的加入改变了力量对比，胜利变得确定无疑。可就在这个时候起，延安进入极端困难时期。

为什么我们说延安十年是毛泽东最重要的十年？就是因为他在方方面面成为未来改造中国的缩影，毛泽东在延安遇到了蒋介石的封锁，在建国后遇到了美国人为首的西方多国的封锁。战胜困难，发展壮大的方法、路线以及各种工作多数在延安都是有过试验的，而且试验是很成功的。

毛泽东在陕甘宁边区推广人民普选产生参议会，成为后来人民代表大会制度的雏形。毛泽东在政权建设方面规定了一个“三三制”原则，也就是说“共产党员只占三分之一”，真诚邀请中间阶层参与革命工作。

在毛泽东的领导下，边区成为全国最进步的地方，“这里一没有贪官污吏，二没有土豪劣绅，三没有赌博，四没有娼妓，五没有小老婆，六没有叫化子，七没有结党营私之徒，八没有萎靡不振之气，九没有人吃摩擦饭，十没有人发国难财”。

解放后，毛泽东把中国变成了一个没有土匪、没有妓院、没有黄赌毒，接近于夜不闭户、道不拾遗的理想社会。有些心理阴暗的人不愿意承认这种伟大的进步，说什么普遍的赤贫导致没有可偷性，却忘记了正是由于贫困才造成盗贼横生，中国几千年来从来没有真正断过匪患，黑社会是有一部分人不接受社会的正常的道德与规则，按照另一套自己认可的规则行事的必然产物，只要人们在思想上、信仰上不一致，就无法不产生这种社会癌细胞。接受男盗女娼观念的一些人在毛泽东时代被强制性地压制着私欲，所以对那个没有个人自由的时期颇多指责。我们必须承认，那时候是没有太多的自由，这也不必掩着掖着，其实在中国几千年的历史中，自由是一种普遍的事实，帝王们关注税收要远高于关注思想和道德，在市场经济的条件下，今后的中国人也会享有较多的自由，只是这种自由常常是在不平等的状态下存在的，又平等又自由的社会人类尚未创造出来呢，毛泽东时代牺牲了自由是为了推行平等，中国人太多，空间太小，有人过于自由了，就意味着对其他人的伤害，因为自由是以他人为界限的。

不喜欢共产党的人也应当承认一个事实，那就是人心转向毛泽东是一个比较的结果。蒋介石是领袖，代表的是政府，更容易获得多数人认可，但毛泽东树起了自己的旗帜，来积极争取中间势力，南洋华侨领袖陈嘉庚就是代表性人物。他在访问延安之前是蒋介石的热情支持者，陈先生访问延安，毛泽东就多次接见。陈嘉庚先生就是在到过延安以后，对照蒋介石的重庆，国难当头依然腐败堕落，从蒋介石一边完全倒向毛泽东。陈嘉庚先生认为：中国的救星诞生了，他就是延安的毛泽东。陈先生经济上是完全独立的，他没有必要恭维毛泽东，所以他是真心实意的歌颂者。

延安的模式就是未来中国的模式，毛泽东是有意识这样做的，外部的参观者也是这样认为的，一位外国朋友说：“到中国不到延安看不到新中国。”这样的宣传自然会产生相当的影响力，尤其是那些能够接触到这类新闻的年轻人。

毛泽东不光是一个理想主义者，他还是一个高明的组织者、协调者。他在宣传模范的时候，并不光是发出指令，而是十分在意精细，随时解决工作中的问题，他超越了派别和地区之争，把他的团队内部搞成兄弟姐妹的关系。

毛泽东把延安变成了大学校，培养了大量的学生，这么多人涌向延安，陕北财力不能支撑，毛泽东这样写道："我们曾经弄到几乎没有衣穿，没有油吃，没有纸，没有菜，战士没有鞋袜，工作人员在冬天没有被盖……"

对于蒋介石来讲，和共产党合作是被迫的，是由于"西安事变"导致的一种不得已的承诺，毛泽东用帽徽和旗帜换取了战略出击的道路，当然还有一点军饷，在对付日本人上达成一致，毛泽东主动提出到敌后去，这对抗日是有利的，蒋介石无法拒绝，而且共产党内也有人表现出完全服从的意向（如王明）。王明的作用对共产党无效，但客观上又使得蒋介石心存幻想，但他好像不知道毛泽东，他也不想想对于毛泽东来讲交出领导权是不可能的，这个过程中毛泽东没有直接成为最高领袖也有一定关系，蒋介石不知道能不能取得最后胜利，所以他很犹豫，但他肯定不愿意最后的成果落到共产党手里。

对于蒋介石这样的小算盘打得颇精的人，被毛泽东算计，该是多么痛苦和愤怒的事情，他当然要报复。1940 年秋，蒋介石停发八路军军饷，并对抗日根据地实行经济封锁，边区的外援全部被断绝，蒋介石想用此招来限制共产党的发展。

蒋介石不给共产党发饷也不是绝对没有道理，他自己的经济已经快要崩溃了，他也缺钱缺粮。到如今国民党的后人力图为蒋介石喊冤，说是共产党的宣传不对，说蒋介石是抗日的，这真是滑天下之大稽。共产党说的是蒋介石不积极抗日。抗日和不积极抗日不是一回事。蒋介石不积极抗日给中国人民带来了无边的灾难，日本人占据了中国最富庶的地区，导致中国经济大崩溃，蒋介石为首的上层的利益受到了损失，普通的人民则遭到灭顶之灾。在抗日的相持阶段，河南就成了人间地狱。

河南成为人间地狱，始于 1938 年蒋介石为阻拦日军的进攻而炸毁花园口黄河大堤。蒋介石率领的国民党军队无力抵抗日军的进攻，导致日军兵临黄河，这时候黄河成了双刃剑，不把日本人扼杀在朝鲜、东北、华北的恶果出现了，在日本人有可能反过来用黄河做兵器威胁国民党军队的时候，蒋介石无奈选择了先下手炸毁郑州花园口黄河堤，淹没豫、皖、苏 44 个县，淹死 89 万人，造成大片的黄泛区。

决开黄河大堤有一定军事作用：首先，它形成了新的黄河河道，形成了新的天险，从而阻止了日军的西进，保证了大后方的安全；第二，使得日军迟迟不能打通“大陆交通线”，迟滞了日军军事调动和战略物资运输；第三，以水代兵，直接消灭了日军精锐部队万余。可是为了消灭日本万人，对老百姓严格封锁消息。等到洪水来临，百姓躲之不及，造成了 89 万人死亡的惨祸，也就是说我们拿一百个中国人的命杀死一个日本人，损失更是不可计数。这无疑是抗战史上最惨痛的一幕。让那些中国会自动进步的观点见鬼去吧，没有一个强悍的领袖，没有一个强悍的政党，没有一个强大的军队，我们的人民只会像猪羊一样遭到屠戮之灾。

河南人民就这样被蒋介石牺牲掉了，问题并没有完结，蒋介石还准备彻底放弃河南，“1942 年夏到 1943 年春，河南发生大旱灾，辽阔中原，赤地千里，河南饿死 300 万人之多。”（摘自当年《大公报》）

老百姓把灾难归结为“水、旱、蝗、汤”,“汤”就是指汤恩伯统率的国军。人民将自己的政府军视作灾难，这样的统治还能长久吗？在巨大的天灾面前，国民党军队依然制造人祸，他们横征暴敛，逼反了人民。他们对人民强横无比，对日军却是一触即溃。最令人难以接受的是日本人反过来用缴获的国民党军粮救济河南百姓，以收拢民心。在“国家如此积贫积弱，军队如此杂色林立，社会如此危如悬卵”之刻，为了生存，老百姓是宁可饿死当中国鬼，还是不饿死当亡国奴，这两条路上一些人选择了后者，该指责谁呢？

许多人都读过李清照的诗：

生当为人杰，死亦为鬼雄；
至今思项羽，不肯过江东。

你能读出这女诗人诗中隐含着的绝咒吗？异族入侵带给亲人的是死亡，带给女人的是耻辱，带给后代的是被奴役的命运，男人啊，你为什么不去拼？你怎么不去死？这首词要表述的就是这样一句话：带给亲人死亡和屈辱的无能之辈，你怎么不去死啊？我每每听到有人否定先辈的牺牲，总是会默默念出这四句绝句。

《大公报》由于发表《豫灾实录》通讯，被国民党停刊三天，以示惩戒。美国《时代》周刊记者白修德挺身而出，进入河南，看到的正是地狱般的惨景。

这是中国近代史上最悲惨一页！这也是民族的巨大耻辱，而制造这场耻辱的除了日本人的侵略和天灾，蒋介石无法逃脱问责。

这样我们就能明白，毛泽东时代为什么会是那样不通情达理，因为要实行三个人的饭五个人吃，为了后代不再牺牲需要勒紧裤腰带也要实现工业化，因为要让人民不再成批地饿死，必须限制少数人的自由。这才是真正的大仁大爱。

蒋介石装模作样烟酒不沾，连茶都不喝，只喝白开水，这只是他的长寿之道而不是他不贪婪，他放任自己的家族和手下聚敛财富，对他的部下来讲，他是大好人，但对要饿死的人来讲，他依然是个恶人。毛泽东掌权后却把吃块红烧肉作为享受，他严酷地阻止他的部下贪腐，对他的追随者来讲，这很不公平，但对底层的人民来讲却是唯一的希望。因为毛泽东知道中国实在是缺粮食，少数人过得太好，就必然会让底层人民吃不上，就会饿死人。那些指责毛泽东时代日子不好过的人和那个听说老百姓饿死后说何不食肉糜的白痴能有多大差异呢？所有的肉都是粮食转化而成的，粮食不够的情况下，有人吃肉太多，就意味着有人吃不上饭。只有土地、化肥、良种同时具备的时候，中国人才能彻底翻身。而这些恰是毛泽东时代完成的，只是结果展现的时候，已是毛泽东去世三年以后了。今天的我们要注意在这一点上，别拿美国来说事，中美没有可比性。

我们看看毛泽东是怎么样处理他领导下的边区出现的困难的。解放后的许多作为都是延安的放大版。

1940 年，边区内遭受五大自然灾害的侵袭，灾情几乎波及每一个县，无法再供给毛泽东的大学校衣食。正是在这种情况下，毛泽东发出了“自己动手，丰衣足食”的号召。

粮食是最大问题。

到1941年3月时，在部分地区已出现断粮现象，不久，各地粮食供应普遍发生恐慌，政府先后买粮一次，借粮两次，才勉强支撑下来，不得已的情况下，对边区征粮比上一年增加了一倍，这时候副作用出来了，人只能由差变好，不接受由好变差。

红军给边区带来的好处被淡化了，由于负担增加，群众普遍出现不满情绪。

在一次征粮会议上，一名县长被雷电击死。事后，一个农民便说：老天爷不睁眼，咋不打死毛泽东？保卫部门要把这件事当作反革命事件来追查，被毛泽东制止了。这一幕是不是很熟悉？很多人对毛泽东时代的高压感到不愉快，无非就是希望多一些自由，可是自由真的是有代价的，中国人在很大程度上将不会有美国人那么自由，原因很简单，生存空间决定的。

这么恶毒的诅咒引起了毛泽东的深思，他没有急着惩罚诅咒者，而是作了一番调查，他需要知道是不是他的路线人民不接受，调查发现，民众不是指责他领导的共产党，天下没有比共产党更好的领导，埋怨的原因只有一个，就是公粮太多，有些人不高兴。

为了减轻老百姓的负担，毛泽东抓了两件事，一是全员开展大生产运动；二是实行精兵简政。

人人参加劳动的大生产运动最早是从军队开始的。当时，朱德首先提出“屯田军垦”的建议，得到毛泽东的支持。这让我们想起，毛泽东时代我们是多么珍惜粮食了，夏收时节，学生都不上课了，全部参加抢收，小学生则去拾麦穗，口号是颗粒归仓，所以后来有人说把地分给农民，粮食就自然多了，这怎么可能，要知道几千年来地一直是农民自己在种，可是粮食从来没有够过。

担负保卫任务的三五九旅，在旅长王震率领下开赴荒无人烟的南泥湾，经过几年努力，把它变成“到处是庄稼，遍地是牛羊”的“陕北江南”。

毛泽东高兴地说：“自力更生，吃的、穿的、用的都有了，目前我们没有外援，假定将来有了外援，也还是要以自力更生为主。”中国人永远要记住这句话，西方人不是傻子，光靠着买，好东西是买不到的呀。

边区除了毛泽东，所有的人都全力参加了生产劳动，理论上讲毛泽东也是要劳动的，不过毛泽东的地是由一个农民劳模自愿代耕的，毛泽东也时不时到地里干活，朱德、任弼时这样的高级干部都成了纺棉花高手，当任弼时这样的豪门才俊，像农村妇女一样熟练地捻着棉花卷纺纱的景象出现在你眼前，你会无动于衷吗？棉布糙了点，但不会冻着。

边区实现了“自己动手，丰衣足食”的目标。单单1941年和1942年两年中，军队和机关学校靠自己动手而获得解决的部分，占了整个需要的大部分，毛泽东说：“这是中国历史上从来未有的奇迹，这是我们不可征服的物质基础。”

边区生产实践的关键点在于支撑了毛泽东的信心，那就是只要有了人，什么困难都可以克服。这一点在后来中国遭到全面封锁的时代起了巨大的作用，封锁中国美国人没有得到任何好处也不会得到任何好处，只证明美国人战略上的愚蠢。更重要的是我们自己必须牢记，未来中国作为世界最大的市场，必须受到自己强有力的保护，这是我们的财富源泉。

在延安时期，毛泽东还要求边区政府全力支持农民发展生产，他认为农民富裕起来了，才能有力地支持抗战，农民获得实际好处后，更加把自己的命运同共产党、八路军紧紧地联在一起。

为了提高劳动生产率，毛泽东号召开展变工互助，把农业劳动力组织起来。组织起来，中国大地就变了模样，解放后组织农民大搞水利建设，号召农业学大寨，把中国大地有可能种庄稼的地方都变成了梯田，这是何等的壮举。

边区只有很少的一点工业，毛泽东认为，它的数目虽小，意义却非常远大，是最有发展、最富于生命力、足以引起一切变化的力量，他在给博古的一封信中写道：新民主主义社会的基础是机器而不是手工。

这个观点很高明，这可能是毛泽东从西方那里学到的少数超越中国传统的事物之一。有文字表明毛泽东此时的思想中已经明确了中国要从农业社会向工业化转变，中国近代的一切问题的根本就是农业文明无法抵御工业文明导致的，其他都是细枝末节。这一点毛泽东不光是清清楚楚，而且感受深刻。我们的战士拿着最原始的武器和敌人拼命的时候，领袖不可能不感到压抑和愤懑，多数人的意志被摧垮是失败和太多的伤害造成的，只有毛泽东找到了在武器不如人的状态下能够胜利的方法，但他对武器理解更深刻。在战无不胜的辉煌中，他却下决心，勒紧裤腰带也要造出原子弹。这是何等的见识。

精兵简政这个“极其重要的政策”是党外人士、后来担任陕甘宁边区政府副主席的李鼎铭先生提出来的。延安先后进行三次精简，取得很大成效。这一切就如同严寒中的小麦，表面上的叶子枯萎了，但根子却向下扎得更结实了。

毛泽东强调精兵简政是克服困难的“一个极其重要的政策”。他多次致电华北、华中各抗日根据地，要求他们下大决心实行彻底的精兵简政，否则“弄到民困军愁，便有坐毙危险”。

精兵简政议案提出后，曾产生争议，有些人担心这会削弱革命的力量，甚至对这个提案的动机产生怀疑，毛泽东则非常重视，热情地赞扬了这个建议。在中国革命的历史上，李鼎铭的名字变得如此响亮，是因为毛泽东的名篇《为人民服务》中有他的名字。

《为人民服务》是毛泽东在中央警备团追悼张思德会上的演讲。张思德是毛泽东身边的警卫战士，在烧炭时，因炭窑崩塌而牺牲。

在张思德的追悼会上，毛泽东做了下述演讲：

> 我们的共产党和共产党所领导的八路军、新四军，是革命的队伍。我们这个队伍完全是为着解放人民的，是彻底地为人民的利益工作的。张思德同志就是我们这个队伍中的一个同志。人总是要死的，但死的意义有不同。中国古时候有个文学家叫作司马迁的说过：“人固有一死，或重于泰山，或轻于鸿毛。”为人民利益而死，就比泰山还重；替法西斯卖力，替剥削人民和压迫人民的人去死，就比鸿毛还轻。张思德同志是为人民利益而死的，他的死是比泰山还要重的。
>
> 因为我们是为人民服务的，所以，我们如果有缺点，就不怕别人批评指出。不管是什么人，谁向我们指出都行。只要你说得对，我们就改正。你说的办法对人民有好处，我们就照你的办。“精兵简政”

这一条意见，就是党外人士李鼎铭先生提出来的；他提得好，对人民有好处，我们就采用了。只要我们为人民的利益坚持好的，为人民的利益改正错的，我们这个队伍就一定会兴旺起来。

我们都是来自五湖四海，为了一个共同的革命目标，走到一起来了。我们还要和全国大多数人民走这一条路。我们今天已经领导着有九千一百万人口的根据地，但还不够，还要更大些，才能取得全民族的解放。我们的同志在困难的时候，要看到成绩，要看到光明，要提高我们的勇气。中国人民正在受难，我们有责任解救他们，我们要努力奋斗。要奋斗就会有牺牲，死人的事是经常发生的。但我们想到人民的利益，想到大多数人民的痛苦，我们为人民而死，就是死得其所。不过，我们应当尽量地减少那些不必要的牺牲。我们的干部要关心每一个战士，一切革命队伍的人都要互相关心，互相爱护，互相帮助。

今后我们的队伍里，不管死了谁，不管是炊事员，是战士，只要他是做过一些有益的工作的，我们都要给他送葬，开追悼会。这要成为一个制度。这个方法也要介绍到老百姓那里去。村上的人死了，开个追悼会。用这样的方法，寄托我们的哀思，使整个人民团结起来。

这是毛泽东的“老三篇”中的第二篇，它的影响是非常深远的，“老三篇”都是含有哲学和宗教意义的名篇，它告诉我们生命的另一种意义。

多少年了，“中国人民正在受难，我们有责任解救他们”一直回响在我们的耳旁，和反对毛泽东的人们骂仗是没有意义的，原因是他们的立场出了问题。底层人民经受苦难是人类社会的一种常态，很少有人愿意为他们呼喊，更没有多少人愿意为了大众利益而奋斗。千百年来，即使有人一开始起事时借助人民的名义，一旦上位就会丢掉大众转而去追求自我利益。最伟大的思想家就是发出平等呼喊的那几个人，而占据高位的领袖，除了毛泽东，我们找不到第二个把多数人的利益放在首位的统治者。不光是在思想境界上毛泽东为我们中国人指出了至高至圣，而且追悼会成了我们中国社会的新制度，死亡不再仅仅是个人家族的事情，它使得我们中国人在生死交替中不断地思考生命的意义。“为人民服务”这五个字成了共产党的建党指针，周总理直到去世，胸前一直别着一枚刻着这五个字的像章。它在今后的中国成了一个咒语，再普通的老百姓面对共产党的官员，也敢念出这五个字，遵守它，你将获得永恒，违反它，你将失去权力的基础。

到1942年年底，最困难的时期终于过去了。毛泽东在他的同志们容易偏“左”偏“右”时，守着靠着中间的路子，例如对人民负担问题他就显示了长远的政治智慧。

他批评了那种不顾战争需要、单纯地强调政府应施“仁政”的错误观点，写道：“为了抗日和建国的需要，人民是应该负担的，人民很知道这种必要性，在公家极端困难时，要人民多负担一点，也是必要的，也得到人民的谅解。”

这样我们就能明了解放后的毛泽东时代，人民并没有过上好日子的原因了，这是毛泽东为首的第一代共产党人最伟大的地方，他们不光是强制地主富农资本家做出牺牲，号召农民工人知识分子做出牺牲，关键是他们自己做出了巨大的牺牲。这是人类历史上规模最大、人口最多、时间最长的一次奉献和牺牲，为了后代，为了中华民族的未来，他们全体只吃最简单的饭食，穿着最普通的衣着，男人不去寻欢作乐，女人不去梳妆打扮，他们靠着省吃俭用攒下了工业化基础，他们靠着人拉肩扛改变了大地的模样。我们的后人居然会有人说他们的父辈是傻瓜，这真的叫人无言以对。不说这些叫人伤心的败家子了，我们要直起腰，仰起头告诉我们的后代，那是一个最高尚的时代，那是一个最辉煌的时代，那是一个不可思议的时代，那是一个空前绝后的时代。所以我们敢肯定地说，任何否定毛泽东时代的言论，至少代表你没有弄明白那段历史中隐含的深层次的因素。

自私是一种罪恶，而那些一味地要求实行仁政的人则是愚蠢。中国积弱已久，没有牺牲意味着后代将承受更大的灾难，任何以人民的名义滞缓工业化进程的人都是短视的，这一点是巨人与政客的最大差异。美国人假模假式热闹非凡地搞选举，看上去似乎很成功，其实是因为顺风顺水，没有一个国家靠着选举能够逆转自己的败落。毛泽东不是被人用选票选出来的，而是以鲜血和生命浇灌凝结而成的，这才是中国发生翻天覆地的变化的主要动力。人不会主动地牺牲自己，这一伟大事业需要有人倡导，更需要有人领导、组织，甚至需要强制。中国革命的目的不是简单的某个阶层获得利益，而是彻底地扭转中国社会坠落的轨迹，这本来是不可能的事情，但在毛泽东手里实现了，这是毛泽东领导的革命与历史上所有的改朝换代不同的地方。这一点很多人没有意识到。

成了后勤官的贺龙早已坐在毛泽东一边，他看到了毛泽东样样高明，就连经济方面的政策和方法都能产生良好效果，他热烈地赞扬毛泽东，顺便扫了其他的处于领导高位的读书人，说他们其实什么都不懂。贺龙的表态意味着另一种变化的开端。事实已经证明，毛泽东可以带领中国人战胜任何苦难和对手，现在该轮到那些待在高位的读书人转变思想了。

延安整风重新站队

在中国革命的历史上，我们能看出来一个现象，就是毛泽东参加了共产党的建立，但一开始领袖不是他，在他之前的领袖们都是听命于莫斯科的，他们都没有找到革命的成功的方法，由于毛泽东也是在实践中摸索的，虽然他不断地将自己的所思所想写了出来，但他的同志并不全面接受，革命的动荡不已的环境也不允许大家坐下来商量讨论，而且在组织上也是由不同体系集合而成，在一个较长的时间段里没有达到上令下达，主要是在思想上没有统一，而没有思想上的统一，就做不到组织上的坚强有力。

蒋介石也受到同样的困扰，他的做法就是将他的合作者撂到一边，以自己黄埔学生为骨干建立绝对服从自己的力量，这样做的好处是阻力不大，缺点是无法克服逆境。多数力量无法使用，就像是一个虚胖子，看上去块头挺大，其实没有太多的力量。他在概念上、环境上、能力上、耐心上、力量上和利益上诸多方面都不可能对国民党做出彻底的改造。

而毛泽东却完成了共产党的思想改造和统一，在抗日战争的相持阶段，毛泽东做了一件最重要的事情，就是延安整风运动。

压迫是政治的精髓，作为政治家，毛泽东深知其中三昧。

毛泽东渴望着成功，所以他盼着和所有的人合作，但与他合作的人们，并不是冲着他参加革命的，在毛泽东的上面一直有马克思列宁的理论以及斯大林的直接影响，多数人并没有听从他的概念，只是在残酷的斗争中，在无路可走的情况下，不得不接受他的道路和指挥。

朱、毛会师时朱德的人马多于毛泽东的，所以朱德没有完全听从他的，陈毅在无意识中也曾夺过毛泽东的军权，到了苏区时期，王明指挥的博古那帮人更是将他的领导权完全剥夺，长征中谁都没有主意和办法了，毛泽东站出来领导，大家也只是给了他一个周恩来的助手的位置，稍稍不顺，林彪就要求换人。好不容易钻出包围圈，又遇到张国焘，亏得张国焘做过了，把中央大部分人得罪了，大家才团结一致抵抗张国焘。延安三军会合，张国焘依然如故，可以自由指挥手下，造成西路军大失利。彭德怀没有得到中央回电就发动百团大战，项英在南方则是抗命一年，造成7000人牺牲。毛泽东早就有资格叫他的同志们表态站队，但他不想造成分裂，他一直在等待。在王明的干扰下，他依然完成了对日战略部署，对日作战方针，指导了联合蒋介石、反击蒋介石的诸多工作。最后他又解决了在没有粮食和军饷的条件下生存和发展，培养了大批干部，而且他制定出未来建国方针，中国社会各界表现出汇集在共产党旗下的可能性。几乎一切大的问题都解决了，他领导的历史也足以表明，未来将能够克服任何困难，这时候毛泽东才着手做一件大事就是延安整风。

从1942年春天开始，毛泽东在全党范围内发动了一场长达三年的整风运动。这场整风对中国共产党来讲很重要，但受到了严厉的指责，能想象这指责来自哪里吗？来自俄国人，俄国人与中国共产党翻脸后不间断地指责了中国人好多年。

其实在整风之前，对毛泽东的崇拜已经开始了，不断正确地指示未来，不断地取得胜利，在后来到达延安的年轻革命者的心中已经升腾为敬仰。1940年开办的“泽东青年干部学校”校歌歌词如下：

生在英雄的时代，长在人民的旗下，毛泽东的双手，抚育我们长大。坚定意志，艰苦传统，革命精神，民主作风。我们学习虚怀若谷，我们奋斗浩气如虹，我们奋斗浩气如虹。记住仇敌未平，破碎河山未整，同胞正在呻吟，天下尚待澄清。太阳照临我们的肝胆，大地倾听我们的誓言，愿将热血灌溉人间，结成自由春花一片，结成自由春花一片。

在中共党史上，这是一首较早的毛泽东颂歌，作者胡乔木，后来成了毛泽东的秘书之一。

来自民间的颂歌《东方红》则传遍了世界：

东方红，太阳升，中国出了个毛泽东，他为人民谋幸福，他是人民大救星。

对于渴望着获得生存权，和别人一样活着的中国底层的人民来讲，毛泽东就是他们的救星。

对于延安时期参加革命的人来讲，毛泽东就是旗帜，这不成为问题。延安整风主要是针对党内高层的思想的。

整风最先矛头肯定是对着王明的，张闻天、博古等人在遵义会议时，已经明确表明放弃领导权，同意由毛泽东来领导，张闻天在长征中和后来多次表示要让出总负责的位置，也自觉地为毛泽东当了一阵子总召集人。毛泽东为了保持团结，很长时间组织上不作调整，但谁应当对红军的惨败负责呢？战争是生死立判的游戏，失败者自然消失，张国焘就是例子。王明回国后，是什么力量在支撑着王明高高在上呢？仅仅是共产国际吗？王明是有大错的，他居然大摇大摆又回来了，并且准备继续犯错，他准备将中国革命的果实献给蒋介石，这虽然遭到毛泽东的抵制没有实现，但他真的准备这样做的。这真是旧账未算，新账又来，关键是王明本人和支持他的力量已经异化了。在王明看来，中国共产党只是莫斯科出资培养的代理人，为了莫斯科的利益应当自杀来报答，他没有意识到红军已经以多数人的牺牲还债了。王明从极左窜到极右，叫人不可思议也无法接受，一个人怎么可以这样做呢？王明似乎有身体上的原因，他的情绪极不稳定，甚至表现出一种歇斯底里，还有一点就是王明会写书，会写大部头，会长篇大论，党内有些人听他的指挥。

在毛泽东的指引下，此时的中国共产党已发展成拥有80万党员的大党，其中90%以上是抗战以后入党的新党员，毛泽东认为，这些干部，“如不提高一步，就不能掌握将来的新局面”。这是毛泽东提出整风的理由，其他的领袖没有道理反对。

毛泽东的力量在基层，那些参加过长征的人们心中认可毛泽东，但他们各有渊源，各有山头，说白了就是如果共产党的高级干部不能从思想上完全接受毛泽东的路线方针政策，就难以驾驭未来的革命大潮，而这个大潮在毛泽东预言中，也在他的推动下，并且已经展现了趋势，所以毛泽东要求大家表态站队。

毛泽东的旗帜上写着“实事求是、一切从实际出发”这样令人无法反对的字样，他的资本就是党的历史，翻开历史他没有大的失误，有的是成功和胜利。

主要的对手是王明，王明后台就是共产国际。王明还有一个法宝，就是本本，就是他读的原著多。

中国人被洋人打败后，那种痛苦深入到了骨头里，崇洋几乎是所有人无法克服的问题，原因是你无法不崇洋，虽然洋人们真正的进步是科学，是牛顿的F=ma，但这些距离中国人太远，需要几十年上百年的积累，没有法子立竿见影，所以中国人总是希望在思想领域里找到速成的方法，这可以说是我们中国人的百年误区。直到今天还有人高唱解放思想才能进步，就不看看英国人、美国人在思想上、社会结构上，数百年压根儿就没有变过，照样在不断进步中。该醒醒了，进步需要时间，需要苦干，需要积累，需要牺牲，不是换一下脑筋就成了。思想的最高境界就是平等，可是不平等也是社会进步的一种动力，人类进步最快的民族无一不是在不平等的压迫与追求平等的动态中曲折前进的。列宁、斯大林的路子就是一条见效比较快的路线，人们很少考虑俄国的大地资源在整合中的作用，只看到速成的效果，于是就受到推崇，这不光是中共这样认为，孙中山先生也是这么想的，蒋介石不相信这一套，他相信金钱武力等实力更直接有利于获得统治权，于是他就对了，就赢了，但他在长袍马褂之外也戴上了基督徒的帽子，以表明他身上也有洋气。

对于犹太人来讲，这些都不是问题，马克思也好、基督也好都是犹太人，他们还多了爱因斯坦呢。

对于几十年后的中国人来讲，马克思只是众多哲学家中的一个，但对于当年参加共产党的人来讲，马列主义就是全部。

马克思主义学说对人类社会的变革产生了巨大的作用，这是不能否认的，但由此再加上列宁的路就认为这是一条放之四海而皆准的真理，就像基督徒认为他们的信仰代表了真理，于是乎就获得进步，这道理是不通的。西方人进步靠的是工业文明，它的基础是牛顿定律而不是圣经。俄国人靠的是整合资源，固然能取得一时之速效，但没有市场的后劲决定了他们昙花一现。

同样我们现在知道中国革命旗帜上写着马列主义，靠的却是毛泽东思想，但这一点在当时延安尚未确定。

六中全会后，王明口头认错，实际上依然与毛泽东争夺思想上的领导权，王明把他的《为中共更加布尔什维克化而斗争》一书，在延安印了第三版，这是一个挑战性的行动。

毛泽东准备反击，他搞了个《六大以来》。在这个过程中，毛泽东看到许多他过去在中央苏区时没有权力看的材料，他才知道这帮子书生是多么可笑可恨。

毛泽东指出：王明一派的政策使军队损失十分之九，苏区损失不止十分之九，所剩的只有陕北苏区，所以苏维埃后期的损失，实际上比立三路线时的损失大得多。陈独秀、李立三等人为自己的错误付出代价，但更大的错误尚没有人负责。

毛泽东说：遵义会议提到这个时期只说是军事上的错误，没有说是路线上的错误，实际上是路线上的错误，所以遵义会议决议须有些修改。

面对毛泽东这种准备算账的做派，抵制是明显存在的，第一回合毛泽东没有获胜。毛泽东写了《改造我们的学习》几乎没有太多的反应。

不久，皖南事变发生，又一次证明不听毛泽东的就会吃亏，甚至是吃大亏，这一回毛泽东要求高干转变思想，希望大家表态。

毛泽东指明了有两条路线在斗争，需要大家通过学习党的历史做出选择。历史摆在那里，张闻天反省了自己，博古诚恳地做了自我批评。

王稼祥由于较早地站在毛泽东一边，所以要轻松好多，他只是很服气地说，留学生们没有实际工作经验。能有什么好说的，没有人能和毛泽东并肩，大家或多或少都有问题，身处高位的领导人中没有人能像毛泽东一样找到正确的道路，这就是错，不能指明方向就是占据高位的错，低位的人则有执行之错和选择之错，多数人做了自我批评。

只有王明拒绝自我批评，把错算到博古、张闻天头上，和他没有关系。在以后的日子里王明长期称病，拒绝参加整风。

对于大家很容易接受大部头，毛泽东则贴上党八股的标签。这里我们要重点说说读书人热衷的大部头。

读书人似乎有一种受虐待的倾向，那就是试图从书本里找到解析和改变世界的途径和力量，如果简单的几句话，即便说出了真理，也会被读书人扔到一边不予理睬。我们在前面说了，真理的内涵在于成长过程中的否定，而不是表述它的几个文字，科学的定理可以用公式表述，但科学的力量则是以有规律的改造世界的劳动实现的。可惜我们中国人没有走向科学，上千年来，最优秀的人才在热衷于四书五经，唐诗宋词，玩弄文字游戏，这样就出现了一个怪现象，读书人热衷于钻书堆，如果遇到了自己不懂的，就会产生兴奋的感觉，既然自己不懂，就意味着有可能得到自己想要的那个东西，读书人还是想找到真理的。其实读书人也不是傻子，在潜意识中也知道世界上没有这么简单的事情，但由于路径错了而不自知，导致一错再错，于是和自己较劲，非要整出点自己也不是很明白的东西来，写大部头的人是这么做的，读大部头的人是这么想的，最后的觉悟是，写的人说自己：满纸荒唐言，一把辛酸泪。读的人说自己皓首穷经，虚度青春。毛泽东是读书人的真正的解放者，他读过大量的书，他最有资格说读书无用，他推广普及普通教育，目标是让中国人成为真正的合格的现代劳动者，而不是一帮子莫名其妙的废物。

关于整风的意义，毛泽东强调："全国人民就会跟我们，只要我们共产党的队伍是整齐的，步调是一致的，兵是精兵，武器是好武器，那么，任何强大的敌人都是能被我们打倒的。"

关于整风的方针和方法，毛泽东提出八个大字"惩前毖后，治病救人"作为整风的宗旨，显然毛泽东不想减员。

整风是毛泽东引领的，但也有水到渠成的味道，毛泽东要求全党在思想上接受他的领导，这一点并没有遇到太多的阻力，历史和鲜血已经证明了这一点，所以我们不得不说这是一个奇迹。毛泽东自从井冈山之后没有犯过任何致命的错误，而是在不断胜利中走向最高的位置，而其他的领袖则是相反，过大的错误意味着彻底的消失，如陈独秀、张国焘，其他的则是落马，如李立三、王明、博古。

毛泽东要求的是思想上的一致和服从，这样就可以更好地引领人民夺取胜利，参加革命的人则是越多越好。

但是有一些人会错了意，主要是后来参加革命的知识分子和新党员，误以为整风就是整领导，许多单位办起墙报，在墙报上一些人以讥讽谩骂的方式批评延安存在的某些现象，吸引了许多读者。

这显然不是毛泽东所希望和需要的。一天晚上，在看过墙报后，毛泽东决定给这些玩意儿贴上"小资产阶级思想"的标签，要求结合学习检查自己的非无产阶级思想。

读书人最常见的人生错误就是批评别人，却不知道这是最伤害自己的事情。有人会觉得奇怪，批评别人怎么会伤害自己？没错，就是伤害自己，蚊子咬人是为了吸血，如果只是嗡嗡叫着，会被人一巴掌拍死。批评别人需要资格，这一点大多数书生不明白，例如领导可以批评下级，下级不可以批评上级，听着叫人不舒服吧？可是这是人生智慧，下级不同意上级的意见，觉得无法忍受或者无法执行，这时候要选择是否离开，如果不离开就要提建议，是的，应该是提建议而不是批评，平级之间的批评意味着权力和利益的斗争，这种斗争更要准备好了才下手，绝不是逞口舌之利的游戏。所以我们在生活中能见到一些很不错的人，甚至可以说是好人，但他们一辈子都成不了事，就是他们莫名其妙地守着对别人的批评态度，最后的结论是如果看不上别人，就要自立，自己干。这真的是叫人难以接受的结论，但这结论的背后却是菩萨心，他表达的是正确的人生态度——老实。

在整风过程中，延安文艺界暴露出来的问题最多。毛泽东发现必须解决这部分人的思想问题。

文艺界不同于战士，士兵自穿上军装起，就有服从的天职。立正、稍息，看上去简单，却是表示命令与服从的关键。文艺界人士则是正好相反，支撑他们的信念恰恰是与众不同，他们满怀救国热情，但不客气地说，他们大多数不知道自己到延安干什么来了，他们觉得自己高人一等，到处指手画脚，对于革命来讲，没有好处，还有害处。毛泽东热情地欢迎他们，但如果他们不自觉，就会伤害另外一些他们看不起的人，而这些他们看不起的人，这些军人和农民，才是毛泽东真正的力量所在，所以毛泽东需要约束这些文化人，需要引导他们。

毛泽东曾经向往过名士风度，头发中分，一袭长衫，这种打扮好多年，但毛泽东上山之前就完成了思想上的转变，在北大他已经不再自卑，到了山上，他的打扮已经完全像个农民了，而且他也乐意打扮成土包子，以表明他是农民和低阶层的代表，除了一头长发。

他早就是湖南名人和全中国的知名人士，所以他不惧这些文化人，他知道文化人的方方面面，因为他就是从那里出来的，他选择了走实力派的道路，现在他有了实力，他就有了征服的欲望，他希望这些人里的大部分加入到他的行列里来。

毛泽东花很多时间同许多文艺界的朋友交换意见，并请他们帮助收集文艺界的各种观念，毛泽东同时具备才华和实力，加上真诚坦率的态度，得到了许多文艺界人士的尊重与信赖。

我们特别关注毛泽东与萧军的交往，它反映了毛泽东成为巨人与以知识分子自居的文人在心理上到底有哪些不同。萧军的性情比较孤傲，不善于与他人相处，想离开延安，毛泽东热情挽留，给他讲有人的地方就会有矛盾，延安也会有缺点，甚至和萧军谈了自己是怎么样走过来的，希望他能及时反映工作中的缺点，帮助改正，更希望他能留下来。毛泽东关切地提醒萧军："同时注意自己方面的某些毛病，不要绝对地看问题，要有耐心，要注意调理人我关系，要故意地强制地省察自己的弱点，方有出路，方能'安心立命'，否则天天不安心，痛苦甚大。"

毛泽东的这一段话其实对许多读书人都会有启发，上天对有才华的人是很慷慨的，赋予他们超越平凡的天赋，但也同时附带了苛刻的限制条件，来隔离天才和世俗力量结合，才华横溢很可能变成与其他人交往的阻力，这一点要引起天赋较高还想获得世俗权力的人们注意。萧军的个性就很突出，毛泽东邀请他入党他就拒绝了，很各色吧。不过毛泽东的热情得到萧军的积极回应，他向毛泽东提出应当搞一个党的文艺政策，然后大家有所遵循，毛泽东很感谢，接受了这一建议。

女作家丁玲发表过一篇文章叫《三八节有感》，主要也是批评意见，叫有的人不高兴。毛泽东对丁玲是欢迎的，曾经为她写诗一首。

毛泽东诚恳地对丁玲说："内部批评，一定要估计人家的长处，肯定优点，再谈缺点，人家就比较容易接受了。"丁玲深受启发，她后来说："这话给我印象很深，我一直记在心上。"这就是毛泽东，他从知识分子的圈子中走出来，所以对知识分子的缺点知道得一清二楚，他是真诚地期望这些才华出众的人们随着他一起来为中国的彻底进步而努力。对他们毛泽东不是简单地要求他们像士兵一样听指挥就够了，那么毛泽东为他们指出了一条什么样的道路呢?

他让大家讨论，但显然结论在他心中。他说："什么是我们的问题的中心呢？我以为，我们的问题基本上是一个为群众的问题和一个如何为群众的问题。"

毛泽东指出："鲁迅的两句诗，'横眉冷对千夫指，俯首甘为孺子牛'，应该成为我们的座右铭。"他号召，"一切共产党员，一切革命家，一切革命的文艺工作者，都应该学鲁迅的榜样，做无产阶级和人民大众的‘牛’，鞠躬尽瘁，死而后已。”这样毛泽东就为愿意站在他的旗帜下革命的知识分子指明了方向。愿意参加革命吗？我们欢迎；如何参加革命呢？为下层民众服务；自觉高人一等吗？就请更为高尚。自古以来，支撑中国杰出人物与众不同的，就是学好文武艺，货与帝王家。从孔夫子到屈原，从李白到曹雪芹，无论怎么优秀和杰出，骨子里面都没有摆脱为帝王服务这一条，所以中国的知识分子就两种命运，成功者就是成为奴才，不成功者就是欲做奴才而不能。在毛泽东时代之前的中国传统文化中，没有面向底层人民的名著，没有西方意义上的知识分子，是毛泽东为读书人指出了通往神圣的阶梯。

毛泽东在文艺座谈会上的讲话，使许多人豁然开朗，愿意革命的文艺界创作了《白毛女》等一大批优秀作品。我们看到，毛泽东的指针已经完全偏向底层的劳动者，毛泽东立意要颠覆帝王将相才子佳人占领的历史舞台。这样就不难理解后来毛泽东在实现工业化的过程中，在物质享受极为贫乏的奋斗中，为多数人开出的精神盛宴，那些上层社会眼里十分荒唐的热闹，其实隐含着更为积极的意义和影响。后世某些人以艺术的名义指责这些作品，只能暴露自己灵魂的苍白。

毛泽东很会工作，他对这些正面的作品及时给予肯定和鼓励。他在为愿意革命的知识分子指出方向的同时赞许着先进分子，使得这些人成了革命的积极力量。

略带遗憾的是反对王实味的斗争。王实味是个才子，整风开始后，王实味尖刻地说延安衣分三色，人分五等，一些人把骑马这样的节省时间和体力的领导待遇也看作是不平等。毛泽东在热情地推行平等，除了多吃一口辣椒，他的衣食与同志们一样。但如果几千年来根深蒂固的不平等就这么容易消除，那就太过于天真了，我们说过平等更多的时候是作为理想而存在的，而不平等才是常态。中国的传统恰是不平等，代表人物就是孔夫子：他的理想就是君君臣臣父父子子，而在中国推行平等这是毛泽东的主要思想和作为。必须注意，这个过程是毛泽东强烈的意愿起着重要作用，但不是意味着平等就要超越一切，在不同的阶段有着不同的任务。有的人不认同，王实味发表《野百合花》等文章，对他不满的现象提出批评，还说艺术家的任务是“揭露一切肮脏和黑暗”。

批评是为了改正缺点，而不是浇灭革命的热情，王实味就走过了头，毛泽东不喜欢这种阴冷暗箭。他表态后，中央研究院开展对王实味的批判。

担任中央社会部部长的康生插手此事，康生可能自己才华横溢，所以不把文人才子当回事情。在1947年，中央机关撤离延安时，王实味被处决。毛泽东对此事非常懊丧，曾多次对王实味的被处决提出了批评。毛泽东不喜欢杀人，他更热衷于通过劳动改造人的思想，当然对有的很有些骨气的人来说，士可杀而不可辱，委屈可能导致有人自杀。由于有王实味的事件，毛泽东限制康生的权力，不过我们应该知道，康生作为一股冷锋从来没有占据过上风。这是因为毛泽东具有太阳般的热忱，他只是希望思想上一致。

思想变化悄然出现，整风已开始结出硕果。此后，整风运动从延安推向各地，在全党范围内开展起来。这是一个难以理解的奇景，在抗日战争最艰苦的相持阶段，共产党却在完成脱胎换骨式的思想转变。后来的解放战争摧枯拉朽，抗美援朝众志成城，解放后改天换地都有了坚实的基础。

毛泽东主抓的是最上层的思想统一，毛泽东要求高级干部重点检讨自由主义和对党闹独立性问题，我们能看出来毛泽东对思想的统治是彻底的。与此同时对中央的组织机构进行了调整。

形势的变化，战争的进程，党和军队的壮大等等使得革命者心悦诚服地接受毛泽东的领导。1943年，中共中央政治局推举毛泽东为主席，这是共产党以前从来没有过的一个职位，连列宁也没有担当过的新职位，党的主席。我们后来习惯的毛主席实际上是从这时候开始的。这才是真正的主席的开始。

有的人认为毛泽东获得了最后的决定权是一个全面的决定权，但从党的文件的文字表述中不是全面的决定权。不过差异不是局外人能体会到的。

这虽然不是蒋总裁的总裁，但比原先的总书记制中的总书记权力要大许多，它有利于战争状态下的中共和军队的指挥，这是一个很大的进步，要做大事，就得有集权。世界上只有美国不用集全国之力就能成事，因为美国大地出产的物质太多了，其他的，尤其是弱小的力量要想有所作为就得集中。

集权有可能带来灾难，但不集中权力，也做不成大事，这本身就是一个两难的选择。我们庆幸的是权力集中在毛泽东这样的人的手中，他将给中国带来进步，就是在这时候起，毛泽东在思想上、组织上确立了领袖地位。

整风在继续开展，任务成了两项：一是统一思想，二是组织肃清。后一项任务，又叫审查干部，日常事务由康生主持。现在你应当知道康生为什么没有人缘了吧，他干的就不是讨好人的事情。而且康生是很特殊的一个人，他压根就不准备讨好任何人，除了他的老师。

康生毫不客气，大权在握，光在延安地区十几天内就骇人听闻地揪出所谓特务分子 1400 多人。

毛泽东发现后说：我看是扩大化了，我们要很快纠正这一错误做法，我们的政策是一个不杀，大部不抓。

对延安审干工作中出现的偏差，毛泽东主动承担了责任，他多次向受到错误伤害的同志“脱帽鞠躬”，“赔礼道歉”。这一推一拉之间，共产党的内部不再有人拒绝毛泽东的召唤。毛泽东从来不会把自己队伍里的人推出去，他的敌人在那里明摆着呢。眼下是日本人，以后是很多很多……

就在这时传来了共产国际解散的消息，这件事对毛泽东来讲是个好消息。但毛泽东公开场合没有表示过任何高兴的意思。这一点上毛泽东是十分有策略的。对待共产国际的态度和后来对待斯大林的态度非常接近，这主要是体现一种政治智慧而非感情因素。

当翻译师哲将国际来电送给他时，毛泽东兴奋地说：“他们做得对，我就主张不要这个机构。”这是毛泽东私下里的真实态度，但我们会看到毛泽东作为政治家的另外一面。那就是不能给敌人以借口。

共产国际带给毛泽东的伤害要远多于帮助，那些敢于和毛泽东较劲的人，背后多数都是有共产国际撑腰。但毛泽东是个政治家，他绝对不会把自己的感情放在理智之上，他内心对共产国际不以为然，却在延安干部大会上充分肯定了共产国际在帮助中国革命事业上，有巨大功劳，然后告诉他的同志们，共产国际的解散，更便利了中国党独立处理中国革命问题。毛泽东是中国共产党内最早独立的人，但毛泽东把内外分得很清楚，共产国际与中国共产党的官司可以算是内部事务，内部的矛盾要靠自己解决，而不能公开，否则对自己只有害处没有好处，因为敌人更高兴共产党内部产生矛盾。凡是敌人拥护的，我们就要反对，凡是敌人反对的，我们就要拥护，这是毛泽东的一贯主张。

很多人对后来毛泽东维护斯大林而与俄国人论战不可理解，其实你只要分开感情和政治就能清楚，斯大林对中国的伤害，对中国共产党的伤害，对毛泽东的伤害都是很大的，但为什么在俄国人否定了斯大林后，毛泽东反而要站出来维护斯大林呢？这就体现了毛泽东的政治智慧，也能证明俄国人的愚蠢。赫鲁晓夫等人的权力来自继承斯大林，决定了他们没有资格来彻底否定他，其实在实际工作中是可以修改斯大林的路线的，他们居然没有意识到对斯大林的全盘否定，对俄共来讲意味着灾难，意味着俄国共产党的正义性和正统性都会受到很彻底的否定。毛泽东维护斯大林不是他喜欢斯大林，而是为了维护刚刚建立的人民的信仰，昨天你刚说过我们的旗帜是马恩列斯，今天就说斯大林不是东西，人民会怎么看？所以我们学习毛泽东的时候，不要抓着毛泽东的某一句话不放，政治人物的语言是很微妙的，夸你可能是客气，也可能是策略，骂你可能是爱护和保护，不是我们从字面上就能直接理解的，要看前因后果。

果然不出毛泽东所料，共产国际的解散，给蒋介石某种期望，蒋介石一面以共产国际解散为借口，制造舆论，要求解散中国共产党，取消边区，另一面调集二十多个师的兵力，准备向边区发动突然袭击，一时间形势严峻。

毛泽东得到准确的情报后，立即做出紧急部署，一是大张旗鼓宣传，二是军事部署对应，国内各界和英美等国也对蒋施加了压力，蒋介石不得不改变计划。

蒋介石刚想动手毛泽东就把他给摁了下去，蒋介石收手，毛泽东接着出招，批判蒋介石在这年 3 月出版的著作《中国之命运》，比起一开始的恳求蒋介石团结抗日，毛泽东做了多少让步？到中间哀兵战术，仍然希望蒋介石看在民族的分上不要做亲者痛仇者快的事情，缓过来后，就不客气地拒绝参加蒋介石的会议，到后来直接批判蒋介石，一步步走来，蒋委员长肯定无法接受这种转变。这就是力量对比变化的正常之举，不接受毛泽东这样策略的人要么是屁股坐在蒋介石的板凳上，要么就是纯粹的书生了。

为了反驳蒋介石“没有国民党就没有中国”的宣传，中国共产党先后发表《国共两党抗战成绩的比较》《共产党抗击的全部伪军概况》的材料，说明中国抗日战争中到底是谁出力最多，效果最大，到今天，一些人仍然试图在国共抗日上谁出力最大而争论，岂不知这个问题早就有答案了：抗击外寇是政府的职责，而不是土匪的任务，蒋介石作为政府首脑做了该做的事，但做得不好，这是定论，谁也无法翻案。因为毛泽东一旦掌权，中国本土没有战争，还需要证明吗？

共产国际解散了，谁还会再搭理王明呢？蒋介石想借机施加点压力给毛泽东，可没有想到，这时的毛泽东再也不受蒋介石的气了，他要让蒋介石受点气了。

不过毛泽东很快就收手了，现在还不到和蒋介石翻脸的时候。

在这个时期，发生了一件有着历史意义的事情，就是王稼祥最先提出毛泽东思想这个完整的概念，刘少奇则长篇大论证明之，这就是“毛泽东思想就是中国的马克思主义”。请注意这句话，这句话很重要，你把思想和主义去掉再念一遍。你可以理解成马克思主义与毛泽东思想是一回事，更深层次的意义是毛泽东思想是主语，于是我们得出和当时中国共产党人的最高领袖们一致的观点，那就是“应该用毛泽东同志的思想来武装自己”，这一观点终于被党内广大干部所接受。这是中国共产党人在精神上、思想上的一次巨大的飞跃。它意味着中国共产党完全自立了，尽管依然冠着马克思主义的头衔，但它的灵魂是完全中国化的。

从那天起到后来许多年，多数中国人尚未意识到我们的民族已经诞生了人类最伟大的人物之一。在那个西风占据绝对上风的年代，中国共产党人已经独立了。

这时，彭德怀等军头也被召回到延安。共产党的高层在战局虽然艰苦依旧但相对稳定的时候，开展了思想上的统一活动，这让蒋介石和苏联人都不愉快，特别是俄国人在翻脸后几十年里，天天翻旧账，可见俄国人的恼怒了。可是毛泽东已经独立了，他不再过多地顾虑俄国人和蒋介石，他抓住这一相对的平静阶段做了最该做的事情，他要为最后的胜利夯实基础。

刘少奇的地位大大上升了，留苏的经历和党内从事工人运动的资格是一方面因素，毛泽东的支持也是重要因素。

从井冈山起就和毛泽东共事的朱德不再吝啬赞扬毛泽东，朱老总是一个真正意义上的好人，上井冈山的经历和资格，给他带来总司令的荣誉和进入最高领导层的机遇。他的问题只是没有更早领悟到毛泽东军事思想是取得最终胜利的法宝，没有更早地支持毛泽东，但遵义会议之后，他就再没有动摇过。朱老总心悦诚服地说毛是一个“有魄力、有能力，遇到困难总能想出办法”的人，“有毛泽东领导，各方面都有发展，照毛泽东的方法办事，中国革命一定有把握胜利，我们这次学习，就要每人学一套本事，主要学好毛泽东办事的本事。”他是这么说的也是这么做的，你能想象，解放后朱老总常年看毛选吗？

周恩来也有资格回顾历史，由于他从来没有试图制定路线方针政策，这样他在历史上就是相对超脱的，周恩来没有找到带领共产党胜利的路线和方向，使得他没有成为最高领袖。他的遗憾是没有更早地支持毛泽东而与教条主义者斗争，但他从来没有和毛泽东正面发生过冲突，他的性格和品质都使得他在接受毛泽东领导后变得没有什么缺点，他从来称呼毛泽东为主席而不是像某些人那样喊老毛，虽然此时毛主席与过去的主席不是一回事。周恩来是相当多的人的领袖，所以当他明确站在毛泽东一边时，自然大受毛泽东欢迎。连王明，毛泽东一开始都是想团结的。周恩来与毛泽东的关系是中共历史最重要的环节，明白了他们的关系，就能知道中共历史，而且他们两个终身合作，彻底牺牲自己化作人类历史恒久的光芒。

任弼时高风亮节，他是毛泽东的学生，为了维护毛泽东做了大量工作，而且任弼时主动承担了很多责任，起到了很好的团结作用，这是我们理解任弼时作用的关键。

那些不服气毛泽东的人理当感到汗颜，原因是毛泽东不是靠着外界的帮助走上领袖位置的，他是完全靠着自身的力量获得领导权的。中国共产党的其他领袖也是人杰，但他们全体接受了毛泽东的领导，原因很简单，毛泽东能够带来胜利。其他人都做不到这一点，为了胜利，毛泽东愿意和任何人合作，当然你要服从他的领导。

毛泽东赢得了全党的认可，这时候毛泽东给下一步整风定下团结主调，方针是惩前毖后，治病救人。毛泽东显然不准备将所有反对面一竿子打掉或者轰出去，在他看来多一个人就多一份力量。

王明拒绝参加会议。王明认错了，没有人再坚持跟随王明了。这时出现了另外的趋势，就是有些过去受过打击的干部开始报复教条主义者，这显然不是毛泽东要的东西，他要的是党内真正的团结与统一。

这样毛泽东搞了折中，不是一概抹杀过去，过去一页就要揭过去了，他主要希望搬掉今后前进的绊脚石，所以他主要批评山头主义，山头无法消除，但革命的目标应当一致。

毛泽东这样做，对全党的团结和巩固起了重要作用，不算老账，一起向前看。一批人解脱了，许多人心服了，大家心里的石头都落了地。

这个时期郭沫若在重庆发表了《甲申三百年祭》，总结了明朝李自成从胜利走向失败的历史教训，郭老获得了毛泽东的赞赏，因为毛泽东认为这一教训对共产党有警示意义。

说实话我们无法确定郭沫若是不是专门为毛泽东写的这篇文章。郭老似乎能判断形势的需要来指导自己的写作。但有时候就错了，比如解放后郭老曾想试探着歌颂孔夫子，因为在他的理解中，掌权的统治者显然不会反对秩序，可惜他遇到了毛泽东是个异类，写诗把他给撅了回去。不过在抗日时期郭老还是对的成分多，比如这一次他弄对了。虽然当年见面不识真人，错过了机会，现在他在努力向毛泽东靠拢，迟到的另外一个原因是，郭老一直认可的领袖是周恩来。

毛泽东致郭沫若的信中说："我虽然兢兢业业，生怕出岔子，但说不定岔子从什么地方跑来。你看到了什么错误缺点，希望随时示知。"

我们认为兢兢业业这一点很重要，毛泽东确实具有某种疑虑性性格，他似乎时刻提防可能带来失败的因素，这一点是他成功的基本要素。

终于共产党在思想上统一到毛泽东的旗帜下，在组织上产生了第一代领导核心：毛泽东、刘少奇、周恩来、朱德、任弼时。

“七大”之前，有一个最重要的文件叫《关于若干历史问题的决议》。

在决议中，毛泽东把自己一步步走出来的胜利的光荣，归于全党同志长期的努力：“中国共产党自从它在一九二一年产生……到了今天，有了一百二十万党员，我党领导了近一万万人民，九十万军队的中国解放区……成了中国人民解放事业的伟大的领导者。”

我们常说历史是由胜利者写的，这样写也是能够接受的，因为毛泽东一开始就参加了共产党的建立，到了“三大”，他的地位也曾经接近过领袖，只是后来被撵下去了，1925年他有了思想基础，1927年他开始上山实践，一步步走出了革命之路，所以他有资格这么说这么写。毛泽东在“七大”之前完成了算账。

这就是毛泽东高明之处，因为“七大”他还有更重要的事情，他担心算老账会转移“七大”的中心目标，他的目标是完成抗战，建立新中国。

《关于若干历史问题的决议》通过得很顺利，所有的人都表示拥护，毛泽东心情舒畅作了长篇发言，最后他谦虚地说：《决议》把许多好事都挂在我的账上，我的错误缺点没有挂上，不是我没有而是没有挂，为了党的利益没有写上。最叫人惊讶的是毛泽东说了一段话：孔夫子七十而从心所欲不逾矩，我即使到七十岁，相信一定也会逾矩的。这本来是毛泽东的谦虚之言，不料却成了谶言。七十岁的时候他依然畅游长江，随后发动了争议颇多的“文化大革命”。

抗战胜利：置之死地而后生

我们回到延安时代，经历了几年的整风，共产党在思想上取得了高度的一致，这种一致表现为空前团结，毛泽东的目标达成了。他的眼睛盯向抗战最后的胜利。

抗日战争胜利大概在美国卷入战争那一时刻就确定了，蒋介石大约在这时候才敢肯定胜利，才看到了希望，毛泽东比蒋介石要早得多，他早就敏锐地发现有另外一种力量将搅动全中国，并迫使民众接受自己，那就是日本人的刺刀，为此他高调地和蒋介石站在一起来接受民众的考验，自从八路军能够杀死日本人那一刻起，他就知道胜利在于坚持，就在未来的某一天。整个抗战中毛泽东一直在具体指导各敌后根据地的生存、发展与壮大，他在延安大量培养干部，再撒向全国。在胜利曙光已现的时候他就开始着手准备夺取抗战最后胜利，到 1944 年春天则达到小高潮。

中国共产党领导下的抗日根据地的发展方向是十分明确的，那就是毛泽东在抗战伊始就确定的原则：到敌人后方去。

只能向日本侵略军占领下的敌后地区发展，也就是从侵略者手中光复失去的国土，而不能向国民党统治区域去发展，这是极高明的和极其了不起的策略，是一般人不敢想也做不到的：第一，国民党同意，第二全国人民盼望，第三，不在国民党的后方发展道义上无愧，而且由于国民党收缩，也很难发展，八路军则有能力在敌后发展。所以毛泽东比蒋介石高明得不是一点，两相对比，慢慢地越来越多的人醒悟了过来，中国的希望在共产党。

1944 年，日军实行“一号作战”计划，做最后的垂死挣扎。国民党军队望风而逃，河南、湖南、广西等大片国土沦丧，民众苦不堪言。蒋介石的无能和愚蠢给中国带来了巨大的伤害，他和美国政府讨价还价，提防共产党，但对付不了日本侵略者，他忘了中国的外面还有一个虎视眈眈的俄国。这种小算盘只能占小便宜却吃了大亏。蒋介石的无能导致了中国在战后的利益受到重大伤害，使得对他给予满腔希望的美国政客将眼光投向斯大林，当然也冷冷地将中国的利益让出去了。我们中国在二次大战后，没有得到什么实际性利益就是因为蒋介石烂泥扶不上墙。

毛泽东当机立断，“蒋介石丢到哪里，我们就到哪里。”收复了被日军侵占的大片土地，将华北、华中两大解放区连接在一起。

毛泽东甚至计划配合未来可能的美军登陆作战，并为此做了军事准备。显然毛泽东期盼着美国人登陆中国，这是一个许多人忽视的问题。为什么毛泽东会期盼美军登陆呢？很少有人知道答案。这个答案一直到毛泽东和苏联人翻脸，和美国总统握手，人们才知道。我们的毛泽东一刻都没有忘记对我们中国人伤害最深的是俄国。

派八路军一部南下进军中国最南部，是毛泽东的一项大胆战略决策，后来，由于日本的投降比预料来得更快，王震的南下支队进军计划没有全部实现。不过我们能看出来毛泽东的眼光和胃口了。

1944 年春天，毛泽东将做好城市工作提到战略的高度，因为城市就在眼前，国民党的主力远在中国的大西南和大西北，黄河以北几乎没有国民党大部队的踪迹。年轻的彭真成了城市工作委员会主任，毛泽东指示要积极地做好准备。这样在毛泽东的支持下，白区党的团体成了共产党内较大的力量，代表人物是刘少奇。这部分人资格和军功都不能与军人们相提并论，但学历和能力都是较强的，成了解放后府院的主力，毛泽东在平衡军队的地位和权力问题上是极为高明的政治家。

同时毛泽东要求全党做好经济工作，对现代工业毛泽东表述得极为准确："它的数目很小，但它所包含的意义都非常远大"，"谁要不认识这个最有发展、最富于生命力、足以引起一切变化的力量，谁的头脑就混沌无知"。在强调了边区工业建设的重大意义后，毛泽东还进一步分析了中国落后的原因，指出："主要的是没有新式工业，日本帝国主义为什么这样地敢于欺负中国，就是因为中国没有强大的工业，它欺侮我们的落后。"因此，"要打倒日本帝国主义，必须有工业，要中国的民族独立有巩固的保障，就必须工业化，我们共产党是要努力于中国的工业化的。"

那些认为毛泽东不懂经济的人可以休矣，那些以人民生活水平不高来贬低毛泽东的人亦可休矣。革命的目的不是为农民分得土地和工人阶级当家做主这么简单，甚至不单单是获得政权，而是为了彻底改造中国，改变中国的落后唯一的出路是实现工业化，不能指着我们的军人永远靠着不怕死来抗击外寇，最可靠的还是手里的家伙，是国之利器，毛泽东是清清楚楚、明明白白的人。这就是毛泽东靠着人力和勇气打败联合国军后，"脱了裤子当当"也要大力发展两弹一星的缘故，今天的中国人依然享受先辈的余威，仅仅因为衣食差点就有人要骂娘是不可原谅的。不错，我们的国家依然有缺点，需要改进的地方很多，但不可以将最伟大的部分否定掉，否则，除了证明我们中国人是非常容易忘恩负义的民族外，没有任何好处。

为了抗日大计，毛泽东停止了土改，但他依然没有忘记农民，在他的势力范围“采取减租减息和组织劳动互助这样两个方针”。这就是政治策略，农民依然是革命的主力军。

1945 年一开春，八路军、新四军发展到 91 万人，民兵有 220 万人，19 块抗日根据地的人口已经接近 1 亿。我们前面说了，蒋介石不积极抗日，没有能力抗日导致了他最终的彻底失败，因为毛泽东站在了民族利益的高点，一切外国势力都必须赶出中国去，他有能力获得胜利。

那些对毛泽东抗日方针颇有微词的人只需要想一个问题就可以了，那就是毛泽东手下的英雄们是在日本人的地盘上发展起来的，国军屡战屡败，而八路军却在日本人的刺刀下发展壮大。人的心不能偏，心一偏眼光就会出问题。

1945 年 5 月 8 日，苏联红军攻克柏林，德国宣布无条件投降。在太平洋战场上，盟军也乘胜不断向日本本土进逼，中国人民打败日本帝国主义的日子已指日可待了，这是决定中国命运的关键时刻。

这时，中国共产党“七大”在延安召开，在同一个时刻，国民党“六大”也在重庆召开，国共两党都在着手安排胜利后的国家未来。

“七大”召开时全中国有 120 万中共党员。

注意这个数字，数字是理解力量对比的关键。当时共产党的数字是真实的，因为虚报和多报，没有任何奖励，只会带来惩罚。人类的多数行为其实都是具有合理性的，不是简单地以价值取向判定对错，根子上的原因就是人都是趋利的。当虚报不受惩处、反倒有好处时，人们就会虚报，上有所好，下必甚焉，永远不会过时。但作假没有利益时，人们就会趋真。

毛泽东给全党指出未来的任务是建设一个新中国。

毛泽东在《论联合政府》报告中本来还有一段专门论述吸收外资的话。在 1953 年出版《毛泽东选集》第三卷时，把这段话删去了。我们后来的引进外资，其实毛泽东早有考虑的，没有及早实行，最主要是战争的阴云一直围绕在中国的上空，这是我们中国自立的必然代价，后人必须记着，向西方开放是在毛泽东手里完成的，而且代价极低。

“七大”最大的变化在党章总纲上的修改，刘少奇作的修改党章报告中说，“党章的总纲上规定：以马克思列宁主义的理论与中国革命的实践之统一的思想——毛泽东思想，作为我们党一切工作的指针”，关于这一点，胡乔木评论道：“提毛泽东思想这就是对着苏共的。”这样就把中国共产党从俄国人的代言人的角色里解脱了出来，这是一个伟大的进步，它使得中国共产党成为独立于俄国之外的完全代表中国利益的党。后来有人说，毛泽东思想是全党智慧的结晶，其实是很难评判的，如果非要这样讲也得承认毛泽东所做出的贡献无疑是最主要的，当然也有人认为，毛泽东思想最主要的成分中其他领袖的贡献并不多，这种说法也不是没有道理。

那些光是热衷于拿着主义的旗帜反对别人的人，要注意中华民族的利益才是最重要的，不明白这一点的人就没有立身之本，只能是莫名其妙的昏聩。

选举的结果出来了，支持毛泽东的人和许多军队的领导人进入中央，党军合体使得党指挥枪的原则能够无条件贯彻执行。被共产国际扣在俄国的李立三也当选为中央委员，真正帮助过毛泽东的人，他是不会忘记的。薄一波在毛泽东的支持下成为最年轻的中央委员。

大会共选出正式中央委员 44 人，王稼祥没有当选，王稼祥由于身体、性格、工作方法等原因让大家没有认可，这使毛泽东很不安，王稼祥在遵义会议前就倾向了毛泽东，他对毛泽东的支持是较大的，他在遵义会议前和遵义会议中起了关键作用，他又是带回共产国际指示的人，他也是最早提出毛泽东思想就是中国的马克思主义第一人，所以毛泽东很感激，毛泽东这个人能够忍受天大的委屈，他能团结所有人进步，更对帮助过他的人念念不忘，他对王稼祥做出应有的表示。最终王稼祥当选为中央候补委员。

毛泽东致闭幕词，就是我们许多人熟知的“老三篇”之三《愚公移山》，其中的“下定决心，不怕牺牲，排除万难，去争取胜利”这个口号，毛泽东时代无人不晓。某大侠在武侠小说中，调侃邪教喊口号增大自己的力量，不过是显示殖民地文人的狭小卑微之无知罢了，这个口号中国人喊了几十年，见证了中华民族站立起来，以大无畏的牺牲，克服重重困难，战胜所有敌人的辉煌历史。

胜利已在毛泽东指明的方向，他也制定出了通向胜利的路线方针政策，要求的就是全党的齐心努力，不需要太多的小聪明，毛泽东用愚公移山准确地表述出来。

我们中国的古代传说中，有着盘古开天地、女娲补天、夸父逐日、精卫填海等神话，都表现出我们中华民族与自然和外敌的斗争精神，后来有人用开天辟地一词形容共产党的成立，由于毛泽东的加入这样形容也不为过。毛泽东选择了用愚公移山的寓言传说作为中国共产党人的最主要的精神和方法，就是因为毛泽东找到了战无不胜的一整套方法，它如同精神层面上的核裂变和核聚变，由他和周恩来等第一代共产党人以彻底的自我牺牲带动中国数亿人的努力和奋斗，最终改变了中国社会坠落的轨迹，走上了复兴之路。

“七大”选举毛泽东为中央委员会主席兼中央政治局和中央书记处主席，再加上后来的国家主席，这就是我们多数中国人最熟悉的毛主席。

这样，以毛泽东为核心的中国共产党第一代领导集体建立起来了，在这个名单里面出现了一个迹象，就是似乎有了论资排辈的可能。一般来讲，论资排辈是一个贬义词，它的作用多半也是不积极的，不过论资排辈也有好的作用，就是使得集团稳定。中国共产党自成立起，领导层十分不稳定，上上下下十分随意，像毛泽东这样的建党者，“三大”成了核心人物，后来多年又什么都不是，中央委员也被撤过，中央政治局候补委员还是蔡和森不惜让出自己的位置才争取到的，随后在巨大的失败面前勇挑重担，才成为中央常委，这主要是党内没有规矩和过于随意造成的，为了争取更大的胜利，需要稳定。

好多人喜欢说这是历史的选择，我们搞不懂这是什么意思，是从西方人那里翻译过来的？

历史是由必然和偶然事件组成的，进化是由渐变和突变造成的，但没有迹象表明中国必须要有一场这样彻底的革命，在漫长的28年里面是什么情况都有可能发生的。多数人在历史上有名气，是因为获得了团体推举的结果，被选举出来的大人物，我们可以说是历史的选择，但少数人一定不是历史的选择，例如成吉思汗这样的人物，历史怎么会选择成吉思汗鞭挞欧亚大陆呢？

穆罕默德、毛泽东这样的人使得历史改变了进程，说他们创造了历史才是准确的。需要把他们与其他的历史人物区分开来才能真正地了解历史。

共产党要夺取全国胜利，蒋介石也是明明白白要消灭共产党，大家都不会犯错误，只不过日本人尚未赶走罢了。蒋介石提出要召开国民参政会，毛泽东拒绝参加，这一回连理由都不需要找。

我们不关心当时国民党有多少党员，即使是比共产党多，它的力量也不如共产党大，因为它的党员组织是松散的，远不如共产党组织紧密，所以毛泽东不再哈着蒋介石，这是力量对比发生重大变化后的必然姿态。

毛泽东还提出，在蒋介石不肯改弦更张的情况下，要准备成立解放区联合会，向联合政府发展，我们自己干。

国共之间的紧张局面，引起中间势力的严重不安，七位国民参政员致电毛泽东和周恩来，希望继续商谈，毛泽东表示，欢迎他们到延安来。

黄炎培、傅斯年等参议员飞抵延安，毛泽东同他们多次倾心交谈。

毛泽东与傅斯年在北大的时候就相识，傅斯年这位当年北大学生领袖，五四运动游行的总指挥，后来追随胡适拥蒋反共，他来到延安，毛泽东邀其独谈，在谈话中，毛泽东高度赞扬傅斯年五四期间的贡献，傅斯年对曰："我们不过是陈胜、吴广，你们才是项羽、刘邦。"通宵长谈结束时，傅斯年向毛泽东索要墨宝，毛泽东草书《焚书坑》："竹帛烟消帝业虚，关河空锁祖龙居，坑灰未烬山东乱，刘项原来不读书。"傅斯年最终去了台湾，比毛泽东小三岁的他，1950 年就逝世了。有几个人会记得这个北大才子呢？

在同黄炎培的谈话中，黄炎培提出一个问题：所谓"其兴也勃焉"，"其亡也忽焉"，许多组织都没有能跳出这周期率的支配力，希望中共找出一条新路，来跳出这周期率的支配。

毛泽东对黄炎培说："我们已经找到新路，我们能跳出这周期率，这条新路，就是民主。只有让人民来监督政府，政府才不敢松懈，只有人人起来负责，才不会人亡政息。"这多少能解释毛泽东在解放后的一些作为。

抗日战争的胜利，比毛泽东原来预想的要快得多，他原来想的是还需要一年，比如需要或者是希望美军在中国登陆，但是，局势急转直下，美国先是向日本广岛、长崎两地投下原子弹，紧接着，苏联对日宣战，提前出兵中国东北。

这是我们中国人悲喜交加的时刻，喜的是胜利曙光已现，悲的是，我们的国家领袖蒋介石最终被盟友抛弃，美国人、英国人为了自己少受损失，将中国的利益割让给了俄国，换取苏联对日开战。没有办法，先干吧。力量需要慢慢集聚，利益需要慢慢找回，谁让我们面对强邻，谁让我们落伍了呢？苏联对日宣战的第二天，毛泽东发出指示，对日本侵略军全面反攻。

1945 年 8 月 15 日，日本宣布无条件投降。第二次世界大战结束。虽然胜利者说起来有五个，就是联合国五大常委，但真正的胜利者只有美国一家，欧洲被希特勒搅垮了，俄国人多少年都缓不过气来，对中国来讲有着特别的意义，它使中国置于死地而后生。

“日本投降了！”胜利的消息传来，举国一片欢腾。抗日战争当然不像抗美援朝那样辉煌，因为这是在我们的土地上的一场恶战，我们的民族在流血中奋战，我们的人民付出 3500 万人伤亡和无数财产损失的巨大牺牲。但不管怎么说，最终我们胜利了。

抗日战争依然是中国历史上极其重要的篇章，它是中国人民在近代第一次完全战胜外来侵略者的战争，是中华民族从衰败走向复兴的转折点。中国人在重压下试图苟延残喘，忍辱负重，以为能自动进步，没想到带来更大灾难，全社会的麻木被日本人的刺刀给捅醒了，各个阶层都参加了国共两党的联合抗战，终于获得最后胜利。

这是一场伟大的民族解放战争，蒋介石领导了政府抗战，毛泽东把它变成了一场波澜壮阔的人民战争。正是这场战争，极大地教育和锻炼了中国人民，毛泽东在《论联合政府》中写道：“这个战争促进中国人民的觉悟和团结的程度，是近百年来中国人民的一切伟大的斗争没有一次比得上的。”毛泽东后来甚至用感谢日本人侵略的话语来说明这一点。这场大灾难也为毛泽东引领革命取得胜利创造了某种意义上的积极的外部条件，事实上，中国社会如果不是面对灭顶之灾，最有可能的是大范围地反对激进革命。没有日本侵略，也就无法显示蒋介石的腐败与无能，中国中上层更倾向于维护蒋介石的统治。覆巢之下，安有完卵？面对异族的全面入侵，中国社会各阶层表现出空前的一致。在日本侵略的外力作用下，中国社会成为激荡不已的火山怒海。只有毛泽东领导的共产党能引领这一巨力，这场敌强我弱实力过于悬殊的战争，也极大地锤炼了中国共产党的勇士，在他们的带领下，中国人从逆来顺受的绵羊，转变成了咆哮的雄狮，中国人伐骨洗髓完成了彻底的转变，这在以后的岁月里，将慢慢显示出来，让全世界都明白，东方雄狮醒了。

日本对中国，一边像是狼，一边像是羊。在战争爆发的初期，有几个人能够意识或者相信中国将会取得胜利呢？蒋介石试着打了，没有成功，3000日本兵能撵着国军近 10 万人乱跑，成为中国军队的奇耻大辱。只有毛泽东知道我们能够胜利，因为他指出了胜利之道，我们无法和日本人拼钢铁，但我们有人，人是我们中国落后状态下唯一可以利用的资源，谁也不愿意这样拿人去拼，但除此之外再没有任何可以取胜的方法。蒋介石一是不懂得，二是不愿意，三是做不到。一百多年来，中华民族遭受帝国主义侵略带来的苦难实在太深重了，在近代中国，各种政治力量都不是想着带领人民坚决推翻帝国主义的压迫，把民族从坠向深渊的轨迹中转变过来，而是一味地自私自利，或者得过且过，底层人民承受着无边的灾难。只有毛泽东领导下的中国共产党才是无私的，他们致力于把广大民众充分地动员起来，组织起来，武装起来，凝聚成一股任何外国侵略者都无法战胜的巨大力量。只有毛泽东，才能做到在这么高压下完成中国的转变，他始终能指明未来的道路和夺取胜利的方针和办法。

日本人的铁蹄践踏下，中国人被杀戮、被蹂躏，汪精卫成了汉奸，蒋介石露了馅，他是内战内行，而外战外行。只有共产党领导的八路军、新四军敢到敌人后方去坚持打击日本人。人们在绝望中转向了共产党，把他们的希望寄托到中国共产党的身上，有血性的人们奔集到毛泽东的旗帜下来。抗战胜利的时候，中国共产党的军队通过与日本人的拼杀，已是百炼成钢的勇士了，只是这一点蒋介石没有彻底意识到罢了。

1964 年 11 月 29 日，毛泽东登上天安门城楼。（摄影：杜修贤）

1965 年 7 月 16 日，毛泽东、刘少奇在人民大会堂接见了越南国会常务委员会副主席黄文欢和由他率领的友好代表团。黄文欢把越南军民打下的 F-105D 美机残骸一片赠送给毛主席。（摄影：杜修贤）

1964年12月，在第三届人代会期间，毛泽东与钱学森、陈永贵等代表亲切握手。（摄影：杜修贤）

1964年10月13日，毛泽东与歌剧《江姐》中扮演江姐的演员握手。（摄影：杜修贤）

1964 年 10 月 5 日，毛泽东等党和国家领导人，接见前来北京参加国庆观礼的全国各条战线的劳动模范和先进代表。毛泽东、刘少奇、宋庆龄与少数民族代表合影留念。（摄影：杜修贤）

60 年代，毛泽东在人民大会堂欣赏国画作品。（摄影：杜修贤）

1969年9月，毛泽东在南下途中。（摄影：钱嗣杰）

1965 年 7 月毛泽东会见李宗仁夫妇。（摄影：钱嗣杰）

1965 年 3 月毛泽东在湖南陈家山看茶花。（摄影：钱嗣杰）

1966 年 10 月 1 日晚，毛泽东从天安门城楼走下来，走到金水桥席地而坐和首都群众共赏节日焰火。（摄影：钱嗣杰）

1964 年 3 月，周恩来率中国友好访问团出访亚非拉十四国回到北京，毛泽东亲自到机场迎接。（摄影：杜修贤）

1965 年毛泽东在长沙九所。（摄影：钱嗣杰）

1964 年 10 月 1 日，毛泽东在天安门城楼上，庆祝中华人民共和国成立十五周年。（摄影：杜修贤）

1967 年毛泽东在南京长江渡口。（摄影：钱嗣杰）

1972 年，毛泽东、周恩来和粟裕大将在人民大会堂。（摄影：杜修贤）

1975 年，毛泽东与他的英语老师、外交部翻译章含之亲切握手交谈。（摄影：杜修贤）

1973 年 9 月 12 日，毛泽东在中南海书房会见法兰西共和国总统蓬皮杜。（摄影：杜修贤）

1975 年 12 月 2 日，毛泽东在中南海书房会见了基辛格与夫人。他指着高个子夫人南希幽默地说："压倒他！"（摄影：杜修贤）

1975 年，毛泽东与工作人员在中南海书房里合影。（摄影：杜修贤）

1970 年初，杜修贤第一次走近毛泽东。他似乎没有注意记者就在跟前，注意力都集中在手里的文件上。（摄影：杜修贤）

第七章

解放战争：民心比大炮更有力量

Chairman Mao

毛泽东一箭双雕：明抗美蒋，暗拒苏联——利用美苏矛盾，逼苏联不得不改弦更张，这就不动声色堵死了苏联在东北扶植“第二个外蒙古”力量的机会。毛泽东之所以能抓住这个历史机遇，除了手疾眼快、当机立断之外，关键是此时的毛泽东，已经获得了巨大的力量，事关重大民族利益，他毫不犹豫地出手了。

是战是和，奉陪到底

重庆谈判：除了演戏还是演戏

抗日战争胜利，是毛泽东早就预料做着准备的，但它来得那样快，却不是毛泽东完全想到了的。这是因为日本人从准备全国玉碎抵抗到底到无条件投降转变极快。日本人想着以自杀式的恐怖来阻挡美国人的占领，结果美国人根本不和他们玩白刃战，而是直接扔下两颗原子弹。

毛泽东以惊人的精力，夜以继日地投入工作，不断发出各种指示。这就是毛泽东的特殊本事，他在寻求根本性的逐步渐进的成功之道，但他也能抓住突发事件来加快成功的步伐，他的充沛的体力和精力，也使得他能够掌控突发事件。

1945 年 8 月 10 日，日本投降消息传来的当晚，朱德总司令已发布全面进攻命令，要求日军投降，否则将予以消灭。毛泽东在第二天就布置向东北进军。

这时候八路军的国军战斗序列起了积极的作用，日本人无法拒绝投降，因为他们面对的都是中国军队。

共产党在敌后发展的方针显示出巨大成果，蒋介石长期奉行消极避战以保存实力政策结出了苦果。蒋介石明白，他的军队远在大后方，他在 11 日发出两个相互矛盾的命令：一个要求各战区将士加紧推进；另一个要求第十八集团军原地待命。

这实在是太可笑了，毛泽东手下会听他的？

有人站在蒋介石的立场上指责八路军抢夺胜利果实，那是心态偏了，日本人投降了，大家都抢，谁离得近就得到得多。问题要问为什么共产党距离日本人近呢？事实上他们一直就在日本人的身后，随时准备袭击日本人的，日本人突然投降最先拿到枪的当然是八路军，这没什么可说的。

抗战胜利，蒋介石坐享成功和领袖的荣誉，但谁能想到，正是抗战胜利后，蒋介石成为真正的卖国贼。看过电影《东京审判》的人都记得，中国派出的大法官差一点羞愤地蹈海自杀。作为战胜国，蒋介石没有争取任何国家利益，美国人扶他，他都不上墙，如琉球主权和日本驻兵都不要，他对这些不感兴趣，把这些廉价卖给了美国人，换取美国人的枪炮打内战。为了打内战，他把外蒙古出卖给了俄国人；为了打内战，他赦免日本战犯，把冈村宁次奉做顾问。除了他的小集团利益，在他心中压根就没有国家利益和民族利益。

事情正如毛泽东所判断的那样：蒋介石只想着打内战，他的决心已定，但他要放手发动全面内战还有许多困难。蒋介石主要有三大困难：

1. 全国人民反对抗战胜利后再发生内战。

2. 在国际上，美英苏都不赞成中国发生大规模内战。

3. 蒋介石的精锐主力远在西南、西北地区，运送这些部队到内战前线需要时间。

我们胜利了，可是我们旧伤未好又添新伤，外蒙古被分离出去，中国依然被列强们血淋淋地撕扯着，而蒋介石却只是惦记着灭了毛泽东。日本刚投降，蒋介石就连续三次致电毛泽东，邀请毛泽东速到重庆“共定大计”，蒋介石并不是真的想通过谈判来实现国内和平，他的如意算盘是想利用这一着来达到两个目的：一个是如果毛泽东拒绝到重庆来，就给共产党安上拒绝谈判、蓄意内战的罪名，把战争的责任推到共产党身上，使自己在政治上处于有利地位（蒋介石估计毛泽东是不敢冒险来重庆的）；如果毛泽东来了，就给共产党几个内阁职位，迫使共产党交出解放区，交出军队。另一个是，可以用谈判来取得准备全面内战，特别是调兵遣将所必需的时间。

毛泽东为什么要去重庆？这个问题很复杂，是什么力量迫使他去冒险？

这一点值得研究。

这时候全国人民的注意力全部都被吸引到了毛泽东去重庆的这一问题上，大部分人不知道一盘更大的棋正在紧锣密鼓的布局中。美国人英国人自私到了愚蠢的地步，面对日本人的歇斯底里，他们不愿意牺牲更多，看到蒋介石指望不上，他们就希望苏联出兵对付日本人，斯大林正中下怀，漫天要价，英美将中国利益很大方地卖给了苏联，没有想到日本人很快就投降了，这样俄国人出兵对日作战的意义就大打折扣，美国人后悔不已。因为后来的历史将表明，这样的出卖和背叛导致中国人伤心之余只得靠自己来解决俄国人的威势压迫。为了不两面作战，毛泽东不惜低头，搞了一边倒的政策，这一决策又导致美国人误判，将北朝鲜统一行动视作苏联全面进攻的开端，他们出兵干涉的结果，又使得中国人无法接受美国人越过三八线，于是和美国人大打出手，最终美国人无可奈何承认：在错误的时间，错误的地点，和错误的对手打了一场错误的战争，这一切深层原因就在于美国人对中国的出卖。蒋介石被英美卖了，被俄国人欺负了。为中国找回来利益的正是毛泽东，只是这个过程迷雾重重，多数人都被毛泽东搞得眼花缭乱，直到几十年后才能理出一点条理。

回到 1945 年，俄国人出兵东北灭了日本关东军，这时候的俄国人极想把中国的东北变成自己的势力范围，为建立第二个外蒙古做准备，所以斯大林极力鼓捣毛泽东要去重庆。放眼全球没有人（有话语权的人）为毛泽东张声，强权们一致要求中国人继续做出牺牲。这时候毛泽东做出了作为民族巨人的最英明决策——抢占东北。毛泽东将山东战略集团的兵力大部调往东北，将中共中央委员中的一半人派往东北，将自己麾下最能打仗的将军林彪派往东北，安排好这么重要的棋子后，毛泽东决定自己前往重庆演戏。

他的同志们当然有理由担心毛泽东的安全，蒋介石的人品实在不高。毛泽东分析了各种力量对比，估计不会有什么危险。自然必须做一定的让步、妥协，如果这样还不行，那就准备坐班房。所以被迫去重庆谈判叫毛泽东很不愉快。二十多年后，毛泽东坐在书房接见美国总统尼克松和各国领导人，有些国家的领导人因为见不到毛主席一面而失望地流泪，可二战胜利时，伟人尚未掌握巨力，被外人逼迫着做自己不喜欢的事情也很正常。

1945 年 8 月 28 日，在美国驻华大使赫尔利以及张治中陪同下，毛泽东和周恩来、王若飞从延安飞抵重庆。这是美国人做出的姿态，美国大使亲自陪着，至少安全上有保障。蒋介石没有表示热情，只是派了一个代表，也没有搞什么仪式迎接毛泽东，倒是民主党派多数都去了机场。

毛泽东在机场发表书面谈话：“目前最迫切者，为保证国内和平，实施民主政治，巩固国内团结。”

蒋介石自然无意与毛泽东搞和平、民主、团结，毛泽东也不失望，他似乎就是借机搞统一战线来了。

毛泽东参加了蒋介石的欢迎宴会，蒋介石不喝酒，只是拿起酒杯比画一下。毛泽东分别拜会了各界名流。重庆多数人对毛泽东表示了热情，周恩来表现出绝对的忠诚，他几乎接过了所有的敬酒，代毛泽东喝下，对毛泽东的安全绝对上心。

有人说，重庆谈判是一场复杂而艰苦的斗争，我们说得看怎么说，两边都心知肚明，都在演戏。唯一的问题是毛泽东的安全无法得到绝对保障。其他都不重要。

这种没有诚意的谈判显然是扯皮，毛泽东既不主动和蒋介石翻脸也不轻易让步。终于在所有人快失去耐心的时候，毛泽东在军队问题上做出重大让步，蒋介石也最看重这一点，于是达成一纸协议，通常称作《双十协定》。

前面我们说过，毛泽东就是来搞统一战线来了。毛泽东在重庆这 43 天中，除主持谈判外，主要就是同各界朋友进行广泛的接触。

中国民主同盟主席张澜对毛泽东说：“蒋介石在演鸿门宴。”这一表述是不准确的，只是表明关心的一种态度。因为蒋介石不是楚霸王，楚霸王是自己有力量而一念之差放了竞争者，蒋介石则是在美国等各派力量的挟持下演戏，历史不会简单重复。章士钊等老朋友则是力劝毛泽东走为上，早点离开。

有意思的插曲是毛泽东拜访柳亚子，柳亚子即席赋诗一首：

阔别羊城十九秋，重逢握手喜渝州，
弥天大勇诚能格，遍地劳民乱倘休，
霖雨苍生新建国，云雷青史旧同舟，
中山卡尔双源合，一笑昆仑顶上头。

柳亚子对毛泽东绝无吝啬，他将毛泽东视作孙中山和中国的马克思。他清楚看到和平条件下毛泽东也能赢，所以对前景很是乐观。

毛泽东给柳亚子复信说："前途是光明的，道路是曲折的。"

毛泽东手书旧作《沁园春·雪》赠给柳亚子，柳亚子读后直呼大作，"展读之余，叹为中国有词以来第一作手，虽苏辛犹未能抗手。"立即和词《沁园春次韵和润之咏雪之作不尽依原题意也》：

廿载重逢，一阕新词，意共云飘。叹青梅酒滞，余意悃悃，黄河流浊，举世滔滔。邻笛山阳，伯仁由我，拔剑难平块垒高。伤心甚：痛无双国士，绝代妖娆。才华信美多娇，看千古词人共折腰。算黄州太守，犹输气概，稼轩居士，只解牢骚。更笑胡儿，纳兰容若，艳想秾情着意雕。君与我，要上天下地，把握今朝。

《新民报晚刊》的吴祖光在看到柳亚子的和词后找到毛泽东的原词，将两词同时发表，引起了轰动，毛泽东不但不是土匪，也不仅仅是英明的政治领袖，还是最伟大的诗人，这实在是叫中国人眼界大开，我们将拥有一个大诗人当领袖，这愿望如春苗萌发。蒋介石的侍从主任陈布雷意识到危险，忧心忡忡地对蒋介石说：这首词填得非常得体，现在好多人在为毛泽东的词着迷。

于是蒋介石授意反击，他能挑着的错也就是词中所谓的帝王思想，可惜适得其反，没有任何文人能写出与毛诗并肩的词句，大文豪郭沫若唱和两首，各种正反和词不下百首。

柳亚子一生中写下诗歌 7000 余首，词 200 首，是当代诗人领袖，他极力推崇毛泽东的《沁园春·雪》为中国词作第一，自然征服了国民党统治区的知识分子，郭沫若的加入，则推波助澜加速了文人意向的倾斜，说这一首词使得中国文化界缴械投降也是恰当的。

对国民党内的各派人物，毛泽东也广泛接触，就连一向反共的陈立夫、戴季陶等，他也前去看望。与陈立夫见面后，他说："我们上山打游击，是国民党剿共逼出来的，是逼上梁山，就像孙悟空大闹天宫，玉皇大帝封他为弼马温，孙悟空不服气，自己鉴定是齐天大圣，可是你们却连弼马温也不给我们做，我们只好扛枪上山了。"

面对毛泽东的嬉笑怒骂皆文章，陈立夫大窘，表示要对这次国共和谈"尽心效力"。

毛泽东甚至有兴趣去看戴季陶，戴季陶也是毛泽东的老熟人了，当年国共第一次合作时毛泽东就直接告诫他不要底下使绊子。戴季陶和蒋介石渊源极深，关系大约是亲如兄弟一级，而且是蒋介石反共的首席理论家，最后在失败前夕绝望自杀，他为什么彻底绝望了呢？

谁要是和毛泽东斗嘴，谁就会自取其辱。在重庆，有人指责共产党"不要另起炉灶"，毛泽东针锋相对地回答："'不要另起炉灶'的话我很赞成，但蒋介石得要管饭，他不管我们的饭，我不另起炉灶怎么办？"我们是谁，我们是全中国老百姓，蒋介石管饭吗？

毛泽东在重庆还探访了一些故旧，居然见到了一个原新民学会会员。和毛泽东一道组织新民学会的人，是有机会青史留名的，当然了是要冒生命危险的，但这样的机会摆在眼前没有抓住该是什么样的心情呢？

毛泽东在重庆看到了他最希望看到的东西，那就是民心，他知道了广大人民把希望寄托在共产党身上。

1945 年 10 月 11 日，毛泽东在张治中的陪同下回到延安。张治中说，兄弟算是尽到了责任，把毛主席送回来了。张治中是个异类。

毛泽东一回到延安，就召开政治局会议，指出国共两党平等了，和也可，战也可，两种道路共产党都能赢。

全国人民都盼着和平，但蒋介石和谈只是为了有时间调兵。

一个明显的苗头是重庆谈判期间，蒋介石向国军内部重新颁发他在十年内战时期手订的《剿匪手本》，靠蒋介石本子赢过吗？记起来了，赢过，第五次“围剿”就赢过。

阎锡山最郁闷，他的地盘丢了很多，所以抢先动手，刘伯承、邓小平指挥部队自卫反击，歼灭晋绥军 35000 余人。

《双十协定》签订后的第三天，蒋介石召开会议决定要在六个月内击溃八路军和新四军主力，然后分区进行清剿，以期“根绝匪患”。

我们不知道蒋介石是凭什么认为他能消灭共产党的，他也不想想可能吗？他对共产党的胜利是很少的，最重要的胜利还是在毛泽东被剥夺军权的情况下实现的，他仅仅感觉到共产党力量在膨胀，但不知道共产党到底有多少人，共产党给他报的数字有多大折扣他似乎也不知道，他是否以为毛泽东在重庆给他报的数字是虚张声势呢？而且他也忘了他对毛泽东从来没有胜利过。

如果他一开始就采取守势，只想要大半壁江山，就如同抗日前夕，会不会延迟失败，坚持到冷战呢？这无法假设。从这个意义上讲，中国的统一还得感谢蒋介石的坚持打内战。调兵遣将的蒋介石，两个多月中，已调集 80 万人的兵力到内战前线，此外又收编了伪军 30 万人，共 110 万人，挥军东进或北上。中国内战中几乎没有从南方打赢过北方的先例，不知道蒋介石读过历史没有。

蒋介石兵分三路北上平、津。毛泽东选择迎击其中的孙连仲部，方法是运动防御，轮番抗击，达到迟滞、消耗、疲惫敌人。待敌进至山区，迫敌展开，寻其一部，加以围歼。这些招数从上山就开练，现在已是熟练无比了。

有机会研究军史的人会惊讶地发现，就是刘伯承这样的科班军人打仗，毛泽东都是一步步规定好了的，详细到了具体的地点，作为毛泽东的部下要做的就是执行或是提出更好的建议，而不同意则需要说明理由。

刘邓率军歼灭敌军两万多人，国军高树勋则率部一万人起义。这个歼灭战，使得国民党全面接收华北的美梦破灭，只得依靠空运部队接收平津，结果在北方蒋介石军力形成了一座座孤岛。这其实已经注定了蒋介石的失败命运。参照五次反“围剿”的战法就能明白，这些玩意儿实际上就是放大的土豪围子，等着被灭呢。

毛泽东还指挥了其他一些重要的反击战役，取得了胜利。

蒋介石遇到三大问题，一个是仗打输了；一个是美国人调整了对华政策；再一个是老百姓反对内战。蒋介石不得不无条件停战，中国的土地上（除东北外）出现了暂时和平的局面。

就是在这时候，毛泽东病倒了，要知道这是罕见的。

我们不知道毛泽东的体质到底是什么样子的，他的体质一定是极其特殊的，毛泽东大病一场，而且是从重庆回来后得的，毛泽东苦也不病、累也不病，但情绪不好、有了极端不安全感的时候就会得病。他在苏区得了几次大病都是在极端压抑的情况下得的，重庆谈判回来大病一场就是证明，这是否说明毛泽东在感觉危险的情况下就会神经高度紧张呢？这是不是老天给予的特质呢？

毛泽东终于同意暂时集中一段时间治病养病，一直到他去世之前，中共中央、中央军委八个字几乎就是毛泽东的代称，但在一个长达近四个月的时间内，他起草的电报只有九份。为毛泽东治病的，有两位苏联医生，他们是斯大林应中共中央的要求派来的，看来斯大林也不是一点好事都没做。

随苏联医生一起来的还有毛泽东的长子毛岸英。1930 年杨开慧被国民党杀害，毛岸英等三兄弟由叔叔舅舅秘密送到上海，毛岸龙患病死了，毛岸青头被打伤精神出了问题，只有毛岸英健康地活着。1936 年，毛岸英、毛岸青直接被送到苏联学习，阔别 20 年的毛岸英回来了，毛泽东很高兴，精神紧张引发的疾病由精神愉悦来治，也算是对症下药，使他的病能较快好转。

毛岸英在苏联生活了近十年，甚至连中国话也忘了，他做翻译工作就因为不太会讲中国话遭到讥笑。

毛泽东把毛岸英送到陕北农村，接受劳动锻炼，熟悉农村情况，在毛泽东看来，书本上的知识只是知识的一半，还需要通过实际生活，学习书本上学不到的东西。

毛泽东教育儿子是十分理性和高明的，他知道什么是重点。在他的晚年，他号召了知识青年下乡，固然有就业的压力，但绝不是心血来潮，他是真诚的，当吃过苦的年轻人成为中国社会的中坚力量的时候，中国社会的进步可想而知了。

在病休期间，毛泽东十分关心其他领导人的健康，请苏联医生为他们体检，身体不好的是任弼时，他被敌人逮捕过，受到巨大伤害，年纪轻轻的已是血压过高、血管硬化，毛泽东十分担忧，几次催促他赶紧治疗。从年龄和资历上讲，任弼时是最理想的接班人，可惜没有好身体。

马歇尔就是这个时期来到中国的。由张治中、周恩来、马歇尔组成军事三人小组，监督国共停战。这阵容堪称是豪华阵容了。马歇尔这个人在美国是大名鼎鼎，他是美国二次大战胜利的最主要的军队领导人，退休后被杜鲁门总统热烈请求到中国调解国共两党之争，他可能从来没有见过蒋介石这样的政客，最后没有什么实质性成果就感觉筋疲力尽，回美国去了。

国共停战了，政协各项决议通过了，人们奔走相庆，期望着中国从此可以获得进步。

中国有两个大党，似乎最有希望形成美国似的两党轮流执政的局面，可惜的是人们搞错了，美国两党制是建立在两党在根本利益上没有任何冲突，只是在细节上有所差异的基础上的，他们不过是美国大老板们组成的董事会下的总经理的候选人罢了，而中国的两党却是死对头，他们的利益基础完全相对立。在共同的民族敌人面前，毛泽东倡导了合作，现在没有了共同的敌人，自然就要为自己代表的阶层争权夺利，一个代表了上层社会，一个代表了底层利益，上层要享受不顾底层人的死活，底层人要活，就得强制上层人做出让步，肯定无法调和，自然要你死我活斗争一番。两个目标完全不同的势力怎么会保持长久安宁呢？蒋介石的人马明显要多，但蒋介石不知道在毛泽东看来中国共产党的力量要更大，因为他的成长性更好。

中共中央在政协闭幕后的第一天，发出了《关于目前形势与任务》的党内指示，这份指示，后来证明对形势的判断过于乐观了。

问题是这算不算是毛泽东的指示呢？有迹象表明，刘少奇在很长时间里也是努力学习毛泽东的工作方法，时左时右，但这一工作实在是太难了，结果他只是做到了形似。中国这只船太大，舵手太难当，周恩来、朱德自觉地意识到自己当不了，刘少奇试图承当，事实证明他差着火候。毛泽东一生病，刘少奇在负责，可是就在这时，政策就出了某种偏差，暴露了中央其他领导人缺少把握全局的能力，看来谁都不如老毛对蒋介石把脉把得准确。同时这也是党内斗争的一个苗头，那就是刘少奇掌舵的时候，由于免不了误差，总会有一些人容易将矛头指向刘少奇，而毛泽东在大部分时候是维护刘少奇的。

后来邓小平成了唯一有能力继承的人，但“文革”前十年他累着了，后来复出后，他不愿意再累了，他聪明地引入了市场的力量，这就是我们中国的近几十年的大框架。这些话题不在本书的范围。

按照协议，国共要组织联合政府，国民党准备给共产党一些职位。

毛泽东对和平的到来，除了表示出真诚拥护态度，还做出实质性的表示，共产党做出了“精兵简政”的党内指示。

但蒋介石却搞了一系列小动作，似乎想以民间的暴力来证明，中国不需要民主。到后来，蒋介石干脆以国民党中央全会的公报方式公然破坏政协决议。

这时，蒋介石在美国人的帮助下已调集25万军队进入东北，在东北发动全面进攻。这盘大棋由于毛泽东提前布局，引发美国连锁反应，破坏了斯大林经营东北的计划。好戏开场了。蒋介石不准备和共产党分享天下，民主只能嘴上喊喊，全民选举他是必败无疑的，他是有自知之明的。

毛泽东的态度是一贯的，“打起来，有了准备；不打，更好。”

东北地区最先成为国共大打出手的地方，我们在上面说过，抗战胜利后，毛泽东在去重庆之前就对东北进行了最具意义的战略布局。当时全中国都将目光放在毛泽东和蒋介石的谈判上，很少有人知道毛泽东已先手布局了。

东北资源丰富，重工业比较发达，战略地位十分重要。在苏联对日宣战后，八路军就跑步进入东北。为了赶速度，许多人连枪都不带，为什么这么急呢？

前面我们说过，抗日战争胜利后蒋介石倒成了真正的卖国贼，是因为他拿外蒙古和俄国人做成了一笔交易。“在苏联尊重东北的主权、领土完整，不干涉新疆的内部事务，不援助中共等三个条件下，允许外蒙古独立”。我们之所以把这一段列出来，是因为居然有人认为外蒙古独立是毛泽东承认造成的。不承认有用吗？我们不承认可是我们的国宝依然躺在英法的博物馆里展览，我们不承认俄国人不是依然占据着大片北方领土吗？蒋介石丢了土地，只能玩一个不承认，算什么英雄？抗日一胜利，用外蒙古换得东北和新疆，再加上苏联保证不援助中共——这就去掉了“蒋委员长”最大的心病。美国已经宣布不跟中国共产党合作，只跟他合作。现在连苏联这个世界头号共产党也同意跟他合作而不支持中共，那中国境内就没有任何力量能妨碍他消灭中共了，他的政权就坐稳了。这就是蒋介石的作为。

毛泽东大举进军东北，破坏了美蒋苏三方原来约定，产生了这样的效果：蒋介石认定苏联违约支持中共抢占东北，于是不顾一切请美军直接出动。美国也认为苏联违约，直接出兵，美苏间“苏军不入关，美国不登陆”的默契随之破灭。苏联无力反击，对“不请自来”的中共从排斥转为默认——苏联最高层对中共的态度在美军登陆前后大不相同，根本原因就在于此。许多回忆当时情况的记录都是相当隐晦的，多数人读史就是没有注意到这一点。和苏联的感情一直困扰着我们国家许多人。因为口头上的话语与实际利益不相符合的地方太多。

毛泽东一箭双雕：明抗美蒋，暗拒苏联——利用美苏矛盾，逼苏联不得不改弦更张，这就不动声色堵死了苏联在东北扶植“第二个外蒙古”力量的机会。毛泽东之所以能抓住这个历史机遇，除了手疾眼快、当机立断之外，关键是此时的毛泽东，已经获得了巨大的力量，事关重大民族利益，他毫不犹豫地出手了。

俄国人、美国人都在东北占据了港口，大城市在蒋介石手里，乡村则在共产党手里。四方力量在中国东北存在，这是我们二战战胜国的光荣吗？这算什么战胜国？中国的利益只能看毛泽东的了，结果当然是令人兴奋的，毛泽东先灭了蒋介石，赶走了美国人，请走了苏联人，最后俄国人想在中国搞一个电台来联系潜艇，毛泽东想都不想就断然拒绝了，赫鲁晓夫气得大叫：这算是什么共产主义联盟？毛泽东才不理会什么名词，在民族利益问题上毛泽东从来没有含糊过。

病休中的毛泽东为中共中央起草了《建立巩固的东北根据地》的指示，即使生病，大事情他也没有放松。

蒋介石一面请求苏军暂缓自东北撤军（丢人不丢人？），一面请求美方海运国军进入东北。

而共产党是靠着两条腿从山东跑到东北的，两条腿也比船快，因为我们的力量在山东。抢先进入东北的共军同东北抗日联军合编，组成东北民主联军。林彪任总司令。苏军已撤，东北形成真空，民主联军攻占四平、长春、哈尔滨、齐齐哈尔等重要城市，歼灭被国民党收编的伪满军和土匪武装3万余人。

共产党提出东北停战，马歇尔也是此意，于是以军事三人小组谈判的方式达成了《调处东北停战的协议》。马歇尔对毛泽东很有兴趣，他希望到延安见见毛泽东。在张治中的陪同下到达延安，毛泽东衷心感谢马歇尔对中国人民的帮助。

马歇尔是美国历史上较为罕见的人物，他在军事上建树极高，是美国二战英雄，政治上也有相当建树，他制定了援助欧洲计划，把欧洲变成了美国的市场，有效地遏制了苏联力量的扩张，但对东方的中国没有重视。马歇尔没能改变美国大老板们对中国的政策，他们错误地认定中国共产党将对美国利益产生伤害，拒绝了毛泽东向他们伸出的手。他们更倾向于支持蒋介石，即使蒋介石是个恶棍，他们也将宝押在了蒋介石的身上，所以马歇尔对中国的影响力很小。但作为军人，他有一点见识，是许多人忽略的，那就是他对国共两党的军事实力的对比，可能比其他人理解得要深刻。他在一开始调停的时候，曾想着按照二比一的比例来混编国共两党的军队的，当然蒋介石不干，又改成了五比一。蒋介石最后连五分之一的空间也不给共产党。事实是马歇尔的二比一更接近真实军力对比的。

美国人得天独厚，不费力气就能活得很好，日子过得太舒服，使得美国人无法产生历史巨人，美国人押宝押错了，马歇尔筋疲力尽离开了中国。这个错误将给美国人带来灾难，他们以后就会知道的。

最奇特的是张治中对中共的态度，他在欢迎会上说，将来你们写历史的时候，要记得写上一笔：张治中三到延安。他已经完全意识到历史将由共产党书写。

《调处东北停战的协议》蒋介石不认账，坚持必须占领哈尔滨、长春、四平并控制中长铁路后再谈判。毛泽东则定下了“死守四平，寸土必争”。“不惜重大伤亡（例如一万至二万人）”阻滞国民党军队北进，以争取在东北实现停战。这样的命令在毛泽东军事指挥上是罕见的。

林彪在四平死守一个多月，伤亡达 8000 多人，难以再战，随即撤出四平。这在林彪的战争指挥史是少见的败仗，但失败不是林彪的责任，这是一场政治仗。军事上没有赢，政治上赢了。

这场鏖战作用明显，蒋军占领四平后，其势已成强弩之末，无力继续向北推进，哈尔滨依然在共军手里，东北出现了暂时休战的局面。据说白崇禧认为不惜一切也要拿下全东北，对蒋介石不继续进攻痛心疾首，认为国民党就是败于此刻。不过未来事实将证明，白崇禧的军事才能也就是在国民党中算高明的，无法和共产党比。

四平保卫战，历时一个多月，林彪共毙伤国民党军队 1 万多人，自伤 8000，这是毛泽东亲自指挥的战役中伤亡最大的一次，敌我死伤比例接近一比一，是十分罕见的阵地战，是毛泽东在苏区时坚决反对的打法。它代表毛泽东从游击战、运动战走到了阵地战，这背后代表着力量在不断长大中，毛泽东实现了战略目的，缩小了蒋介石的胃口，蒋介石这边，也算是取得辉煌胜利，所以蒋介石大大表彰了陈明仁。

四个月的实际停战对蒋介石意味着灾难，中共一半以上的中央委员在东北可不会闲着，他们的工作颇有成效，在东北建立起巩固的根据地，东北不再是蒋介石的天下。

一切反动派都是纸老虎

1946 年 6 月，自己觉得准备好了的蒋介石进攻中原，发动了全面内战。

蒋介石撕毁了所有的协议，这一点叫人失望，在他眼里所有的协议仅仅是一张纸，要用的时候就弄一个，转脸就可以不承认，和日本人签了丧权辱国的协议靠着抗日胜利找回来一些面子，和俄国人签的协议丢了外蒙，跑到台湾来个不承认就觉得不是自己责任了，和共产党签订和平协议又转脸撕毁，蒋介石这一辈子就似一个不讲信用的奸商，没有信用并不意味着马上完蛋，只要你能获利，能胜利这些都算是扯淡。问题是你不能失败，一旦失败这些就成了反噬的力量，所以蒋介石算是孤注一掷了，他以为他能胜利，他自恃拥有远比共产党强大的枪炮和金钱，其中包括美国给予的大量援助，以为可以很快地消灭中共。

蒋介石当时的兵力，总数达 400 多万人。而中国共产党方面，只有 120 万人，双方兵力的对比是三比一。

我们知道这个对比是假的。毛泽东光在延安就培养了五六十万干部，中共党员就有 120 万之众，共产党的军队是经过大的精简的，而且他的部队里多是经历过与日本人拼刺刀的勇士，所以看上去只有国民党三分之一，实际力量要大得多。蒋介石和毛泽东打了那么多年的仗，直接对阵最多的时候曾经达到十比一，都没有消灭毛泽东，现在只是总数上三比一，蒋介石就想获得胜利？不知道为什么蒋介石会有如此信心。

军校出身的蒋介石，很迷信枪炮，美国的武器要比日本人的家伙威力大许多，可能很给蒋介石长气，他就忘了共产党当年什么都没有的时候，他就已经打不赢了。

当年，蒋介石对苏区前三次“围剿”的战术基本上是正确的，毛泽东占的地盘很小，也没有什么城市，蒋介石率大军追着毛泽东跑，最后，甚至高达 50 万到 100 万。可是到了抗战结束，他的军队却跑去占据大城市，就像胡椒面似的满世界撒，对于毛泽东这样的集中优势兵力、各个歼灭敌人的高手来讲，几乎就是送上门来的好事，所以毛泽东的部下将蒋介石称作运输大队长。

所以我们说不光是从道义上、从民心上，蒋介石大大丢分，在军事力量对比上一开始就不是蒋介石理解的三比一，单单从战术上讲蒋介石已经输了。

粗略一看，蒋介石控制着全国几乎所有的大城市和主要交通干线，控制着全国 76% 的土地和 71% 的人口，控制着几乎全部的现代工业，军火工业也有相当规模，蒋介石占的是点和线，看上去很大。

而中国共产党方面，却只有全国土地的 24% 和全国人口的 29%，除哈尔滨外没有一座大城市，共产党占据的是面，共产党看上去要小好多。

抗战八年，蒋介石屡战屡败，靠着收缩和地利使得他能够自保已经不错了。毛泽东积极抗战，到敌后发展得以壮大，天平已经倾斜了，蒋介石却不知道。

美国政府对蒋介石的大力援助，也是蒋介石敢于发动这场大规模战争的重要原因之一，对照解放后斯大林对中国的援助只有两亿美元，美国大老板可谓是财大气粗了。从另一个角度来看，蒋介石也是将中国卖了，才换来美元武器，要是没利可图，美国人凭什么支持蒋介石，这也是毛泽东后来不认账，采取一边倒政策的一个重要因素，中国社会所有的上层人物和各路军阀，为了获得西方的支持，都是出卖了中国的未来利益的，他们凭什么获得金钱？就是他们拿中国的某种权益（如未来几十年的税收之类的看得见的钱）作为抵押的，毛泽东能认这样的账吗？不认账西方会和你建交吗？

美援使蒋介石对发动这场大规模内战充满自信，他告诉他的部下，“因为我们有空军，有海军，而且有重武器和特种兵，而他们匪军则绝对没有的”，因此“我们就一定能速战速决，把奸匪消灭”。

毛泽东早就准备打仗，既然蒋介石开打，那就奉陪到底，而且宣传上也变了调，不再描写美蒋怎么厉害、怎么凶，毛泽东指出这在过去是必要的，以后则不但不必要，且有副作用了。毛泽东开始向他的军民描述蒋介石存在的种种弱点和自己的种种优势，最后毛泽东充满自信，“因此我们是能够战胜蒋介石的，全党对此应当有充分的信心”。这个道理是相通的，我们不想打仗的时候，电视里放些好莱坞拍的战争神话娱乐大众，真要和美国人掐的时候，我们就该拍抗美援朝，就重新拍上甘岭了。

怎样去打败蒋介石呢？毛泽东提出几条基本的指导方针：运动战，暂时放弃若干地方若干城市：“集中优势兵力，各个歼灭敌人”，集中六倍、或五倍、或四倍于敌的兵力，至少也要有三倍于敌的兵力，围歼敌军的弱旅或孤旅。在政治方面，必须争取一切可能争取的人，在经济方面，他要求必须做持久打算。

一切似乎又在重复，这一回敌人依然是蒋介石，只是多了一个美援，对付蒋介石不像对付日本人那样困难，日本是异族，没有投降的心理，只能一点点地啃。国军则不同，毛泽东自从上山一开始就设计了全套的把式来对付蒋介石，只是抗日战争中断了，现在一切都是成熟的，阶段还是三阶段，只不过没有那么明显了，战略防御阶段，不排斥某些区域直接进入战略相持阶段，当年他建议蒋介石积极防御，蒋介石做不到，现在的毛泽东肯定不会守在那里等着蒋介石来打，他的打法更主动更积极。枪炮是军人的胆，我们看力量在急剧增大的毛泽东的胆识大到什么程度？

这时候毛泽东说了一句震惊世界的名言："一切反动派都是纸老虎。"这是毛泽东对在延安采访的美国记者安娜·路易斯·斯特朗说的。翻译将纸老虎译作稻草人，毛泽东听到后纠正了，准确表述出就是纸和老虎组成的。后来西方有人恭维毛泽东英语水平，毛泽东说我就知道几个单词，例如，tiger（老虎），paper（纸）。西方人只有苦笑，paper tiger 是毛泽东发明的英语单词，西方印象深刻。

斯特朗是一位美国籍的女记者，她被毛泽东领导的中国革命所感动，最终定居中国，她从美国到达延安采访，她与毛泽东谈话的中心点，就是"一切反动派都是纸老虎"。毛泽东列举俄国沙皇和德国的希特勒、意大利的墨索里尼以及日本帝国主义的例子，来说明这些反动力量从表面上看是强大的，可怕的，但从长远的观点看，从本质上看，"真正强大的力量不是属于反动派，而是属于人民"。

当斯特朗问到对美国使用原子弹的看法时，毛泽东回答："原子弹是美国反动派用来吓人的一只纸老虎，看样子可怕，实际上并不可怕。"原子弹当然是一种威力强大的武器，"但决定战争胜败的是人民，而不是一两件新式武器"。有人研究说，人类大规模战争的终结者是两个人，一个是爱因斯坦，一个是毛泽东。爱因斯坦相对论是制造核武器的理论基础，毛泽东的人民战争理论则使得侵略者无利可图。

毛泽东不怕原子弹，为我们中国人带来持久的和平。毛泽东摆出好战的姿态，震慑了世界上所有敌视中国的宵小。在西方世界里，毛泽东长时间以好战者著名，就是因为毛泽东说过，中国不怕打仗，不怕原子弹，就算是死一半人也没有什么了不起。在这样的决绝之勇气面前，再也没有敌人敢对中国发动战争。

长时间的和平使一些中国人产生了麻痹和糊涂想法，好像是毛泽东耽误了中国的发展，早就应当像其他投靠美国的国家一样搞经济。中国人既不是美国人的亲戚，也不能做狗腿子活着，中国和俄国这样的大块头叫人不放心，想给人家当长工而不能，这是民族的宿命，要么平等相处，要么互相打，打的结果要么胜利要么失败，原子弹是什么？是新时期的大炮，过去八国联军就是靠着大炮，让中国人屈辱地活了近百年，这些拿经济说事儿的人全忘了？新中国依然受到过原子弹的真正威胁，一次来自美国，一次来自苏联。只是毛泽东不怕，这种威胁才没有意义。穷棒子们的唯一活法，要想独立平等最终超越西方地活着，只有走毛泽东的路子。

后来的历史证明这句话应当改成，在毛泽东面前，一切敌人都是纸老虎。先辈的光荣照耀着我们，中国人有理由期待我们后来的领袖再铸辉煌。

毛泽东对世界表态他是不愿意打的，时间已经成了他的助手，他的力量自动增大，所以他表现出后发制人的从容；不过真的打起来后，他就全力以赴了。

在南线，毛泽东先指挥被国军重兵包围的李先念、郑位三部立即突围。同时考虑以刘邓陈粟谭，率领三路主力针锋相对，很像是第三次反“围剿”的积极主动版。

在北线，毛泽东提出了一个夺取“三路四城”的计划，相当于提前了的清理北方战区方案。

对于重中之重的东北，毛泽东则要求东北局准备持久战争，提倡自力更生，强调不求苏联，显然毛泽东已经在为胜利后的大算盘筹备砝码了。

周恩来此时依然待在南京，来表明共产党不愿意打内战的态度。

面对国军30万人的进攻，李先念部五六万人依然突围而去。情况和第三次反“围剿”极为类似。皮定均带着一个旅向东佯动，吸引敌军大部，李先念王震带着主力向西。蒋介石集中优势兵力也无法消灭共军，最神奇的是最后皮旅也突围了。这样，毛泽东的部下也能在敌人大军包围之下跑出来了，在劣势情况下，要保老本的方式已经被透彻理解并坚决执行了。在敌人多的时候，跑出来就是胜利，毛泽东十分欣慰。

关键是三路南下针锋相对的计划是否执行？

周恩来送来重要情报，蒋介石将以全面铺开的方式进攻，这是问题的关键。这时粟裕提出重要建议：诱敌深入、后发制人比针锋相对效果更好。陈毅的态度则是摇摆的，听命令也成，提建议也好，一切由毛泽东决定。

粟裕和毛泽东意见的区别到底是什么呢？原来毛泽东把蒋介石看得高了，他以为蒋介石还会按照“围剿”时候的老路子打，所以就来个针锋相对，但粟裕看出来了，蒋介石用兵在退步。为什么呢？因为蒋介石冲过来的时候并不是追着共军打，而是抢着去占领城市，这样在事实上就是分兵，乃是用兵大忌。

蒋介石连认真打一下都没有，就已经开始分兵了，这叫蒋介石的拥趸们难过。我们看看蒋介石用兵过程，从北伐能赢军阀，到“围剿”能集中兵力死追烂打，再到抗日时期阵地战，到了内战时期干脆兵分数路，一期不如一期。

等的就是分兵，若不分兵，毛泽东只能针锋相对，一旦蒋介石分兵，那就是运动战里歼敌人，一切又回到老路子上来。毛泽东当机立断对南线作战部署作了调整，基本遵循粟裕建议。

这是粟裕的一个较大的功劳。很多人由此得出毛泽东打仗不成的结论是比较可笑的，兵无常势，一切为了胜利，从弱势情况下的敌进我退，到较强势下的敌进我进，都是正确的。高看敌人会是错误吗？敌人不分兵，就需要针锋相对，敌人分兵，就是运动战。

仗比反“围剿”的时候好打了，毛泽东放弃针锋相对又回到诱敌深入的方针，陈粟军、许谭军和刘邓军分别取得了胜利，其中较著名的战役是粟裕指挥华中野战军进行的苏中战役，七战七捷，一个半月中歼灭国民党军六个旅。粟裕指挥 3 万人马，面对敌人 12 万，战役结果，消灭美式军械武装的国军 5 万多。

苏中战役堪称是粟裕打的“神仙仗”，这时候毛泽东麾下最伟大的将星闪现出光芒，后来的军事研究也多认为它是“二十世纪战争史上不可多得的军事杰作……”我们查过军史研究，发现描述苏中战役的文字令人眼花缭乱，不过说实话，一般人还真是看不懂包含着一大堆形容词和赞美的一段话里，讲了怎么打仗的，写书的人们似乎自己也没有明白粟裕是怎样打赢的。

粟裕很谦虚，他把胜利归结为毛泽东的军事思想的胜利，特别是集中优势兵力各个歼灭敌人的战术。毛泽东说最好是五个打一个，粟裕天才地执行了这一指示。

其中攻黄救邵一战，就是最好的案例。粟裕手下当时只有十五个团，围住敌人五个团，兵力三比一，一般人是要强打的，可是在敌人堆里讲究的是个快字，三打一远不如五打一快，粟裕打得很巧，这时候粟裕以五个团看住敌人三个团，以十个团围歼敌人两个团后，再以全部十五个团消灭敌人另外三个团，每一次都是五比一的绝对优势胜的，十五个团灭敌五个团，本来是三比一，却叫粟裕用成了五比一，这就叫本事，粟裕最大的能耐是一兵多用。毛泽东高度评价粟裕的经验，将粟裕的战果向全军通报。

粟裕指挥三万人能在优势的敌人堆里连续灭敌五万，毛泽东发现了粟裕能打仗，自此将军队向粟裕的麾下集中。一般人没有注意，这是毛泽东在解放战争中最重要的决策之一。粟裕就像是一个闯进蒋介石猪圈里的屠夫，一手拿着铁栅栏，一手拿着利刃。瞄着哪个顺眼，就用栅栏圈起来先宰掉，然后再对准下一个。

刘邓军举行了定陶战役，全歼国民党军一个整编师以上。毛泽东手下的将军们都会打运动战，毛泽东要求南线各军在内线更多地歼灭敌人。

在北线，毛泽东拟定的夺城计划遭到挫折。

这一挫折是聂荣臻准备攻打大同，久攻不下，被傅作义出奇兵绕到长城外，快速增援大同。聂荣臻只好从大同撤围，转入休整。

大同撤围后，紧接着丢了张家口，张家口其实是主动放弃的，张家口的电厂在撤退的时候都不炸毁，原因是我们还要回来的。

毛泽东给聂荣臻发出指示指出："每次歼敌一个团二个团，并不需要很多兵力，以几个团钳制诸路之敌，集中十个至十五个团即有可能歼敌一个旅（两个团）。"毛泽东不着急，他手把手教部下打仗，他把粟裕的战法向全军推广。

傅作义这位抗日名将，出奇兵破了聂荣臻的大同之围，接着收复张家口，获得蒋介石大力表彰，被称为戡乱英雄、中兴名将，他踌躇满志，得意扬扬，就没有注意到，毛泽东的部下是主动撤出的。傅作义发表致毛泽东的公开电，号称他之所以能够打败贺龙聂荣臻这样的长征名将，是民心所向，这是一篇极其奇特的文章，说它奇特是因为，他说共产党要是能取得胜利，他甘愿为毛泽东执鞭，充当小卒，没有想到这话到最后真的应验了。

这样，毛泽东改变了原定计划，而采取内线作战的方针了，内线作战就是红军时期诱敌深入的翻版。狮子也没有办法抵挡野牛的集团冲锋，只能等野牛散开了。蒋介石以为自己的美式装备下的大军如猛虎下山，却不知道实际上是羊质虎皮。而经过了八年抗战，毛泽东的麾下已变成狮子般的勇士。

毛泽东试验了积极防御针锋相对，阵地战、攻坚战等战术，最后毛泽东确定了回到老办法上去，就是三次反“围剿”时的诱敌深入的战术。有人由此得出，毛泽东打别的仗不灵，共产党不一定能确保胜利，这只能是感情问题，毛泽东的这种试验对后来抗美援朝作战方针都有帮助，指挥战争的最高境界就是不同情况下打法不同，但原则却可能是相通的。

这时候毛泽东的指示中开始允许杀敌一万自伤三千，这是军人们普遍认可的战争观。可你知道吗，毛泽东在起家最初是坚决反对的，他一直强调少死人甚至不死人的打仗方式，叫正经科班出身的军人很难接受，其实毛泽东更主要是个政治家，他是为了胜利走入军事领域的，那是因为他的人少，没有后方支持的情况下，伤亡都意味着减员。他起家才数千人，如果杀敌一万自损三千，打不了几仗，自己的力量就没有了。而他的敌人很多，他要靠自己的力量打败拥有几百万军队的蒋介石，他的目标大到别人不敢想的程度，把自己的力量拼光了就是失败。所以在红军时代、抗日战争时期，他都是坚决反对这种拼光式的鲁莽，但随着力量增大到了某个接近平衡的阶段，后勤有所支持时，他就又支持这一观点了。原因是内战要快胜，这是毛泽东天才的决策。

在最初四个月战争中，战报显示中国人民解放军共歼灭蒋军 30 万人，人民解放军损失兵员 12 万人，国民党军队的损失是解放军的 2.4 倍。这里有两点需要注意：一是被俘的国民党士兵，大多转为人民解放军战士，成了人民解放军兵员的重要来源之一。人民解放军方面虽也有被俘的，但为数甚少，仅占兵员损失的 3% 左右，即 3000 多人，而国民党军队没有也不敢将他们补入部队。二是解放军损失的兵员中，约 80% 属于负伤，负伤人员中又有大约 80% 治愈后仍然回到部队，而国民党军方面很少有伤愈归队的，所以，双方头四个月实际损失兵员数的对比，远远不是表面上的 30 万对 12 万。这还是蒋介石挟着抗日胜利领袖的威风，凭借美援的火力、国军养精蓄锐好多年、集团出动诸多优势下，才取得的战果。

这就能看出来，毛泽东下大功夫建党，抓支部建立在连上，每一个班组都有党员以及大力培养干部这些措施的威力了，他的这些措施看上去效果慢，但一旦到了关键时刻，就能显示出巨大的威力来了。他的建军原则和建军纪律都成为未来事业的坚实基础，即使是原来的国民党兵，只要将枪口转向，立刻就能成为他的力量，比自己招兵还快，招新兵需要培训，而俘虏直接就会打仗。

仗打了四个月，国军占领了解放区城市 153 座，解放军只收复或攻占了 48 座县城，得失相较，解放军丢失了 105 座县级以上城市，包括大片土地。初看上去蒋介石赢了。但恰恰就是在这时候，蒋介石已露败象。

他贪图过大，而他的兵力根本不支持，战争刚打了四个月，蒋介石的战略预备队已经减少 30%，在前线，一半部队变成了守备队，大大减少了用于第一线进攻的机动兵力。

这就是经过四个月战争后军事形势的基本状况。

可以说蒋介石在解放战争伊始的作战方针，比起他对苏区的“围剿”时所用的战术还要次。当时他还能集中优势兵力，死缠烂打，追着毛泽东到处跑呢，最多时，他能用 10 倍以上的兵力对付红军。

怎样看待这一形势？蒋介石和毛泽东各自做出了截然相反的判断。

可能是蒋介石从美国人那里学了一些现代的作战理念的缘故，蒋介石认为自己进行的是“现代作战”，他的观点是：占据了城市和交通线，使共匪不能保有任何根据地，而成为“流寇”，然后加以“清剿”。可他从来没有意识到，城市本来就是共产党的浮财红利，共军的基础本来就在农村。现在，在占领解放区 105 座城市后，他以为自己已取得重大胜利，他的战略目的已接近实现，因此，蒋介石把自己提拔成“总统”，并给第一战区司令长官胡宗南下达了进攻延安的命令。这样，蒋介石就向全世界表明了自己要坚持独裁的态度，美国人骑虎难下，也无法不继续支持蒋介石，要不那么多美援就泡了汤了。蒋介石也是无赖，抓住美国人不愿意翻脸和吃亏的心思，当然美国人认为蒋介石会取得胜利，也是美国人将赌注押到蒋介石这一边的关键因素，美国人对自己的枪炮还是很有信心的。

毛泽东却从这些数字中得出了同蒋介石恰好相反的结论，他主动放弃城市相当于收紧拳头，集中了兵力，蒋介石占领城市分散了兵力，一正一反，结果自然就出来了。抗日的时候，毛泽东只教给蒋介石游击战，没有教会他运动战，没有办法，蒋介石一开打就输了。

毛泽东告诉全军此时是战略防御阶段。历史在把握它的人的眼里是惊人的相似，一切又变成只需要重复防御、相持、反攻三个阶段就可以了，只是这一回要更快一些。

蒋介石不再谈什么和平了，毛泽东要周恩来等立即返回延安。

周恩来完成了与蒋介石谈判的历史使命，从 1936 年开始到 1946 年结束，这样长时间里周恩来一直来往于延安和重庆之间，多数时间待在国统区，周旋于国民党的上层，与社会各界建立了广泛的联系。毛泽东在抗日战争时期工作的重点就是建立广泛的民族统一战线，周恩来出力甚大。当时共产党的力量尚小，许多人就是在周恩来的魅力吸引下，心向共产党的。毛泽东制定出正确的路线方针政策，经过周恩来的有效工作获得巨大成功，现在共产党已经有了巨大的实力，周恩来的工作重点也将转移。

周恩来回到毛泽东身边，成为毛泽东的总参谋长，他可能是最称职的总参谋长了。他对国民党熟悉得很，蒋介石倚仗的黄埔军校生也是他的学生，他的主要工作变成了帮助毛泽东打大仗了。

毛泽东为解放战争的发展勾画了一张大致的蓝图，说：用半年到一年的时间，消灭国民党军七八十个旅，就可以使国共双方的力量达到平衡，“达到平衡后就很容易超过，那时我们就可以打出去，大约用三到五年的时间达成这一目标。”事实证明毛泽东在具体问题上是保守和谨慎的。

这样看上去，蒋介石的军队在前进，但实际上他的军队在不断损失，美援的枪炮不断地变成共产党人手里的武器。

华东地区，蒋军薛岳部，以损失 8 万人为代价，攻占了部分大城市，此时，薛岳手里握有 20 余万兵力。

毛泽东瞄准薛岳，要陈、粟与谭兵合一处，战役指挥交粟负责，这是毛泽东用人的很高境界。粟裕早已证明是打大仗的帅才了，粟裕知道陈毅党内地位高，所以一直要求陈毅罩着，这是很明智的做法，其他人可能不服粟裕，但很少有人能和陈毅较劲，当年陈毅还把毛泽东的军权给夺了呢。

但薛岳很谨慎，抱着团不分兵。陈粟只有 10 万兵，不可能一口吃掉 20 多万敌军，所以在一段时间内，只打了几个小仗。

这时候，蒋总统出来帮忙了。蒋介石为了给他的“国民大会”壮声势，决定加强薛岳力量，命令薛岳立即进攻，并限定在半个月内“结束苏北战事”。天下蠢人多了，其中要求部下按照规定的时间去完成任务的就是军人中的笨伯，只有不在乎士兵生命的将军才会在地图上一画就下达这样的命令。

根据蒋介石的命令，薛岳必须出动，20 万人分四路进攻，这一分兵，机会就来了。蒋军每一路约 5 万人，粟裕瞄准其中一路的一半。

这一仗军史上称为宿北战役，共歼灭国民党军队 2 万多人，粟裕指挥十万大军对蒋军四五万，粟裕相当于先切一刀然后集中力量吃掉其中弱旅 2 万，五比一完胜。

得到胜利消息，毛泽东将原在鲁南的部队，通归粟裕指挥。粟裕军力增大到 20 万人，粟裕连续出手歼灭国民党军队共 5 万多人，俘虏 3.6 万多人，史称鲁南战役，这一回发财了，华东解放军有了坦克、汽车和大量火炮。

毛泽东把眼光收回，放在政治上，提出要“使一切没有土地的人有土地”，这样毛泽东又回到他的革命方程式中来，他需要农民的力量，他明确指出中国革命的新高潮快要到来了。是的，他的力量已经可以掀起大的波浪了，但他认为还不够，他要掀起滔天巨浪，所以他要全中国的农民起来支持他。

毛泽东接着给陈粟增兵，陈粟统率27万人，继续实行内线作战，莱芜战役，粟裕又歼灭蒋军5万多人。

这仗没法打了，蒋介石气恼之下，改变了战法，要实施重点进攻。在山东，蒋介石调集了45万人，组成三个兵团，像三头野猪齐头并进对付陈粟，老虎也打不过野猪。粟裕欲寻机歼敌，但国军高度集中，所以粟裕只能隐蔽集结等待机会，事实上等待是很高的人生智慧，有希望的等待总会有结果。这时候国军第一兵团司令汤恩伯立功心切，率领整编七十四师等三个师冒进了，这一回，粟裕一反常态，他瞄准了最冒进的七十四师。

整编七十四师号称国民党五大主力之一，是蒋介石的典范部队，师长张灵甫毕业于黄埔军校第四期，他在抗日战争中建有功勋，应当受到尊重，不过此人仗着蒋介石的器重，骄横异常。

按照粟裕以往的打法都是先打弱敌，张灵甫也没有意识到自己会有危险，而且国军一直在求与共军决战而不能，所以当粟裕穿插包围了七十四师后，张灵甫不是寻求突围，反倒趁机将部队拉上孟良崮坚守待援，以求来个反包围、中心开花的决战。你能说张灵甫不会打仗？他显然有道理的。

几个错误导致张灵甫彻底失败。一个是孟良崮是个大石头包，仓促之间无法建立工事；第二，更致命的因素是他身为国军高级将领，居然不知道国军同僚不会出死力救他。由此可以看出失败的不是张灵甫，而是蒋介石领导的国民党。得知七十四师被围，蒋介石也立刻明白了张灵甫的用意，面对这解放战争中从来没有遇到过的好机会，他严令孟良崮周围的十个国军整编师，全力支援整编七十四师，以期内外夹击，聚歼华东解放军于孟良崮。可是只有黄百韬一个师不遗余力地执行了蒋的命令，粟裕的阻击部队比黄百韬早一分钟抢占了制高点，一个师对一个师，黄百韬寸步难行，被挡在外围，想帮忙也帮不上。

孟良崮上粟裕以五倍以上的绝对优势灭掉七十四师3万余人，张灵甫被击毙，粟裕以礼相葬，从容打扫战场后扬长而去。面对惨败，蒋介石痛彻心扉，陈毅则兴奋地挥洒诗篇。

此役被誉为“百万军中取上将首级”是十分准确的，解放后被拍成电影《红日》。

张灵甫的死让国军将军们没有人再敢骄横了，这一仗沉重打击了蒋军军心和斗志。面对粟裕，国军不过是待屠的猪羊。

在精心组织指挥华东人民解放军不断歼敌的同时，毛泽东还筹划了其他战役，在各个战场上取得一系列重大胜利。

1947 年 5 月 1 日，毛泽东愉快地写道："蒋介石的军队，无论在哪个战场，都打了败仗……十一个月中，已被歼灭约九十个旅。"

放弃延安为了更大的胜利

大约从这时起，蒋介石明白自己无力独霸全国了，为了摆脱困境，只好缩小进攻面，他想着重点突破山东和陕北两地，再及其他，他实在是太需要胜利了。

蒋介石发了狠心，严令胡宗南一定要对"匪军老巢"延安实行"犁庭扫穴，切实占领"。

延安十年来已成为"革命圣地"，一般人理解的是由于毛泽东在这里，当然这是最重要的因素，对毛泽东麾下的干部来讲，延安是他们的大学课堂，毛泽东在这里培养了几十万的干部，延安是多数干部参加革命的摇篮，感情自然深厚。

蒋介石没有能力消灭其他区域的共军，他把目标对准了延安，蒋介石没有料到的是，这反而加快了他的灭亡的步伐。因为他动用了他最后的战略预备队——胡宗南集团，抗日的时候他都没有大动过。

蒋介石派胡宗南率近 25 万人，进攻延安，理想是摧毁中共中央，至少要逼迫中共中央东渡黄河，再在华北同解放军进行决战。

当时，在陕北的解放军，全部兵力只有 3 万人。

在得到情报后，毛泽东只调了王震部两个旅约万人，加强自己身边的力量。毛泽东对王震的指示详细：着眼长期，依靠自己。诱敌深入，主动放弃延安，集中兵力，逐次加以歼击。同时毛泽东指挥紧急疏散，实施坚壁清野。蒋介石命令犁庭扫穴就是想着翻个底朝天。毛泽东指示坚壁清野就是我什么都不给你留。

闲在延安较长时间的彭德怀请求上前线，在政治家和军人之间他还是愿意当军人，毛泽东决定由彭德怀和习仲勋指挥西北人民解放军作战，习仲勋是陕北根据地的代表，很年轻，彭大将军则是老资格了，这一回他指挥 3 万人。很多喜欢彭老总的人觉得愤愤不平，刚到陕北的时候彭总就指挥过 3 万人，解放军已超过百万之众了，彭总还是指挥 3 万人，也不想想为什么？彭老总的政治地位很高的，他是政治局委员，朱老总也早就不上前线了呀。

为什么毛泽东要主动放弃延安？这应当不成为问题，对于毛泽东来讲，走字是他的灵魂。在人类历史上，几乎没有帝王领袖主动弃都。当年二战时，毛泽东对着世界地图，指画说，斯大林应当放弃莫斯科向东撤，然后反击，这当然只是闲话，因为斯大林不可能听他的，也听不到。毛泽东也不会傻到非要告诉俄国人怎么打仗，历史上大约是只有曹操曾在面临关羽逼迫的情况下设想过主动弃都，不过没有最后实施，所以也不能成为案例。

毛泽东自己准备留在陕北牵制胡宗南，同时能给蒋介石的胜利宣传大大减分。

毛泽东早就得到情报，这样他就显得更为从容，蒋介石一定会告诉毛泽东的，因为延安还有美军观察组。

美军驻延安观察组撤离后刚七小时，国民党飞机开始大规模轰炸延安，美国人放弃了和中国共产党的最后一点联系。在毛泽东的大布局中，美国人靠边了。毛泽东知道在涉及中国人根本利益的问题上，美国人指望不上，只能靠中国人自己了。中美会再次握手的，只是这一时间谁也没有料到将长达二十多年。

延安已经成了一座空城，在这里毛泽东连空城计都不准备唱，他把整个陕北都变成了荒野。

延安城里都能听到清晰的枪炮声，毛泽东和周恩来仍在和王震谈话，有人劝毛泽东早些走，他说："走这么早干什么？我还想在这里看看敌人究竟是个什么样子。"他已经十年没有临敌了，他的力量，他的部下早将他解放了出来，他对冒险没有兴趣，他也没有飞机，像蒋介石那样飞来飞去的，所以他也没有机会去前线指手画脚，毛、周和王震一直谈到黄昏，直到彭德怀告诉阻击部队立即撤出阵地，才依依不舍地告别了居住十年的延安，他似乎没有再回来的意思，他的目标已经是南京或是北京了。

毛泽东、周恩来同刘少奇、朱德、任弼时会合。这时候，毛泽东从任弼时那里听到了山西文水县年仅十五岁的女共产党员刘胡兰在敌人铡刀前英勇就义的事迹，深受感动，挥笔写下了“生的伟大，死的光荣”八个大字。毛泽东后来给斯大林解释“视死如归”的含义时，强调“归”字是回到事物本来状态的意思，表明中国人不惧怕死亡，而是以平常心看待死亡，这一观点给斯大林强烈的震撼，也给俄国人留下深刻印象。中国人不怕死，也就用不着再面对死亡威胁，这是毛泽东留给我们的重要遗产。

毛泽东、周恩来、任弼时留在陕北。留在他们身边的人员加上警卫部队才 800 人，由任弼时任司令，化名史林，毛泽东、周恩来分别用李德胜、胡必成的化名，表示解放战争必胜，中国革命必成。

胡宗南的部队轻松占领延安，胡宗南为了给蒋介石脸上增光，派自己的士兵化装成共军俘虏，来让记者照相，做大胜宣传，蒋介石兴高采烈地庆祝了一番，还授予胡宗南“二等勋章”，要他立刻指挥军队对陕北进行“清剿”。

胡宗南在延安的老百姓的嘴里很是不受尊重，老百姓叫他胡儿子，大约是指他与蒋介石的私人关系极为密切，情同父子的缘故。

胡宗南需要寻找西北解放军主力决战，一眼望去陕北有千沟万壑，他实在是不知道这些土包子藏在哪里。彭德怀、习仲勋请求在青化砭伏击胡宗南一部，获得毛泽东批准，第一仗只打了一小时四十分钟，全歼 2900 多人，这是对胡宗南的第一个胜利。

对胡宗南来讲这不算什么，在他看来胜败乃是兵家常事，关键是他觉得这样就知道了共军的行踪。问题是他实在是胜少败多，而且最可怕的就是他的占领都是在共军主动撤退的情况下，蒋介石和手下的将军们居然长时间没有搞明白这一点，还以为自己是实现了战略目的了呢。

为了拖住胡宗南，毛泽东告诉彭德怀、习仲勋应避免同胡军作战，甚至电令陈赓、谢富治，要他们推迟几天再发起晋南攻势，省得蒋介石改主意。毛泽东要靠着自己这么一点人马耗干蒋介石的战略预备队。根据毛泽东的这个意图，彭德怀用小部队不即不离地吸引胡军在千山万壑间游转了十二天，行程四百余里，使胡军疲困，一无所获。毛泽东告诉全党，这种办法叫“蘑菇”战术，将敌磨得精疲力竭，然后消灭之。

解放军总部电台截获一个重要情报：原驻瓦窑堡的国军一个旅将换防南下，毛泽东立刻致电彭、习，要他们“乘该旅移动途中伏击之”，彭、习全歼该旅 4700 余人，取得了撤离延安后的第二个胜仗。

毛泽东信心满满，告诉全军这一胜利证明，仅用边区现有兵力（六个野战旅及地方部队），不借任何外援，即可逐步解决胡军。这一胜利又证明忍耐等候、不骄不躁可以寻得歼敌机会。

胡宗南军主力又经过几日“游行”，实在是没有力气了，不得不停下来进行休整补充。过去常说，一鼓作气，再而衰，三而竭。毛泽东根本不给你一鼓作气的机会，他的方法就是让你不断地衰、不断地竭。

此后不久，国军的飞机侦察，发现有共军东渡黄河（其实只是中共中央和边区政府一部分工作人员东渡），误判毛泽东即将东渡，蒋介石要求胡宗南主力出动南北夹击。

彭德怀想着趁敌主力出动的时机去端敌人老窝蟠龙。蟠龙之战能否成功的关键在于将胡宗南主力调得越远越好，只有这样才能保证攻坚时，让胡宗南没有力量回援。得到毛泽东同意后，彭德怀以三五九旅为主，伪装成野战军主力，造成狼狈溃退的假象，使追击的胡军敢于放胆北进。同时三五九旅还可以绕个圈，转过头来担任对胡军主力的阻击任务。陕北有的是山，只要会借力，大自然就是你的助手。

彭德怀端了胡宗南老窝，只花了两天时间，全歼守军 6700 余人，缴获颇多，当胡部主力赶回来的时候，已是四天之后了。

在主动放弃延安后的一个半月中，彭德怀 3 万兵对胡宗南近 25 万，完全就是第三次反“围剿”的翻版。彭总三战三捷，消灭胡军 14000 多人，灭敌不多但拖住了蒋介石的战略预备队。比起十几年前的反“围剿”，毛泽东的空间更大，更从容。

一直到了数年后，美国人和蒋介石才反应过来毛泽东的仗是这么打的。

这个过程中，毛泽东的力量在增大，蒋介石的力量在减弱，总的来讲毛泽东是防御，军事上没有吃亏，是在不断占便宜，但经济上吃亏了。因为战争是在解放区进行的，所以被称为内线作战，相当于毛泽东反"围剿"时的诱敌深入。这个阶段蒋介石的日子并不难过，他有钱有枪有人，虽然老是在损失，但依然能补充，一时间还能过得不错。毛泽东肯定不干，他是一个把握渐进和突变的天才，战争伊始他就设想过南下针锋相对，后来做了调整，现在蒋介石已经把十个手指头都伸出来了，露出了敞开的胸膛。在一节一节剁掉蒋介石的手指头的同时，毛泽东决定给他胸膛上来上一刀子，杀不死也得让他多流点血。

在陕北，毛泽东苦苦支撑，在发现能够支撑下去的时候，他指挥彭、习在陕北钳制胡宗南集团，许（世友）、谭（震林）在山东牵制进攻胶东的范汉杰集团，相当于牵住了蒋介石的两条胳膊。

将陈赓、谢富治部转向南下，陈赓部是一个战略支队，本来是想着要他西进支援延安的，但毛泽东改变主意挥兵南下，这是一个狠招，就是毛泽东自己承担胡宗南部的巨大压力，腾出手来兵指蒋介石左肋，再以陈、粟大军在东边指向蒋介石右肋，指示刘、邓不要后方，以千里跃进的方式，直插蒋介石胸膛，这就是著名的刘邓千里跃进大别山。

在东北战场和华北战场，毛泽东则要求林彪和聂荣臻一口一口吃掉敌人，实现全面胜利。北线胜负没有太多悬念，所以这一阶段的关键是南线作战。

1947 年 6 月底，刘邓大军 12 万人出敌意外，南渡黄河，打着打着，突然穿过黄泛区，直插长江北边的大别山区，威胁蒋介石的腹地之一南京、武汉。

这是毛泽东才能有的大手笔。蒋介石不是毛泽东，他大惊失措，急忙调动大军保护自己的根本，在手忙脚乱中，蒋介石开始被动，他失去了主动权。战争的形势就这样发生了逆转。

紧接着，陈（赓）谢（富治）大军也以突进方式从晋南南渡黄河，进军陕南、豫西。这个位置据说就是当年项羽破釜沉舟之地。

随后，陈粟大军（华野外线兵团）在鲁西南歼灭国民党军一个整编师，接着南下，进军豫皖苏。

三路大军逐鹿中原，大战一年，实现解放战争由防御到进攻的转换。也就是说刘邓大军以较大的牺牲完成了战略逆转。所以战争不光是要看杀敌多少，还要看战略目的的完成，以及后方支援也就是战争潜力能否支持，这个问题上美国人的战略思想是比较先进的，英国和俄国次之，其他国家不入流，多是穷兵黩武，没有后劲。

胜利在预设的轨道中行进，毛泽东距离最近的战场只有二十里。彭、习部又歼灭胡宗南6000多人，毛泽东听到了胜利的炮声，他高兴地说："好！我看这回胡宗南怎么交代！"

胡宗南有过战绩吗？除了在没有抵抗的情况下直接走进延安，胡宗南似乎就没有消灭过共军，这实在是叫渴望胜利的蒋介石难堪，什么原因呢？后来蒋军将领们无可奈何地说，不是国军无能，而是共军太狡猾，想一想是真的。

在山东，许（世友）、谭（震林）军把国军硬硬压在济南等几个孤立的城市里。

在北线，林彪不断进攻，陆续歼灭国民党军队20多万，把国民党军队分割在长春、沈阳、锦州三个狭小地区内。

同期间，聂荣臻手下攻克河北重镇石家庄，使华北解放区连成一片。徐向前率兵先后攻占晋南重镇运城、临汾，使阎锡山部缩据太原附近地区，完全处于守势。

毛泽东的战略进攻目标全面实现，1947年年底，毛泽东高兴地宣布："中国人民的革命战争，现在已经达到了一个转折点。""这是一个历史的转折点，这是蒋介石二十年反革命统治由发展到消灭的转折点，这是一百多年以来帝国主义在中国的统治由发展到消灭的转折点。"

这些重大胜利，都是毛泽东在转战陕北过程中指挥的，大功率电台这一现代化的工具，帮了毛泽东大忙，使得他不用亲临前线，可以同时指挥诸路人马。那时，周恩来担任中央军委副主席兼总参谋长，多数重大战略决策由他们两人商议后就付诸实施了，后来，周恩来曾说过：毛主席是在世界上最小的司令部里，指挥了最大的人民解放战争。任弼时则是以骆驼精神承担起其他所有的工作。

毛泽东除继续指挥解放军的作战外，还在考虑一些重大的政策问题。

他召开会议，强调加强统一战线，现在统一战线的成分有了变化，在他的公式里，他的这一边，减少了一部分，增加了一部分，这是比较罕见的，一般来讲，他的这一边总是在增加的。

他指出：减少的是解放区的地主，可能增加的是南方的地主和民族资本家。土改是必须的，地主也分给土地，在城市保护民族工商业。新区摊派缴税，暂缓土改。

由此我们可以看出为了最后的胜利，毛泽东是多么小心谨慎了。为了胜利，他精细地规划着各种政策。

这也是转战陕北过程中最困难的一段时间。毛泽东、周恩来都饿得打晃，原因是有一段时间彭大将军没有进展，彭德怀没法子不谨慎，没有战机宁可等待，这是毛泽东的原则，胜了，是应该的，打不赢没有办法交代。但这样一来，毛泽东、周恩来的处境艰难。

在陕北的最后七个月，陕北和全国的战局都已大为好转，毛泽东做出了一系列重大的决策。

他修改并审定了《土地法大纲》，明确提出土改是“完成中国革命的基本任务”，他审定了政治口号六十七条，他还重新修订了“三大纪律八项注意”。

此时，毛泽东公开提出了“打倒蒋介石，解放全中国”的目标，胜利已经是确定无疑的了，他不再藏着掖着了。

定好政策后，毛泽东需要知道他的政策是否执行，他自己下去调查研究。

前一阶段忙于指挥战争的毛泽东，敏锐地发现了一个问题，就是有的干部为了表明自己革命，放任农民报复富人，制造新的敌人和仇恨。毛泽东认为这样做会影响实现最后胜利的目标，他要制止这种行为。他不再是年轻时候热烈地欢呼农民去摧毁一切，他引导革命的力量朝着社会进步的方向发展。这一段不是可有可无的闲言碎语，而是历史的真相。认真体会就能解释革命胜利后很多令人不解的迷茫。

毛泽东依然不离开陕北，因为他说过不打倒胡宗南，他不离开。毛泽东在陕北告诉全党，怎样打倒蒋介石，怎样建立一个新中国。

在这时毛泽东提出了十大军事原则，十大军事原则的核心是打歼灭战。

由于胜利在望，毛泽东把目标对准了蒋介石大家族，却提出保护民族工商业。

资料表明，毛泽东也开始考虑对外关系。

1947年冬季，毛泽东指导解放军开展了新式整军运动，这次休整是以诉苦为主要方法，这一招高明之极。浑浑噩噩被抓来当炮灰的俘虏们第一次感到自己是人，是和长官一样的人。平等的教育和追求唤醒了每一个人心底潜伏的巨大的力量，使得国民党的俘虏快速转变成自觉地为自身利益而战的勇士。

军事上的胜利已经是确定无疑的了，但毛泽东依然谨慎。他知道人民不喜欢蒋介石，但也可能不喜欢共产党。这个可能性在理论上并非不存在，事物都是一分为二的，但人类社会往往不仅仅是非A即B的两个答案。袁世凯让中国人选择他做皇帝，无非是认为中国人无路可走。蒋介石在“西安事变”前，也是只给张学良、杨虎城两种选择，他们这样都自恃力大，而忽视了社会的多样性。毛泽东谨慎地防止这种错误，他说出了一句名言：“政策和策略是党的生命，各级领导同志务必充分注意，万万不可粗心大意。”

解放军已全面反攻，刀锋已及长江北岸。西北战场则根本逆转，彭德怀以七万人的兵力，用攻城打援法，歼灭胡宗南部三万人，胡宗南溜走了。这样，毛泽东就可以离开陕北了，他没有违反自己的誓言，哪怕是再危险和再困难。

他在陕北生活和战斗了十三年。

毛泽东、周恩来、任弼时在陕北转了一年的圈，指挥着全国的解放战争，这是一段人类历史上少有的传奇。

大决战

渐进还是跃进?

毛、周、任离开陕北倒不至于伤感，因为他们在朝着胜利迈进。到达河北聂荣臻防区后，中央开会，毛泽东提出把战争引向国民党区域，他的几点意见，后来被归纳成“军队向前进，生产长一寸，加强纪律性，革命无不胜”二十个字，成为一个相当长的时间内的行动方针。

毛泽东强调加强纪律性，这就是明明白白告诉大家要收权，他要减少下级的决定权。为了确保战车沿着他设置的轨迹前进，他抓紧了缰绳，毛泽东规定各方面一把手按时向中央报告，并树立在大别山坚持的邓小平为榜样。

随后毛泽东到达河北的西柏坡，他主要是指挥作战了。

此时，林彪已把东北的蒋军压缩在锦州、沈阳、长春这三个互不相连的狭小地区内，彭德怀攻占宝鸡，收复延安，各路大军都有斩获。

把战争引到蒋管区去，是毛泽东的一个大策略，因为战争不能老是在解放区来打，这样太吃亏。

刘邓大军千里跃进大别山，是毛泽东的大手笔，刘邓大军虽有陈（赓）谢（富治）战略支队侧面支撑，力量仍显不足，在蒋介石大量兵力的围攻下，还有被迫撤回的可能。为了防止功亏一篑，毛泽东考虑动用陈毅、粟裕，直接配合刘邓大军挺进大别山。

也就是说毛泽东为了实现中路突破，有效地掩护刘邓大军的挺进并在大别山地区立足生根，加大了攻击力度，使出陈粟力量来确保成功。

这是毛泽东考虑得万无一失的战略决策，他原来准备的就是五年时间打败蒋介石。

刘邓、陈粟、陈谢三军挺进中原，对蒋介石的长江防线和南京、武汉构成了严重的威胁，蒋介石慌忙应战，调集兵力，“围剿”刘邓，刘邓坚持了一个多月，没有被国军赶回去，但也没有取得决定性胜利，国共两军相持在中原。

怎样打破这种僵持局面？一个方案是渐进，以刘邓军在大别山坚持待援，粟裕所部和陈谢军在中原地区一口一口吃掉敌人，山东兵团的许（世友）、谭（震林）南下加强力量，在合适的时候刘邓再杀个回马枪。

另一个方案是跃进，由粟裕率领华东野战军三个纵队渡江南进，再给蒋介石腹部来上一刀。周恩来、陈毅也同意这个跃进计划。

毛泽东向粟裕发出一份绝密电报，把几种方案告诉粟裕，毛泽东希望粟裕“熟筹见复”。粟裕一开始似乎表态执行立即渡江的方案。不过随着形势变化，粟裕产生了新的想法。一来刘邓站稳了脚跟，兵力得到补充，加上陈谢和陈粟左右两肋积极作战，蒋介石已经不可能将刘邓赶走或消灭。

二来，在彭德怀歼灭胡宗南集团三万人后，胡宗南从中原战区抽调一个兵团回援西安，刘邓压力已经减轻。

这样刘邓度过了最困难的时期，这时候粟裕再次斗胆直陈，建议毛泽东放弃第二跃进，回到原定的渐进计划中，粟裕的意见是渐进比跃进更快。

此时的粟裕四十一岁，已是战略区级领导人。粟裕做得滴水不漏，很是漂亮。一方面他表示完全服从指挥，根据毛泽东的再次跃进方案，率三个纵队，准备经过一段时间整训后执行渡江南下的任务，这态度是相当的端正。

同时，粟裕提请毛泽东考虑几个因素：一个未来他将进入的水网地区很不利于机动作战。二来，大兵团远离后方作战，将会有许多困难。三是关键，深入敌后的目的是调动敌人，但有可能作用不大，不会像刘邓跃进大别山那样有效，刘邓插入敌人胸膛，蒋介石不能不救，第二跃进计划，感觉上是给蒋介石腹部捅刀子，但有可能变成扎在敌人腿上，蒋介石可能会忍着，靠着有利地形用小兵力死守来削弱粟裕的进攻，这不是不可能，一旦蒋介石这样做，粟裕南下的作用就不是很大。

粟裕表示要是留在中原地区作战，以同样兵力可以直接歼敌三至五个整编师，这对打开中原战局将更为有利。

这话也就粟裕敢说，留在中原，在他手下三个纵能灭蒋军三个师，过去粟裕已经证明了这一点。最后，粟裕建议主席放弃跃进，让他留在中原渐进灭敌，逐步向刘邓靠拢。

这就是粟裕的战争智慧，这也需要勇气，粟裕先向刚从中央回来的陈毅作了汇报，说服陈毅后，他又致电刘邓，报告了自己的构想，这样粟裕做得很是完美，他知道按照毛泽东的计划，是要他减轻刘邓大军的压力为目标的，所以他先将意见报告给刘邓，两天后，他才以个人名义致电毛泽东和华东局，详细地陈述了自己的想法。

毛泽东收到粟裕电报的同时，也收到刘、邓发来的电报，刘邓态度很好，同意粟裕建议，压力和困难自己先扛住，毛泽东自然很是欣慰，粟裕的建议被采纳。

这是重大的战略上的变化，改变了南线作战进程，令行禁止与虚怀纳谏相得益彰，粟裕与毛泽东共同书写战争史上一篇华章。

重头戏由粟裕来唱，华东华中的兵力继续向粟裕集中，豫东战役，共歼灭国民党军 9 万多人，开了一个好头。这就打破了中原僵局。

其他胜利也相继而来。

在华东战场，许世友、谭震林歼灭蒋军 6 万多人，山东只剩下省会济南。

韦国清、陈丕显、姬鹏飞兵团则打通了苏北同山东的联系。

在晋中战场，徐向前歼灭阎锡山部 10 万人，完全孤立了山西省会太原。

徐向前只有 6 万人，却灭敌 10 万，毛泽东大为高兴，见了面就问："快说说，你们是怎么用 6 万人把 10 万人消灭的。"徐向前谦虚地说我们是按照你的思想嘛，毛泽东说："不是靠我的思想，是你们打得好。"只有毛泽东没有把毛泽东思想看得多么高，可是解放军最会打仗的将军徐向前、林彪、刘伯承和粟裕都将胜利归于毛泽东军事思想。

徐向前一生充满神奇，是机缘的另类解释，1927 年没有找到毛泽东，长征途中没有理解毛泽东一起走的暗示，张国焘的路线带来失败，西路军则是弹尽粮绝，天性中的温和与惨败，再加上身体不好，使得他十分谦虚，终其一生，他没有说过对毛泽东不满的话。

在中原战场，刘邓大军活捉第十五绥靖区司令官康泽，康泽可是搞宣传的，蒋介石怎么会让文人掌军呢？手底下没有人了？

在华北北部战场，杨得志、罗瑞卿、杨成武兵团歼灭国民党军 3.4 万人，使河北省会保定陷于孤立。

这些胜利，被合称为“五路大捷”。

这样，毛泽东将抗战胜利后的虚拟地盘，变成了实实在在的根据地。人民解放军靠着缴获有了自己的炮兵，这意味着我们将是无敌的。大炮改写了人类历史，中国的大门就是被洋人的火炮打碎的；中国人的精神也是被大炮打弱了的，炮兵造就了拿破仑的传奇。把炮架在军舰上造就大英帝国，把炮架在战车上造就希特勒，苏联人把炮演变成喀秋莎火箭，美国人把炮架在飞机上，扩展成原子弹，20 世纪几乎所有的战争都是靠了大炮发言，胜负也多是由大炮决定的。只有一个例外，就是我们的解放军，我们的军队在一开始就没有炮，就是处于挨炮轰的状态下开始的，要是大炮决定胜负，我们早就死过多少遍了，但我们的军队在炮火中长大，毛泽东教会我们不愿意做亡国奴的中国人，你打你的原子弹，我打我的手榴弹。只有我们的军队是不怕大炮的，等到我们有了大炮，试看天下谁能敌？

1948 年七八月间，大决战在毛泽东头脑里成型。

作为这场决战的序幕，毛泽东先是准备发动济南战役。战前，毛泽东下令先打扫清理华北、东北、西北。

对华北战场，毛泽东派徐向前指挥攻打太原，由徐向前带病指挥山西作战是有道理的，因为山西一直是阎锡山的地盘，由徐向前领兵表明战争只是国共两党之争，不是南方人打北方人。

对东北战场，毛泽东已经开始和林彪讨论东北作战的顺序，并应林彪之请，指示华北的杨成武、杨得志两兵团配合东北作战。

毛泽东电告西北的彭德怀：“九月起全国各区均将有大战，希望你们能配合。”西北不是主角，这是地理因素决定的。

此时毛泽东加强了统一指挥，他要求各方面大员定期向中央报告。林彪没有按时报告，毛泽东给予严厉批评。为什么毛泽东把这件事看得如此之重，紧紧抓住不放？这是因为到了关涉全局的临界时刻。而在此前毛泽东全权委任林彪经营东北，林彪的地位高过许多政治局委员。

在大决战的准备工作中，重点要解决兵员补充和火力加强两个问题。

对于兵员补充，原则上是即俘即补。直接把俘虏转变成自己的军队，是商纣败于周武王的关键因素，毛泽东这样做却变成了速胜的支撑，这一切是建立在绝对能胜利的基础上的。

炮兵是怎么样解决的呢？中国人缺枪缺炮，不缺智慧，土飞机、土坦克依然能杀死敌人。周恩来主抓后勤，算无遗策，毛周珠联璧合。

这时，明白人都知道蒋介石已经走进了死胡同，国民党内主张停战谈判的人渐成势力，美国驻华大使司徒雷登也向蒋介石建议应当考虑谈判。可是这些人搞错了，主动权根本不在蒋介石手里了。

毛泽东能答应吗？他要和平的时候，蒋介石不同意，现在蒋介石已经失败了又想阻止历史车轮前行，不可能了。

蒋介石其实也是要继续打下去的，他没有退路了，他搜刮民财，集中兵力，以求再战。

经过两年的作战，毛泽东领导的共产党力量大增，蒋介石手里只剩下卫立煌、傅作义、刘峙、白崇禧、胡宗南五大战略集团，而且处于孤岛状态。人民已不再信任国民党，国统区经济全面崩溃了，旁观者都知道蒋家王朝快完了。

决战的日子越来越近了，蒋介石依然在敛钱、借钱、买枪、抓壮丁，所以他又拼凑了 300 多万人的兵力，这 300 万兵可比不过原来的兵了。

蒋介石鉴于连遭惨败的教训，已改取重兵固守、诸兵团驰援的会战方式。可是这办法救不了命。

毛泽东也在考虑怎么攻坚，怎么打援。他向全军推广徐向前以坑道爆破攻克临汾的方法来攻坚。对付蒋介石的会战方式，则是调节攻城与打援两方面的兵力，毛泽东指示将军们将重点放在打援方面。也就是说蒋介石你不救，我就挖地道炸口子攻城，蒋介石你要救，我就运动战里灭你援军，不救也是死，救也是死，无非就是先死后死的区别。

此时济南成了毛泽东的第一目标。

济南是山东的省会，王耀武指挥国军十万余人守着，蒋介石为了确保济南，搞了一个从徐州派出邱清泉、黄百韬、李弥三个兵团北上增援的"会战计划"，也就是说一旦毛泽东进攻济南，就来个大兵团突击，重创共军，一雪前耻。但可能吗？

毛泽东叫粟裕指挥全军主要打援，攻打济南的领兵人物则是指派许世友。许世友是河南人，是少林和尚出身，他当时有病在身，毛泽东专门把他派到前线领兵，许世友决定采取牛刀子战术攻坚。山西作战主要用的是山西人徐向前，为什么山东战役却主用许世友这个河南人，不是毛泽东忽略了地区概念，而是因为山东早在抗日时期就不是国民党的势力范围了，守济南的并不是山东人，重用许和尚主要是表明拼命的决心，毛泽东用心之细到了这份儿上。

粟裕以二十多万人准备打援，十几万人攻击济南，只经过八天的战斗，就全歼国民党守军十万余人（其中，整编第九十六军军长吴化文率部两万余人在战场上起义起了很大作用），攻克了济南。想着救援济南的邱清泉兵团一部，因为人少害怕，就没敢临敌。蒋介石准备的另外两个兵团还没有在徐州集结完毕，济南就丢了。粟裕的大军多数没有用上，可想毛泽东集中了多大兵力开的头，这仗稳赢。

济南战役的意义，美联社评述得最明白："自今而后，共产党要到何处，就到何处，要攻何城，就攻何城，再没有什么阻挡了。"

没错，这一切刚刚开始。

济南战役还有一条值得说说，就是吴化文的起义对快速打下济南起了相当作用。有人把吴化文称为五姓家奴，比吕布的三姓家奴还多两个。他曾在军阀、日本人、蒋介石之间来回打转转，其实在 1949 年前的中国，许多人是没有国家民族的概念的，为了一口吃的而活着的人比比皆是，这是我中华民族的悲哀，这是积弱已久的当时中国的实际，也是我们民族遭遇沉重苦难的原因之一。只有了解到这一点才能明白毛泽东对改造国民的思想为什么有那么大的激情，才能明白解放后的持续的高压实际上是一个必需的和相当了不起的净化过程，后来的清算也不是吃不饱发昏。当然不可否认这对少部分人，特别是对原来过得舒服的人和富人们来讲是无法愉快的过程。不过我们要问，酱缸怎样才能变成净土，不就是得靠蒸了煮了晒了吗？

周恩来后来说道："三大战役的序幕是济南战役。"

辽沈战役关门打狗

决战的时刻已经来临，大决战最大的特点是蒋介石没有料到形势发展得这么快，是在蒋介石坚守还是撤退的犹豫之间就完结的大逆转；显示了毛泽东不单是在渐进过程中找到了克敌制胜的法宝，而且他具有制造机会和抓住突变机遇的能耐。

这场大决战，是由辽沈、淮海、平津三大战役一环紧扣一环地组成的，三大战役历时四个多月，歼灭国军 154 万多人，这在世界战争史上也是罕见的鸿篇巨制。

当决战开始时，国军的数量还多于解放军，装备更比解放军好，地盘依然大，人口依然多。但毛泽东看到的不是敌人的巨大势力，而是蒋介石在关键时刻还举棋不定，心存幻想难下决心实行战略退却这一点。舍不得，导致满盘皆输，毛泽东抓住了这一稍纵即逝的机会，进行决战。

蒋介石是一直盼着和共军决战的。毛泽东跑来跑去，拒绝硬碰硬，他在不断地消灭敌人壮大自己，他的目标一直是等待平衡后发动反攻，为此他常出奇兵，搞得蒋介石都不知道该收缩了。蒋介石觉得自己还有兵力还在寻找作战机会的时候，也就是说在兵力对比尚未分出上下时，只有毛泽东知道天平倾斜了，因为毛泽东的力量是相当隐蔽的，而蒋介石的力量是明的，这才是蒋介石不知进退的关键因素，等到局势明了的时候，毛泽东出手之快让蒋介石想撤都来不及了。很像游戏中的大鱼吃小鱼，力量集聚到一定份上就会发生突变。

三大战役显示了毛泽东把握全局的不同能力：辽沈战役代表毛泽东抓住主要矛盾，独断专行的魄力；淮海战役则显示毛泽东放手使用部下和协调各路大军的能力；平津战役毛泽东则是展现出容纳天下的宏大胸怀。

南线锋芒初试，却又盘弓待发，就是为了不让蒋介石有战略收缩的可能，毛泽东把注意力转向北边，在东北开始决战。

蒋介石舍不得丢掉东北，这有政治上和经济上的综合考虑。军事上牵制东北人民解放军，使共军不能入关作战。不成就把东北国军撤至华中地区，加强华中防御，在他看来，迫不得已的时候再走不迟，他压根儿就没有意识到会有连退都不可能的时候。他似乎从来没有主动撤退过，这导致他快速崩溃。在当时情况下，战略决战的方向不能是华北，这样会使我军受到华北、东北敌人的夹击。决战也不能先在华东，这会使东北蒋军下决心南撤，而实现他们的战略收缩。

因此，东北就成为决战首选。因为其他地区已成相持，蒋介石不可能再有更多的力量去援助东北。

蒋介石当年能将东北丢给日本人，看来也不是什么战略，而是不在自己的势力范围就不心疼而已，该撤了，他舍不得立刻撤退到华中。后人纳闷，蒋介石为何如此不知进退，就是忽略了蒋介石自认为可以来去自由，他的兵本来就是从海上过去的。

根据上述情况，毛泽东将战略决战方向首先指向东北，这就将战略决战的初战胜利放在稳妥可靠的基础上，解放战争时间大为缩短。

那时候，东北蒋军共 55 万人，但已经被分割和压缩在长春、沈阳和锦州三块互不联系的地区，共军已有百万之众。

长春在最东边，锦州在最西边，沈阳守军最多，先从哪里打起？毛泽东一开始征求林彪意见，毛泽东给林彪提出建议“以封闭蒋军在东北加以各个歼灭为有利”。

这是一个大胆的设想，一开始毛泽东是在征求意见，并没有下最后的命令。林彪很谨慎，平型关和四平战役后的林彪十分在意减少牺牲，这是他的优点不能抹杀。他对打锦州顾虑重重，担心久攻不下，会被敌人两头夹击，再三提议先打长春。林彪也是稳妥和渐进的打法，毛泽东复电同意先打长春，东北野战军试攻，发现攻占长春并不像预期那样容易，改用严密围困的办法。

没有打下长春，林彪表示，执行南下锦州方案，这一段历史最有趣的是毛泽东与林彪之间的你来我往，先是林彪提条件，让聂荣臻协助拖住傅作义，毛泽东部署了。可能聂荣臻协助的效果不是很明显，林彪就有些犹豫，强调困难。毛泽东不愉快了，林彪又表示服从。

很快，毛泽东下了决心，要求林彪跳出自己的小圈圈，站到全国战略的高度考虑问题，加快战争进程，要求林彪兵指锦州。

这时，在坚守东北还是放弃的问题上，蒋介石同卫立煌掐起来了。

卫立煌起到了巨大的反作用，自到延安见到毛泽东，卫立煌已经转变了立场，蒋介石居然重用卫立煌，实在叫喜欢蒋介石的人郁闷不已，蒋介石的军令无法下达，更是后人无法想象的。当然关键还是蒋介石举棋不定。

蒋介石没有想到毛泽东的胃口突然间变得这么大，林彪都已经兵指锦州了，蒋介石才慌忙从傅作义手里调集五个师，组成援锦东进兵团，越过卫立煌，直接命令廖耀湘率兵十万直出辽西，解锦州之围。

仗打到这份上就是明棋了，毛泽东要求林彪迅速攻克锦州。林彪深恐两面受敌，转了念头，自己独自以林罗刘名义致电军委，想回师再打长春。罗荣桓知道后认为不妥，说服林彪撤回这个电报，联名打电报表示服从命令攻打锦州。

毛泽东收到林彪的前一个电报，大怒，一开始毛泽东就建议林彪先打锦州，林彪说先打长春，毛泽东同意了，长春打不下来，林彪说可以打锦州，并提出条件要聂荣臻部配合，毛泽东也做出相应部署，到了关键时候，林彪又说不打了。这一回毛泽东不干了，他的决心已下，不容更改了，毛泽东立刻复电，要求:“集中主力，迅速打下锦州，对此计划不应再改。”后来苏联人看了毛泽东的电报很惊讶，毛泽东的战争命令居然没有任何生硬的口吻，多数情况下都是协商式的，可是在1945年后将军们没有不听的。

随后，毛泽东收到林罗刘第二个电报，毛泽东看后心里才踏实了。他的命令和决心得到执行。

为了让林彪放手在东北发展，毛泽东给了林彪司令加政委的全权，地位高于许多政治局委员，但他的身边有罗荣桓当他的第一副政委，罗荣桓在军事上名声不像林彪那么显赫，但在政治上的建树是相当高的，几乎可以说，毛泽东的党指挥枪等建军原则就是在罗荣桓的落实下，一步一步完成的。罗荣桓还是山东战略力量的创建者，东北的干部大部分来自山东，林彪又长时间在苏联养病，只是到了解放战争才给他大权，意在经营东北，林彪拥有谨慎的性格和战术天才，十分符合毛泽东的要求。但毛泽东依然放了个罗荣桓在他身边，罗荣桓在没有得罪林彪的情况下，居然就扭转了林彪，让林转了向，这一方面说明罗荣桓性格极佳，策略极高明，但也说明了罗荣桓的地位和权威，以及毛泽东制定的规则和纪律。这件事非同小可，直接影响全国战局，毛泽东的党指挥枪，他的军队的政委制，在执行毛泽东既定之决心时发挥了效用。罗荣桓在战略决战时立了大功，所以毛泽东后来有诗赞扬罗荣桓的作用：

> 记得当年草上飞，红军队里每相违。
> 长征不是难堪日，战锦方为大问题。
> 斥鷃每闻欺大鸟，昆鸡长笑老鹰非。
> 君今不幸离人世，国有疑难可问谁？

最后一句最重，“国有疑难可问谁？”和毛泽东关系真正达到这一层面的只有他的同学蔡和森、何叔衡等人，他的学生任弼时、肖劲光等人，在井冈山时期就追随他的罗荣桓等人。后来有无数人愿意加入到毛泽东的队列里来，但真正达到终身追随和合作的只有周恩来等少数，还有一些是只认毛泽东的悍将，这是理解毛泽东的人际关系的主线。

关门锦州之决策就是这样决定和落实的。东北野战军扫清外围后，只用了一天半，就攻克了锦州。在锦州西侧塔山进行阻援的部队，以数千人伤亡的代价，阻止了蒋介石东进兵团对锦州的增援，保障了攻锦的胜利。

攻克锦州意味着关上了东北的大门，把东北战场和华北战场切割开来。

在锦州攻克后，林彪打得相当积极。长时间困守长春的郑洞国放下武器，长春和平解放。从沈阳西出后的廖耀湘兵团十万之众想从营口撤退时被全部歼灭。紧接着，林彪乘胜挥师东进，东北全境获得解放。

林彪对我军的贡献很大，除了累累战功，他在战术上建树非凡，他的三人战斗小组等战法，为我军战斗力的提高起了相当大的作用。他在政治上对毛泽东也有支持，所以他成为元帅第三，但在大的战略上的含糊，给他显赫的军事名声带来了影响。但我们依然要把辽沈战役的功劳记在林彪头上，他和毛泽东的争论只是渐进和跃进的差异，是战争进程时间上的差异，不是有人理解的更大的差异。毛泽东在辽沈战役中显示出军事统帅在关系全局的大问题上独断专行的魄力，政委制度则保障了令行禁止，即使林彪这样的军事天才也不得违抗，辽沈战役堪称军史上最艳丽的奇葩。

辽沈决战历时 52 天，林彪手下百万雄师，歼灭了国军 47.2 万人。

辽沈决战的结果，对蒋介石是致命的一击，据说蒋介石在北平和南京两次吐血。

辽沈决战的胜利，大大加速解放战争的进程，解放军拥有了一支强大的战备机动部队——能入关的军队达到 70 多万人，毛泽东的大军是不会用来守城的。

毛泽东非常欣慰，在给东北的贺电中写道：

“东北是中国工业特别是重工业最大的中心，东北解放，奠定了在数年内解放全中国，然后将中国逐步建设为工业国家的巩固基础。”解放中国只是将中国逐步建设为工业国家的开端和基础，毛泽东写得明明白白的，这才是理解后来毛泽东的关键所在。

淮海战役以少胜多

辽沈战役一结束，南线的战略决战——淮海战役便开始了。这样解放战争就不是渐进的过程而是突变的过程，打完东北后不是先打华北而是中原决战。毛泽东不给蒋介石把孤岛连成一片的机会。

淮海战役是在长江以北地区进行的决战。

这个地区国军有 80 多万人，解放军约 60 多万人，数量少于敌军，装备和交通运输条件更远不如对方，双方的力量对比，和东北战场上不同。

当时，蒋介石的感觉依然是进退自如，一可决战，二可守住长江北岸，实在不行，再撤至江南，守住半壁江山，怎么也不至于惨败，所以这一仗需要的不光是勇气和魄力，更需要能力。

与辽沈战役关门打狗不同，淮海战役相当于生吞活剥，它的规模和部署，是一个不断增大的过程。辽沈战役是毛泽东的雄心和魄力起主要作用，而淮海战役是粟裕建议和参与指挥的。这里面没有什么太多的误判，就是两军对垒打作了一团，等尘埃落定时，所有的人都惊呆了。

当济南已攻下时，粟裕就“建议即进行淮海战役”。粟裕开始建议的是小淮海。但随即，毛泽东和粟裕同时意识到了战争规模可能很大，粟裕建议：“此次战役规模很大，请陈军长、邓政委统一指挥。”正合毛泽东的心意。

此时粟裕麾下集中了兵力42万，战役第一阶段的进攻方向选定在徐州以东，对象是黄百韬兵团。刘邓率兵20万协同华野作战。除了统帅会打仗，共产党的将军们没有私心也是快速胜利的关键因素。

淮海战役，毛泽东放手让粟裕指挥。没有硬任务，基本上是打成什么算什么。这其中的变数是何基沣、张克侠（都是地下中共党员）率两个军2.3万余人起义，造成国民党军乱作一团。

蒋介石命令黄百韬固守待援，急派杜聿明到徐州指挥邱清泉、李弥两个兵团东援，但没有估计到华东野战军“用一半以上兵力”来打援，没有等到救援的结果是黄百韬兵团全部被歼。

当时的淮海战役总前委由刘伯承、陈毅、邓小平、粟裕、谭震林五人组成，粟裕指挥了绝大部分作战。粟裕是怎样指挥战役的呢？据说，当年粟裕喝着缴获的咖啡，不时在地图上圈上一个个圈，画上一道道杠。国民党军队哪一部被他圈上就在劫难逃；哪一部被他画上杠就寸步难移。也就是说在兵力相当的情况下，粟裕以切割、阻击的方式，对某一部分实行绝对优势歼灭的方法，即俘即补，在战场上将俘虏转化成共产党的军队，这样兵力随即增大，胃口更大，吃的速度更快。也就是说，毛泽东的集中优势兵力各个歼灭敌人的方式，在此时的粟裕手中已化作自己制造局部优势，快速复制不断滚着雪球般地长大了。其实就是“神仙仗”的复制放大版。

从河南赶来淮北救援的黄维兵团孤军冒进，被刘伯承歼灭。

此时的毛泽东很轻松。粟裕早就证明在同等兵力下能灭了敌人的能力，大军集合在粟裕手下，邓小平、陈毅、刘伯承、谭震林四位大老板一旁倾力相助。

杜聿明发现危险，同蒋介石磋商后，慌忙放弃徐州，率领30万人撤逃，可惜又迟了一步。粟裕已经预测到杜聿明逃跑方向，派人预先堵截。这是粟裕天才的一笔。收拾完黄百韬的粟裕和歼灭黄维的刘邓陈合兵，将撤退中已混乱不堪的杜聿明集团合围。

这时平津战役已经开始，蒋介石应当迅速海运平津地区的军队南下，毛泽东指示在南线留下杜聿明集团，暂时不作最后歼灭的部署，蒋介石再错一步，他没有将华北的孤军撤回，来救杜聿明或退防长江。

在以后的20天中，天气骤变，雨雪交加，国民党军队粮弹两缺，饥寒交迫，蒋介石派飞机空投的少量粮弹，根本无济于事。杜聿明面对饥寒交迫的士兵，无奈地说出只要不带枪，跑走找食亦可。仗打到这份上胜负已判。随即杜聿明被俘，淮海战役胜利结束。

淮海战役历时66天，共歼灭国民党军队55.5万多人。

关于淮海战役，回忆录多了，最著名的说法就是50万头猪撒在地里，两个月也逮不完啊。毛泽东在20年前播下的毒药，就这样进入了国民党军队的每个人的心中，只要面对优势的共军，国军从士兵到将军，毫不犹豫地举起了双手。辉煌的战绩是粟裕将军创造的，他在几乎同等兵力的情况下依然能够实现毛泽东集中优势兵力各个歼灭敌人战略战术，这是天才的创举，堪称奇迹。毛泽东创建的人民军队在抗日战争的血与火中长出了熊心豹子胆，在大规模的内战中磨出了尖牙利齿，足以让任何敌人胆战心惊。这将在建国后的历次对外战争中体现出来。

淮海战役结束，南京、上海、武汉已在解放军的炮口之下。

淮海战役是三大战役中唯一的人民解放军在总兵力上少于国民党军队的情况下进行的。

毛泽东称赞陈邓刘粟谭：淮海战役打得好，好比一锅夹生饭，还没有完全煮熟，硬是被你们一口一口地吃下去了。毛泽东也没有要求刘邓和陈粟一定要获得全胜，这个胜利粟裕是立了大功的。

关于淮海战役，我们依然要再说几句，第一是兵力人数，共军是60万，国军是80万，最后的结果是国军被灭了50多万，这一对比是世界军事史上的奇迹。原因是共军的武器比不上国军，人数比不上国军，时间又很短，关键是胜负却没有什么悬念。对于毛泽东和粟裕的拥趸来讲就是辉煌，就是荣耀的最好证明。对于蒋介石的拥趸来讲是难以接受的事实，于是乎就拿人数说事儿。因为陈毅说过，淮海战役是人民拿手推车推出来的。这话当然对，解放军的后勤当然是靠着最简单的最原始的工具完成的，而且动员了近200万人支援前线。工作是谁做的呢？就是我们的陈军长、邓政委啊，排在粟裕前面的邓陈刘谭四位领导主要就是做了全力支持粟裕的工作，陈毅的这句话应当没有抢功劳的意思，因为军事指挥确实是粟裕完成的，没有军事上的胜利，老百姓怎么能跑到前线送吃的？

至于说到共军的人海战术，那是另外一个笑话，国军从头到尾不知道共军战术，共产党的将军们都是身经百战的战神，他们是最爱惜战士的生命的，绝对不是拿着枪在后面督战命令往前冲就获得了胜利，自从有了机枪后，再直着腰往前冲就是不可思议的愚蠢，可是这种战术并不是没有市场，日本人是这样打仗的，被俄国人一通狂拍后无力再入侵苏联，留日的蒋介石也是这样打的，甚至朝鲜战争之中美国人也是这样打的，不知道美国人现在是否还是这样打仗。为什么会出现这样的战术呢？关键原因就是军官和士兵脱节，军官们在地图上作业，要求士兵拼命，居然还规定几点几分拿下阵地。共产党不是这样打的，毛泽东指挥的军队要的是最后的胜利，要的是少牺牲。所以淮海战役后，共军成了上百万，国共战争不是我们想象的杀死了八百万国军，而是大部分国军成了共产党的军人，他们都是中国人，最终选择了站在共产党这一边，从此他们脱胎换骨，从雇佣兵变成了为自己民族而战的勇士。抗美援朝战役中，有一部分被俘的志愿军军人跑到了台湾，在一些不明真相的人眼里是共产党的耻辱，其实明眼人知道几年前他们多数人本来就是国军，打日本人不成，打共军也不成，但到了抗美援朝的战场上，他们却成了真正的勇士，多数是在弹尽粮绝的情况下才被俘的，虽然他们最终选择了到台湾，但这并没有给共军抹黑，相反是共军的光荣。同样的人，到了国民党军队就是懦夫，到了共产党的军队就是勇士。还有什么比这更能为共产党添彩呢？

谁是共军中最能打仗的将军呢？军迷们总是争论不休，徐向前的军功不显著，但细心人会发现他是独立地探索出最接近毛泽东军事思想的天才军事家。从军功上看，一般人都是在林彪和粟裕间争论，林彪是元帅，粟裕是大将，相提并论本身就说明一些问题。林彪在政治上对毛泽东有支持，在军功上十分显赫，在战术理论上也有建树，重用林彪经营东北，意味着必胜。中原重用粟裕意味着速胜，粟裕表现在战略上能建议毛泽东改变部署，缩短战争进程，在战术上他能在对等兵力下实现毛泽东的集中优势兵力各个歼灭敌人的方针，对毛泽东的军事思想也有贡献，所以各有千秋。

平津战役不战而屈人之兵

收拾待在北平、天津为中心的傅作义集团是在济南战役、辽沈战役胜利后，而淮海战役进行了一半的时候。

奇怪的是傅作义摆了个东西向的一字长蛇阵，他手下统领的50多万国军中，40%属于傅系，60%属于蒋系，在辽沈、淮海两大战役相继发动后，这是国民党方面唯一可能机动的兵力。他们将面对的是华北的聂荣臻和从东北入关的林彪。

华北和东北在战略上是一体的。丢了东北后，为什么蒋介石不把孤悬华北的兵力南撤呢？原来还是利益在作怪。

蒋介石依然错误估计形势，他认为中原仍有一拼，东北野战军不可能立即入关，华北的兵力依然进退自如，海军力量到台湾救了他的命，但过分相信和依靠海军力量也使他两次误判：一次在东北，再一次就是平津。蒋介石想要傅作义率部南撤，就要委任傅为“东南军政长官”，要是只撤退自己的部下那就是壮士断腕，而蒋介石从来没有表现过这样的素质。他还想等等看，他自己内部摆不顺，根据地原在绥远的傅作义不愿南下是更为重要的原因，傅作义可不傻，先前张学良等人的例子摆在那里，军头们一旦失去自己的立脚点，身份立刻就变了，从老板变成打工仔可不是好玩的事情。更何况蒋介石这老板实在不咋地，宁当鸡头不做凤尾不是没有道理的。傅作义有意把蒋系部队摆在东南向，把傅系部队摆在西北向，一旦东北解放军入关，蒋系可以乘船南下，而傅系可以西撤绥远，这就是怪异的长蛇阵的缘由，摆阵不是为了打仗，而是为了跑着方便。这样，蒋、傅各有各的打算，不易取得一致，暂守平津、控制海港，以观时局变化成了两人共识。蒋介石没有想到，就这一念之差，他彻底没有了撤退的机会和随后抵抗的本钱。

辽沈战役结束，毛泽东当然想着尽快入关，可林彪表示有困难。毛泽东设想的是最好能堵住华北的国民党集团，若不然蒋介石一旦调走，林彪大军将无仗可打。当毛泽东判断出蒋介石仍在犹豫时，他不再和林彪商量，下达即刻入关命令。

此时的傅作义早已不是当年跟毛泽东较劲的傅作义了，蒋介石给了他名誉地位，却是将他绑在了一个快要散架子的破车上。

傅作义这时并没有拿定主意，还有西逃和南下的可能，而以西逃的可能性较大。毛泽东估计，一旦兵指张家口，傅作义将调集他的嫡系西援，使傅部不能西逃或南下最为理想。

果然傅作义立刻驰援张家口，以保西撤的通路，东北野战军悄然入关，东北先遣兵团攻占密云，做出攻打北平姿态，傅作义急忙将兵力撤回增防北平，可是毛泽东的意图根本不是攻打北平，而是先切断蒋军南下的海上之路。攻打天津和塘沽才是毛泽东的真正意图。

傅作义上当了，毛泽东十分欣慰，整个过程毛泽东“唯一的或主要的是怕敌人从海上逃跑”。

蒋介石低估了毛泽东的胃口，毛泽东的多年的低姿态可能也起了作用，从蒋介石感到尚能支撑到全盘皆输，只有极短的时间，等局势明了的时候也是迟了的时候，蒋介石实在舍不得地盘，这里也不愿意丢，那里也不愿意丢，结果是哪里都保不住。

蒋介石这时才派人从南京飞抵北平，劝傅作义率部南撤，实在是已经迟了，唯一能跑的海上之路被截断，还能往哪里跑呢。

塘沽不好打，因为有国民党海军支援，所以有一小部分蒋军乘船逃走，但蒋军大部被截住了，天津守敌拒绝投降，仅仅 29 个小时即被攻克。这样，傅作义集团的北平守军走投无路，促成了和平解决。

毛泽东对傅作义进行了耐心的工作，但主动权一直在毛泽东手里，他不断地减少傅作义谈判的筹码，傅作义在兵临城下时，才下决心放弃抵抗，对傅作义这样的抗日名将来讲也不是容易的事情。北平和平解放，人民没再多流血，五百年古都无恙。这对我们这个古老文明的国家来讲是最好的结果了。

毛泽东在西柏坡接见傅作义时高度评价了北平和平解放的意义，解放后傅作义当了水利部长，为人民做了很多工作。毛泽东的感召使傅作义放下包袱，更圆满地解决了绥远问题，绥远模式就是传檄而定。

平津战役，历时 64 天，共歼灭和改编国军 52 万人，毛泽东后来把天津、北平、绥远作为解决国民党军队的三种方式，他们的命运就三种：被消灭，投降或起义。

第八章

伟业终成

Chairman Mao

美苏中三国演义其实是在二战后就开始上演了，蒋介石游弋于大国之间，结果是两头挨扁，毛泽东游刃于美苏之间，结果两边都有求于中国，这是下了几十年的一盘大棋，消除俄国人对中国的威胁居然是从一边倒开始的，这才是历史的关键。

一盘将下几十年的大棋

美国人骨子里面是商人，俄国人骨子里面是沙皇

三大战役结束了，蒋介石就要完蛋了。

蒋介石仗输了、人没了、钱毛了，美国政府的商人本性再次暴露，他们拒绝了蒋介石提出继续支持的请求。桂系首领李宗仁、白崇禧趁机以和谈为名，逼蒋下野以取而代之，他们这样做，得到了美国人的支持，美国也支持划江而治。

中华民族躲过被殖民的灭顶之灾的关键因素一个是它的大块头，二是欧洲人自己掐，三是美国人还是拎得清的，美国人的国策是占据全球市场，他们的地实在是太多了，不是很热衷试图占领中国，第一这很难，第二没有太多的直接利益，最终总要失败。所以只要美国人不直接出兵干涉中国内战，再没有人能阻挡毛泽东的脚步。

共产党人最不可思议的阻力是来自俄国的斯大林，他也建议中共划江而治，他显然不喜欢一个统一强势的中国。早在 1936 年毛泽东就和斯诺说过，中国革命的目的不是建立一个服从俄国人指挥的政权，毛泽东的胜利是自己打出来的，当然不会接受这种中途而止的无理要求，而且斯大林无力干涉只是建议，毛泽东自然可以不听，毛泽东此时认为，他面临的最大的风险来自美国人的武力干涉。

1948 年 12 月 30 日，他为新华社写了《将革命进行到底》的新年献词，他引用了古希腊寓言“农夫与蛇”来说服中间阶层不要上当。

1949 年元旦，毛泽东对形势进行分析，指出胜利不远了，美国军事干涉的可能性不大但要做好打的准备。所以后来的抗美援朝决策的时候，彭德怀说就相当于解放战争晚胜利几年，就是这里来的，为了全中国的彻底解放和独立，毛泽东是不惜和美国人干仗的。不过朝鲜战争是美国人的误判，中美大打出手的战场转移到了朝鲜。

1949 年一定是很忙的，毛泽东提出了 16 项任务，准备召开政治协商会议，成立中央政府，“原则是没有反动分子参加的，可能有右翼分子”。他事先给他的同志打了一个预防针。

毛泽东表明要将革命进行到底。他提出和谈的八项条件，对国民党来讲就是具体化了的缴枪不杀。

随后，毛泽东在西柏坡会晤斯大林派来的代表米高扬。

这是毛泽东第一次以中共领袖的身份同苏共代表面谈。对斯大林来讲，毛泽东显然是个谜，他绝没有想到中国共产党会这样迅速获得胜利，他是指挥过打仗的，但中国战争的方式在他看来是不可思议的。他想摸摸底，他最想知道胜利后的毛泽东将怎样对待苏联，他被希特勒打痛了，虽然后来报了仇，但对外界绝对不信任，时不时就要露出熊的牙齿来，其实是很心虚的。这是从二战后俄国人没有真正打过仗就能看出来的。

俄国人由于受到过蒙古人的长期欺压，对黄种人心有余悸，在他们强势以后又残酷地剥夺中国的利益，与中国是一种世仇关系，除了列宁为了减轻苏维埃的压力，做出友谊的表示外，斯大林缓过来之后一直热衷于削弱中国的力量，蒋介石反苏就是出于这样情况。但蒋介石在没有实力的情况下，反苏的结果就是丢失外蒙古，而新疆和东北也均在俄国人试图染指的范围。蒋介石的主要利益来自南方，对北方领土的丢失和损失不在意。所以从整个民族利益上讲，蒋介石只能是半个英雄，他投向美国人，固然能获得一些直接利益，但毛泽东清楚知道美国人是不会为了中国的新疆、东北去和苏联人干架的。要想彻底解决苏联对中国的压迫，需要中国人自己来想办法，再者跟西方人还有老债要还，所以不改共产党的名字，和苏联是同一个旗帜让苏联人不能拒绝，毛泽东的一边倒的政策是一盘要下几十年的大棋。毛泽东的这盘大棋的第一步就是抢占东北，把东北变成了中国共产党的大本营，使得俄国人不再有机会搞鬼，俄国人没有放弃这种努力，后来翻脸后在新疆依然搞动作。这是看待中俄关系不可不知的历史。

为了解除斯大林的疑虑，最重要的是让斯大林认可中国共产党依然是俄国人帮助下成长起来的那个和俄国利益一致的共产党，毛泽东需要告诉斯大林，我们是同志加战友，当然不是仅仅说说就可以过了斯大林这一关，最后说服斯大林的还是在他腿软的情况下，毛泽东出兵与美国人打了一仗才起了作用，当然这是后话。此时的毛泽东力图用语言证明这一点，至少毛泽东需要做出解释。

毛泽东主要想说明，我们新中国和苏联性质相同，对苏联只有好处没有害处。

这样的解释能打消斯大林的疑虑吗？后来的历史证明不是这么简单的，但斯大林显然不能拒绝中共的一边倒，中国这么大的一份力量要加入苏联为首的联盟他怎么可能说不。一边倒是毛泽东的一个天才的政治决策，他以共产主义的名义使得俄国人放松了对中国的警惕，使得中国后来有了足够的时间和空间来应对俄国的压迫。美国人骨子里面是商人，俄国人骨子里面是沙皇。这一点毛泽东比任何人都认识深刻。

很多人对毛泽东的一边倒政策不理解，觉得国策应当是和美国交好，这个问题一定要想明白，俄国人对中国使坏长达几百年，在他们面对欧洲的压迫时，才试图缓解对中国的压迫，目的也是为了保住在东方的既得利益，这在他们第二次世界大战胜利后立刻迫使外蒙古独立就能看出来，他们怕中国翻旧账就先下手为强。毛泽东进军东北打破了斯大林经营东北的算盘，又没有听从斯大林划江而治，直到抗美援朝才算是打消了苏联人的疑虑，不再打中国的主意，美国人再厉害他却不易伤着我们，最多是少做一些买卖而已，苏俄却随时随地能损害我们，尤其是在我们弱的时候，和俄国拥抱固然叫人难受，但为了中国的利益却是最有效的招数。再后来赫鲁晓夫居然想与美国人单独搞缓和，眼看就要出卖中国了，毛泽东用炮击金门将苏联人拉下水，一旦苏联人伤不着中国了，就开始翻脸搞论战，最后为了弹丸之地中苏大打出手，苏联人才反应过来，把苏联人气得恨不能拿核弹炸中国。毛泽东翻脸的目的是让美国人明白，中国人才是他们的真正朋友，但这迟到的握手必须建立在我们强大到不怕苏俄的时候。中美联手的结果使得苏联两面受敌，最后造就了一个演员里根成为美国历史上最伟大的总统，因为他摧毁了强大的苏联。我们现在可以说，这只是历史的表象，美苏中三国演义其实是在二战后就开始上演了，蒋介石游弋于大国之间，结果是两头挨扁，毛泽东游刃于美苏之间，结果两边都有求于中国，这是下了几十年的一盘大棋，消除俄国人对中国的威胁居然是从一边倒开始的，这才是历史的关键。不要说外人，就是中国共产党内许多高层人物都不知道，所以解放后产生了另外一个奇观，就是所有的和苏联人走得近的人都没有好下场。这也是一个证明。这只有毛泽东能这么想，能这么做，四年一届的总统们怎么可能做这样的大事？

意义深远的定都

国际大棋要慢慢下，关键还是先做好自己的内部工作。送走了米高扬后，毛泽东召开中共七届二中全会，这是一次重要会议。因为他制定了许多长期的政策。

毛泽东提出今后工作重心将放在城市，制定了经济政策和对外政策。

关于对外政策，毛泽东强调：我们不承认过去的旧账。旧账就是军阀们拿中国的未来利益换取的军火钱。中国人打得死去活来，洋人们却在发财，毛泽东赤手空拳夺过这些杀中国人的武器，难道还要付军火钱？那些希望直接和美国人交好的人注意过没有，毛泽东不认旧账意味着什么？中国积贫积弱达百年之久，就是洋人们不断攫取中国利益的结果，使得我们没有任何财力搞发展，要想发展也可以，要符合洋人的安排和口味，这样的中国永远也站不起来，永远也不能自立于世界。毛泽东不干，他要走另外的独立自主的路子。

毛泽东提出在北平召集政治协商会议，成立新政府，并定都北平。定都北京是一个明显的信号，查一下历朝历代定都的意义，就知道我们新中国的力量指向了，蒋介石丢掉外蒙主因是俄国的压迫，但也和蒋介石力量集中在南京无力北顾颇有关联。定都北京，也是毛泽东先来软的、后来硬的，最终解除俄国威胁的大棋的重要组成部分。

在给全党报告的最后部分，毛泽东重点提醒全党要防止因胜利而骄傲、以功臣自居、停顿起来不求进步、贪图享乐不愿再过艰苦生活等情绪的滋长，要警惕别人用糖衣裹着的炮弹的攻击，这些在共产党掌权后必然面对的问题，毛泽东早早就给他的战友们打了预防针，胜利后的共产党人没有享受，这是人世间唯一的神话故事和神圣境界。他说了一句名言："夺取全国胜利，这只是万里长征走完了第一步。"这是一个极其微妙的预言，对准备享受胜利成果的某些共产党干部来讲，夺取全国胜利是万里长征已走完了最后一步，可是毛泽东不干，一些不准备继续革命的人最终将成为毛泽东革命的对象。

这时候，毛泽东拒绝了王明送上的高帽子，此时王明似乎想说毛泽东思想是与马列主义并列的一个学说，可惜迟了。毛泽东已经不需要了。他知道这样的高帽子不但没有好处，还有坏处，除了滋长骄傲情绪还会对斯大林产生刺激，而现在的毛泽东小心翼翼，他已在防止别人破坏他对付俄国人的大棋。后来的历史证明，不了解中俄关系，试图迎合俄国人在华利益的势力都被毛泽东无情地击碎。第一个撞上枪口的就是最没有概念的王明，随后不断有人落马，令人惊异的是这一点持续到了毛泽东生命的终点。王明的不合时宜的吹捧被毛泽东断然拒绝，说：马恩列斯是先生，我们是学生。王明这厮是个可怜人，说他人格分裂也不是辱没他。

国民党政府已无力对抗了，只是高喊着要"全面和平"。

众叛亲离的蒋介石被迫"引退"，由李宗仁出来代行"总统"职务，但蒋介石实际上仍掌握着残存的大权，并开始筹谋经营台湾的计划。这大概是蒋介石做的少有的正确决策，他没有退守大西南而是直接跑到台湾，靠着大海屏障，靠着搜刮来的钱财组成的海空军，蒋介石才坚持到了冷战来临。

李宗仁并不想投降，他是想看看有没有机会，同中共实行"划江而治"以保住"半壁江山"。

毛泽东对这一切自然看得很清楚，一方面同意谈判，一面争取李宗仁、白崇禧。毛泽东给桂系开出来的条件还是比较优厚的，毛泽东将两广划做李、白范畴，保留军队，推迟土改。他们没有接受这番好意，成了历史弃子。解放后，李宗仁先生落叶归根，白崇禧郁郁寡欢，早早病死台湾。

大迂回，大包围

不打则已，要打就叫他痛在骨子里

毛泽东前往北平，距上次时间是 31 年后。

毛泽东处理的第一件事，就是和平谈判。不过他的主要工作是指示第四野战军下江南去！

南京政府的首席代表依然是张治中，张治中在共产党这里很有面子，他和毛泽东、周恩来私交甚好。国民党是想获得喘息的机会，毛泽东也需要调兵遣将，而且对毛泽东来讲，随时准备接受起义和投降的，所以做出的让步也就是不在和平条款中提蒋介石等战犯的名字。

毛泽东、周恩来一片诚心留下了张治中等人，此时的毛泽东要求的就是胜利，他热切希望各种力量能集聚在他的周围。

谈判是可以的，毛泽东也是有耐心的。不过这时候粟裕的一个意见决定了最后期限，粟裕已经率领 55 万大军开到长江北岸，做好了过江的准备，粟裕电告毛泽东渡江时间最迟不可超过 22 日，否则江水上涨对小舟过江不利，共产党的木船太小，是蒋介石躲到台湾没被消灭的关键，毛泽东再次采纳了粟裕的意见。

张治中签下的协议，相当于投降最多相当于起义，这根本不可能，李宗仁也没有权力代表国民党，为什么会签下这样的协议呢？张治中说：我们既然注定失败，何必还一定拖累国家和人民。

蒋介石气得大骂张治中“文白无能，丧权辱国”。蒋介石忘记了何梅协定了吗？忘记了外蒙古了吗？内战认输恰恰无涉国家。当年美国内战，南军指挥李将军失败后投降依然受到尊重就是明证。真正丧权辱国的协议蒋介石签了多少？蒋介石是个失败者，捧他臭脚的人自然高不到哪里去，他的不幸是由于中国出了个毛泽东，他幸运的是成为了毛泽东的对手，这样他的名字将长期被人们作为反面人物而熟知。

解放军渡江在即，英舰却突然横在长江之上，今天的我们已经没有兴趣管它以什么理由待在那里，只要知道毛泽东建国之前，西方的军舰在中国大江里是自由的就足够了，这真叫为蒋介石叫好的人脸红。英舰在战争中敢横在长江之上，其威胁的意味不言而明，我军鸣炮示警，勒令其离开。英舰“紫石英”号却向解放军开炮，击伤我军多人。叶飞、陶勇下令开炮还击，重伤“紫石英”号，前来支援的英国另外三舰也遭到我军猛烈炮击。这是一个小插曲，却是一个划时代的大事件，因为它代表了一个完全不同于过去的新时代的开始。

欺凌中国百年之久，从来没有遇到过强烈反抗的英国人顿时朝野哗然。已下台当了议员的前首相丘吉尔发出了狂妄的战争叫嚣，要求政府“派一两艘航空母舰到远东去实行报复”。英国首相宣称：英国军舰有合法权利开进长江。大英帝国的强盗们从来认为他们有权利随意进出中国，这是我们长达百年的羞辱。毛泽东不会主动挑起对外战争，是因为我们实在太弱，但对进入中国内江的英国人，毛泽东也毫不手软，听到陶勇重伤英舰，毛泽东大喜，说陶勇喜欢打军舰，以后让他干海军，陶勇解放后真的是担任东海舰队司令。这一事件以英舰逃逸而结束。我们在学英语的时候曾为丘吉尔文章叫好，但知道丘吉尔对中国人的态度后，就将他从心里扫出去了。这一偶然的事件具有划时代的意义，因为自此以后中国人谁都敢打，它是毛泽东所说的中国人从此站立起来了的最好的注脚。

在最后期限，南京政府复电，拒绝投降，这是预料之中的事情。第二天，毛泽东和朱德联名，发出《向全国进军的命令》。

第二、第三野战军，在千里战线上，强渡长江，国民党的长江防线顷刻间瓦解。蒋介石一辈子都没有学会打仗，这样的一字长蛇阵能守住长江？他在台湾躲过灭顶之灾先是靠了大海后是靠了美国人。

4 月 23 日，解放军占领南京，粟裕和陈毅进入蒋介石的总统府。毛泽东赋诗《七律·人民解放军占领南京》：

钟山风雨起苍黄，百万雄师过大江。
虎踞龙盘今胜昔，天翻地覆慨而慷。
宜将剩勇追穷寇，不可沽名学霸王。
天若有情天亦老，人间正道是沧桑。

“宜将剩勇追穷寇，不可沽名学霸王”这两句诗清楚地表达了毛泽东要把革命进行到底的决心。毛泽东亲自为新华社撰写渡江消息稿“南京国民党反动卖国政府已于昨日宣告灭亡”。

为了解放全中国，毛泽东给麾下四个野战军分派进军全国的任务，这种分工是怎么决定的呢？其实并不复杂，基本上是来自五湖四海的共产党人和干部对哪里熟悉就到哪里工作。

对解放台湾的问题，毛泽东也在考虑中，准备从苏联购买飞机，组建空军，掩护渡海，计划随后夺取台湾。后来因美国人强行介入而未成功，在美国人派军舰横在台湾海峡之后，毛泽东做出出兵朝鲜的决策，这是最艰难的也是最了不起的决策，这是站立起来的中国人向世界强盗们挥出的铁拳，朝鲜战争我们与号称是联合国军的 16 国联军开战，是中国人进行的最伟大而又辉煌的战争，也是世界战争史上的奇迹，可以让中国人世世代代引以为荣。

为了快速解放全中国，毛泽东提出一系列具体的作战指导方针：

第一，“先占城市，后占乡村”。这一点好理解，国民党的力量就在城市。

第二，“实行大迂回，大包围”。白崇禧的打算是逐渐退至西南，实在不行撤往国外，白崇禧想和毛泽东玩游击战，毛泽东这个游击战大师，怎么会让敌人牵着鼻子走？针对这个情况，毛泽东决定：“我对白崇禧及西南各敌均

钟山风雨起苍黄百万雄
师过大江虎踞龙盘今胜昔天
翻地覆慨而慷宜将剩勇
追穷寇不可沽名学霸王
天若有情天亦老人间
正道是沧桑

取大迂回动作，插至敌后，先完成包围，然后再回打之方针。”

这种大刀阔斧的远距离的战略大迂回、大包围，是毛泽东军事思想的精华，就是在绝对的劣势下，打游击战，在绝对的优势下，杀鸡就用宰牛刀。今后若有敢与我们为敌的宵小，不打则已，要打就剁了他的手，叫他痛在骨子里。毛泽东的指令明白无误，四野林彪、三野陈粟、二野刘邓各领百万大军扫灭残敌。延安培养的大批干部则分布全国各地落实土改和城市政策。

在西北，一野直取兰州，歼灭马步芳、马鸿逵部，终于报了西路军的血仇，这是有仇的报仇。

但解放战争不是为了简单的报仇，曾经血战四平的陈明仁将军的起义就受到热烈欢迎，当然其中程潜的功劳为主。毛泽东早在重庆谈判时就预作部署，章士钊也做了有益工作。

程潜、陈明仁等在四野的策应下，在长沙宣布起义。湖南和平解放，加速了中国南部的解放，为中国解放战争涂上了一层亮色，湖南上层以归顺的方式凸显了中国革命的胜利是湖南子弟毛泽东领导的这一特点。

张治中曾当过西北四省最高长官，毛泽东请他发电，敦促新疆陶峙岳、包尔汉起义，实现了新疆的和平解放。但经略新疆另有重大意义，绝不是和平解放这么简单，毛泽东认为国民党许多年来并没有搞定新疆，需要进一步经营。毛泽东亲自接见王震，据说，毛泽东这次一反常态，没有给王震太多的指示，而是送给了王震一套线装书，告诉王震，这书十分宝贵，转战延安那么艰苦都没有丢掉，这本书叫作《左宗棠征西》。

号称老粗的王震没有辜负毛泽东的重托，通过咨询文化人，学习老乡左宗棠，知道了毛泽东经营新疆的目的，带着十万大军，以最快的速度开进新疆，经略新疆，并且大搞建设兵团，屯兵于全疆，有大功于国家。王震完成了任务，对后来粉碎俄国人挑动的分裂势力有着强大的震慑意义。

这样，随着后来西藏和平解放，中央军队进入西藏，完成了除了台湾以外的全中国领土的较为彻底的控制，在中国历史上，第一次实现了中央权力可以通达全版图的壮举。所以就有了后来印度人试图在西藏挑衅，毛泽东下令教训他们，这在中国以往历史上是无法实现的。

为中国万世定规划

毛泽东掀起的人民解放战争的巨浪席卷中国大地，胜利已确定无疑，他开始着手筹建新中国。

北平解放后，已到解放区的各民主党派及爱国人士会合北平。

这时，各种全国性的人民团体也相继建立起来，先恢复了中华全国总工会，接着，学联、妇联、青年团、青联、文联相继成立，其他全国性群众团体也纷纷成立。

在这样的一个大的组织网络中，几乎所有的中国人都被组织起来了，中国人的一盘散沙的状态得到改变，而且是在没有多少工业化的时候就在共同的信仰下被组织起来了，这是一个伟大的进步，它代表中国人的脱胎换骨，是中国一切进步的基础。想想我们这么大的国家，这样多的人民，有着数百万军队，居然会让八国联军区区数万人打进首都，居然会让倭寇长驱直入占领大半个中国，就是两个原因，一个工业化进程我们落伍了；一个我们没有组织起来。毛泽东最先做到的就是组织起来，第二是带领人民实现了工业化。拿出点良心说，人民无法不欢迎他们的领袖。马叙伦写了一首诗就最能表述人民的心情："万众欢呼毛泽东，与人衣食即春风……" 历史告诉我们毛泽东带给中国人的不只是衣食。

一大批优秀的知识分子在毛泽东的感召下积极地为自己国家贡献力量。

毛泽东从西柏坡来到北平后，同各界人物广泛接触，和他们共商建国大计，毛泽东拜访待在北师大教书的黎锦熙等人最有意思。北平解放前，黎锦熙拒绝了蒋介石邀请其到台湾的飞机票，说：我要在这里迎接唐宗宋祖都稍逊风骚的伟人呢。他的学生成了全中国人的领袖，作为教师心中欣喜可想而知。几十年后故人相见，把酒言欢，毛泽东请黎锦熙先生上座，黎先生说不敢，请主席上座。毛泽东说你是我的先生，哪有学生坐到老师上座的，师生同席，其乐融融。他们一定畅谈起毛泽东在一师的岁月。黎先生在后来的文字改革、简化汉字和拼音普及等事业中做了大量工作。他的才华得到发挥和应用，他将自己的学识融入毛泽东改造中国的壮举中。学有所长的人莫不以此为人生化境。

毛泽东在拜访黎先生时提出要民主党派"积极参政，共同建设新中国"，这是毛泽东思想的精髓之一，不是权宜之计，这是他一贯的主张，显然是真诚的，也是极高明的举措。毛泽东的革命，并没有建立一个俄国似的无产阶级专政，虽然他力图在给斯大林看的文章里说明这一点，事实是除了极少数蒋家王朝的追随者外，全中国各阶层的人们都加入了新中国的建设行列。这种威力在抗美援朝中就显示出来，中国虽穷，但她依然是个庞然大物，集合全部力量就能办大事。

为了工作上的方便，毛泽东移住中南海丰泽园菊香书屋，在中南海他度过了生命的后三分之一，我们的领袖是健康而又长寿的，这对他要革命的对象来讲是灾难，但对于中国社会的进步来讲却是最大的福音。毛泽东时代我们国家的进步比我们想象的、要求的还要多。

毛泽东把工人、农民、城市小资产阶级和民族资产阶级都划进人民的范畴。他的敌人不超过 5%，并且敌人也给活路，被镇压的是极少数有血债的人。

解决中国问题的核心和关键点毛泽东是清清楚楚的，他的文章里明明白白写着“严重的问题是教育农民，农民需要很长的时间和细心的工作，才能做到农业社会化，必须有步骤地解决国家工业化的问题”。革命不是农民得到土地这么简单，更不是一部分人替代另外一部分人占据上层，中国社会的改造任重道远，不能够将中国的大部分人带入工业文明，中国就无法真正实现现代化。

他说：革命胜利只是万里长征走完的第一步，这句著名的宣言，人们以为是谦虚之言，直到他去世，人们才知道这是真的。

中国革命的胜利使得美国人大为沮丧，毛泽东不认旧账，使得美国在华利益受到巨大伤害，议员们愤怒地叫喊：谁应当对失去中国负责？这种情况下，美国政客们将失败的责任嫁接到苏联人的头上，解释的理由是苏联势力的介入。这样的解释显然最能说服美国大佬，美国这些商人们，面对俄国熊还是能冷静下来的，他们可不愿意告诉美国民众真相是斯大林对中国共产党的指示是划江而治。

显然在准备和苏美两大国下的大棋中，毛泽东在等着这样的时刻，以消除斯大林的疑虑。

毛泽东对这件事十分重视，认为是一次极好机会，他连续写了《丢掉幻想，准备斗争》《别了，司徒雷登》等五篇评论，毛泽东把自己领导的胜利贴上了马列主义的标签，以达到两个目的，一个给人民一个解释，一个给斯大林一个信号。

这是一个没有办法的事情，自从被洋人打败后，中国人接受洋人比接受自己人要容易得多，一同蒋委员长给自己贴上基督教徒的标签类似。

毛泽东夜以继日地工作着，他和社会各界名人进行广泛交谈，邀请他们担任高级职务，民主党派对革命成功出力微薄，却获得毛泽东如此慷慨的高待遇，他们感到惊讶和由衷高兴，纷纷表示愿意在共产党的领导下，全力建设新中国。

毛泽东对愿意参加新中国建设的人们表示了极大的热情，其中与柳亚子的诗词唱和最有意思，毛泽东曾专电邀请柳亚子赴京，柳亚子自然大喜，见到毛泽东后写了大量诗词，歌颂毛泽东“推翻历史三千载，自铸雄奇瑰丽词”，但由于最高位置上要照顾各派势力，安排了许多出力很少的名人，没有柳亚子的高位置，柳先生有了出无车兮不如归去的念头，他写了一首牢骚满腹的七律《感事呈毛主席》：

开天辟地君真健，说项依刘我大难。
夺席谈经非五鹿，无车弹铗怨冯驩。
头颅早悔平生贱，肝胆宁忘一寸丹！
安得南征驰捷报，分湖便是子陵滩。

毛泽东收到后，回了一首脍炙人口的诗词《和柳亚子先生》：

饮茶粤海未能忘，索句渝州叶正黄。
三十一年还旧国，落花时节读华章。
牢骚太盛防肠断，风物长宜放眼量。
莫道昆明池水浅，观鱼胜过富春江。

其中“牢骚太盛防肠断，风物长宜放眼量”成为传世名句。毛泽东是真诚的，柳亚子回诗表示接受了毛泽东的挽留，毛泽东对帮助过他的人是感恩的，随即为柳亚子先生安排了专车和住房，并亲笔题写了“上天下地之庐”。上天下地之句不就是柳亚子原来的诗句吗？柳先生是真正的智者，他在后来的一首诗中写道“不是一人能领导，那容百族共骈阗？”有可能道破历史真相。

有一天，毛泽东准备会见张澜先生，居然找不出一件没有补丁的衣服，毛泽东就穿着补丁衣服会见张澜，会见过许多民主人士，这个小花絮一般人会忽略，其实意义非凡，想享受打天下成果的人们没有想到的是毛泽东艰苦奋斗保持了一辈子，按美国人的说法，他一生的全部享受，不超过美国的一个中产阶级家庭的水平。毛泽东和周恩来一直到去世都穿着补丁衣服，这就意味着所有的共产党人都将继续吃苦，没有享受打下的天下。毛泽东去世时的中国看上去是那样的简朴，人们忽略了简朴后面全面的再生。人们感到了艰苦，忽视了背后半个世纪的奋斗精神，看到了依旧贫寒，忽视了已经打下万年根基，直到某一天天良重现，才知道我们的先辈们一辈子吃了两辈子的苦，他们全体没有享受，为了民族复兴自觉主动成为了牺牲。

对新中国的政体问题，毛泽东一直在思考中，他认为，在中国，政权组织形式既不能照搬苏联的苏维埃，也不能照搬西方国家的议会制，而是实行人民代表大会制，他在为中国的万世定规划。最终“人民代表大会，成为最高权力机关”。

毛泽东就中央集权与地方分权问题有过极其高明的见解，他说：“对于必须集中的尽量集中，必须抓紧的要抓紧。”“我们要有些集中有些不集中，才能搞好。”中国在弱势的状态下，实行集中是有着绝对积极意义的，这一点不能学也不要学美国。只要我们中国不是世界第一，我们的领袖们就不能放弃对民族的责任，即使总量达到世界第一，我们的人均依然会很靠后，复兴仍将是艰巨和漫长的任务。

最重要的姿态是毛泽东、朱德、周恩来、刘少奇等人集体在车站迎候宋庆龄。宋庆龄先生的加入，象征着中国革命一脉相承，这一点有着极其积极的意义，孙中山先生未竟的事业由毛泽东领导的共产党完成。这样近百年的努力就将持续下去。过去、现在和未来，都是这样，政见不同不重要，重要的是民族进步。

有兴趣的朋友可以查一下第一届政协委员名单，就会发现除了跟着老蒋跑到台湾的，中国社会的各界名流，几乎全收囊中，中国社会的各个阶层都可以在新的政治协商会议的代表中找到自己的归属。

毛泽东集合了留在大陆的中国各界名流，为中国的未来共同贡献自己的力量，像国旗、国徽、国歌就是马叙伦、徐悲鸿、梁思成、艾青等人设计讨论的。

毛泽东在中国人民政治协商会议第一次全体会议上致开幕词，他说：

“诸位代表先生们，我们有一个共同的感觉，这就是我们的工作将写在人类的历史上，它将表明：占人类总数四分之一的中国人从此站立起来了。”

毛泽东这篇文章是中国历史上最恢宏的雄文之一，它应当进入课本为我们子孙所记忆。历史证明，我们先辈们的功绩已经大写在中国历史之上。

毛泽东说出的“中国人从此站立起来了”，总是让许多中国人热泪盈眶，他不是在天安门上说的，其实这也没有什么太大的差异，关键是从那一刻开始，我们站起来了。

今天我们熟悉的一切，首都、纪年、国歌、国旗就是那个时候确定的。

毛泽东被选为中央人民政府主席，朱德、刘少奇、宋庆龄、李济深、张澜、高岗为副主席，周恩来共 56 人为委员。共产党和民主党派各占一半。

这 56 位委员的名单，就是一个中国近代史的考卷。除了追随蒋介石的少数人，其他中国社会名流都在榜上。

中共“七大”的 44 名中央委员除了牺牲的 4 人，还有 12 人没出现在委员名单上。可见毛泽东的胸怀之大，他希望全中国的各个阶层加入到他的政府里来，齐心协力，共同奋斗。他毫不吝啬官位，在他看来，职位是为人民工作的，只要愿意贡献力量的人都欢迎。

中华人民共和国在第二天就要诞生了，这一胜利完全不同于过去所有的改朝换代，它不是必然的事件，更不是有些文人所说的，得天下易于治天下，它是在几乎不可能的情况下取得的不可思议的胜利，它挽救中华民族于坠落，让未来的中国一切进步成为可能。这是一百多年来无数志士仁人前仆后继、流血奋斗所换来的，特别是30年来共产党人的牺牲换来的。是人类历史由于特殊人物的努力而改变了行进的方向的大事件。

1949年9月30日的傍晚时分，毛泽东和政协全体代表一起来到天安门广场，为人民英雄纪念碑奠基，纪念碑上将镌刻他撰写的碑文：

> 人民英雄永垂不朽！
>
> 三年以来，在人民解放战争和人民革命中牺牲的人民英雄们永垂不朽！
>
> 三十年以来，在人民解放战争和人民革命中牺牲的人民英雄们永垂不朽！
>
> 由此上溯到一千八百四十年，从那时起，为了反对内外敌人，争取民族独立和人民自由幸福，在历次斗争中牺牲的人民英雄们永垂不朽！

3年的解放战争,30年的中国共产党的革命历程,1840年以来的百年抗争，都是为了两个字：复兴。这一切的努力有了结果，我们民族的一切进步有了开端。

是的，我们的先辈将永垂不朽！他们做出的牺牲无法用语言表述，仰望镌刻他们身影的纪念碑，充塞我们胸膛的只有眼泪和哽咽。

让我们的眼泪为先辈们的巨大牺牲而流淌，能让我们激动，能让我们心潮澎湃，能叫我们自豪和自信的一切都发生在毛泽东的时代。世世代代的中国人将永远享受这胜利带来的各种成果。这时，毛泽东已56岁，在一般人快要退休的年龄，他依然身体健康，精力充沛，斗志昂扬，信心满满，目标远大。这一夜，毛泽东彻夜未眠：他一定想起了牺牲了的战友，加入他的事业的亲人们和多数新民学会的师友们牺牲了，他们没有能看到今天的胜利，但他们一定是无怨无悔的，因为毛泽东把他们的英名刻在了青史之上。在漫长的28年的奋斗中，毛泽东找到了战无不胜的方法，积蓄了巨大的力量，没有任何人和任何势力再能阻挡他的行进步伐，他把目光牢牢盯在他们年轻时立下的志向上——改造中国与世界。

毛泽东在解放后做了大量的工作，一直到他去世，时间长达27年。这个过程中他一直大权在握，以至于有人认为他做得过了。有的人产生了一个念头，要是毛泽东像美国的华盛顿一样，功成身退就是一个完人了。这实在是一个大大的误解。华盛顿是一个巨富，他几乎是以个人之力对抗大英帝国，无非就是大英帝国要的税多了，反抗了一下，大英帝国在得不偿失的情况下，放弃了对美国的宗主地位。而美国是一个由无数的大大小小的手里有枪的地主组成的新国家，各自都活得很好，不需要领袖来改变什么，华盛顿有什么能力去统治其他的地主呢？主要是没有可能，同时也没有利益，所以华盛顿连做美国地主联盟董事会下的总经理的欲望都没有。他放弃了总统的权力，远不是我们想象的那么高尚和伟大，但对美国人来讲这已经是很了不起的了。

而中国则完全不同。毛泽东建国的时候，中国尚有残余的蒋介石势力在顽抗，需要扫荡。尚有横行千百年之久的土匪恶霸需要清理，不断引发周期性动荡的根源——土地私有制需要改造，人民尚无法保障温饱，国防没有建立，外敌虎视眈眈，从军阀到蒋介石为了私利与外国人签订的各种不平等条约尚未审定，中国人大多数是文盲，需要普及现代教育，中国没有工业化的基础，共产党内的一些人已经开始准备享受成为新的贵族老爷，而人民没有组织起来，没有信仰……

没有毛泽东，中国革命不知道会是什么样的，历史不能假设，但没有毛泽东就没有中国1949年的革命成功是可以肯定的。同样，没有毛泽东会不会有抗美援朝和其他改变中国历史的大事件呢？答案是不能确定，可以肯定的是，没有毛泽东就没有后来的“文革”，没有毛泽东的改造就不会有现在的中国！

走笔至此，让我们看看在他主持的长达半个世纪的中国的大改造中，他为我们做了些什么。

他参与建立了一个党——中国共产党。

他建了一支军队——中国人民解放军。

他建立了一个新中国。

解放后，他实行三个人的饭五个人匀着吃，根绝了吃不饱引发的周期性暴乱。这只是在他的强权之下才能完成，因为主要阻力来自上层的奢侈，他拒绝享受更多，他追求精神升华而非物质享受。我们中国人幸运地用万岁两个字换取了人类最伟大的人物为我们无私地工作了近三十年。

他把中国人全体组织了起来，在工业化之前是以全新的共同信仰的方式完成的。

他消灭了土匪、黑社会和黄、赌、毒。这些东西的禁绝靠的是新的信仰的建立，而不是有人以为的仅仅是强权。

他进军西藏，完成了对全中国版图的中央控制，解放了百万农奴。

他决策抗美援朝，打败了美国领导的联合国军，为中国人赢得长期的和平。

他实行一边倒，保全了中国版图。

他推行工业化改造，最终完成了中国的工业化基础。

他提倡体育锻炼和健康卫生的生活方式。

他组织全民开荒，扩大了耕地面积。人拉肩扛完成了全国的水利工程。

他推广简化字和拼音。

他普及基础教育。

他提倡并在法律上实行男女平等。

他决策上马“两弹一星”，为中国撑起了核保护伞。

他推行并建立了基础的全民医疗卫生网。

他教训了印度。

他提倡新道德，树立了新社会的楷模。

他在越南再一次教训了美国人。

他拒绝俄国人在中国建立军事基地。

他和俄国人大打出手，和美国联手拖垮苏联，消除了来自北方的威胁。

他告诉世界除了美国苏联两极，还有中国。

他向中国之外输送革命之火。

他恢复了中国的联合国地位。

他以平等的姿态与美国建立联系，向西方打开中国国门。

他的时代产生了袁隆平的种子革命，伴随着水利、垦荒、化肥，终于解决了困扰中国几千年的粮食问题。

他树立了共产党的宗旨——为人民服务。

他把中国变成了彻底的平民社会。

他把中国带进了现代社会，完成了人类社会最不可思议的进步。

最后他砸碎了中国人身上的一切锁链，给中国人带来了彻底的解放，也给中国人树立了永远自豪和尊崇的神圣与信仰。

任何人只要做了其中一件事，就可以在历史上留下自己的大名。

没有建国后中国的彻底的改造，毛泽东只是人类历史上改朝换代的千百个大人物之一；有了后来的中国的彻底改造，毛泽东成了伟人中的伟人。他所做的一切比我们期盼的还要多，因为他站在了人类历史的最高点，他指画了中国和人类的未来。

在他的追随者的心中，他超越了所有的神圣，他空前绝后如同人间太阳，在未来，会有越来越多的人说：是的，他是我们心中的红太阳。

人类不会感谢太阳，因为阳光是生命的源泉；很少有人会探究太阳，因为他的光芒不容直视。我们心中的太阳是毛泽东，多数人仅仅是在享受他的光辉，很少有人意识到毛泽东是可以学习的。

子曰：“朝闻道，夕死可矣。”说明道之难得，也表明道值得以生命相与。道即真理，距离我们最近的真理就隐藏在毛泽东书写的那段历史中。

毛泽东是可以学习的，这一顿悟会开启我们的心智，学习毛泽东，就有机会得到真正的人生智慧，可以洞彻人性，从而超越平庸。

让我们静下心来，闭上眼睛，伸出我们的双手，捧起这缕缕阳光，以光明沐浴我们的心田，净化我们的灵魂，远离那卑微低下，弃绝那阴冷灰暗，让思想得以解放，精神得以升华，伴随这近似开天眼般的神奇觉悟，在这阳光照耀下，我们的心花一定会绽放开来。

后记

导师毛泽东

东临大海，西及巅峦，北达极寒，南至酷暑，这就是我们中国人的家园，在这片广大的土地上，中华民族创造出灿烂的农业文明，辉煌时富甲天下。

天圆地方，我们中国人在大地中央，这就是过去我们中国人理解的世界，这一惬意的、悠哉游哉的农耕生活方式，被西方工业文明的强盗式侵入打个粉碎，农业文明根本无力与新兴的工业文明抗争，在十九、二十世纪的近百年中，中国社会各个阶层的不懈努力与抗争，带来的是更多的屈辱和惨痛的伤害，在工业文明与我们古老文明的大冲撞中，孔孟的圣贤之光黯然失色，中国不光是失去第一位置而且在坠落之中，这时候保守就变成了反动，在悲愤和绝望中，一些知识分子将怀疑的目光瞄向了在中国占统治地位的孔孟之道，一个叫鲁迅的人，用“吃人”两个字表述了过去整个中国的历史，指出中国必须彻底决然地抛弃过去，以全民族的牺牲和奋斗获取明天的再生。这是绝望中的呐喊，在他提出这一思想的同时，在中国已经有一批人开始了实践，他们就是以毛泽东为首的中国共产党，所以毛泽东将鲁迅推崇为新中国的圣人。

1949 年，胜利后的毛泽东，开始实践他在青年时期立下的志愿“向穆罕默德学习，用剑迫使人民改变信仰”。他改造中国的同时，也改变了世界。

他活着的时候和逝世后，曾有许多的人将他称作导师，可能是由于他的教诲是在高压的状态下进行的，这种强制性造成了某种逆反，所以在他去世后，国家的政策发生变化，社会进入市场经济，一些人不再遵循他的教诲，无力或不再愿意承担他所教导的责任，而是更多地试图接受一些所谓的具有普世价值的理论。

一些外来的观点极易被人们接受，那是由于西方的物质生活的极大丰富，具有极大的压迫和吸引力，造成中国人再一次在思想上全面地接受洋人的观点，似乎一切又回到了过去。不过人们多没有意识到，此时的中国已不再是百年前的中国了，中国已经具备所有的学习西方的能力和条件了，它已具有独立国防，有着普及的教育和基础的工业，有着众多勤劳的人民和强大的中央集权，这使得中国在学习西方的时候有了挑剔的眼光和选择权，西方比东方进步的不是什么思想和道德，而是科学。科学最大的特点恰恰就是可以学习，当然学习西方也需要资格，而中国已经有了这样的资格。所以当中国打开国门的时候，西方有些人看到的是中国人的生活水平尚不如他们在百年前的阶段，于是就大大松了一口气，有些学者就此得出中国不但没有进步，反倒是大大倒退了的结论。他们这些人一定没有盖过楼房，不知道打地基的时候最费力气，最看不到效果，他们不知道毛泽东时代为中国的子孙后代打下了千万年的地基。

随着时光流逝，短短 30 年的时间，历史奇特地拐了回来。在没有任何外力要求下，越来越多的人开始重新学习毛泽东，原因很简单，任何理论在他的面前都是渺小的。30年来，在刻意否定和回避之后，新的毛泽东热不断涌现，许多人特别是年轻人开始用自己的心灵去感受这一神圣，这时候越来越多的人再次宣称毛泽东是自己的导师。

有些共产主义运动的参与者将毛泽东视作导师，把毛泽东的名字和共产主义紧密联系在一起，但由于共产主义运动像跷跷板一样起伏不定，使得毛泽东的地位忽高忽低。

事实上，对于没有参与共产主义运动的后人来讲，共产主义或是社会主义的概念是很模糊的，甚至搞不清楚这些人到底是在说要大刀的关公，还是在说关公的大刀。

“共产主义是我们改造世界的一把铁锤”，所以我们更应当关注的是毛泽东本人，对于我们这些试图从他的经历中学习的人来讲，这才是出发点，而不会被形形色色的光环或是诋毁影响我们自己的判断和感悟。

对于毛泽东有太多的矛盾的说法，有的人称他为马克思主义者，但最早留苏的教条主义者说他不懂马列主义理论，后来是刘少奇证明毛泽东思想是中国的马克思主义，但这一结论显然不像科学上的定理被人确定地接受。斯大林就不承认毛泽东是马克思主义者，并且曾经宣称毛泽东连马克思主义的基本原理都不懂，而且也不想懂。如今某些人如果坚持这一点，到底是要说明什么呢，是要通过毛泽东来证明马克思的伟大，还是要拉上马克思来证明毛的伟大？

有的人将他称作共产主义运动和社会主义的伟大实践者，但有的人却将他视作社会主义阵营的破坏者，没有任何一个其他的人物身上会积聚这么多的矛盾。这一切，只能有一个解释，就是许多人力图将毛泽东拉入自己的阵营，用毛泽东加重自己的分量，而反对者则试图阻止自己的对立面的这种企图。

毛泽东头上的桂冠无数，每个桂冠都有一批信众，千万个人的心中，有千万个毛泽东。他会被视作一个图腾，一个咒语，一种精神寄托，一段思念，一段历史，一个不可思议年代的终结。

对于我们这些愿意学习毛泽东的人来讲，他对我们的教化，会深入到我们心灵，会进入我们的骨髓，会化作了我们的精神，转变成一种积极入世和走向成功的力量，我们会笑看那些愤怒的恶毒，因为爱也罢、恨也罢，都是我们中国人无法摆脱的情愫。

对我们来讲，他才是最伟大的导师，认可他为导师的人，有一点绝对可以自豪：放眼天下，没有人能超过他。孩童时，父亲就是挡在我们前面的山，长大后，毛泽东就成了我们心中的喜马拉雅山，产生尊崇的同时，在我们心灵深处，我们期盼着，渴望着他是可以学习的。

学习毛泽东具有相当现实的意义，因为他把握着过去，影响着当下，昭示着未来。

从这个意义上讲，我们整理的毛泽东的生平，力图试着接近毛泽东的心路，支撑这一胆大略有狂妄行为的理论基础是历史学家房龙的名言：感觉历史比了解历史更重要。

我们能够整理出的成功因素有：心理优势；热情；慈悲；赞许；刻苦学习；体魄锻炼；名师引导；志向远大；知识渊博；集合同志；积极行动；立足中国；建党；组织工人运动；注重宣传；找到本原；枪杆子；战无不胜战法；土改；民族大义；长征；敌后抗日；经营东北；三大战役；全社会大联合……

他是我们的伟大导师，虽然在他生前，有人给他戴上四个伟大的桂冠，他却不以为然，独独留下导师这一称呼。他知道导师在英文中就是教师，而他认为自己是个合格的教师。因为他的最初职业就是小学老师，师范未毕业他就开始办学校，一直到后来，他将整个中国变成了一所大学校，将中国社会变成了阶级斗争、生产斗争和科学实验三大革命的大课堂。事实上他最终成了世界上最多人的精神导师，他的声音穿越中国，到达世界许多角落，无数和他同一时代的人在他面前谦恭地低下头，希望聆听他的教诲，以听到他的声音为荣。据传，某些大人物因为没有见到毛泽东痛哭流涕，而那些试图指责他的人最终的下场都是被人遗忘在不知何处的角落里。

不管过多少年，只要有机会读到他的语录，人们都会产生那是天籁的感觉，是人的天性中正面的部分被某种激情的文字表述了出来，他们早就埋藏在我们自己的心灵之中，只是由他的话语轻轻拨动了我们的心弦，给我们的心打开了一扇天窗。

我们的一生会遇到许多的理论，“真正的理论在世界上只有一种，就是从客观实际抽出来，又在客观实际中得到了证明的理论。”

毛泽东所说的真正的理论接近于我们今天对科学二字的定义，他的一生就是一个寻找通向成功的道路与方法的过程，这个过程中他关注过许许多多的理论，他热衷于实践各种理论，最终他实现了自己追求的目标，并且证明多数理论都是空谈，同时，在这个过程中产生了毛泽东的著作，这会让我们少走许多弯路。

毛泽东不是我们常说的风云人物，是他制造了飓风，掀起了巨浪，所以将他和中国历史上的帝王们相提并论不会有教益，会有相反的作用，使得你无法体会其真髓，这是我们要提请读者注意的很重要的一点。

中国人将逐渐摆脱自卑的阴影，在真正崛起之前，我们会惊讶地发现，所有的中国人能挺起腰杆子的事情全部发生在毛泽东时代，毛泽东是第一个让白人们谦虚起来的有色人种，许多西方世界的政治领袖愿意将自己的名字与他联系在一起以获得荣光。

对照毛泽东的一生我们似乎可以说：历史在他手中写成，地球如同待剖的西瓜。我们中国人必须拥有强大的思想武器，毛泽东思想就是我们最应当掌握的利器。

这个世界远不是充满爱，而是充满了血腥和残酷，更多的时候是按照社会达尔文主义的法则生存和发展的。中国人是在抗美援朝胜利后，才直起了腰，这一切都是由于有了我们的神一般的领袖。他不是人造的、假设的神，像上帝、宙斯等等虚无缥缈，他是一个活生生的人，一个处于社会底层的中专生，通过自己的努力，把握了真理和力量，他使得世界为之改变，使得尚处于农业文明中的中国人，打败了美国人为首的联合国军。

固然，抗美援朝战争胜利的因素里有地理、武器、政治等各种因素，但更为重要的因素是毛泽东教育出来的人。同样是这些人，几年前被日本人撵得像鸭子似的乱跑，短短几年后，在毛泽东的手下变成世界上最勇猛的狮子般的战士。

这个世界是靠着拳头、肌肉和勇气说话的。日本人曾横扫东亚南亚，德国人曾横扫欧洲，然后就是俄国人、美国人、英国人痛扁日本和德国。打来打去，美国人第一厉害，因为只有他打击别人，而自己没有受到大的伤害。英国人第二，他自己虽然挨了打，但受伤不那么重。第三则是苏联，受到重创，但最终缓了过来，报复了敌人，法国由于战胜国的地位，可以稍稍掩盖曾经投降的羞愧。德国虽败，在战胜国面前抬不起头，但依然可以自大地看着其他上不了台面的国家。日本几乎遭受灭顶之灾，却自豪于曾经洗劫过亚洲，到今天依然不认为是败在中国人的手里。中国人虽然以二战胜利国的资格出现，却在随后的利益分配中什么都没有得到。这一切只是到了抗美援朝才宣告结束，一切又重新排列。这是一个尚未吃饱的民族亮出来的瘦骨嶙峋的拳头，打伤了、打痛了世界第一的美国人。中国人虽穷，但可以昂起头了。人世间靠的是实力说话，毛泽东最明白这一点，他比所有人高明的是，在中国实现工业化之前，仅仅靠着组织起来和正确的方法，就打败了强大的外敌。

我们中国人应当为有毛泽东这样的导师感到无上光荣。他的丰功伟业远高于各种赞誉。然而仅仅赞美毛泽东是不够的，是入宝库而空返，我们最应该做的是学习他。他书写的历史无疑是成功学最好的教材，想成功，要学习，学什么，学智慧，战无不胜的毛泽东思想，就是最大的智慧宝库，这就是我们的心得，千言万语化做一句话：学习毛泽东。